HANES
RHYFEDDOL

Cymry Lerpwl

I Meinwen

HANES RHYFEDDOL
RHYFEDDOL
Cymry
Lerpwl

D. BEN REES

Argraffiad cyntaf: 2019

Dymuna'r cyhoeddwyr gydnabod cymorth ariannol
Cyngor Llyfrau Cymru

Cynllun y clawr: Y Lolfa
Llun y clawr: Alamy

Rhif Llyfr Rhyngwladol:
978-1-78461-726-4 (clawr meddal)
978-1-78461-836-0 (clawr caled)

Cyhoeddwyd ac argraffwyd yng Nghymru gan
Y Lolfa Cyf., Talybont, Ceredigion SY24 5HE
gwefan www.ylolfa.com
e-bost ylolfa@ylolfa.com
ffôn 01970 832 304
ffacs 832 782

Cynnwys

Rhagair

Ar 19 Gorffennaf 2018, mewn cyfarfod arbennig o Gyngor y Ddinas, cefais fy nerbyn yn Ddinesydd er Anrhydedd a chefais fy urddo yn Neuadd y Ddinas ar 3 Hydref 2018. Yn ystod yr hanner can mlynedd diwethaf, cefais y fraint o draddodi darlithoedd, anerchiadau ac ysgrifennu erthyglau, yn y Gymraeg a'r Saesneg, ar hanes Lerpwl, ac yn arbennig ar Gymry Lerpwl. Hyd yn hyn, rwyf wedi cyhoeddi 30 o astudiaethau (gweler yr atodiad). Ond er hynny, nid oeddwn wedi rhychwantu pob agwedd o'r hanes mewn manylder. Felly, es ati i ysgrifennu hanes rhyfeddol y miloedd ar filoedd o Gymry Cymraeg a heidiodd i Lerpwl a'r cyffiniau i chwilio am waith ac i wella amodau byw gan gyfrannu yn helaeth i fywyd y ddinas. Yn sgil yr ymfudo o Gymru, yr Alban, Ynys Manaw, Cernyw ac Iwerddon (Gogledd a De), daeth Lerpwl yn ddinas unigryw. Nid oes dinas debyg iddi yn Lloegr, a hynny oherwydd i gymaint o Geltiaid ymgartrefu yn y dref yn ystod y bedwaredd ganrif ar bymtheg a'r ugeinfed ganrif.

Y duedd gan haneswyr yw pwysleisio cyfraniad y Gwyddelod. Anwybyddir y Cymry i raddau helaeth gan eu bod, mae'n debyg, wedi canoli eu hymdrechion ar fywyd y capel a'r teulu. Dim ond ambell un fentrodd i fwrlwm gwleidyddiaeth y ddinas, lle'r oedd y Gwyddelod yn amlwg iawn. Mae rhai Cymry a lwyddodd fel adeiladwyr, perchnogion cwmnïau llongau, meddygon a phregethwyr grymus wedi cael sylw. Ond beth am y tlodion, y rhai dienw a oedd yn rhygnu byw ac yn gorfod dibynnu ar gardod gan eraill? Dyma felly roi sylw dyledus i Gymry Lerpwl o'r cyfnod pan oedd yn bentref pysgota hyd at y ddinas yw hi heddiw. Dyma gyfrol rwy'n mawr obeithio gaiff ei chyfieithu i'r Saesneg ryw ddydd fel bod modd i stori Cymry Lerpwl gael ei deall yn helaethach.

Gwrandewais ar gyngor Saunders Lewis a ddywedodd y dylid 'ysgrifennu cyfrol heb droednodiadau'. Rwyf yn ddyledus i flynyddoedd o ymchwilio mewn cylchgronau, megis *Y Brython, Y Glannau, Y Bont, Yr Angor,* ac mewn ugeiniau lawer o gyfrolau a llawysgrifau.

Rwy'n ffodus iawn fy mod yn berchen ar gymaint o luniau ac mae'r rheiny i'w gweld yn y gyfrol hon. Da yw medru defnyddio'r lluniau o gasgliad ardderchog John Thomas, Cambrian Gallery; lluniau Clybiau Pêl-droed Everton a Lerpwl; lluniau y diweddar Emrys E. Jones, Hen Golwyn; Phil Cope, Blaengarw; Dr John G. Williams, Allerton; a Ray Farley, Crosby.

Rwy'n ddiolchgar i Peter Lupson, un a ddysgodd y Gymraeg yn rhugl, am ddarparu gwybodaeth am gefndir cynnar Lerpwl ac Everton. Diolch i Dr Huw Owen, Aberystwyth a Dr Robin Gwyndaf, Caerdydd, am ddarllen y drafft cyntaf yn ofalus a chynnig gwelliannau. Diolch hefyd i Ellis Roberts a Dr Huw Edwards – cymwynaswyr o'r iawn ryw am ddarllen y cyfan a'i werthfawrogi. Diolch i Dr Pat Williams am baratoi'r deipysgrif ar gyfer y Wasg a diolch i bawb yn y Lolfa.

Gobeithio i mi wneud cyfiawnder â hanes rhyfeddol Cymry Lerpwl a'r cyffiniau.

D. Ben Rees
Allerton, Lerpwl
Hydref 2019

Cymry Lerpwl hyd at y ddeunawfed ganrif

Roedd Cymry yn trigo o amgylch Lerpwl a thu hwnt i Lerpwl cyn bod sôn am bentref Lerpwl. Ni cheir sôn am Lerpwl yn y Brawdlyfr (Doomsday Book), y gofrestr fanwl o holl diroedd a phlwyfi a thrigolion Lloegr, a wnaed ar orchymyn Gwilym y Gorchfygwr yn y flwyddyn 1086. Sonnir am fannau eraill yn y cylch, fel West Derby, ond nid oedd y pentref bychan o bysgotwyr llwm eu byd ar lannau afon Merswy yn ddigon pwysig i gael ei enwi.

Cyfraniad y Brenin Ioan

Newidiodd y cyfan yn 1207, pan roddodd y Brenin Ioan siarter i'r pentref. Sicrhaodd hynny gryn lawer o freintiau i'r trigolion a newidiodd statws Lerpwl o bentref i dref dros nos. Yn Siarter y Brenin Ioan y gwelir enw 'Liverpool' am y tro cyntaf mewn unrhyw ddogfen.

Yng nghyfrifon y Siryf 1212, cofnodir 'traul cludo milwyr, gwartheg a moch' a anfonwyd o'r pencadlys yng Nghaerhir (Lancaster), drwy Lerpwl i Gaer, ac oddi yno i Ddeganwy a Chonwy i ddiwallu angen byddin Lloegr am fwyd wrth iddynt geisio cael hyd i Lywelyn, Tywysog Cymru.

Cysylltiadau eraill rhwng Lerpwl a'r Cymry

Daeth clerc o Gaernarfon ar wŷs i Lerpwl yn 1283. Ei waith oedd prynu coed ar gyfer adeiladu Castell Caernarfon, a goruchwylio'r llwytho ar un o'r llongau bychain o tua deugain tunnell. Roedd ffeiriau Lerpwl yn hynod o boblogaidd, a thyrrai Cymry a phobl Sir Gaer iddynt. Yn ei siarter i'r 'Prior of Byrkehaved' (Penbedw), gorchmynnodd Edward yr Ail i'r mynachod adeiladu llety i'r teithwyr, a phrynu a gwerthu diod a bwyd i'r masnachwyr a ddeuai o bell i Lerpwl drwy groesi 'the said arm of the sea'.

Deuai milwyr yn gyson o Gymru i Lerpwl, cyn hwylio mewn cychod i Iwerddon. Yn 1362, er enghraifft, gofalodd Edward III bod 30 o saethwyr glew o Gasnewydd, 80 o Forgannwg a 40 o gylch Abertawe a gwlad Gŵyr yn anelu am Lerpwl. Cyrhaeddodd pob un y porthladd yn ddiogel. Nid yw'n wybyddus beth oedd maint y porthladd na nifer trigolion y pentref. Erbyn 1772, roedd 840 o bobl yn byw yn Lerpwl ond ni wyddom faint o Gymry oedd yn byw ar y 168 o aelwydydd. Diddorol fyddai gwybod hynny. Erbyn y drydedd ganrif ar ddeg a'r bedwaredd ganrif ar ddeg roedd Lerpwl yn cyfnewid bwyd a phobl gyda phorthladdoedd gogledd Cymru, yn enwedig Conwy a Biwmares.

Dyfodiad Dafydd ap Gruffudd a'i deulu

Y Cymro cyntaf a fu'n fawr ei ddylanwad oedd Dafydd ap Gruffydd. Maentumir ei fod yn un o ddilynwyr y Tuduriaid a ddaeth o Gymru i Lundain yn sgil brenhiniaeth Harri'r Seithfed. Yn sgil ei deyrngarwch, fe'i hanrhydeddwyd gyda'r swydd o gadw golwg ar drigolion Lerpwl ac yn bennaf i sicrhau eu bod yn talu tollau a threthi. Nid oedd hi'n swydd hawdd ond derbyniai gyflog digon hael o 14 punt y flwyddyn.

Gwnaed ef yn Faer y fwrdeistref ar ddau gyfnod – y tro cyntaf yn 1503, ar ôl byw am wyth mlynedd yn unig yn Lerpwl, a'r ail dro yn 1515. Wedi ei farw, rhoddwyd y brydles a'r cyfrifoldeb i'w weddw, Alis Gruffydd, ac i Henry Ackers, neu Accres, ei fab-yng-nghyfraith. Gwelir ei enw ef ynghlwm â melin wynt ym maestref Wavertree, a ddaeth maes o law yn un o ganolfannau'r Cymry. Ym mhrydles Dafydd ap Gruffydd sillefir enw'r dref yn Lyrpul, sydd yn ein hatgoffa o'r modd yr ysgrifennir y gair yn Gymraeg heddiw. Ond cofier mai'r ffurf gynharaf ar yr enw yw Liuerpul sy'n golygu 'muddy pool'. Gellir dadlau bod dylanwad Cymreig ar y gair Lyrpul trwy dynnu cymhariaeth â'r ymadrodd Cymraeg 'Lle'r Pwll', ond mae'n amlwg y gellir gosod yr enw ochr yn ochr ag enwau eraill a sillefir fel hyn – Litherpul, Liverpoole, Liverpolle, Lyerpull, Litherpoole, Leverpoole. I'r Cymro, Lerpwl yw'r enw yn hytrach na Llynlleifiad (neu Llyn y Lleifie) a ddefnyddiwyd yn y ddeunawfed ganrif. Dyna oedd yr enw a apeliai at yr emynydd Pedr Fardd.

Crwydriaid o Gymry

Roedd crwydriaid o Gymru a Gogledd Lloegr yn broblem fawr i'r rhai oedd yn llywodraethu yn Lerpwl. Denwyd crwydriaid i'r porthladd gan eu bod yn gobeithio cael dipyn o waith a gwella eu byd. Deuai eraill, yn ôl cofnodion, oherwydd yr 'excedinge number of ale howses and typling ale howses' yn y saith stryd a gynhwysai Lerpwl.

Un o Gymry Lerpwl oedd 'Welsh Alice'. Cardotes benchwiban, anllythrennog oedd Alice, a chroesodd afon Merswy mewn cwch o Eastham yn 1582 yng nghwmni rhyw 'felowe with a broken arm'. Byr fu arhosiad Alice a'i ffrind clwyfedig – ar orchymyn y Maer i'r beili, bwriwyd y ddau allan o'r porthladd. Deuai merched ychydig taclusach eu gwedd a'u gwisg na 'Welsh Alice', yr 'young women' fel y'u gelwid oedd yn barod i gadw cwmni i'r milwyr (oedd ar eu ffordd i Iwerddon am gyflog o dair ceiniog y dydd), a'r morwyr o Gymru ac Iwerddon oedd yn glanio yn gyson gyda physgod a bwydydd eraill.

Yn 1600, cyhuddwyd tlotyn dienw o 'Rhuthin' o ddwywreiciaeth a chafodd orchymyn i hel ei bac am Ddyffryn Clwyd neu unrhyw le arall. Ni roddodd Lerpwl groeso iddo, am nad oedd yn barod i wneud cyfraniad i gyllid y ddinas. Bu'n ffodus o'r gosb ysgafn a dderbyniodd o gymharu â'r erlid a dderbyniai aml un oedd yn flêr a charpiog. Er enghraifft, nodir yn 1565 i leidr gael ei hoelio gerfydd ei glust wrth bostyn a'i chwipio yn greulon 'from the myddyll upward' nes bod gwaed yn llifo o'i gefn a'i frest.

Ymhlith y rhai mwy uchelgeisiol a gyrhaeddodd Lerpwl ar long fechan o Gymru oedd Davie y Fish. Ei freuddwyd oedd gwneud ei ffortiwn ac erbyn 1619 ymddengys ei fod wedi gwireddu hynny. Mewn cynulliad a elwid yn Assemblie in the Common Hall of Liverpoole, cadarnhawyd gan y Maer, y 'baylieffes' a'r Cyngor fod hanner cant o farilau o bysgod, llwyth llong y Cymro, i'w rhannu am bris derbyniol iawn i drefolion etholedig y dref, a'u bod hwy i dalu dwy bunt yr un i gronfa'r dref. Prynwyd hwy gan swyddogion y dref, i'w hailwerthu'n rhad i'r trefolion a'r rhyddfreinwyr (freemen).

Yng nghyfnod y Brenin Iago'r Cyntaf, ceid aml i Davies yn Lerpwl, rhai yn llwyddo yn dda ond llawer mwy yn methu ac yn dioddef trais cyffredin y strydoedd. Gorfu i'r Cymro John Davies, oedd yn cadw siop haearn a dur, wynebu llys am dorri'r gyfraith. Roedd William Davies o Sir y Fflint wedi bod yn gwerthu diod at 'divyn service', a bu Cymro arall, William Davies, o flaen y Cyngor yn 1619 am dreisio merch ifanc tair ar ddeg oed ar fwrdd ei long.

Moses Hughes

Gŵr anhydrin oedd y Cymro ecsentrig Moses Hughes. Roedd Moses wrth ei fodd yn herio'r awdurdodau, yn arbennig Maer y dref a'r henaduriaid oll. Byddai Hughes yn sefyll ar gornel Stryd y Castell ac yn gweiddi sloganau i fychanu'r awdurdod trefol. Roedd ei acen Gymraeg i'w chlywed yn eglur ac yn 1685 fe'i daliwyd, ei osod o flaen y llys a'i ddirwyo i swm o chwe phunt. Ar ôl ei ryddhau o'r ddalfa, galwodd y Maer a'i gynghorwyr i'w gyfarfod tu allan i Neuadd y Dref, gan eu gwawdio unwaith yn rhagor am ei adael yn rhydd ac am ddirwy mor fychan, gan eu hysbysu fod ganddo yn ei gôl y swm o ugain punt. Gosododd ddrych mawr yn Stryd y Castell er mwyn i'r pwysigion weld eu hwynebau eu hunain yn gwrido oherwydd eu methiant. Gwnaeth araith hir am eu ffolineb, eu bod wedi tybio 'nad oeddwn ddim ond hen Gymro tlawd'. Yr unig un arall y gwn i a wnaeth gamp gofiadwy yn Stryd y Castell oedd y bardd, Twm Morys, wrth ffilmio 'Cadeiriau Coll'. Dyma'r bardd yn cario cadair Pedrog ar ei gefn o Neuadd y Ddinas i ganol Stryd y Castell er mwyn i'r dyn camera dynnu ei lun yn eistedd yng nghadair y Prifardd. Rwy'n siŵr y byddai Twm Morys wrth ei fodd yng nghwmni Moses Hughes! Fel y byddwn innau.

Mae'n sicr fod Moses Hughes yn ymwybodol o'r cynllun creulon ac anghyfiawn i anfon Cymry Cymraeg i lafurio yn y planhigion cotwm yn yr Unol Daleithiau. Yn ôl y cofnodion swyddogol, defnyddid enwau fel 'prentisiaid' ac 'ymfudwyr' ar yr anffodusion hyn yn hytrach na 'caethweision'. Anfonid plant, ac yn arbennig dynion a merched a fu o flaen ynadon, i'r planhigfeydd yn Ynysoedd India'r Gorllewin, neu i Virginia, Carolina a Georgia yn America. Tybed a welodd Moses Hughes y pump o Gymry yn nociau Lerpwl, oedd yn paratoi ar gyfer y siwrnai bell ym mis Hydref 1698 – Humphrey Howel o Sir Feirionnydd, John Davies ac Edward Parry o Sir Ddinbych, John Wynn o Ruthun a'r unig ferch, Joyce Cooper o Sir Gaernarfon. Nid hwy oedd yr unig rai i gael eu hanfon i lafurio. Amrywiai'r oedran o'r ieuengaf yn wyth mlwydd oed i'r hynaf yn ddeg mlwydd ar hugain oed.

Porthladd Lerpwl yn ehangu

Porthladd yw'r gair cywir i ddisgrifio Lerpwl erbyn yr ail ganrif ar bymtheg. Roedd Cymro o'r enw William Ellis yn un o'r morwyr cynnar. Hwyliodd yn gyson o'r porthladd yn ystod teyrnasiad y Frenhines Anne, a bu'n filwr yn ystod teyrnasiad y Brenin Siôr y Cyntaf. Ond nid amharodd bywyd morwr na milwr ar ei waith fel crydd, gan iddo fyw i fod yn 131 mlwydd oed!

Teithiai pobl yn gyson o Gymru i Lerpwl ar ddechrau'r ddeunawfed ganrif. Roedd gan awdurdodau Lerpwl ddiddordeb cyson yn y porthladd, yn ogystal â phorthladdoedd arfordir gogledd Cymru. Gan fod porthladd Biwmares mor bwysig, penderfynodd Trysorydd Corfforaeth Lerpwl yn 1724 anfon deg pwys ar hugain o bylor (gun-powder), a saith bunt o arian, i helpu chwythu creigiau Penmon a orweddai yn y sianel gul rhwng Ynys Seiriol ac Ynys Môn.

Y Tollau

Ddwy flynedd ar ôl i'r llenor Daniel Defoe ymweld â Lerpwl yn 1724, gan gwyno am gyflwr ffyrdd y dref, cyfarfu ymddiriedolwyr y Turnpike Trust i weithredu'r ddeddf 'for repairing and enlarging the road from Liverpool to Prescott and other roads therein mentioned in the County Palatine of Lancaster'. Lledu'r ffordd rhwng Limekiln Road (Lime Street heddiw) a Prescott, drwy Twigg Lane a Roby oedd y gamp gyntaf. Pedair llathen a hanner oedd lled y tyrpeg newydd, o gerrig crynion, tywod a cherrig, ac mewn ambell i fan codwyd y tyrpeg i osgoi llifogydd. Gallai'r ustustiaid a wnaeth hynny orfodi plwyfolion Lerpwl a West Derby i roi tri diwrnod o wasanaeth mewn blwyddyn yn rhad ac am ddim i weithio ar y ffyrdd. Ond roedd hi'n ofynnol talu'r tollau newydd a ddaeth i fodolaeth yn 1726. Wrth ddod at y tollau, roedd hi'n ofynnol i berchennog ceffyl neu ful oedd yn cario glo dalu dimai, a cheiniog ychwanegol am ail geffyl. Byddai rhaid talu chwe cheiniog am wagen â llwyth o lo, grôt am ychen neu fustych yn y siafftau, tra byddai'r pris am gerbyd (gig Berlin neu chariot) yn chwe cheiniog ac ugain o ddefaid yn costio pum ceiniog. Nid rhyfedd fod y Cymry fel y Saeson yn cwyno yn feunyddiol am y system hon. Mawr oedd eu llawenydd yn 1871 pan ddiflannodd y clwydi gan ddod â dyddiau'r tollau i ben.

Trafnidiaeth feunyddiol

Erbyn dauddegau'r ddeunawfed ganrif roedd trafnidiaeth ddyddiol rhwng porthladdoedd Môn a Lerpwl, a hynny'n bennaf oherwydd gwaith copr enwog Mynydd Parys. Cludai llu o longau hwylio'r mwyn gwerthfawr i Lerpwl a hefyd i borthladd Runcorn ac yna ei drosglwyddo i wageni i gludo'r cyfan, i St Helens yn bennaf. Deuai llongau i Lerpwl bob wythnos, weithiau'n amlach, o borthladdoedd Caergybi, Amlwch, Bae Dulas gerllaw Penrhos Llugwy, Traeth Bychan ger Moelfre a'r Traeth Coch, Biwmares a Phorthaethwy. Cariai'r llongau hyn nid yn unig gopr, ond cynnyrch ffermydd Môn – llwythi o geirch, haidd, blawd, tatws, ymenyn, calch, cerrig palmant ac yn ddiweddarach, cerrig caled Marmor y Sychnant, ger Traeth Llugwy, ar gyfer adeiladu dociau cyntaf y porthladd. Mentrai trigolion Môn ar y cychod hyn i fwynhau'r daith i'r ddinas. Ond bu sawl trasiedi, a Chymry, fel aelodau cenhedloedd eraill, yn colli eu bywydau a hwythau yn medru gweld Lerpwl ar y gorwel agos. Yn 1764, er enghraifft, suddodd deunaw o longau rhwng y bar a'r dociau, gan achosi marwolaeth pedwar ugain o forwyr (Cymry yn eu plith) a cholli tunelli o faco costus.

Sefydlu gwasanaeth i warchod y llongau

Yn sgil hyn, ffurfiwyd y Liverpool Pilotage Service yn 1766. Bellach roedd rhaid i bob llong fach, un hwylbren, oedd yn pwyso rhyw ddeg tunnell ar hugain gario gwn y gellid ei danio ac ysbienddrych safonol i weld yn bellach na'r llygad dynol. Ond buan y sylweddolwyd nad oedd hynny'n ddigonol, pan oedd afon Merswy ar ei gwaethaf. O ganlyniad, gorfodwyd pob peilot gan ddeddf gwlad i brynu *cutters* deugain tunnell, digon mawr i gario hyd at saith o beilotiaid.

John Hughes, masnachwr a Maer y Dref

Gwelir enw John Hughes yn y cofnodion yn 1716, pan ofynnodd i'r cyngor am yr hawl i ddechrau busnes crochenwaith. Caniatawyd iddo wneud 'sugar moulds or potts and other kinds of muggs' am dâl blynyddol o hanner coron. Roedd y diwydiant siwgr wedi dod yn hynod o bwysig ac roedd angen llestri ar gyfer ei ddiogelu.

Roedd John Hughes wedi ennill ei le ar Gyngor y Dref erbyn 1705, ond oherwydd ei natur ddidaro a diffyg disgyblaeth bersonol, buan y troseddodd fel cynghorydd. Rhybuddiwyd ef yn 1707 y byddai yn colli ei aelodaeth o'r cyngor os na fyddai yn newid ei agwedd a mynychu'r cyfarfodydd yn fwy rheolaidd. Ugain mlynedd yn ddiweddarach, ef oedd Maer y Dref. Bryd hynny, roedd rhaid sefyll mewn etholiad cyhoeddus. Nid hon oedd y drefn arferol wedi bod, ond gan fod John Hughes mor anwadal, penderfynwyd gwneud hynny yn 1727, ac am gyfnod byr ar ôl hynny.

Roedd etholiadau Lerpwl yn enwog am y rhialtwch a'r modd y ceisid prynu pleidleisiau trwy baratoi digon o fwyd a diod i'r ychydig oedd â'r hawl i bleidleisio. Cymerai'r etholiad dri diwrnod o leiaf, ac weithiau byddai'r ymgeiswyr yn crwydro'r strydoedd am chwe diwrnod i ddenu cefnogaeth. Canlyniad hyn oedd gwastraff adnoddau a chreu drwgdeimlad. Ond nid oedd modd i neb sefyll heb ei fod yn meddu ar gryn lawer o gyfoeth. A bu'n rhaid i John Hughes sefyll yn erbyn gŵr oedd yn meddu ar ddigon o gyfoeth, sef Thomas Brereton. Yn ddiweddarach bu ef yn cynrychioli Lerpwl fel Aelod Seneddol yn San Steffan. Ond y tro hwn John Hughes enillodd. Bu blwyddyn ei lywyddiaeth fel Maer Lerpwl yn boenus i bawb gan iddo wrthod galw'r cyngor ynghyd yn ystod sawl argyfwng. Gwaeddai aml i Sais arno ar y stryd 'Go home to Wales' neu 'Good morning, Wild Welshman', ond ni châi neb y gorau arno. Galwai yntau ar eu hôl hwythau a'u bygwth. Yn naturiol roedd ei weithwyr yn y crochendy yn barchus ohono, gan ei fod ef yn rhoddi cyflogaeth dda iddynt. Ond blinodd nifer o'i gyd-gynghorwyr arno yn 1736, ac fe'i diswyddwyd o Gyngor y Dref. Ond meddai ar ormod o gefnogwyr ymysg y Cymry a'r Saeson, ac o fewn pedair blynedd cafodd ei adfer ar ôl iddo wneud ymddiheuriad cyhoeddus am ei drafferthion cyson a'i duedd i ddilorni heb angen.

Cyfraniad yr Henadur Owen Prichard

Erbyn hyn roedd Cymro arall wedi dangos ei allu a'i fedr o fewn Cyngor y Dref, sef Owen Prichard. Roedd y gŵr hwn yn hanu o Fôn ac wedi gwneud ei ffortiwn yn gwerthu wisgi a chwrw yn bennaf. Roedd yn adnabod pawb o bwys yn y bywyd Cymraeg ac ym myd masnach. Roedd ar delerau da gyda Morysiaid Môn.

Yn sgil dyfodiad y brawd ieuengaf, John Morris, i Lerpwl rhwng 1738 a 1739 cawn gipolwg ar Gymry eraill y ddinas. Lletyai John gyda gwraig o'r enw Mrs Partis mewn tŷ ger y doc, gan dalu tri swllt a chwe cheiniog yr wythnos am ei fwyd a'i lety. Mae ei lythyr olaf o Lerpwl (neu fel y galwai ef y lle 'Nerpwl'), yn hynod o drist gan fod ganddo yn ei feddiant 'fachgen du, oddeutu un ar bymtheg oed, i'w werthu dros gyfaill iddo'. Beth ddigwyddodd i'r llanc oedd yn gaethwas ac ar werth? A lwyddodd John Morris i'w werthu? Pwy a ŵyr?

Etholwyd Owen Prichard yn Faer Lerpwl 1744-5, a hynny pan oedd pob math o straeon ar led i ddychryn y bobl. Yn 1745 daeth y newydd i Lerpwl gan y Capten Robinson fod y Tywysog Charles (The Young Pretender), wedi glanio yn yr Alban. Pan glywodd Owen Prichard hyn anfonodd y wybodaeth i'r Ysgrifennydd Cartref, ac aethant i amddiffyn y dref rhag ofn y byddai'r tywysog yn ymosod ar Lerpwl ar ei ffordd i Lundain. Gyda swm o chwe mil, llwyddodd y Maer a'r Gorfforaeth i greu bataliwn o filwyr, naw cant ohonynt, gan ei galw yn Liverpool Blues. Deuai'r naw cant hyn o blith trigolion y dref, yn cynnwys Cymry, Albanwyr, Gwyddelod a Saeson. Aeth y Jacobiniaid heibio Lerpwl gan iddynt ddeall yr hyn a gyflawnodd Owen Prichard, ond penderfynodd y Liverpool Blues fynd mor bell â Chaerludd i frwydro yn erbyn Dug Cumberland. Roedd y Maer yn barod iawn i ddefnyddio ei arian i hybu masnach a'r porthladd a bu yn flaenllaw yn cefnogi'r Greenland Whale Fishery.

Y llong gyntaf i hwylio i Lerpwl yn yr anturiaeth hon oedd y *Golden Lion* a hynny yn 1750. Bu'r daith o dan y Capten Metcalf yn llwyddiannus. Ar 18 Ragfyr 1749, prynodd yr Henadur hanner siâr yn y *Golden Lion* ynghyd â 37 o arweinwyr eraill Lerpwl. Roedd y mwyafrif, fel ef, wedi prynu un siâr ac eraill hanner siâr. Dyna a wnaeth Owen Prichard. Ond mae'n ddigon posibl fod y Cymro amlwg yn rhan o hybu'r fasnach gaethwasiaeth hefyd. Dyma ddywed Gomer Williams, hanesydd o dras Gymreig ac un a roddodd i ni lawer o fanylion am fasnach caethweision Lerpwl:

> So Catholic was the spirit of enterprise displayed by most of these gentlemen, that their Commercial Operations embraced not only whales but negroes, and for one's whale's blubber melted by their agency, they might have counted thousands of human hearts either stilled for ever, or crushed by lifelong slavery.

Ac felly nid oedd dwylo'r Cymro yn lân o'r gweithredu annynol a berthynai i gaethwasiaeth; yn wir gellir dweud bod y dref i gyd wedi pesgi yn helaeth ar y fasnach.

Roedd Prichard yn troi hefyd ym myd herwgipwyr llongau. Yr herwlongwr enwocaf a welodd Lerpwl, a Phrydain o ran hynny, oedd y Capten Fortunatus Wright. Ef oedd arwr trigolion Lerpwl yn hanner cyntaf y ddeunawfed ganrif. Llwyddodd i oresgyn yn 1746, er enghraifft, 16 o longau Ffrainc yn y Levant gwerth £400,000; ac yna ar ôl hynny 18 o longau yn y Caribî. Enw'r llong o Lerpwl oedd *Fame*. Priododd Owen Prichard weddw Fortunatus Wright. Hi oedd ei ail wraig a dengys hyn yn glir y cylchoedd roedd y Cymro diwylliedig yn troi ynddynt.

Goronwy Owen

Owen Prichard oedd yn gyfrifol am sicrhau curadiaeth (gofalaeth) Eglwys y Plwyf Walton i'r bardd Goronwy Owen, rhan hynafol iawn ar gyrion Lerpwl. Sonia'r curad amdano yn ei lythyrau fel 'Aldramon Prisiart', a sonia hefyd am ei awydd i symud o Donnington o fewn cyrraedd tref Croesoswallt i le mwy Cymreigaidd fel porthladd Lerpwl. Yr eglwys a'r Ysgol Ramadeg yn Walton oedd y dewis delfrydol iddo gan ei fod yn hyddysg yn y clasuron. Yn ei lythyr cyntaf i William Morris o Walton ar Ebrill 30, 1753, soniodd iddo gyfarfod â llongwyr o Fôn ond ni ddatgelodd iddynt pwy ydoedd er ei fod ef yn adnabod rhai ohonynt! Dyma ddarn o'i lythyr smala:

> Mi a welais heddyw yn Liverpool yma rai llongwyr o Gymru, ie o Gybi, y rhai a adwaenwn gynt, er nas adwanent hwy monof fi, ac nas tynnais gydnabyddiaeth yn y byd arnynt, amgen na dywedyd mai Cymro oeddwn o Groesoswallt (lle nas adwaenent hwy) ac felly'r wyf yn dyall fod yn hawdd cael y peth a fynner o Fôn yma.

Poenai'r bardd Goronwy fod ei blant yn methu siarad Cymraeg fel y dylent, ac nid oedd ef yn llawer o help iddynt. Daeth yn gurad Eglwys Santes Fair, Walton, yn Ebrill 1753. Cafodd swm ychwanegol o £13 i weithredu fel athro yn y clasuron, ymysg pynciau eraill, yn yr Ysgol Ramadeg a leolid yn ymyl yr eglwys.

Bywyd helbulus oedd ei fywyd yn Lerpwl, fel ym mhob man arall y bu.

Roedd Walton yn lle diflas i farddoni, meddai wrth Richard Morris ar 17 Rhagfyr 1753:

> Nid yw awyr y wlad yma ddim yn dygymmod a'r Awen cystal ag awyr gwlad y Mwythig; etto, hi a wasanaetha, 'rwyf yn deall, canys mi fum yn ddiweddar yn profi peth ar yr hen Awen, i edrych a oedd wedi rhydu ai peidio.

Cymharodd drigolion Walton ddwywaith i *Hottentos*, llwyth o bobl o Dde Affrig na welodd ef erioed mohonynt, ond a gyfrifid yn wyllt ac anwaraidd. Casâi ei waith fel bugail eneidiau ac athro'r clasuron. Ysgrifennodd lythyron di-ri, llawer ohonynt yn ystod ei gyfnod byr yn Lerpwl, at y Morysiaid a John Rowlands, Clegyr Mawr, Môn. Dyma lythyron llenyddol sy'n cyfleu i'r dim ei hiraeth am Fôn, ei dlodi, a'i awydd am lyfrau i'w ddarllen. Bu Ebrill 1754 yn fis anodd gan y bu marwolaethau enbyd yn Walton ymysg pobl o bob oedran. Byddai yn gofalu am dri angladd y dydd. Mwynheai fynd am dro i'r porthladd er mwyn sgwrsio yn Gymraeg gyda morwyr o Fôn.

Gan fod cymaint o Fonwysion wedi symud i Lerpwl, cafodd yntau ei gofio gan un genhedlaeth ar ôl y llall ohonynt. Ef yw un o fawrion llenyddiaeth Gymraeg a fu'n byw yn y ddinas. Yn ystod ei gyfnod yn Lerpwl gwybu dreialon, tlodi a hefyd y brofedigaeth o golli ei ferch fach, Elin, a lluniodd yn Walton awdl farwnad i'w choffadwriaeth. Mae'r englyn hwn o'r awdl ar dafod leferydd llawer i Gymro a Chymraes:

> Mae cystudd rhy brudd i'm bron – 'rhyd f'wyneb
>   Rhed afonydd heilltion;
>   Collais Elin liw hinon,
>   Fy ngeneth oleubleth lon.

Ymhen dwy flynedd rhoddodd y gorau i ddysgu a phregethu yn Walton, gan gymryd swydd curad yn Northholt ar gyrion Llundain. Cafodd ei siomi yno hefyd, a phenderfynodd ymfudo i Williamsburg, Virginia, yn ddigon pell o Fôn a Lerpwl.

Gwelir o lythyrau Goronwy Owen (1723-69) yn Lerpwl fod Cymro arall yn gurad Eglwys Crosby (ardal arall yng ngogledd Lerpwl a ddaeth yn drefedigaeth i'r Cymry). Gŵr o ardal Llangurig, Sir Drefaldwyn, ydoedd, gŵr ysgolheigaidd fel Goronwy Owen ei hun.

Diolch i Goronwy Owen gwyddom am nifer o Gymry a ddeuai i ymweld â Lerpwl fel 'Mr Vaughan o Gors-y-gedol, a ddaeth yn lanaf gŵr i Walton', a Capten Humphreys a Capten Foulkes, a ddaeth un Sul gydag Alderman Prichard. Siom iddo yn fuan ar ôl hynny oedd clywed am foddi Capten Humphreys a'i wraig yn Parkgate, a'u claddu yn Neston. Roeddent ar long yn perthyn i Evan Jones o ynys ei febyd. Soniodd wrth Hugh Williams o Walton ar 15 Ebrill 1755 am farw ei ferch:

> Och fi ! mi gefais innau anfeidrol drymder er pan ysgrifenais attoch o'r blaen. Fe fu farw fy unig eneth anwyl i yr hon a gleddais y Gwener diwethaf. Dedwydd gyfnewid iddi hi, f'enaid bach ydoedd hwnw, ac oni bai wendid Natur ddynol, ni byddai i ninnau ddim achos i dristhau llawer, erbyn ystyried ol a blaen.

Gofynna yn daer i Hugh Williams ymweld ag ef 'gan nad oes ond saith milldir o Gaer i Eastham, ac yno dyna chwi yn Nerpwl yn union'. Roedd y Bardd Du, fel y galwai ei hun yn Lerpwl, yn dweud celwydd; roedd dipyn mwy o Gaer i Eastham na saith milltir. Ond yng ngeiriau'r Prifathro J. H. Davies, bardd ydoedd oedd yn dra hoff o wrth-ddweud ei hun yn gyson!

Ioan Thomas o Sir Faesyfed yn argraffu ei gyfrol yn Lerpwl

Un o'r Cymry a ddaeth i Lerpwl i argraffu ei gyfrol oedd John Thomas o Raeadr Gwy, yr Annibynnwr a blediai yn ei fywyd rinweddau'r Methodistiaid Calfinaidd. Addysgwyd ef yn Nhrefeca gan y diwygiwr Howell Harris, a daeth yn bregethwr teithiol yn ystod y Diwygiad Methodistaidd, cyn derbyn galwad i gapel yr Annibynwyr, Caebach, Rhaeadr Gwy yn 1767. Ni wyddom pa argraffydd a ddefnyddiodd John Thomas. Ond dyma'r manylion ar ddechrau'r gyfrol:

> Traethawd ar Fywyd Ffydd gan W. Romaine, MA, a gyfieithwyd gan Ioan Thomas trwy ganiatâd yr awdur. Liverpool. Argraphwyd yn Heol y Morfa. MDCCLXVII.

> O'm llafur yn Llyn y Lleifie,
> Mewn lle dryd ymhell o dre.
> Nos Nadolig, Rhagfyr 24, 1767

Treuliodd yr emynydd a'r pregethwr Nadolig 1767 yn Lerpwl yn llywio'r llyfr trwy'r wasg. Roedd hi'n dasg fawr. Teithio i ddechrau o Raeadr i Lerpwl, a hynny mae'n debyg ar droed. Yn ail, ar ôl yr holl lafur, sylwi bod gwallau yn y llyfr. Cydnabyddai iddynt ddianc 'o'm anfodd trwy ddwylo'r Sais tra roeddwn yn absennol'. Yna aiff ati i ymosod ar y bobl hynny sydd yn chwilio beiau, a hyn oedd yr unig ddull o fesur a phwyso cyfrol gan aml i adolygydd. Dywed mai 'sbïo gwallau yn hytrach na mynd ati i ddeall ysbryd a meddwl yr awdur drwyddo' a wnâi'r gwybodusion hyn. Dyma ei gyngor i'r bobl a fyddai'n darllen y llyfr Cymraeg cyntaf i'w argraffu yn Lerpwl:

Pob Gwe da, wellha wallau – cydnebydd
   Gan wybod yn ddiau,
  Y llithra gam lythyren gau
  'I lawer Gair, o law'r gorau'.

Ni wyddom ym mhle yr arhosodd John Thomas dros Nadolig 1767, ond roedd y Cymry erbyn hyn yn gweld Lerpwl fel treflan i gartrefu ynddi.

Efengylydd arall yn cartrefu yn Lerpwl

Daeth y Bedyddiwr, David Jones (1708-79), i gartrefu yn Lerpwl yn 1770 gyda'i blant. Ar ôl gwaith arloesol yn nyffryn Maelor, cafodd bleser o'r mwyaf yn ei gynefin newydd. Âi allan o'i gartref bron bob dydd i ganol Lerpwl i gyhoeddi'r newyddion da, a gan amlaf byddai'n traethu yn y Gymraeg, gan fod digon o Gymry yn barod i wrando arno.

Nid y Cymry oedd yr unig rai i heidio i Lerpwl. Dyma'r ffigyrau i ddangos twf y boblogaeth yn y ddeunawfed ganrif:

Yn 1700, nifer y tai: 1,142; y trigolion: 5,714
Yn 1720, nifer y tai: 2,367; y trigolion: 11,838
Yn 1742, nifer y tai: 3,600; y trigolion: 18,000
Yn 1760, nifer y tai: 5,156; y trigolion: 25,787
Yn 1801, nifer y tai: 11,784; y trigolion: 77,708

Galw am weithwyr

Roedd y Chwyldro Diwydiannol yn ei anterth trwy siroedd gogledd Lloegr a ffatrïoedd a melinau yn prysur dyfu. Roedd cynnyrch y ffatrïoedd a'r melinau hyn yn gymorth i borthladd Lerpwl gan fod angen defnydd crai arnynt, yn arbennig, cotwm. Roedd adeiladu'r dociau yn gyfle i Gymry ddod o hyd i gyflogau da. Agorwyd y doc cyntaf a elwid yr Old Dock yn 1721; agorwyd y Salthouse Dock yn 1753, a'r George's yn 1771, ar safle'r swyddfeydd urddasol a alwyd yn Royal Liver, y *Cunard,* a swyddfeydd y Dock Board. Dyna gynllun uchelgeisiol a fu o fudd mawr i'r Celtiaid. Cafodd y George's Dock ei alw yn 'The Welsh Basin' gan y trigolion, gan mai yno y byddai'r holl longau Cymreig o Gymru yn llwytho ac yn cael eu dadlwytho. Ar yr ochr ogleddol i'r George's Dock y lleolid yr ierdydd llechi. Gan fod Lerpwl yn tyfu yn flynyddol, roedd galw am lechi yn cynyddu. Cymry Cymraeg oedd yng ngofal yr ierdydd hyn a gwelid llongau o borthladdoedd y Felinheli, Bangor, Caernarfon a Phorthmadog yn dadlwytho'r cerrig a'r llechi yn wythnosol. Roedd y llongau bellach wedi gweddnewid yr olygfa ar Afon Merswy. Yn 1701, 102 o longau a welid ar yr afon; erbyn 1751 cododd i 543, ac i 3,420 yn 1783. Gwyddom yn 1783 fod yna 446 o longau yn perthyn i borthladd Lerpwl ei hun, ac o'r nifer fawr yna, ceid 86 o longau oedd yn y fasnach gaethweision gyda Chymry Cymraeg yn forwyr ar rai o'r llongau hynny.

Digonedd o waith ger Afon Merswy

Erbyn hyn, roedd y Cymry yn heidio i Lerpwl i chwilio am waith. Yr atyniad oedd yr adeiladu mawr ar lan Afon Merswy, ac yn ôl yr atgofion cynnar a gyhoeddwyd, roedd nifer o Gymry'n gweithio ar Ddoc y Brenin a gwblhawyd yn 1788 a hefyd Doc y Frenhines a gwblhawyd yn 1796. Roedd eu profiad o weithio fel chwarelwyr yn Arfon a Meirionnydd ac fel glowyr ym maes glo gogledd-ddwyrain Cymru wedi eu paratoi ar gyfer y dasg o adeiladu dociau. Cymry oedd rhan helaeth o'r chwarelwyr yn chwarel Sant Iago, a ddaeth yn ddiweddarach yn fynwent, sef y fynwent sydd bellach drws nesaf i'r Eglwys Gadeiriol Anglicanaidd. Yn y fynwent hon ceir beddau Cymry llwyddiannus fel David Roberts, marsiandwr coed, a drigai gerllaw yn Hope Street.

Ymfudo i'r Unol Daleithiau oedd bwriad William Gibson o Gonwy pan ddaeth i Lerpwl yn 1794 gyda'i briod a'i fab bychan John, a ddaeth yn un o gerflunwyr pwysicaf y byd. Ond yn hytrach na mynd i'r America arhosodd y teulu yn Lerpwl a magu tri cherflunydd o safon uchel iawn o fewn y gymuned Gymraeg. Ymaelododd y teulu yng nghapel y Bedyddwyr Saesneg yn Byrom

Street ond ar Awst y cyntaf aethant i gapel Cymraeg Pall Mall a chael modd i fyw gan y ddarpariaeth odidog oedd yno i'r plant a'r ifanc.

Lle arall oedd yn llawn Cymry Cymraeg yn y ddeunawfed ganrif oedd y ffatri gotwm. Gelwid hi gan drigolion Lerpwl yn 'The Welsh Factory'. Roedd y Cymry yn ennill parch a chanmoliaeth fel gweithwyr o ddifrif. Eithriad oedd cael segurwyr yn eu plith, a chanmolid hwy am eu gallu, eu diwydrwydd, ac yn arbennig eu gonestrwydd. Gwelwyd Cymry yn dringo i'r swyddi pwysicaf. Cymro o Fôn oedd Robert Jerman, prif arolygydd cyntaf Cwmni Dŵr Bootle a ffurfiwyd yn yr wythdegau. Un arall o'r un calibr oedd John Owens o Sir y Fflint, a wnaed yn brif reolwr y Duke's Dock, ac apwyntiwyd William Morgan o Ddyffryn Clwyd yn ddirprwy iddo. Un o Fôn oedd Robert Edwards a ddaeth yn arolygwr cwmni Old Quay. Dyma'r genhedlaeth a wnaeth argraff arbennig fel mewnfudwyr oedd yn awyddus i weithio'n galed. Hwy oedd y genhedlaeth gyntaf yn y ddeunawfed ganrif i weld Lerpwl fel eu dinas noddfa.

Croeso i Lerpwl

Mae rhamant yn perthyn i ddechreuad y gymdeithas Gymraeg yn Lerpwl ond hyd yn oed yn niwedd y ddeunawfed ganrif, tref fechan ydoedd i gyfeiriad y gogledd. Nid âi'r dref ymhellach i'r gogledd na phen draw Old Hall Street, ac yna i gyfeiriad y de i Pitt Street, lle bu rhai o'r arloeswyr cynnar yn byw. Tua'r dwyrain ymestynnai'r porthladd i Whitechapel a Church Street. Gwlad agored oedd yn amgylchynu'r dref, gan nad oedd Windsor, Toxteth, Islington, Kensington, heb sôn am St Domingo, Everton, Kirkdale nac Anfield wedi eu hadeiladu eto.

Strydoedd ac adeiladau pwysicaf Lerpwl

Heol ddiflas, gul oedd heol enwog Castle Street, a'r castell enwog wedi llwyr ddiflannu. Roedd yr heol hon yn rhy gul i ddau gerbyd fynd heibio ei gilydd. Ffordd gul arall oedd Byrom Street, sydd heddiw yn ymyl ceg twnnel Penbedw a'r ffordd oedd yn arwain i Walton. Ar leoliad adeilad hardd Neuadd St George safai ysbyty'r dref; a thu cefn i'r ysbyty, lle y gellir hamddena heddiw yng ngerddi Sant Ioan (St John's Gardens), ceid y gwallgofdy ac Ysbyty y Morwyr. Yn ddiweddarach yr adeiladwyd eglwys Sant Ioan a'r fynwent lle ceir beddau sawl cenhedlaeth o Gymry.

Nid oedd yn Lime Street, yr orsaf rheilffordd adnabyddus heddiw, ddim ond rhes o dai digon cyntefig a thlodaidd. Lle saif yr orsaf brysur, ceid odyn galch a dyna sut y cafodd yr enw Stryd y Calch (Lime Street). Daeth y stryd honno a'r orsaf yn fan cyfarfod enwog i Gymry'r bedwaredd ganrif ar bymtheg a'r ugeinfed ganrif.

Cartrefi'r Cymry yng nghanol y dref

Ymgartrefodd y Cymry yn bennaf yn ardal Old Hall Street a Tithebarn Street. Roedd nifer dda yn byw yn James Street a Chapel Street mewn cwrtydd cul a chyfyng, a rhai mor bell â Pit Street. Dywed John Hughes Morris:

> Dywedir y clywid cymaint o Gymraeg yn y rhannau hynny o'r dref ag a glywid mewn un ardal yng Nghymru, a gelwid yr heolydd yn fynych gan y Saeson, nid wrth eu henwau priodol, ond wrth yr enwau *"Welsh Court", "Welsh Yard", "Welsh Chapel Court"* etc.

Teithio dros dir a môr i Lerpwl

Roedd hi'n anodd cyrraedd Lerpwl ar y goets fawr. Cyn 1766 nid oedd cysylltiad o gwbl rhwng Lerpwl a gweddill Lloegr. Byddai'n rhaid i'r teithiwr gerdded neu farchogaeth i Warrington i ddal y goets. Rhedai'r goets oddi yno ddwywaith yr wythnos. Byddai'n cymryd tridiau i gyrraedd Llundain. Ond ar ôl 1766, daeth gwaredigaeth, a dyna sut y bedyddiwyd y ffordd o Lerpwl am Warrington yn London Road. Ond am genedlaethau, cyn adeiladu rheilffordd, roedd hi'n anodd cyrraedd Lerpwl. Meddylier am dystiolaeth James Hughes (Iago Trichrug), emynydd ac esboniwr ar yr Ysgrythurau. Methodd ddod i bregethu yn Lerpwl yn 1826 oherwydd anawsterau trafnidiaeth a chostau teithio. Dywed:

> Ond, Wfft idd eu pris! Pedair gini am gludo y fath greadur a mi oddi mewn, a minnau heb fod yn werth pedair ceiniog i neb yn y byd! Mae arnaf ofn anturio oddi allan yr amser hwn o'r flwyddyn, er bod y pris yn llai o'r hanner. Pwy a fedr oddef oerni ac anhunedd drwy gydol nos ar ben cerbyd chwimwth? Gwell i mi aberthu dwy gini na cholli iechyd am fy oes.

Y waredigaeth fawr a ddaeth i Gymry'r gogledd oedd i wneuthurwyr llongau, yn arbennig Cwmni Morwrol Amlwch, ofalu bod ganddynt, erbyn 1786, longau oedd yn pwyso dros 50 tunnell. Prif waith y llongau hyn oedd cario copr i Lerpwl a chamlas Sankey a chario yn ôl i Fôn ddigon o danwydd o faes glo Sir Gaerhirfryn. Cymro blaengar o'r enw Michael Hughes oedd yng ngofal Gwaith Copr St Helens, ac ef hefyd oedd yng ngofal llawer o'r llongau hyn. Deuai Monwysion yn y llongau hyn a hefyd yn y slŵp a elwid *Jane a Betty*. Byddai'r slŵp, a berchnogid gan ffermwyr o Fôn, yn hwylio yn gyson rhwng Bangor a Lerpwl. Capten Richard Pierce oedd yng ngofal y slŵp am flynyddoedd, ef a'i ddau gynorthwywr, a byddent yn lletya yn gyson yn Lerpwl. Un gaeaf talasant £6-7-4 i wraig a fu'n coginio bwyd iddynt. Ond y nodyn mwyaf diddorol oedd y llythyr a gafodd un o'r morwyr, ac yntau yn ôl ym mhorthladd Biwmares. Cafodd ei atgoffa ei fod ef ar dir Môn 'without a sweetheart and I am still in hopes to have your company when you will return to Liverpool again, now I am alone, the Cat. . . [has] left the house, and the mice have room to play'.

Slŵp arall, dipyn yn llai, oedd *Darling* a hwyliai yn rheolaidd, a hynny rhwng 1781 a 1793, gan amlaf o Gaergybi i Lerpwl trwy gulfor y Fenai. Dyma oedd y ffordd orau i gyrraedd Lerpwl. Y ffordd arall oedd cerdded o Arfon neu Sir Ddinbych cyn belled â Fflint neu Fagillt, yna croesi mewn cwch bach ar draws Afon Ddyfrdwy i Parkgate. Cerdded wedyn ar draws Cilgwri i Benbedw, a chroesi Afon Merswy mewn cwch hwyliau neu gwch rhwyfau, y cyfan yn dibynnu ar y tywydd. Mentrai rhai o dde a chanolbarth Cymru a Sir Feirionnydd trwy ddinas Caer gan fod cerbyd yn teithio o leiaf deirgwaith yr wythnos i bentref Eastham. Roedd Eastham yn ganolfan i'r Cymry drwy'r bedwaredd ganrif ar bymtheg, yn wir o chwarter olaf y ddeunawfed ganrif, Eastham oedd canolfan teithwyr o Gaer ac o Gymru i Fanceinion. Yno byddent yn newid ceffylau ac yn aros dros nos yn y gwestai, tra byddai eraill yn mynd ar long am Lerpwl. Yn ôl adroddiad yn *Seren Gomer*:

> Clywid gymaint o Gymraeg ymhlith pobl y gwestai, a'u cyfeillion y marchogion, ag a glywid mewn ambell le y tu arall i Glawdd Offa. Caiff pwy bynnag a gymer dro trwy fynwent y pentref dystiolaeth amlwg o hyn yn lluosogrwydd yr enwau Cymraeg a welir ar gerrig y beddau.

Croesi Afon Merswy

Ond nid hawdd oedd croesi o Eastham i Lerpwl gan fod yr afon mor llydan a'r adlif yn gryf. Ar ei waethaf, gallai gymryd hyd at ddwy awr a rhagor i groesi, a byddai'r gost yn uchel os nad oedd y cwch yn llawn. Ymysg y rhai a groesai yn gyson o Eastham i Lerpwl oedd y cenhadon o'r Bala; Thomas Charles, Simon Llwyd a Dafydd Cadwaladr. Tri o sêr mudiad y Methodistiaid Anglicanaidd. Bu bron i Thomas Charles golli ei fywyd, pan gododd storm wrth iddo groesi i Lerpwl.

Gellir olrhain gwreiddiau crefyddol Cymraeg ymneilltuol Lerpwl i bregeth Gymraeg a draddododd Owen Thomas Rolant, gof o Benrhosllugwy ym Môn, yng nghapel y Wesleaid Saesneg yn Pitt Street yn 1770. Dyma'r capel y pregethai'r enwog John Wesley ynddo ar ei ymweliadau mynych. Byddai'n pregethu yng nghapel Pitt Street a hynny am chwech o'r gloch y bore. Ceid nifer uchel o Gymry yn y cyfarfodydd hyn a hefyd ar y Suliau. Roedd y mwyafrif o'r Cymry wedi gorfod ffoi i'r dref am eu bod yn coleddu'r Methodistiaid Calfinaidd. Yng ngeiriau John Hughes Morris:

> Gwawdiwyd hwy, erlidiwyd hwy, gorthrymwyd hwy yn ddidrugaredd yn eu gwlad eu hun; trowyd hwy o'u tyddynnod a'u cartrefi; cymerwyd moddion eu cynhaliaeth o'u dwylo, fel nad oedd iddynt ddewis ond gadael eu gwlad, a cheisio rhyddid i addoli Duw yn ôl eu cydwybod, ymysg estroniaid a phobl anghyfiaith.

Pwysigrwydd yr arloeswr Owen Thomas Rolant

Dyna ddigwyddodd i Owen Thomas Rolant. Cafodd ei erlid gan sgweier ac offeiriad plwyf Penrhoslligwy, Môn, ac felly bu'n rhaid iddo gerdded am Lerpwl. Derbyniodd groeso yn eglwys y Wesleaid Saesneg yn Pitt Street, er ei fod bron yn uniaith Gymraeg. Wedi sylweddoli ei fod yn pregethu yn yr awyr agored ym Môn, cafodd bob cefnogaeth i gyhoeddi'r efengyl i nifer o Gymry uniaith bron o'r un cefndir ag yntau – plant yr erledigaeth. Byr fu ei arhosiad yn Lerpwl a da cofio amdano fel arloeswr. Ar ôl naw mis cerddodd yn ôl i Fôn i weld a fyddai gwell croeso yno, ond nid anghofiodd ei gydgenedl mewn alltudiaeth.

Brwdfrydedd William Llwyd o Sir y Fflint

Un o'r rhai a fynychai gapel y Wesleaid Saesneg oedd William Llwyd, a phenderfynodd rhai o'i gyfeillion drefnu cyfarfodydd gweddi yn ei gartref yn Pitt Street. Yn ôl y *Directory* lleol, dywedid fod ei gartref 'back of 92 Pitt Street', gan awgrymu mai tŷ gweithiwr tlawd ydoedd. Yn ôl Corfanydd, roedd ei gartref 'yn y *court* nesaf o'r cwrr isaf i gapel y Wesleaid'. Bellach, mae'r cyfan wedi diflannu, hyd yn oed y capel. Nid erys dim ar ôl ond y ffaith mai yno y cafwyd canolfan dros dro i'r Cymry oedd yn sychedu am efengyl Crist.

Llwyddodd William Llwyd i gael tri phregethwr i ddod i Lerpwl yn gyson, sef Humphrey Owen, o'r Berthen Gron, Licswm, William Davies y Golch a

Robert Prys, Plas Winter; selogion Methodistaidd Treffynnon a'r cyffiniau. Cyn hir aeth cartref William Llwyd yn rhy fach, a threfnwyd i gynnal oedfaon mewn hen warws annifyr o eiddo Billy the Ragman, lle yn ystod yr wythnos y rhoddid cyrff pobl a foddwyd yn Afon Merswy mewn eirch.

Gadawodd William Llwyd Licswm yn 1781, a chafodd drafferth dod o hyd i waith sefydlog. Bu'n gweithio ymysg seiri llongau am gyfnod ond collodd ei waith oherwydd nad oedd wedi cael ei brentisio fel y gweddill ohonynt. Mentrodd wedyn ar ei fusnes ei hun, y tro yma o'i gartref, 6 Liver Street, heol gul allan o Park Lane. Gwerthu sanau a wneid yn ei wlad ei hun o dŷ i dŷ a wnâi. Medrodd gadw'r blaidd o'r drws a symudodd i 12 Union Street, wedyn i Milk Street, ac yno y bu farw ar Ddydd Gŵyl Ddewi 1810. Fe'i claddwyd ar Fawrth y pumed ym mynwent St Paul's Square. Tyrrodd dros fil o bobl i'w gynhebrwng, oedd yn brawf o'r argraff a wnaeth. Yn un o'r papurau lleol, dywedwyd ei fod 'much respected and regretted by his many numerous acquaintances and friends'. Mari oedd enw ei briod a bu hi'n gefnogol i'r holl drefniadau wrth sefydlu ac adeiladu capel i'r Cymry.

Cefnogaeth Thomas Charles

Ymwelodd Thomas Charles o'r Bala yn 1785 â'r hen warws dywyll a digysur. Ar ôl i Thomas Charles ddychwelyd i Feirionnydd, aeth ati i ddadlau achos yr alltudion tlawd a difreintiedig a gyfarfyddai yn nhref Lerpwl. Aeth ati gan ddefnyddio ei rwydwaith helaeth i gasglu arian at adeiladu capel a chefnogi'r Cymry i brynu darn o dir yn Heol Pall Mall, ac yno gyferbyn â chartref yr artist ceffylau Stubbs yr adeiladwyd yn ôl un llygad-dyst 'adeilad cwbl ddiaddurn … ysgwâr … un llath ar ddeg bob ffordd; ac yn ei ffrynt, rhyngddo a'r heol, roedd darn o dir, neu gwrt agored, oddeutu'r un faint â'r adeilad'.

Agor Capel Pall Mall

Agorwyd y capel ar y Sulgwyn 1787, a bu'r diwrnod hwnnw yn hynod o bwysig am gan mlynedd a hanner. Cynhelid Cymanfa Liverpool, oedfaon pregethu ym mhob capel, am dri diwrnod ar ben-blwydd agoriad capel cyntaf y Methodistiaid Calfinaidd Cymraeg yn Lerpwl. Roedd Thomas Charles a'i gymrodyr wedi cyflawni gwyrth fel ag y gwelwn yng nghofnodion y sasiynau. Dywedwyd yn Sasiwn Rhosllannerchrugog ar Ebrill 2, 1788, ei fod ef a John

Evans (hwn hefyd o'r Bala), wedi casglu £55 at gapel Pall Mall yn siroedd Môn, Caernarfon, Dinbych a Fflint. Yn ychwanegol, casglodd Charles £5-17-0 ym Meirionnydd a'r cynghorwr Methodistaidd Edward Watkin, £6-2-6 yn Sir Drefaldwyn. Talwyd £70 yn ôl y diwrnod hwnnw i Richard Roberts, Melin-y-Coed, ger Llanrwst (arian a fenthycwyd ganddo i gapel Lerpwl) ynghyd â £2-10-0 o log.

Yn ychwanegol talwyd £21-10-0 i Evan Davies, saer medrus a chydwybodol, am ei holl lafur ar seddau a drysau a ffenestri'r capel. Yn Sasiwn y Bala ar 18 Mehefin 1788, talwyd £5 i Humphrey Lloyd, Adwy'r Clawdd ger Coedpoeth (arian a roddodd ar fenthyg i Thomas Charles at adeiladu Capel Pall Mall). Nid enwir y gof a fu'n gweithio ar y capel ond cafodd yntau dâl o £3-14-10½. Mae'n amlwg fod ganddo ddigon o amynedd! Ar 31 Rhagfyr 1788, yn Sasiwn Dolgellau, talwyd £11-7-10 i glirio'r ddyled i Evan Davies y saer.

Roedd dylanwad Thomas Charles yn gwbl amlwg ac yn sasiwn olaf 1789 (ar 31 Rhagfyr) yn Rhuthun, casglwyd £1-4-4 at gapel Pall Mall, a thalwyd £10 i George Gittins, Rhosllannerchrugog 'in part for Liverpool Chappell'. Roedd George Gittins wedi bod yn hael gyda Chymry tlawd Lerpwl. Yn wir yn Sasiwn Machynlleth, 8 Ebrill 1790, talwyd iddo'r swm o £40 arall at y capel. Ef oedd y mwyaf haelionus o bawb tuag at Gymry Lerpwl, ac yn Sasiwn Dinbych, 29 Rhagfyr 1791, ceir cyfeiriad at ŵr o'r un anian â Gittins, sef Peter Williams o'r Berthen Gron, Licswm. Talodd y sasiwn yn ôl iddo ef y diwrnod hwn £40, sef arian a fenthyciwyd oddi wrtho at gapel Cymraeg Lerpwl. Cafodd £2-0-0 o log am ei haelioni. Deuai'r holl symiau hyn i £303-6-6½ ac mae'n rhaid edmygu dycnwch Thomas Charles a'i gydweithwyr. Ond costiodd yr holl adeiladu ddwywaith yr hyn a gyfrannwyd, sef £600, a rhaid nodi mai dyma'r unig dro i Gymry Lerpwl ddibynnu ar Gymry gogledd Cymru wrth adeiladu canolfannau.

Rhoddodd Cymry Lerpwl o'u hamser i helpu'r adeiladwyr ac i arbed arian. Un noson cariai pedwar o'r bechgyn goed o'r felin lif i Pall Mall. A hwythau bron â chyrraedd y capel, fe'u cyhuddwyd o ladrata'r coed a bu'n rhaid iddynt dreulio rhai oriau o dan glo hyd nes y cafwyd sicrwydd o'u gonestrwydd.

Presenoldeb y capel yn annog ymfudo i'r dref

Wedi adeiladu'r capel, cynyddodd y mewnfudo o Gymru. Am fod arweinwyr Methodistiaeth wedi crwydro'r siroedd i gasglu arian, ymledodd y sôn am gapel Lerpwl i bellafoedd Llŷn. Roedd llawer un yn amharod i fudo cyn 1787, ond ar ôl hynny, bu mewnfudo ar raddfa eang. O ganlyniad, bu'n rhaid ehangu'r capel a gosod dwy galeri ychwanegol, un ar yr ochr dde a'r llall ar yr ochr chwith o'r cysegr. Ymysg mewnfudwyr 1789, roedd llanc ifanc o Eifionydd, Daniel Jones, mab y cynghorwr Methodistaidd Robert Jones, Rhos-lan. Dim ond pymtheg oed ydoedd pan gyrhaeddodd Capel Pall Mall.

Bu Daniel Jones yn gaffaeliad o'r mwyaf gan ei fod yn medru gofyn i'w dad, Robert Jones, i berswadio pregethwyr i ddod am Sul i Lerpwl. Yn wir, aeth yr holl ffordd i Sasiwn Pwllheli yn 1794 i geisio pregethwyr i Lerpwl, gan ei fod yn sylweddoli nad oedd hi'n hawdd eu denu i'r dref. Roedd arweinwyr Lerpwl ar bigau'r drain erbyn 1793. Dyna'r adeg y perswadiodd William Pitt ddirprwyaeth o'r dref i ddod i Lundain i drafod dull i amddiffyn y porthladd rhag bygythiad o du Ffrainc. Yn ymyl yr ardal lle trigai'r Cymry, adeiladwyd carchar yn Great Howard Street ac agorwyd ei ddrysau yn 1793. Ymhen pum mis gwelwyd carcharorion rhyfel o Ffrainc yn cyrraedd eu cartref newydd. Erbyn 1799 roedd 4,009 yn y carchar a bu nifer o'r gymuned Gymraeg yn garedig wrthynt. Cefnogwyd eu dramâu a'u dulliau o ddiddanu a phrynwyd llawer o'r teganau a wnaed ganddynt yn eu caethiwed.

Ofn dihirod ar y strydoedd

Trigai llu o longwyr Cymraeg yn Lerpwl, a thrwy'r nawdegau roeddent yn byw mewn ofn parhaus. Disgrifiodd Daniel Jones un noson dywyll ym mis Tachwedd 1793 fel hyn:

> Nos Fercher diweddaf cafodd rhai o aelodau ddihangfa gyfyng wrth ddyfod o'r Seiat; llwyddasant i ddianc i ryw dŷ, a chael a chael i gau y drws a'r 'gang' ar eu sodlau! Y fath achos sydd gan Cymry i ddiolch i Dduw am y rhyddid sydd ganddynt i fyned i foddion gras heb ofni gorfod myned i fan y rhyfel neu i long 'Man of War'.

Roedd hi'n naturiol fod pregethwyr o Gymru yn ofni mentro i Lerpwl ar ôl clywed am y press gang. Cyfarwyddodd Daniel Jones hwy i ddod liw dydd:

Nid oes raid i John Roberts, Llanllyfni, na John Edwards (Tre'r Dryw, Môn) ofni dyfod yma ond iddynt ddyfod yn ystod y dydd, cyn iddi nosi, a chânt lety wrth ymyl y capel yn nhŷ Thomas Hughes.

Rhydd gipolwg o'r dioddefaint a'r ing a ddaeth i ran sawl teulu oherwydd creulondeb aelodau'r *press gang*:

Neithiwr y bu byd dychrynllyd ymhob cwr o'r dref, pressio ofnadwy, llusgo ugeiniau o bobl i'r rhyfel, bodd neu anfodd. Rhyfedd fel y mae gwragedd yn wylo, a mamau a chwiorydd yn llefain: 'O fy ngŵr!' medd un; 'O fy mab, fy mab' medd y llall. 'Nid oes ond y sŵn a'r crio drwy'r dref o ben bwy gilydd … Gwelais '*gang*' yn llusgo un dyn, fel gŵr bonheddig o ran ei wisgiad. Nacaodd un Cadben lestr o Belfast ddyfod gyda'r '*gang*' yn Strand Street; roedd yn ddewr. Darfu iddynt hwythau ei saethu yn farw a'i drywanu â chleddyf. Yno mae ei gelain heddyw yn gorwedd yn ddrych i bawb sydd yn myned heibio i'w weled.

Cyhoeddi *Grawnsypiau Canaan* yn Lerpwl

Anghofiodd Daniel Jones am y *press gang* dros dro gan iddo gael y cyfrifoldeb, ar ran ei dad, o lywio cyfrol o emynau'r trwy'r wasg yn Lerpwl. Argraffwyd y gwaith yn argraffdy Nevetts yn Castle Street. Roedd cyhoeddi *Grawnsypiau Canaan* yn 1795 yn achlysur o bwys oherwydd mai emynau William Williams, Pantycelyn, oedd y mwyafrif o'r caneuon. Pechodd Robert Jones edmygwyr Williams ledled Cymru am iddo fentro golygu rhai o'r emynau hyn, ond roedd dyfodiad *Grawnsypiau Canaan* yn hynod o bwysig i Gymry Lerpwl. Hwn oedd eu llyfr emynau am flynyddoedd ac roedd pwyslais y Pêr Ganiedydd ar India yn un o'r rhesymau, yn fy nhŷb i, dros y mudiad cenhadol a darddodd ymysg Cymry Lerpwl. Bu farw Williams yn 1791, ddwy flynedd cyn i William Carey adael Lloegr am India. Canodd Williams ei emynau pan oedd gwrthwynebiad i'r gwaith cenhadol. Ysbrydolwyd Carey gan emyn Saesneg Williams. Yn wir, dywedwyd fod yr emyn hwnnw wedi dod yn Anthem Genedlaethol y Genhadaeth ar hyd a lled Prydain, sef 'O'er those gloomy hills of darkness'.

Newydd syfrdanol o Abergwaun

Gyda'r holl sibrydion am Ffrainc yn medru denu llynges yr Iseldiroedd a Sbaen i ymuno â hi er mwyn gorchfygu llynges Prydain, roedd pobl Lerpwl ar bigau'r drain. Roedd y perygl yn aruthrol. Profwyd hynny ar 22 Chwefror

1797, pan gyrhaeddodd y newydd fod y fyddin Ffrengig wedi cyrraedd cyrion tref Abergwaun. Aeth y si trwy Lerpwl fel tân gwyllt a chreu panig na welwyd ei debyg. Lerpwl oedd y targed, ynddi hi y ceid yr herwgipwyr, yn y dref yr adeiladid llongau rhyfel, a dyma'r ganolfan oedd yn cuddio'r môr-ladron a'r caethweision. Rhuthrodd hanner poblogaeth y dref i'r wlad tuag at Ormskirk. Gwelodd Daniel Jones gart ar ôl cart a'r holl drugareddau arnynt yn mynd yn rhes fawr trwy Old Hall Street, Prescot Road, Mount Pleasant a Brownlow Hill, a'r mamau a'r plant yn eu dagrau. Edrychai pob ffordd allan o'r dref fel ffair fawr. Galwyd am wirfoddolwyr ac o fewn pedwar diwrnod roedd dros fil o ddynion yn barod i amddiffyn y dref. Roedd y Cymry yn barod i amddiffyn y dref. Nid mewnfudwyr oeddent bellach ond trigolion Lerpwl. I Daniel Jones teimlai ei gyd-genedl 'yn ddigofus oherwydd i'n gelyn osod ei droed ar ddaear Cymru, a theimlent rwymau i amddiffyn anrhydedd eu gwlad'.

Ond er canu larwm a chreu braw, dychryn heb angen ydoedd a llwyddodd merched Abergwaun i godi digon o ofn ar y Ffrancwyr. Er hynny, sylwer mor hawdd bryd hynny oedd creu panig drwy dref gyfan.

Darpariaeth yr Eglwys Anglicanaidd ar gyfer y Cymry

Roedd y mewnfudwyr yn ffodus dros ben o'r ddarpariaeth gan yr Eglwys Anglicanaidd. Yn yr eglwys honno roedd dau Gymro Cymraeg. Y cyntaf oedd y Parchedig Lewis Pugh, curad Eglwys St Ann, a breswyliai yn 16 Christian Street, Everton Road. Y llall oedd y Parchedig John Davies, curad Eglwys Sant Paul, a breswyliai yn 28 St Paul's Square. Ym mis Tachwedd 1793, awdurdododd Esgob Caer fod gwasanaethau Cymraeg eu hiaith i'w cynnal yn Eglwys Sant Paul a bod Lewis Pugh i arwain gwasanaethau yn Eglwys Sant Nicholas ar nos Sul. Roedd Eglwys Sant Paul yn orlawn ar gyfer y gwasanaethau Cymraeg. Meddai ar gôr a hefyd seindorf i gynnal y canu a chlywid y baswn, y clarinét a'r ffliwt yn yr oedfaon.

Disgrifiwyd Lewis Pugh fel Cymro brwdfrydig oedd yn falch o'r dref Gymreig oedd o'i amgylch. Yn ôl y dystiolaeth, talai Corfforaeth Lerpwl £60 y flwyddyn iddo am ei waith fel 'cenhadwr' a 'darlithydd Cymraeg' ymysg Cymry'r dref. Derbyniai swm ychwanegol am weinyddu priodasau ac angladdau. O 1793 hyd 1813, ef oedd yn gweinyddu amlaf ymysg y Cymry. Bu bron i Lewis Pugh golli ei fywyd ar fore Sul, 11 Chwefror 1810, yn Eglwys

Sant Nicholas. Ychydig funudau cyn cychwyn y gwasanaeth, symudodd y garreg a ddaliai dŵr y gloch a syrthiodd y cyfan trwy'r to, ac i ganol yr eglwys. Roedd Lewis Pugh ar fin dod i mewn, pan drodd un o athrawon Ysgol Moorfield ato a dweud, 'For God's sake, Mr Pugh turn back'. Gwrandawodd arni a symudodd hanner dwsin o gamau yn ôl. Arbedwyd ei fywyd ond bu farw 22 o addolwyr ac anafwyd llawer mwy gan gynnwys yr athrawes a'i rhybuddiodd, ynghyd â 17 o blant oedd yn ei gofal.

Ehangu Capel Pall Mall

Ar 31 Mawrth 1797, ysgrifennodd Daniel Jones at ei dad ac at Thomas Charles i fynegi'r dyhead oedd ymhlith y Cymry a berthynai i gapel Pall Mall i ehangu y capel:

> Gweled yr roeddym angenrheidrwydd o helaethu y capel; mae'r Society wedi cynyddu i 120 neu ragor, a'r gwrandawyr yn fwy prynhawn Sabothau na all y capel yn gyfleus gynnal, a chan fod cynifer o filoedd o'n cenedl y Cymry yn y dref, sicr ydym pe byddai le y deuai llawer mwy i wrando nag sydd. Am hynny fe benderfynwyd yn y dywedig gyfarfod ddanfon atoch chwi a Mr Charles … chwi a'r rhai sydd wedi eu nodi yn Drustees. A ydych chwi yn fodlon?

Cymerodd yr ymddiriedolwyr ddigon o amser i drafod yr awgrym ond erbyn 1799 roeddent yn barod i gymeradwyo'r syniad. Ehangwyd y capel am yr eildro, a chwblhawyd y gwaith erbyn hydref y flwyddyn honno. Roedd William Llwyd ar ben ei ddigon, gwireddwyd ei weledigaeth o osod seiliau cadarn i'r gymuned Gymraeg a hynny ar drothwy canrif a welodd y Cymry yn tyrru i Lerpwl. Ni feddyliodd ef erioed y byddai'r Cymry yn cyflawni cymaint yn y dref a oedd yn tyfu o flaen ei lygaid.

Golygai hyn greu dosbarth canol Cymreig am y tro cyntaf erioed. Dosbarth a fyddai yn perthyn i ddau fyd – y byd cosmopolitan Lerpwlaidd a'r byd Cymreig gyda'i bwyslais ar grefydd, iaith, gwerthoedd a diwylliant. Mae hanes y Cymry yn Lerpwl yn rhan o fywyd Cymru fel ag y mae yn rhan o hanes Lerpwl.

Rhagor o fewnfudwyr

A r ddiwedd y ddeunawfed ganrif felly, dim ond un ganolfan oedd gan y
Cymry yn Lerpwl a honno yng nghapel Pall Mall. Byddai cynulleidfa
Pall Mall, ar ôl oedfa'r bore, yn cerdded yr holl ffordd i Eglwys Sant Iago, Hill
Street, er mwyn cyfranogi o'r cymun sanctaidd.

Y Bedyddwyr Cymraeg

Erbyn 1895, roedd llond dwrn o Fedyddwyr yn byw yn Lerpwl ond roedd yn
well ganddynt fynd i gapel Saesneg na chefnogi capel Cymraeg y Methodistiaid
Calfinaidd yn Pall Mall. Arloeswyr y Bedyddwyr Cymraeg oedd tri pherson o
argyhoeddiadau cryf sef William Williams a'i briod, a Hugh Evans, brodor o
Nefyn. Ond nodweddid y Bedyddwyr Cymraeg gan ysbryd cecrus. Roeddent
yn ei chael hi'n anodd byw gyda'i gilydd oherwydd daliadau athrawiaethol.

Ond daeth achubiaeth diolch i Evan Evans (1773-1827), Cefn-mawr ger
Rhosllannerchrugog. Nid oedd ef yn fodlon iddynt gecru. Nid rhyfedd fod
un o lenorion Lerpwl wedi ei alw yn ŵr gwrol megis llew a byddai'n pregethu
nes bod chwys yn llifo allan o'i glustiau, ei wallt a'i frest. Byrhaodd ei fywyd
trwy weiddi gormod wrth bregethu yng Nghefn-mawr, Lerpwl a Llundain,
a chyfaddefodd unwaith ei fod ef 'yn gweiddi gormod, ond y mae gofyn
gweiddi weithau'. Gwnaeth ef y gangen o Fedyddwyr Cymraeg yn gangen o'i
gapel yng Nghefn-mawr. Parhawyd â'r drefn hon o 1805 hyd 1810.

Ni ellir chwaith anghofio cyfraniad y Parchedig John Blayney. Roedd ef
byth a beunydd ar grwydr gan bregethu ym mhob man, er ei fod yn amlwg
ar brydiau yn tueddu i fynd dros ben llestri. Paratôdd Blainey ac Evan Evans y
ffordd i'r diwinydd, y Parchedig J. P. Davies. Byr fu ei dymor yn Lerpwl ond
mae'r ffaith iddo ddod o gwbl yn dweud llawer.

Y Methodistiaid Calfinaidd Cymraeg yn troi yn enwad yn 1811

Anghenion Lerpwl fel porthladd ac alltudion Lerpwl oedd un o'r rhesymau pam ordeiniodd y Methodistiaid Calfinaidd wŷr lleyg i'r weinidogaeth. Tri offeiriad Methodistaidd Calfinaidd Cymraeg oedd trwy ogledd Cymru bryd hynny, sef Thomas Charles, Simon Llwyd a William Llwyd o Gaernarfon. Pwysodd Daniel Jones ar ei dad a phwysodd hwnnw ar Thomas Charles o blaid yr ordeinio; bu hynny yn 1811 a daeth y Methodistiaid Calfinaidd yn enwad newydd, er dirfawr lawenydd i arweinwyr yn y dref a fu'n defnyddio eu perswâd yn gyson.

Y Cymry nodedig: Dic Aberdaron a John Gibson a'i frodyr

Bu llawer un yn garedig wrth Gymry Lerpwl. Un o'r rheiny oedd William Roscoe, a wrthwynebodd gaethwasiaeth ac ymgyrchu dros faterion blaengar. Gofalodd Roscoe am Gymry ecsentrig fel Richard Robert Jones (1780–1843) neu Dic Aberdaron a ddaeth yn adnabyddus trwy ogledd Cymru am ei allu i ddysgu gwahanol ieithoedd. Crwydryn ydoedd a gwelid ef o bell gyda'i farf, ei wallt hir a'i ddillad blêr yn gwthio rhyw fath o ferfa fyddai'n dal ei bapurau a'i ysgrifau blêr. Daeth i Lerpwl yn 1804. Ni fyddai yn aros yn hir yn unman, ond Lerpwl oedd y fangre yr hoffai aros hiraf. Cafodd nodded gan William Roscoe, a ddarparodd dŷ ar ei gyfer.

Nid ef oedd yr unig Gymro i gael cymorth gan William Roscoe. Newidiodd byd y brodyr Gibson diolch i William Roscoe. Ganed John Gibson (1790–1866) yng nghyffiniau Conwy ond symudodd yn bedair blwydd oed i Lerpwl gan fod ei rieni yn awyddus i ymfudo i'r Amerig, ond pan welodd ei fam gyflwr y llongau hwyliau oedd i wynebu yr Atlantig fe'i brawychwyd. Ailfeddyliodd, gan benderfynu ymgartrefu yn Lerpwl, a dod yn rhan bwysig o'r gymuned Gymraeg. Cafodd John a'i frawd Solomon Gibson (1796–1866) eu haddysg Gymraeg Gristnogol yng nghapel Pall Mall o dan law yr emynydd a'r bardd Pedr Fardd (Peter Jones, 1775–1845). Roedd Pedr Fardd ymhlith ymfudwyr 1795 a llwyddodd i gyfuno gwaith teiliwr a bod yn athro Ysgol Sul ac athro yn yr ysgol a sefydlwyd yn Pall Mall. Daeth yn un o emynwyr pennaf yr iaith Gymraeg fel emynydd Calfinaidd, ac mae ei emynau yn cael eu canu o hyd.

Gwahoddwyd John i ddod bob wythnos i blasty William Roscoe yn

Springwood i weld y cerfluniau a'r cyfrolau o'r Eidal oedd yn ei feddiant. Ef a'i cynghorodd i fynd i'r Eidal i gael hyfforddiant, a dyna a wnaeth. Cyrhaeddodd Rufain ar 20 Hydref 1817 a derbyniodd garedigrwydd a hyfforddiant gan brif gerflunwyr y byd, sef Canova a Thorvaldsen. Ni ddaeth yn ôl i Lerpwl tan 1844, oherwydd y flwyddyn honno derbyniodd gomisiwn y Frenhines Fictoria, a gwnaeth gerflun ohoni. Ef a gomisiynwyd i wneud cerflun o William Huskisson yn 1840 ac yn 1847 hefyd. Gosodwyd ei gerflun o George Stephenson, arloeswr byd y rheilffyrdd yn Neuadd St George's yn 1851. Cyn gadael Lerpwl gwnaeth benddelw i William Roscoe. Gosodwyd y cerflun i Henry Blundell yno yn 1813. Mae gwaith cynharaf John i'w weld yn Eglwys Anglicanaidd Sefton ar gyrion Lerpwl hefyd.

Dilynodd Solomon Gibson yr un trywydd â'i frawd. Gwelwyd gwaith Solomon yn Academi Lerpwl yn 1812 sef 'Cupid and Psyche', a 'Venus Lamenting the Death of Adonis'. Roedd Solomon Gibson yn ysgolhaig clasurol ac yn meddu ar gryn wybodaeth o lenyddiaeth Gymraeg y canrifoedd cynnar. Does ryfedd felly iddo wneud cofadail i'r geiriadurwr John Davies, Mallwyd, yn 1844. Bu'n ffodus iawn o haelioni ei frawd tuag ato. Derbyniai y swm o £100 bob blwyddyn oddi wrtho. Bu farw yn ninas Paris ar 29 Ionawr 1866, ddau ddiwrnod ar ôl marwolaeth ei frawd John.

Symudodd y trydydd brawd, Benjamin Gibson (1811-51), i Rufain yn 1857 i fod o gymorth i'w frawd hynaf. Ef a gasglai'r wybodaeth fel ymchwilydd dygn ac a'i cynorthwyai yn ei wahanol gylchoedd. Bu farw ar 13 Awst 1851 a cheir cofadail uwch ei fedd ym mynwent Protestannaidd Lucca o waith John Gibson.

Atgofion Betsi Cadwaladr, y nyrs enwog

Ganwyd naw o blant i'r pregethwr o'r Bala, Dafydd Cadwaladr a'i briod, Judith, a'r enwocaf ohonynt oedd Betsi. Yn 1803, a hithau'n bedair ar ddeg mlwydd oed, penderfynodd ddianc o ddisgyblaeth Galfinaidd ei chartref a dechrau bywyd newydd ym mhorthladd Lerpwl. Cerddodd y ferch benderfynol o'r Bala i Gaer, ac yna aeth mewn cwch oddi yno i Lerpwl. Roedd hi'n bump o'r gloch y bore ar y cwch yn cyrraedd y porthladd. Crwydrodd o un stryd i'r llall, ac wrth edrych dros ei hysgwydd, sylweddolodd fod yna ŵr yn ei dilyn. Gwnaeth hyn i Betsi deimlo yn anghysurus a throdd yn sydyn i gwrt budr a oedd yn fwd i gyd. Wrth basio heibio gwli, gwelodd ddrws ar agor a gwraig yn dod allan a chanddi lestr yn ei llaw. Adnabu y wraig Betsi ar ei hunion, oherwydd ymweliadau ei thad â chapel Pall Mall. Croesawodd y wraig Betsi Cadwaladr i'w chartref. Paratôdd y Gymraes bryd o fwyd iddi, yna cafodd orchymyn i orffwys ar wely, a'r diwrnod canlynol aeth y wraig garedig â hi i gartref ei chefnder yn Brisbane Street. Ar ôl cyrraedd Brisbane Street, canfuwyd bod ei chefnder i ffwrdd ar fwrdd y llong oedd yn hwylio i'r Caribî. Trwy drugaredd roedd y wraig yn ddigon caredig i roddi lletu iddi i aros am ychydig.

Sonia Betsi amdani yn gweld lleidr yn torri i fewn i dŷ yn Church Street, ac y mae ei disgrifiad ohoni yn rhedeg ar ei ôl yn glasur. Gwaeddai yn Saesneg 'Stop Thief! Stop Thief!' Trodd y lleidr i lawr gwli St Peter's Alley a Betsi ar ei sodlau. Ac mewn ychydig eiliadau llwyddodd i roi breichiau amdano a'i daflu i'r llawr a neidio ar ei gefn. Erbyn hyn roedd dau ŵr wedi cyrraedd oedd yn cadw trefn ar bethau cyn i'r dref fabwysiadu'r heddlu cynnar. Gelwid hwy yn *watchmen*. Adroddodd yr holl stori wrthynt, lle y digwyddodd y lladrad a lle roedd hithau yn byw. Bu'n rhaid i'r lleidr gerdded i garchar y Ffrancwyr, fel y'i gelwid.

Yn Lerpwl, sylweddolodd Betsi fod trigolion Lerpwl a siaradai Saesneg yn cael trafferth ynganu ei chyfenw. Newidiodd ei chyfenw i Davis. Derbyniodd waith fel morwyn gydag un o wŷr amlwg y dref, Syr George Drinkwater, a phan gynhaliwyd etholiad i'w anfon yn Aelod Seneddol i San Steffan, fe gyfarfu â gwleidydd llwyddiannus, George Canning.

Capten o Gymro

Gŵr nodedig arall yn y cyfnod hwn oedd y capten llong, Owen William Morgan. Gwnaeth Lerpwl yn bencadlys, er bod ganddo gartref hefyd ym Môn. Un tro bu'n rhaid iddo aros am chwe wythnos cyn cael digon o wynt i'r llong hwylio. Yn yr ail wythnos cododd y gwynt, a hynny ar y Sul. Gan fod y capten yn credu y dylid cadw'r Sul yn sanctaidd gwrthododd y demtasiwn i hwylio. Daeth yr un demtasiwn ar y pedwerydd Sul, ond daliodd gyda'i egwyddorion. Gwelodd y mwyafrif o'r capteiniaid yn mynd a'i adael wrtho'i hun, gyda'i long a'i griw. Roedd hi'n bennod anodd iddo ond costied a gostio, nid gŵr i liniaru ei gredo oedd y gwron hwn. Pan ddaeth y cyfle i adael

Lerpwl, fe ddarganfu yn fuan nad oedd y rhai a anghofiodd eu hegwyddorion ddim ond wedi mynd mor bell â Hoylake a Llandudno. Bu ef yn fawr ei ddylanwad gyda William Llwyd yn hyrwyddo capel Pall Mall.

Dyfodiad nifer o Annibynwyr Cymraeg

Yn 1800, daeth nifer o deuluoedd o ardal Llanbryn-mair yn Sir Drefaldwyn i Lerpwl. Y bwriad oedd ymfudo i'r Unol Daleithiau. Cawsant long i'w cario, ond ar ôl ychydig ddyddiau ar y môr, buan y sylweddolwyd bod y dŵr yn dod i fewn i'r cwch. Nid oedd dewis ond troi yn ôl i'r porthladd neu foddi yn y dyfroedd dwfn. Penderfynodd pob un ohonynt gartrefu yn y ddinas. Roedd carfan dda ohonynt yn uniaith Gymraeg ac wedi eu gwreiddio yn nhraddodiad yr Annibynwyr ac roeddent yn awyddus i gyfarfod yn gyson. Yn 1802, penderfynodd yr Annibynwyr hyn eu bod am gael cartref ysbrydol a llwyddwyd i gael hyd i dŷ bychan yn Cavendish Street. Dyna ddechreuad enwad yr Annibynwyr Cymraeg yn Lerpwl, ac er mai dim ond pymtheg ohonynt oedd y tu ôl i'r penderfyniad, roeddent yn ddigon parod i estyn galwad i'r Parchedig John Jones o Geirchiog ar Ynys Môn i ddod i'w bugeilio. Meddent ar ffydd anorchfygol. Derbyniodd y gennad y gwahoddiad a thalodd ei weinidogaeth rymus ar ei chanfed. Roedd yn llawn brwdfrydedd, yn weithgar ac yn medru cyfathrebu a denu cynulleidfa i wrando arno. O fewn naw mis, roedd cymaint o addolwyr ar y Sul yn Cavendish Street fel nad oedd lle i aml un oedd yn awyddus i glywed y Gair. Rhaid oedd mentro ymhellach; y tro hwn prynwyd capel oedd ar werth yn Edmund Street. Arhosodd John Jones yn weinidog gyda hwy tan 1813, pan adawodd i dderbyn galwad i Dalgarth. Yno y gwasanaethodd hyd ei farwolaeth yn 1845.

Y sefyllfa ar ôl i'r Parchedig John Jones ymadael am Sir Frycheiniog

Ar ôl i John Jones adael Lerpwl am ganolbarth Cymru bu'r praidd heb fugail am bedair blynedd. Ond bu'r Annibynwyr yn ffodus fod prifathro un o academïau'r enwad yn Wrecsam, George Lewis (1703-1822), yn ddiwinydd Calfinaidd galluog ac yn gweld angen Annibynwyr Lerpwl. Roedd ef wedi ystyried o ddifrif ymfudo i'r Unol Daleithiau pan oedd yn weinidog yn Llanuwchllyn, fel y gwyddom o'i ohebiaeth. Yn 1815 derbyniodd ddwy alwad, un i gapel

Edmund Street, Lerpwl, a'r llall i gapel yr Annibynwyr Llanfyllin. Roedd
Bwrdd Cynulleidfaol Llundain yn gwybod am hyn. Byddai derbyn yr alwad i
Lerpwl yn golygu symud yr Academi i Lerpwl, rhywbeth nad oedd yn tycio o
gwbl i'r ymddiriedolwyr, ond ar y llaw arall, roeddent yn ddigon parod iddo
symud i Llanfyllin ynghyd â'r Academi. Dyma a ddywedodd:

> Yr oedd Annibynwyr Lerpwl yn meddu ar gefnogwyr brwd yng Nghymru a neb
> yn fwy na theulu o Gaernarfon, tad a dau fab. Y tad oedd John Griffiths (1752-
> 1818) a fu'n gweinidogaethu am 22 mlynedd yng Nghaernarfon. Ond cefnogodd
> ei fab John Griffiths yr ieuengaf (1799-1872) i deithio yn gyson i lenwi'r pulpud,
> yn arbennig pan weinidogaethai ym Manceinion ac yn ddiweddarach ym Mwcle.
> Teithiai'r mab ieuengaf, William Griffith (1801-1881), o Gaergybi, lle y bu ar hyd
> ei oes, yn gyson i bregethu i Annibynwyr y ddinas. Yn wir, derbyniodd alwad i
> Lerpwl ond gwell ganddo aros yng Nghaergybi lle y cyflawnodd ddiwrnod da o
> ddaioni.

Roedd eraill y gellid sôn amdanynt, a ddeuai yn eu tro, a hynny gan
amlaf am fod eu plant yn byw yn Lerpwl. Dyna'r rheswm pennaf ein bod ni
yn dod ar draws enw y Parchedig John Hughes, gweinidog Dinas Mawddwy.
Roedd ei fab William Hughes yn byw yn Basnett Street.

Adeiladu Capel y Tabernacl

Erbyn 1817 roedd yr Annibynwyr yn gallu mentro i adeiladu capel newydd
braf o'r enw y Tabernacl yn Great Crosshall Street, ac wedi llwyddo i ddenu
un o gywion y Parchedig John Roberts i ddod i ofalu amdanynt, sef y
Parchedig John Breese. Un o Lanbryn-mair ydoedd ef a llawer o'r gynulleidfa
yn gwybod yn dda am ei deulu a'i gefndir. Roedd ef yn ddewis da am ei fod
o'r un safbwynt diwinyddol â John Roberts, sef Calfinydd cymedrol. Pan
luniodd Roberts y gyfrol *Galwad Difrifol* yn 1820, gwahoddodd chwech o'i
ddilynwyr diwinyddol i gyfrannu atodiadau, a John Breese oedd un ohonynt.
Gweithiodd John Breese yn felltigedig o galed yn y Tabernacl ar gornel Great
Crosshall Street a byddai'n cerdded yn gyson o Lerpwl i Fanceinion ac yn ôl,
pellter o 65 o filltiroedd, er mwyn cadw llygad ar y Cymry alltud yn y ddinas
honno. Pan symudodd yn 1835 o'r Tabernacl i Gapel Heol Awst, Caerfyrddin,
roedd wedi gorlafurio ar hyd strydoedd Lerpwl yn bugeilio'r praidd a bu ei
iechyd yn symol am yr wyth mlynedd nesaf hyd ei farwolaeth yn 1843.

Cnewllyn o'r Annibynwyr cynnar

Ymysg yr Annibynwyr cynnar hyn, roedd cymeriadau diddorol a chofiadwy. Un o'r rheiny oedd Richard Jones y glo. Ef oedd yn gyfrifol gyda Dafydd Thomas am gynhesu'r capeli cynnar. Yn y cyfnod hwnnw nid oedd iard lo yn Lerpwl ar wahân i ben uchaf Old Hall Street lle y lleolid pump ohonynt. Roedd pob un ohonynt ar wahân i un yn gwerthu glo mewn tunelli. Mr Clarke oedd yr eithriad. Byddai ef yn barod i werthu can pwys y sach, a'r gŵr oedd yn gyfrifol am eu llenwi a'u pwyso oedd y Cymro Richard Jones. Treuliai bob dydd o fore Llun tan nos Sadwrn wrth y dasg, ac ar ddiwedd ei ddiwrnod, teithiai i Edmund Street i gynnau'r tân ar gyfer cyfarfodydd yr wythnos. Nid oedd hi'n hawdd. Canhwyllau oedd yn goleuo'r stafelloedd a'r cysegr. Ac ar ben hyn oll roedd Richard Jones a'i gymrodyr yn genhadol eu bryd. Byddent yn treulio awr dda bob bore Sul cyn yr oedfa yn ogystal ag awr yn y pnawn cyn yr Ysgol Sul i gnocio drysau eu cyd-Gymry i'w hatgoffa o'r trefniadau ar eu cyfer hwy a'u plant yn Cavendish Street, wedyn Edmund Street, ac ar ôl hynny yn Great Crosshall Street. Byddai'r teuluoedd a wrthodai Richard Jones, Dafydd Thomas a Thomas Llwyd ar y Sul yn cael gwahoddiad arall yn yr wythnos, er mwyn iddynt fynychu yr hyn a elwid yn gyfarfod yr A-bi-ec. Byddai'r mwyafrif o'r Cymry tlodaidd hyn yn barod i fynychu er mwyn cael adnoddau i'w helpu i ysgrifennu a darllen. Yn y cyfnod hwn o 1800 i 1820, roedd cyfartaledd uchel o Gymry Lerpwl yn methu darllen Cymraeg na Saesneg, a daeth yn grwsâd mawr gan bob un o'r capeli a'r eglwysi a sefydlwyd i geisio dysgu hynny.

Williams o'r Wern, utgorn arian yr Annibynwyr, yn cyrraedd Lerpwl

Ar ôl gweinidogaeth John Breese llwyddodd yr Annibynwyr Cymraeg i berswadio pregethwr mwyaf unigryw yr enwad i ddod i'r Hen Dabernacl, sef y Parchedig William Williams o'r Wern. Gwyddai ef gystal â neb yn slymiau Lerpwl am dlodi bore oes yn sgil ei fagwraeth yng Nghwmhyswyn Ganol, Llanfachreth, Meirionnydd. Llwyddodd i ddod allan o'i gyfyngder pan ddaliwyd ef yn rhwyd yr efengyl mewn oedfa yn ffermdy Bedd-y-coediwr. Cefnogwyd ef i fynd i Academi Wrecsam a'i ordeinio mewn dau gapel gerllaw y dref, Y Wern a Harwd. Yno y bu hyd ei farwolaeth ym Mawrth 1840 ar wahân i dair blynedd bendigedig a gafodd yn Lerpwl. Disgrifiodd Dr R. Tudur Jones ei bregethu fel hyn:

> Dim rafio, dim dyrnu'r pulpud, dim llabyddio'i hunan. Dim ond llefaru, eithriadol rymus yn ei uniongyrchedd, wrth galonnau a meddyliau dynion.

Y Cymry yn profi diwygiad a chyfaredd Thomas Charles

Roedd ef wedi ymadael â Lerpwl pan brofodd yr Annibynwyr yn benodol ddiwygiad yn 1839. Benjamin William Chidlaw oedd y cyfrwng, un a ymfudodd gyda'i deulu o'r Bala yn 1821 i'r Amerig cyn dychwelyd i Feirionnydd. Taniodd ef y goelcerth yn Lerpwl a lledodd yn ddiymdroi i Ddeiniolen a Llanuwchllyn ac yna i dde Cymru. Rhoddodd hyder newydd yn Annibyniaeth Lerpwl. Paratôdd Williams o'r Wern a Diwygiad 1839 y ffordd i ragor o bregethwyr mawr ymgartrefu yn Lerpwl, nid am dair blynedd ond yn aml am dri degawd a mwy yn y ddinas.

Disgybl pennaf Charles, sef Peter Jones (Pedr Fardd)

Un o'r ffigyrau pwysicaf yn yr ymgyrch hon i addysgu'r Cymry ar lwybr yr Ysgolion Sul oedd Thomas Charles o'r Bala. Thomas Charles a bwysleisiodd y dylid cael ysgol yn Pall Mall a hynny yn 1806 ar ei ffordd yn ôl o Lundain ym mis Mai o gyfarfod Pwyllgor Gwaith Cymdeithas Genhadol Llundain. Ei brif ddisgybl yn Lerpwl oedd Peter Jones (1775-1845) a daliwn i'w gofio fel Pedr Fardd.

Erbyn y cyfnod hwn, roedd Cymry wedi ymgartrefu mewn strydoedd yn bell o'r 'dref Gymreig' fel y gelwid y strydoedd o amgylch Pall Mall, Old Hall Street ac Edmund Street. Bellach roeddent yn New Bird Street a New Ormond Street ac aeth y Methodistiaid Calfinaidd hyn i rentu ystafell yn Jamaica Street fel man cyfarfod, yn erbyn cyngor yr arweinwyr yn Pall Mall. Roedd Jamaica Street yn 1803 ar ffin dinas Lerpwl, a thu hwnt i'r strydoedd roedd caeau ac ychydig o dai a ffermydd. Ond roedd Thomas Charles wrth ei fodd ar 26 Mai 1806 yn agor yr ail gapel yn Bedford Street ac mewn llythyr a sgrifennodd at ei ffrind Mrs Astle, dywed: 'Yn Lerpwl mae'r gynulleidfa yn niferus. Mynycha miloedd bob tro. Ymysg y Cymry y mae ychwanegu mawr.'

Gorchmynnodd yr adeg honno y dylid sefydlu Ysgol Ddyddiol yn Pall

Mall, ac yn y flwyddyn ddilynol agorwyd un gyda Pedr Fardd wrth y llyw, yn dysgu Cymraeg a Saesneg a Hanes, a bu wrthi am dair blynedd ar hugain.

Ysgol elusennol Gymreig arall

Ond nid Ysgol Pall Mall oedd yr unig ddarpariaeth ar gyfer y plant. Yn Russell Street, roedd ysgol elusennol Gymreig. Agorwyd yr ysgol ar Ddydd Gŵyl Ddewi 1804, er cryn lawenydd i ugeiniau o deuluoedd tlawd Cymreig. Dyma un o ysgolion cynnar yr hyn a elwid yn Ragged Schools. Gofelid am blant carpiog oedd yn byw yng nghanol aflendid a budreddi a heb ddillad cynnes a glân. Rhoddwyd bwyd a dillad i'r plant a'u haddysgu yn yr wyddor yn bennaf, er mwyn iddynt ddysgu darllen.

Yn 1823, prynwyd tŷ arall drws nesaf i Eglwys Gymraeg Anglicanaidd Dewi Sant er mwyn sefydlu ysgol i ferched. Roedd y ddwy ysgol, bechgyn a merched, o dan ofal yr ymddiriedolwyr. Erbyn 1824, roedd 314 o fechgyn a 91 o ferched yn derbyn gofal. Y gost arferol am un plentyn am flwyddyn gyfan oedd deuddeg swllt. Yr athro cyntaf ar y bechgyn oedd y Cymro Thomas Roberts. Meddai ar ddisgyblaeth dda a dawn i gadw y plant yn ddiddig ac o dan ddisgyblaeth. Y brifathrawes gyntaf oedd Isabella Hill, hithau yn medru cadw trefn, yn synhwyrol iawn. Ymddangosodd yr hysbyseb hon am yr ysgol yn y *Liverpool Courier* am 6 Ionawr 1808:

> All parents who wish to obtain admittance for their children into the above institution must attend the school in Russell Street on Tuesday at 12 o'clock when applications for admission will be received.

Profodd yr ysgol ei bod yn fendith fawr i rai o'r Cymry oedd yn byw mewn tlodi. Nid rhyfedd deall i'r Gwyddelod efelychu'r Cymry a sefydlu ysgol debyg yn yr un stryd.

Dibynnai yr ysgol yn Russell Street gryn lawer ar ddau unigolyn, sef Owen Williams ac Owen Jones. Byddai'r ddau fel ei gilydd yn ymweld yn gyson â'r plant, yn eu cynghori, ac yn eu cefnogi hyd eithaf eu gallu. Bob Dydd Gŵyl Ddewi, disgwylid i bob plentyn adrodd darn o'r Ysgrythur yng nghlyw Owen Jones ac Owen Williams. Ni wyddom ddim am Owen Jones, ond bu Owen Williams a'i fab a'i ŵyr yn hanfodol bwysig i dref Lerpwl. Mab Owen Williams oedd y gwleidydd Owen Hugh Williams a edmygid yn fawr yn Neuadd y Dref. Gwrthododd y cyfle i fod yn Arglwydd Faer y Ddinas am ei fod yn teimlo mai ei briod waith oedd gofalu am ei etholwyr ac nid mynychu cyfarfodydd diddiwedd. Ŵyr i Owen Williams oedd y cyfreithiwr a'r masnachwr llongau, Owen Harrison Williams.

Rhai o'r cymdeithasau Cymreig cynnar

Roedd gan Gymry Lerpwl nifer dda o gymdeithasau ar ddechrau'r bedwaredd ganrif ar bymtheg. Sefydlwyd nifer ohonynt i warchod y Cymry ac i ofalu amdanynt yn eu gwaeledd. Y tair cymdeithas a dderbyniodd gefnogaeth y Cymry Anglicanaidd oedd Cambrian, Druid ac Ancient Briton. Bob blwyddyn ar Ddydd Gŵyl Ddewi, byddai y cymdeithasau Cymreig hyn yn ymuno yn yr orymdaith trwy strydoedd Lerpwl yn cario baneri a'r Ddraig Goch. Ystyrid Dydd Gŵyl Ddewi fel dydd o ddathlu, Yn y *Liverpool Advertiser*, 27 Chwefror 1804, dywedir fel hyn am Ddydd Gŵyl Ddewi:

> This anniversary will be celebrated at Mr Lilliman's, the Liverpool Arms Hotel, on Thursday March 1st, where the Ancient Britons will be happy to meet their friends and the well wishers to the Insitution at 10 a.m. to accompany them to St Paul's Church where a sermon will be preached on the occasion by the Reverend Lewis Pughe, M.A. Dinner on the table at 4 o'clock.

Eglwys Anglicanaidd Gymraeg gyntaf tref Lerpwl

Cymerodd ugain mlynedd i gynllunio, casglu arian, ac adeiladu yr eglwys. Bu cryn drafod ar leoliad yr eglwys newydd. A ddylid ei hadeiladu yn Russell Street, lle ceid y ddarpariaeth ar gyfer plant tlawd y Cymry, neu yn hytrach yn Oldham Street, o fewn tafliad carreg i un o brif strydoedd y dref, Renshaw Street? Ond yn Ionawr 1825 cynigiodd y gorfforaeth safle o 1,161 o lathenni ar Brownlow Hill. Gosodwyd y garreg sylfaen ym mis Medi 1826. Ceir disgrifiad o'r seremoni a gynhaliwyd ar 15 Medi gydag Esgob Caer, y Maer, arweinwyr y fwrdeistref a Chymry amlwg Lerpwl yn bresennol. Trwy'r gwleidyddion enwog Robert Peel a'r Arglwydd Kenyon, roedd y pwyllgor lleol wedi derbyn grant o £500 gan y Brenin Siôr IV. Rhoddodd corfforaeth Lerpwl y tir am ddim iddynt, yn ogystal â'r swm o £60 y flwyddyn tuag at gynhaliaeth y Weinidogaeth. Defnyddiwyd trywel arbennig ar gyfer y digwyddiad:

This trowel was used by the Rt. Rev. Charles James Bloomfield, DD, Lord
Bishop of Chester at the laying of the foundation stone of the Welsh Church of St
David, Liverpool and presented to his Lordship by the Trustees of the Church, 15
September 1826. 'He loveth our nation and hath built a synagogue' (Luke, Chapter
7, verse 5).

Sais oedd y ficer, y Parchedig Dafydd Hewitt, ond meistrolodd y Gymraeg
mewn naw mis gan ddod yn arweinydd y gymdeithas Gymraeg. Dyma'r
dysgwr cyntaf y gwn amdano o fewn cymdeithas Gymraeg Cymry Lerpwl.

Sefydlu Capel Cymraeg Rose Place

Agorwyd Capel Cymraeg Rose Place ar Ddydd Gwener y Groglith, 1826.
Thomas Hughes a'i cynlluniodd. Gweithiai arno bob munud y medrai.
Meddai un llygad-dyst amdano:

> Gwelid ef yno, wrth y saer-fainc goed, yn llewys ei grys, o chwech y bore hyd
> chwech yr hwyr, ac yn pregethu y rhan amlaf dair gwaith ar y Saboth.

Ef a luniodd y pulpud â'i ddwylo ei hun. Hwn oedd y peth pwysicaf yn y
capel plaen a ddaliai saith gant o bobl. Llwyddodd Thomas Hughes yn rhyfeddol
ac nid oedd neb yn falchach o weld y capel yn agor. Gofalodd Thomas Hughes
gael seler i'r capel, a bu y fangre honno yn hynod o dderbyniol, yn arbennig
pan agorwyd ysgol arall i'r Cymry o dan ofal Owen Brown, Cymro mewn
gwth o oedran, ond yn athro penigamp. Bu yn hynod o lwyddiannus ac aeth y
seler yn rhy fach i'r holl blant a dyrrai yno. Aethpwyd ati i gasglu arian i brynu
tŷ mawr helaeth yn Prince Edwin Street ar gyfer yr Ysgol Gymraeg.

Presenoldeb yr Eglwys Fethodistaidd Gymraeg

Roedd y Wesleaid Cymraeg yn rhan bwysig o Gymry Lerpwl hefyd.
Penderfynodd yr arweinwyr, Evan Roberts a William Lewis a Richard
Davies, logi ystafell fechan yn Midghall Street sydd yn ardal Vauxhall ar
gyfer cyfarfodydd. Ac yn 1803 penderfynodd yr Eglwys Fethodistaidd anfon
cenhadwr Cymraeg o'r enw John Bryan i ymgeleddu yr achos yn Midghall
Street ac i ddenu rhagor i'w ganlyn. Pan gyrhaeddodd John Bryan, y gŵr
grymus, roedd chwe deg o aelodau yn y gorlan, ond o fewn tair wythnos

llwyddodd i ennill deugain o Gymry eraill i'w plith. O fewn blwyddyn roedd y 60 wedi cynyddu i 200 ac fe roddwyd digon o hyder iddynt i brynu capel Maguire Street. Yno y bu'r Wesleaid hyd 1813 pryd y sicrhawyd hen gapel Benn's Gardens oddi wrth yr Undodiaid. Bu yno gapel oddi ar 1727 ac fe ailagorwyd ef yn gapel Cymraeg ar 22 Tachwedd 1813. A bu'r Cymry Wesleaidd Cymraeg yno hyd Awst 1860.

Treialon y Cymry a'u safbwynt Calfinaidd

Erbyn diwedd y trydydd degawd, roedd y mewnfudwyr Cymraeg yn gofalu am eu buddiannau, eu hiaith a'u diwylliant, addysg i'w plant, ac i blant y difreintiedig yn eu plith, ac yn sefydlu cymdeithasau ac estyn gwahoddiad i weinidogion sefydlu yn eu plith. Ond nid oedd bywyd yn fêl i gyd. Bu farw dwsinau lawer o'r ddarfodedigaeth. Dioddefai llawer ohonynt fisoedd o chwysu a thagu yn y gwely. Digwyddai aml i ddamwain yn y gweithle a deuai hynny â gofid a galar i gartrefi eraill. Dyna a ddigwyddodd i J. J. Lewis Jones, chwarelwr a weithiai yn y chwarel ddofn yn Dingle, nid nepell o Park Road. Cymry Cymraeg oedd y mwyafrif o'r chwarelwyr ond bum niwrnod cyn y Nadolig 1830, lladdwyd y Cymro adnabyddus gan ddarn egr o'r graig.

Daeth John Davies o gyffiniau Caerwys i Lerpwl yn 1795 a bu'n arloeswr yng nghapel Pall Math. Teithiai ar ei ran i'r sasiynau, a gwlychodd hyd at ei groen ar ei ffordd adref o'r sasiwn olaf y bu ynddi yng Nghymru. Daliodd annwyd trwm yn y glaw a'r oerfel a drodd yn niwmonia a bu farw ar 19 Hydref 1829 yn 63 mlwydd oed.

Gweledigaeth genhadol yr ymfudwyr crefyddol

D ylanwadodd pregethwyr o bob enwad a ddaeth i Lerpwl yn fawr ar y Cymry, ac yn y 1830au a'r 1840au daeth dau fudiad i ddylanwadu ar nifer o Gymry alltud, sef y mudiad dirwestol a'r mudiad cenhadol tramor.

Y Mudiad Dirwestol ac ymdrechion Corfanydd

Meddai Lerpwl ar ddigon o gyfleusterau ar gyfer yfed diod gadarn, a châi'r Cymry, fel ymfudwyr eraill, eu temtio i fyd y dafarn. Ffurfiwyd Cymdeithas Cymedroldeb yn 1832 a'i phwrpas oedd ceisio ymatal rhag yfed gwirodydd. Gellid yfed cwrw ond gwrthod wisgi a jin. Ond ni fu'r gymdeithas yn llwyddiant o gwbl, a theimlai llond dwrn o bobl y dylid cryfhau'r achos. Mae'n amlwg fod Robert Herbert Williams (Corfanydd) yn un o'r rheini. Ef a sefydlodd y Gymdeithas Lwyr Ymataliol, y gyntaf nid yn unig ymhlith Cymry Lerpwl ond yn hanes Cymru yn ogystal. Erbyn y gylchwyl gyntaf ar 8 Mawrth 1836, roedd 122 o Gymry wedi arwyddo eu henwau yn llyfr aelodaeth y Gymdeithas.

Erbyn 1837 sefydlwyd saith o gymdeithasau yn eglwysi Lerpwl a dwy ar draws yr afon yn Seacombe a Phenbedw. Erbyn 1839 ceid 900 yn perthyn i Gymdeithas Ddirwestol Rose Place, 803 i Gymdeithas Ddirwestol Pall Mall, 630 i Gymdeithas Bedford Street a 155 i Gymdeithas Ddirwestol Oil Street. Nid oedd y brwdfrydedd gystal ar draws Afon Merswy, ceid 30 yn unig ym Mhenbedw a 54 yn Seacombe.

Sefydlwyd Cymdeithas Ddirwestol Chwiorydd Rose Place hefyd. Eglwysi Cymraeg Lerpwl o dan arweiniad John Roberts, Aelod Seneddol Bwrdeistrefi

Fflint, a blaenor yn eglwys Princes Road, a sicrhaodd Fesur Cau'r Tafarnau yng Nghymru ar y Sul, a hynny yn cychwyn yn 1879 ac erbyn 1881 roedd yn rhan o ddeddfwriaeth gwlad.

Rhai o'r ail genhedlaeth ymhlith Cymry Lerpwl.

Erbyn 1830, roedd yr ail genhedlaeth o Gymry Lerpwl wedi etifeddu argyhoeddiadau, trefniadaeth, iaith a diwylliant eu rhieni, ac y mae dwy enghraifft ardderchog o hyn. Yn gyntaf, cymerwn fywyd a gwaith John Roberts (Minimus, 1808–80) a anwyd yn 1808 yn ail fab i Richard Roberts, masnachwr nwyddau llong yn y dref.

Ar ôl gadael yr ysgol aeth i'r un fasnach â'i dad, ond ei brif ddiddordeb oedd peirianwaith ac ymddiddorai'n arbennig yn adeiladwaith capel Methodistiaid Calfinaidd Cymraeg Bedford Street, lle yr etholwyd ef yn ŵr ifanc, pedair ar bymtheg mlwydd oed, yn flaenor, yr ieuengaf y gwyddys amdano yn hanes ei enwad. Roedd cwmni o fechgyn ieuainc o gyffelyb fryd yn cyfeillachu yn ddyddiol yno.

Gwerthfawrogiad o gyfraniad Josiah Hughes

Gŵr ifanc yn y cwmni hwn oedd Josiah Hughes, a anwyd ar 4 Mawrth 1804, yn fab i John Hughes, y dirwestwr pybyr, a'i briod Martha, Mansfield Road. Cafodd Josiah Hughes ei danio gan y weledigaeth genhadol ac ar ôl ei ordeinio yn Eglwys yr Annibynwyr Saesneg, Great George Street, mentrodd o dan nawdd Cymdeithas Genhadol Llundain i'r Dwyrain Pell. Am nad oedd Cymdeithas Genhadol Llundain yn awyddus iddo fynd i'r India, derbyniodd sêl bendith y Parchedig John Elias o Fôn a Chymry Calfinaidd Lerpwl, ac ef felly oedd y Cymro cyntaf o'r dref i gysegru ei hun yn genhadwr. Cymerodd saith mis i Josiah Hughes gyrraedd Malacca, lle bu'n gweithio hyd ei farwolaeth sydyn o'r colera ar 25 Tachwedd 1840.

Yn ystod ei gyfnod ym Malacca, daeth Josiah Hughes yn ffrindiau gyda Jacob Tomlin, ac erbyn 1836, roedd y ddau wedi torri eu cysylltiad â Chymdeithas Genhadol Llundain. Gadawodd Tomlin a'i deulu Malacca yn 1836, ac ar ei ffordd yn ôl i Lerpwl aeth am dro i Fryniau Casia yng ngogledd-ddwyrain yr India. Bu yno am naw mis a chyhoeddwyd ei argraffiadau yn ddiweddarach yn *Missionary Journals and Letters* yn 1844.

Ystyfnigrwydd Cymdeithas Genhadol Llundain

Daeth ceisiadau ger bron Cymdeithas Genhadol Llundain gan Gymro oedd yn awyddus i genhadu yn yr India. Roedd un o'r ymgeiswyr cenhadol, Thomas Jones (1810-49), wedi ei fagu yn Lerpwl, a bellach yn un o fyfyrwyr cynharaf Coleg y Bala. Penderfynodd y Gymdeithas Genhadol y dylai ef ystyried De Affrig fel maes ei weithgarwch. Bodlonodd Thomas pan glywodd y neges, ond newidiodd ei feddwl yn fuan am reswm digonol. India oedd y wlad gyntaf yr ymserchodd ef ynddi. Methodd ag argyhoeddi Cyfarwyddwyr y Gymdeithas Genhadol, er iddo deithio i Lundain i'w gweld a phledio arnynt i gytuno ag ef. Dychwelodd i Lerpwl ar 28 Ionawr 1840, ac aeth i weld Minimus. Cysylltodd yntau â John Hughes (tad Josiah), Mansfield Street, a threfnwyd cyfarfod cyhoeddus yn festri Capel Rose Place ar nos Wener 31 Ionawr 1840 i wyntyllu'r sefyllfa. Gwahoddwyd y seraff-bregethwr Henry Rees i lywyddu gan fod parch mawr tuag ato. Yn y cyfarfod hanesyddol hwn, derbyniodd Henry Rees gynnig i greu ac i gorffori cymdeithas genhadol ar gyfer Methodistiaid Calfinaidd Cymru.

Arloeswyr y genhadaeth dramor yn Lerpwl

Bwriad Richard Williams (1802-42), gweinidog Rose Place, Mulberry Street, wrth gyflwyno'r cais i Gymdeithasfa'r Gogledd, oedd cael caniatâd i eglwysi Lerpwl ymgorffori'n gymdeithas genhadol a thrwy hynny wireddu ei weledigaeth ef a'i gyd-Gristionogion ifanc. Trysorydd y gymdeithas newydd oedd David Lewis y Banc (1808-76). Yn enedigol o Sir Gaerfyrddin, daeth i Lerpwl yn ifanc ac aros yn y dref ar hyd ei oes fel un o bobl bwysig y banc a dod yn ŵr hynod o ddylanwadol. Dewiswyd ef yn flaenor yn Rose Place yn y flwyddyn 1834 ac yntau ond yn 26 mlwydd oed. Meddai ar ddawn arbennig i gyflwyno apêl ariannol a gwnaeth hynny'n gyson ar ran y Gymdeithas Genhadol. Gan amlaf byddai'n terfynu ei apêl raenus â'r geiriau Saesneg am yr hyn oedd ei angen, sef 'a long pull together'. Bu'n swyddog gyda'r Genhadaeth Dramor o'r cychwyn cyntaf yn 1840 hyd ei ymneilltuad yn 1873. Gwasanaethodd y Cymry a'u buddiannau am gyfnod hir, a magodd ef a'i briod ddau o weinidogion grymus oes Fictoria, y Parchedig Ddr W. Dickens Lewis a'r Parchedig Thomas Phillips Lewis. Dywed hyn lawer am yr aelwyd.

Arloesydd arall oedd David Roberts (1805-86), ac yn ôl pob sôn, un o flaenoriaid enwocaf Lerpwl yn y bedwaredd ganrif ar bymtheg. Symudodd o Lanrwst i Lerpwl a chael croeso wrth ei fodd ymhlith aelodau capel Bedford Street, a phriodi gyda chwaer Minimus. Bu ef a'i fab John Roberts, AS, a gweddill y teulu yn fawr eu sêl dros y genhadaeth a bu yn Drysorydd y Gronfa er cynorthwyo cenhadon methedig a gweddwon a phlant amddifad i genhadon.

Ymysg is-lywyddion y Gymdeithas Genhadol roedd David Davies, Mount Gardens, gan fod drws ei gartref ef bob amser led y pen i groesawu bechgyn ieuainc ar ymweliad â Lerpwl. Roedd rhai o'r rhain yn astudio ym Mhrifysgol Caeredin, fel Owen Thomas, Bangor (a ddaeth yn ddiweddarach yn weinidog yn Lerpwl) a John Parry, un o Gymry Manceinion.

Roedd dau William Jones ymysg yr arloeswyr cenhadol. Câi un ei adnabod fel 'William Jones y Machine' oherwydd ei alwedigaeth, sef gofalu am beiriant pwyso nwyddau. Etholwyd ef yn flaenor yn Bedford Street yn 1827, ond cyn ei ethol bu'n ddraenen yn ystlys arweinwyr yr eglwys. Pan oedd John Elias o Fôn yn ymweld â'r ddinas gofynnwyd am ei gyngor ynglŷn â'r brawd beirniadol. Barn John Elias am ei gyfaill (deuent ill dau o Eifionydd yn wreiddiol) oedd 'Mae'n bur selog; eisiau rhywbeth i'w wneud sydd arno. Gwnewch ef yn flaenor!' A dyna'n llythrennol a ddigwyddodd. Dioddefodd gystudd trwm yn niwedd ei oes ac er mawr siom iddo bu'n rhaid iddo symud o Lerpwl i gartref ei ferch yn Tavistock, Swydd Dyfnaint, lle y bu farw ar 20 Awst 1846.

Y William Jones arall oedd William Jones, Berry Street, swyddog gwerthfawr yn Bedford Street. Etholwyd ef, yr unig un, yn flaenor yn 1839. Yn wreiddiol o Dreuddyn, ger yr Wyddgrug, fferyllydd ydoedd wrth ei alwedigaeth.

Yn yr un capel yn 1843 etholwyd un arall o arloeswyr y genhadaeth dramor, sef John Jones, Thackeray Street, yn flaenor. Roedd ef o linach teulu nodedig. Tad John Jones oedd gor-ŵyr i Joseph Jones, Seiniad, Rhuthun, un o bregethwyr cyntaf y Methodistiaid Calfinaidd yng ngogledd Cymru, ac un o gefnogwyr Howell Harris adeg yr ymraniad gyda'i gyd-ddiwygiwr, Daniel Rowland, Llangeitho. Bu gor-ŵyr Joseph Jones yn flaenor mewn dwy eglwys cyn ei gyfnod yn Lerpwl, sef yr Wyddgrug a Llyn y Pandy, a bu'n flaenor yn Bedford Street hyd ei farwolaeth yn 1836. Ei fab ef o'i wraig gyntaf oedd John Jones, Thackeray Street, ac roedd ef yn dad i un o arweinwyr bywyd cyhoeddus Lerpwl, yr Henadur Joseph Harrison Jones. Enwyd ysgol ar ei ôl yn ardal Paddington, Lerpwl, ond erbyn hyn diflannodd yr adeiladau ac nid oes cofnod am gyfraniad Harrison Jones.

O blith yr arloeswyr rhaid cofio nad oedd neb yn fwy tanbaid na John Hughes, Mansfield Street. Un o Abergele ydoedd, ond daeth yn niwedd y ddeunawfed ganrif i Lerpwl. Erbyn 1813 roedd yn sêt fawr Capel Pall Mall, a phan ffurfiwyd capel arall yn Rose Place symudodd yno fel arweinydd. Yn ôl y Parchedig Ddr Owen Thomas, oracl os bu un erioed, roedd mwy o allu gwreiddiol diwinyddol ynddo na'i gyfoeswyr, a phan siaradai mewn unrhyw gyfarfod, roedd ei anerchiad yn gyforiog o sylwadau treiddgar. Bu John Hughes farw ar 26 Ionawr, 1843, a rhoddwyd i orffwys ym mynwent Low Hill.

Yn yr un stryd â John Hughes, sef Mansfield Street, fe drigai un arall a gafodd ei ysbrydoli gan y weledigaeth genhadol. Robert Pierce oedd y gŵr da hwn a aned yn Lerpwl yn 1807. Cafodd Robert Pierce addysg well yn Lerpwl na'r rhelyw o'i gyfoeswyr a bu'n fasnachwr hynod o lwyddiannus. Llwyddodd i wneud ffortiwn, ymddeol i dŷ braf ar gyrion yr Wyddgrug o'r enw Tŷ Agored, ac yno y bu farw yn annhymig yn 1856, ac yntau ond yn 49 mlwydd oedd.

Roedd pump arall o arloeswyr haelionus a chefnogol y tu hwnt y dylid eu henwi, sef Edward Price Hughes (Mill Street), Benjamin Williams (Whitechapel), eilunaddolwr y Parchedig John Hughes y Mownt, Thomas Morris (Lord Street), yn enedigol o Geredigion, Owen Griffiths, di-sôn-amdano, dim ond enw, a Matthew Jones, y pwysicaf o'r pump. Roedd ganddo ef nwyd cenhadol anhygoel, a sefydlodd Ysgol Sul yn Hygeia Street, o'r hon y tarddodd Capel Methodistiaid Calfinaidd Lombard Street (Newsham Park yn ddiweddarach). Penodwyd ef gan Henaduriaeth Lerpwl yn arolygwr dros y gorsafoedd cenhadol a berthynai iddynt. Ymwelai'n fynych â'r gorsafoedd cenhadol hyn, yn nhrefi Widnes, Wigan, St Helens, Earlestown a Southport, a gofalai am lenwi y pulpudau gyda chenhadon ar y Suliau. Cefnogodd lu o fechgyn yn Lerpwl i ystyried y Weinidogaeth Gristnogol fel galwad a gyrfa, a gellir nodi fod wyth o ddisgyblion iddo wedi ymateb yn gadarnhaol. Gelwid hwy ymhlith Cymry Calfinaidd Lerpwl, yn 'ddisgyblion Matthew Jones' y gwerthwr glo ar hyd strydoedd Islington.

Dewis y maes cenhadol

Y cam nesaf ar ôl corffori'r gymdeithas oedd dewis maes cenhadol ac aethpwyd ati i ohebu â'r Parchedig Ddr John Wilson. Cynghorodd Dr Wilson i'r genhadaeth newydd lafurio yng ngogledd Cujarat. Dymuniad y cenhadwr ifanc Thomas Jones oedd cael cyfle i genhadu yng nghymdogaeth Allahabad yn nhiriogaethau'r gogledd, yr hyn a elwid yn North West Province. Ond yr hyn a bennodd leoliad y maes cenhadol yn y diwedd oedd hinsawdd y tywydd ym Mryniau Cassia, a hefyd cyngor Jacob Tomlin, un a fu yno ei hun, ond oedd bellach yn byw yn Wavertree, Lerpwl. Ffaith arall i'w chofio oedd fod John Roberts (Minimus) a'i dad ar delerau da iawn gyda chwmni llongau Meistri J. B. Yates, King Street, cwmni adnabyddus ym mhorthladd Lerpwl, ac yn berchen ar longau hwyliau cyflym fel y *Jamaica*.

Cyfraniad pwysig Minimus i lwyddiant y gwaith

Gwirfoddolodd John Roberts (Minimus) i fod yn ysgrifennydd di-dâl i gymdeithas genhadol y Methodistiaid Calfinaidd o'r cychwyn. Bu'n gwbl ymroddedig i'r gwaith ac nid oedd dim byd yn ormod iddo.

Ond surodd y berthynas â'i gydweithwyr yn Lerpwl tua 1860. Symudodd i fyw y tu allan i'r Wyddgrug. Torrodd ei gysylltiad â'r gymdeithas yn 1866, er dirfawr boen meddwl i'w frawd-yng-nghyfraith David Roberts, Hope Street ac Abergele. Symudodd i Gaeredin a chael swydd fel Ysgrifennydd Cymdeithas Cadwraeth y Sabboth yn yr Alban. Yng Nghaeredin y bu farw ar 6 Ionawr 1880 a hebryngwyd ef gan gannoedd o'i gartref i'r orsaf rheilffordd ar ei daith yn ôl i Lerpwl. Ar fore Gwener, 9 Ionawr, bu gwasanaeth yng Nghapel Princes Road, a chladdwyd ef ym mynwent Sant Iago. Daliwn i ganu ei emynau fel 'Bywha dy waith, O! Arglwydd Mawr', ac roedd ei gyfraniad ef wedi bod yn allweddol yn y weledigaeth bwysig a ddaeth yn ffaith ar nos Fercher, 14 Tachwedd 1840, pan ymgasglodd llond capel Rose Place i ddymuno'n dda i Thomas ac Anne Jones.

Emyn ffarwel Pedr Fardd i'r ddau genhadwr dewr

Canwyd emyn newydd sbon ar gyfer y ddau ddewr o waith Peter Jones (Pedr
Fardd) ar y nos Fercher:

I'r dwyreiniol India trodd
   Y danfonwr;
Iôr, dy gennad, ac i'th law
Y'i cyflwynwn;
Tan dy aden rasol gref,
   Boed ei drigfa,
Ac yn iach cyrhaeddodd ef
   Fryniau Kassia.

Y mae'r gwynt, O Arglwydd Iôr
   Yn dy ddyrnau;
Llywodraetha di y môr
A'i holl donnau,
I hwyluso'r fordaith faith
   Iddynt archa,
Nes y delo i ben ei daith,
   Bryniau Kassia.

Yr ymadrodd am y groes,
   A bregethir
Ganddo'n gyson trwy ei oes
Ac a lwydder.
Sôn am Grist a'i farwol glwy'
   Ar Galfaria
Dreiddo'n fuan trwyddynt hwy,
   Bryniau Kassia.

Dyger lluoedd maith yn llon
   At yr Iesu,
I addoli ger ei fron
A'i gyffesu;
A soniarus uchel lef
   Bryniau Kassia
Fyddo'n atsain "Iddo Ef",
   Haleluia.

Mynegodd Pedr Fardd feddylfryd cenhadol ei gyfnod, meddylfryd a gafodd ddyfnder da ymhlith Cymry Lerpwl. Gwnaeth Cymry Lerpwl bopeth o fewn eu gallu i ddymuno'n dda i'r ddau genhadwr cyntaf a phob cenhadwr arall a hwyliodd o'r porthladd. Daeth y tyrfaoedd ynghyd ar 25 Tachwedd 1840 i weld y *Jamaica* o dan y Capten John Johnson yn gadael am Calcutta. Cafodd y ddau daith hir, annymunol a helbulus, a bu Anne yn sâl bron bob dydd o'r pum mis ar fwrdd y *Jamaica*. Gwnaeth Thomas Jones wyrthiau yn Cherrapunji a'r bryniau, gosododd yr iaith ar seiliau cadarn, agorodd ysgolion a chael David Davies, Seel Street, Lerpwl, John Roberts (Minimus) a'r Parchedig William Hughes, Wrecsam, ef yn weinidog a ddeuai yn gyson i'r dref, i dalu yr holl gostau am yr adeiladau.

Cymhellion y cenhadon lleol o'r dref

Magodd Cymry Lerpwl nifer o genhadon, a buddiol yw ystyried cymhellion yr arloeswyr a'r cenhadon.

1. Y ddelwedd o India. Ni ellir anghofio pwysigrwydd India ym mywyd Cymry Lerpwl, fel y gwelwn yn nyhead Josiah Hughes i fynd yno, ac yn ddiweddarach Thomas Jones. Dyma em yr Ymerodraeth Brydeinig ac i Thomas Jones, roedd yn well ganddo fynd i'r India nag i Dde Affrig. Yn wir penderfynodd dorri cysylltiad â Chymdeithas Genhadol Llundain ar fater y maes cenhadol. Roedd William Williams, Pantycelyn, yn hoff iawn o sôn am yr India, a bu yntau yn ystyried mynd yno fel cenhadwr meddygol, a chafodd ei emynau cenhadol gryn ddylanwad.

2. Y Cartref. Daeth pob un o'r cenhadon Cymreig o gartrefi crefyddol, lle roedd y rhieni'n ffyddlon i'r capel, a chyfartaledd uchel ohonynt yn arweinwyr. Deuai amryw o gefndir y mans a chyfaddefodd y Dr R. Arthur Hughes (mab i weinidog a anwyd ac a fagwyd yn Lerpwl) 'ei fod am dalu yn ôl i'r grefydd Gristnogol yr hyn a gafodd yn ei gartref'.

3. Y capel, y gweinidog a'r arweinwyr yn cymell yr ifanc i ystyried hawliau trigolion yr India.

4. Profiadau crefyddol. Bu i'r diwygiadau crefyddol, yn arbennig yn 1839, 1859 a 1904-5, gyffwrdd â mwy nag un o'r cenhadon hyn. Diwygiad 1904-5 a fu'n gyfrwng i yrru y Dr H. Gordon Roberts yn feddyg i Shillong. Bu'r diwygiadau crefyddol a brofwyd yng Nghymru a Lerpwl yn atgyfnerthiad mawr.

5. Pwysigrwydd Cymry Lerpwl fel catalyst i'r holl fenter arwrol. Mae hanes y cenhadwr yng ngogledd-ddwyrain yr India yn gorfodi'r hanesydd i gydnabod pwysigrwydd Cymry Lerpwl. Magwyd aml i genhadwr yng nghapeli Lerpwl. Edward Hugh Williams (1865-1962), er enghraifft, cenhadwr yn yr India am 55 mlynedd. Ganwyd ef yn 25 Premier Street, Everton, Lerpwl ar 2 Medi 1865 yn fab i Owen Williams (1834-1908) ac Elinor (1834-1907), y ddau'n enedigol o Ynys Môn. Magwyd ef yng nghapel newydd y Methodistiaid Calfinaidd, Fitzclarence Street, Everton, ac addysgwyd ef yn Ysgol St Saviour nes ei fod yn dair ar ddeg oed, pan gafodd swydd yn swyddfa y Cymro cyfoethog, John Thomas, brocer stociau a siariau yn Sweeting Street. Bu yn gweithio yn swyddfa Dodd ac Oulton wedyn, ac oddi yno aeth at ei ewythredd, Thomas Brothers, Hornby Street, cyn cael gwaith yn y Sun Foundry gyda'r Meistri Smith yn Dale Street. Symudwyd ef i brif swyddfa'r cwmni yn Glasgow, a daeth yn weithgar yn Eglwys Bresbyteraidd Unedig Renfield Street. Yno y clywodd y Parchedig James Grey o Rajpunta, India, yn erfyn am genhadon. Ei apêl oedd 'Onid oes yna ŵr ifanc yn barod i'w gynnig ei hun i fynd allan i India o gariad at Grist?' Ni wrandawodd y Cymro o Lerpwl yr apêl y funud honno, ond o fewn mis, yn ei lety mynegodd ei ddymuniad wrth weinidog y capel. Symudodd yn ôl i Lerpwl ym mis Chwefror 1885 i swyddfa ei ewythr Henry Williams yn 10 Conyers Street, Kirkdale, a mynychu dosbarthiadau nos mewn Lladin a Groeg yn Mount Pleasant. Derbyniwyd ef i Goleg Diwinyddol y Bala yn 1891 ac ordeiniwyd ef yn weinidog cyn gadael am India. Hwyliodd o Lerpwl ar 23 Medi 1893 ar y *City of Corinth* a chyrraedd Calcutta ar 24 Hydref, ac yn nechrau mis Tachwedd roedd yng ngorsaf genhadol Shelta. Bu'n arloeswr arbennig iawn, ac yn ŵr dewr. Gweithiodd yn egnïol ymhlith llwyth y Mikir. Teithiodd heb ofn anifail na phagan i ganol pentrefi'r llwyth hwn. A dyna fu ei hanes ar hyd ei dymor hir. Bu'n feddyg gwlad go iawn ac fel y dywedodd un o'i gyd-genhadon, Gwilym Angell Jones: 'Llithrodd llawer o fabanod Khasia a Jaintia yn esmwyth i'r hen fyd yma drwy ei weinidogaeth ef a'i fag du.' Dychwelodd o'r India yn 1947 a mynd i fyw i Ravenhill, Abertawe. Enghraifft arall yw'r Parchedig Ddr Hugh Gordon Roberts (1885-1961). Roedd ei dad, David Roberts, yn flaenor yn Eglwys Bresbyteraidd Cymru, Catherine Street, Lerpwl, ac yn hanu o deulu enwog meddygon Mynydd y Gof,

Ynys Môn. Cafodd Gordon Roberts addysg breifat ac ar ôl gadael Liverpool College aeth yn gyfrifydd. Clywodd y diwygiwr Evan Roberts yn pregethu yn Lerpwl yn 1905 ar 'Sut y medrwn ddianc, os esgeuluswn iachawdwriaeth mor fawr?' Trodd ei olygon i'r gwaith cenhadol, ac ar anogaeth ei dad, aeth i ddilyn cwrs meddyg ym Mhrifysgol Lerpwl. Graddiodd yn 1912 a'i apwyntio'n llawfeddyg yn Ysbyty'r Merched, Shaw Street, Islington. Roedd ei ddarpar wraig Katie (née Jones) Roberts yn aelod o'r un capel ac fe'u priodwyd yn 1913 cyn gadael am Fryniau Casia. Ymdrechodd i gynllunio ac adeiladu Ysbyty Cenhadol Cymreig. Pan agorwyd yr ysbyty yn 1922, roedd Dr Gordon Roberts ar ben ei ddigon. Rhoddodd £2,000 o'i arian ei hunan tuag at adeiladu'r ysbyty, a £2,000 arall at brynu'r adnoddau o'i gyflog fel llawfeddyg sifil y llywodraeth adeg y Rhyfel Byd Cyntaf. Dr Gordon Roberts oedd yr arolygwr, y prif feddyg a'r llawfeddyg, a daeth yr ysbyty'n destun edmygedd dinas Shillong ac arweinwyr cymdeithasol a gwleidyddol tiriogaeth Assam. Nid rhyfedd iddo dderbyn Gradd Doethuriaeth (er anrhydedd) gan Brifysgol Cymru yn 1946 ar gyfrif ei gyfraniad mawr i anghenion meddygol Bryniau Casia. Ymddeolodd yn 1953 ar ôl gweld adeiladu ysbyty arall o dan ei oruchwyliaeth yn Jowai.

6. Ymweliadau'r cenhadon ac ysgogiadau ysgrifenyddion cenhadol. Edrychid ymlaen yn Lerpwl at ymweliadau'r cenhadon a cheid bob amser gyfarfodydd i glywed am y gwaith a magu diddordeb. Bu'r ysgrifenyddion cyffredinol ac ysgrifenyddion eraill yn hynod o bwysig. Yng Nghymanfa Gyffredinol Eglwys Bresbyteraidd Cymru yn Aberystwyth yn 1866, penodwyd y Parchedig Josiah Thomas (1830-1905) yn olynydd i Minimus. Symudodd o Fangor i Lerpwl, a daeth y Gymdeithas Genhadol, a oedd cyn hynny yn gymharol ddi-nod, yn sefydliad cyhyrog. Bu Josiah Thomas yn y swydd am 34 mlynedd ac fe'i dilynwyd gan y Parchedig Robert John Williams (1857-1933). Cyflawnodd R. J. Williams waith mawr fel ysgrifennydd, ac ymfalchïai yng ngwaith y cenhadon.

Y Chwiorydd fel asgwrn cefn y Genhadaeth
Datblygodd gweithgarwch anhygoel yn sgil y weledigaeth genhadol gan fod y rhan helaethaf o'r gefnogaeth a'r gyfundrefn yn dibynnu ar Gymry Calfinaidd Lerpwl. Aeth adeiladwr o'r enw James Hughes, aelod yn eglwys Bedford

Street, a'r gŵr a adeiladodd nifer o'r tai crand yn Devonshire Road a Princes Road, ati i adeiladu stryd fechan oddi ar Mann Street ar lan yr afon, gan ei galw yn Khassia Place, er cof am y cenhadwr cyntaf. Bellach mae'r stryd wedi diflannu.

Ond y gweithgarwch pennaf dros y gwaith cenhadol oedd cyfraniad chwiorydd y gwahanol gapeli. Erbyn 1881 ffurfiwyd Cyfeisteddfod Genhadol Chwiorydd Henaduriaeth Lerpwl oherwydd brwdfrydedd dwy ferch oedd wedi eu trwytho yn yr hanes a'r peirianwaith. Y ddwy oedd Mary Roberts, 63 Hope Street ac Annie J. Davies, merch David Davies, Seel Street, ac yn ddiweddarach Mount Gardens. Tasg y Gyfeisteddfod fyddai ysbrydoli'r gwragedd a'r plant dros weithgarwch cenhadol, ac o fewn amser byr, sefydlwyd pedair ar ddeg o gymdeithasau chwiorydd yn eglwysi Lerpwl a'r cylch. Cynhelid yn gyson bwyllgor gwaith, lle y rhoddid cyfle i ddarllen llythyron oddi wrth wragedd y cenhadon, yn adrodd yr hanes, neu oddi wrth ymwelwyr â'r maes. Casglodd y Gyfeisteddfod y swm anhygoel o £11,579-17-10 yn y deng mlynedd ar hugain cyntaf.

Agwedd arall a gafodd sêl bendith oedd menter Dr Gordon Roberts i gynllunio ysbyty. Yn 1920, anerchodd ef y chwiorydd am yr angen i godi arian at yr ysbyty a drefnwyd ar gyfer Shillong a'r cyffiniau. Llwyddwyd i gasglu £965-15-9 erbyn diwedd y flwyddyn a £1,104-10-10 erbyn 1921.

Agwedd arall o'r gwaith a gafodd lawer o gymorth oedd ffurfio mudiad o dan yr enw Linen League, er mwyn cynorthwyo'r gwaith meddygol. Disgwylid i bob chwaer a berthynai i'r cynghrair gyfrannu swllt y flwyddyn tuag at yr anghenion.

Hwyliodd un o ferched Cymry Lerpwl, Annie Williams (1874-97) ar 10 Hydref 1896 o'r porthladd i ofalu am adran y merched o'r Ysgol Athrofaol yn Shillong. Bu yng Ngholeg Hyfforddi Edge Hill i dderbyn hyfforddiant. Yn 1897, ar ôl cyrraedd Shillong, bu daeargryn mawr a chollodd y Genhadaeth ei holl adeiladau ar y bryniau. Bu farw Annie ar 21 Awst 1897 wedi iddi fod yn gweini cysur i dri o blant bach oedd yng nghanol y twymyn colera a dal yr haint ei hun. Dim ond am ddeng mis y bu yn Shillong fel cenhades, a derbyniodd ei rhieni, aelodau yng nghapel Anfield Road, David ac Anne Williams, y newydd trist o enau Josiah Thomas. Fel y dywedodd John Hughes Morris (yntau, fel Annie Williams, yn un o Gymry Lerpwl).

Yn ei marwolaeth, collodd y Genhadaeth un o'r cymeriadau puraf ac un o'r cenhadon mwyaf awyddus i waith a fu yn ei gwasanaeth erioed.

Bu ei haberth yn ysbrydoliaeth yn Lerpwl i gynyddu'r gefnogaeth tuag at anghenion India yn yr ugeinfed ganrif.

Cymry tlawd Lerpwl

Tuedd y rhai ohonom sydd wedi croniclo hanes Cymry Lerpwl yw rhoi'r syniad fod pob un o'r Cymry a ymfudodd i'r ddinas wedi llwyddo y tu hwnt i bob disgwyliad. Er bod hynny'n wir am nifer dda o'r Cymry a fu yn adeiladwyr yn y dref, nid yw'n wir am garfan o'r Cymry a ddaeth fel ymfudwyr. Sefydlwyd Deddf Cyfraith y Tlawd (Poor Law Act) yn 1601 ac fe'i gweithredid gan y wyrcws. Ceisiai pob tlodyn osgoi crafangau'r wyrcws. Ond erbyn y bedwaredd ganrif ar bymtheg, tueddai'r sefydliad a'r Senedd ddadlau fod yr holl system yn rhy garedig!

Sefydlu wyrcws ar gyfer y tlodion

Yn 1834, pasiwyd cyfraith oedd yn nodi y dylai pob plwyf baratoi wyrcws. Penderfynodd llawer o'r plwyfi uno eu hadnoddau ac adeiladu wyrcws ar gyfer y tlodion. Adeiladwyd wyrcws oedd yn ysbyty hefyd yn Lerpwl ar y fangre lle saif yr Eglwys Gadeiriol Babyddol heddiw. Er mwyn arbed arian anfonwyd pob math o bobl i'r wyrcws, hen bobl a rhai anabl, a threfnwyd wardiau ar gyfer dynion tlawd a wardiau ar gyfer merched tlawd. Roedd cyfrifoldeb ar y plwyfi lle ganed y tlodion i ddarpau cynhaliaeth ar eu cyfer. Er enghraifft, roedd gweddw yn Lerpwl o'r enw Mary Lewis, mam i chwech o blant, yn gorfod dibynnu ar dref yn Môn i'w chynorthwyo. Ysgrifennodd swyddogion Lerpwl at fwrdeistref Biwmares nifer o weithiau, yn gofyn am gymorth gan ei bod am ddechrau busnes o gadw lojers a hefyd busnes gwnïo. Amgaewyd llythyr cefnogol gan ŵr diwylliedig o'r enw Thomas Jones a alwai ei hun wrth yr enw barddol Gwynedd. Soniodd ei fod ef yn ei hadnabod yn dda a lluniodd lythyr tra charedig, gan ychwanegu ei bod 'a very striving, industrious, steady, perservering, woman, and a very worthy object of your notice and sympathetic assistance'. Erbyn 1835, derbyniodd lythyr oedd yn dweud fod rhaid iddi adael ei thŷ o fewn tri mis a'i bod yn cael ei hanfon yn ôl i Fiwmares.

Hanes Sarah Williams

Mae enghraifft arall ar gael, sef hanes Sarah Williams, hithau hefyd yn byw yng nghanol y dref ond yn wreiddiol o Fiwmares. Gofynnodd am 'ychydig o bunnoedd' o Fiwmares i'w chynorthwyo yn y dyddiau blin. Ni fedrai ei gŵr weithio am ei fod yn sâl ac yn ddall. Anfonodd lythyr yn 1832 yn dweud, 'We suffer the extremes of nakedness and destruction – having scarcely the necessities of life.' Ychwanegodd y rhybudd:

> . . . if the requested cannot be complied with, there is no use in my husband returning to Beaumares to preach – besides my four children and myself must follow him and you will be good enough to provide some residence for us – for here it will be impossible for us to make a living without assistance.

Gofyn a wnâi am gymorth dros dro a gwelir pa mor anodd oedd cael unrhyw help.

Y Gwyddelod yn ymfudo yn eu miloedd

Dyma'r degawd pan y cafwyd ymfudiad anferthol y Gwyddelod ar eu cythlwng. Yn ôl cyfrifiad 1841, roedd 49,639 o Wyddelod yn Lerpwl, tua 17.3% o'r boblogaeth, Dibynnai'r Gwyddelod Catholig gryn lawer ar yr eglwysi Pabyddol ac yn y pumdegau daeth offeiriad ifanc, a anwyd yn Lerpwl, yn arweinydd nodedig i'r gymuned Wyddelig, sef y Tad James Nugent. Roedd ganddo ef weledigaeth ac aeth ati gydag eraill i addysgu, chwilio am waith, diddanu a gwarchod y gymuned Wyddelig. Gan ei fod yn ddirwestwr o argyhoeddiad, cododd bontydd i'r Cymry dirwestol a chydweithiodd gydag arweinwyr Anglicanaidd, Undodaidd ac Ymneilltuol, a chyda'r Cymry blaengar am weddill y bedwaredd ganrif ar bymtheg.

Yn yr un cyfnod, tyrrodd y Cymry i Lerpwl yn eu miloedd. Roedd yna nifer o drefi o amgylch Lerpwl i'r Cymry gartrefu ynddynt a dyna a ddigwyddodd. Ffurfiwyd cymunedau Cymreig ym Mhenbedw, Wallasey, Southport, Prescot, Newton-le-Willows, Warrington, Widnes a Runcorn.

Gwahaniaethau rhwng y Gwyddelod a'r Cymry

Bu Henry Rees yn llygad-dyst i derfysg y bara yn 1855 ac i'r gwrthdaro rhwng y gweithwyr tlawd eu hamgylchiadau, yn Gymry a Gwyddelod, yn nociau'r ddinas. Anfonodd lythyr at ei ffrind, Dr Lewis Edwards, pennaeth Coleg y Bala yn adrodd yr hanes ar 19 Chwefror 1855: 'Mae y bobl yn gwibio o eisiau bwyd, yn tori i mewn i'r siopau, ac yn cymeryd blawd, a bara trwy drais.'

Gweinidogion Cymraeg yn dangos cydymdeimlad â'r tlawd

Yn ystod gweinidogaeth Williams o'r Wern yn y Tabernacl, Lerpwl, o 1837 i 1840, sefydlwyd cymdeithas o dan nawdd yr Ysgol Sul i ofalu am bobl ifanc dlawd. Erbyn y chwedegau, mae'n amlwg fod arweinwyr y capeli Cymraeg yn Lerpwl yn awyddus i bawb a fedrai siarad yr iaith fod o fewn y gymuned Gristnogol Gymraeg. Ond roedd llawer ohonynt yn dueddol o beidio mynychu'r capeli, fel y profa'r rhestr hon o un o'r Adroddiadau Blynyddol sy'n nodi rhai o'r rhesymau dros hynny: (i) Difaterwch affwysol tuag at yr oedfaon a'r cyfleusterau eraill; (ii) Tlodi, yn golygu nad oedd y personau yn meddu ar 'ddillad parch'; (iii) Yr awch i fwynhau y dafarn ac yfed; (iv) Gwrthgilio am gyfnod hir; (v) Diffyg parch i'r Sul fel Dydd yr Arglwydd.

Sylweddolodd arweinwyr y capeli nad oedd gobaith perswadio'r Cymry tlawd i fynychu oedfaon yn y capeli mawr, crand, lle roedd y dosbarth canol Cymreig yn y mwyafrif. Nid oedd y Cymry hyn yn eu dillad gorau yn dymuno eistedd mewn sedd gyferbyn â Chymry yn eu carpiau ac aroglau anhyfryd o'u hamgylch oherwydd diffyg glanweithdra a diffyg golchi'r dillad brwnt.

Adeiladu ystafelloedd cenhadol i ddiwallu anghenion y tlodion

Buan y gwelwyd angen i adeiladu ystafelloedd cenhadol o dan nawdd y capeli. Dyna sut y daeth ystafell genhadol i fodolaeth yn ardal Burlington Street, ac y cychwynnwyd y Genhadaeth Drefol Gymreig yn 1870. Un o'r arweinwyr a fu ar flaen y gad yn hybu y Genhadaeth Drefol Gymreig oedd y Parchedig Ddr Owen Thomas a symudodd o Lundain i Lerpwl yn 1866, ac yn 1871 ymgymerodd â bugeilio un o eglwysi mwyaf dylanwadol y Cymry yn Lerpwl, eglwys a gyfarfyddai yn Princes Road, Toxteth, a hynny yn un o adeiladau harddaf y ddinas.

Y Genhadaeth Drefol Gymreig

Y cenhadwr cyntaf a benodwyd gan y Genhadaeth Drefol Gymreig oedd Hugh Roberts, Cranmer Street. Llafuriodd yn ddygn yng nghymdogaeth Pall Mall a Cranmer Street a oedd, erbyn y saithdegau, yn ardal ddigon tlawd. Yn 1872, dewiswyd cenhadwr arall, sef John Owen o Fethesda, Arfon, i gynorthwyo Hugh Roberts ac i gadw llygad ar Gymry tlawd yn rhan ddeheuol y dref.

Un o'r chwiorydd gweithgar ymhlith tlodion Cymraeg Lerpwl oedd Mary Pugh (1815-98), merch i'r cerddor o Lanidloes, James Mills, a'i briod. Yn 1843 priododd Mary gydag Eliezer Pugh a bu'r ddau yn weithgar iawn yn yr ystafell genhadol yn Kent Square ac ymysg merched ifanc o Gymry a ddeuai i Lerpwl.

Y Puteiniaid Cymreig a'u cwsmeriaid

Sefydlodd Mary Pugh gartref i ferched yn 114 Myrtle Street. Cartref oedd hwn ar gyfer merched Cymreig a demtid gan arian i fynd yn buteiniaid. Yn y pumdegau, ceir digon o hanesion yn y ddau bapur *Liverpool Mercury* a *Liverpool Courier* am y puteiniaid Cymreig. Ar 31 Hydref 1851 roedd John Jones, morwr, mewn tŷ yn Banastre Street, lle y collodd ddeg swllt:

> The prosecutor, a simple, innocent looking Welshman . . . then related his
> unvarnished tale in broken English. He had arrived in town on Wednesday by
> one of the Welsh steamers, and in the evening had been at the Railway Hotel in
> Tithebarn Street.

Ofnai y byddai'r gwesty yn rhy ddrud ac aeth allan i chwilio am le rhatach a dyna sut y daeth i fynwes y butain Maria Roberts. Gwelodd hi a'i meistr, Michael Cunningham, eu cyfle, ac ar ôl ei gael i'r gwely, rhoddodd ei llaw ym mhoced ei drowsus a dod o hyd i ddeg swllt. Wrth gwrs, y gwir amdani oedd fod John Jones yn cyfleu y ddelwedd o Gymro apelgar parchus i gefnogi ei achos yn erbyn Maria Roberts. Cafodd Maria Roberts ddeufis o garchar.

Bedair blynedd yn ddiweddarach, collodd Cymro parchus arall o'r enw Thomas Jenkins bunt a deg swllt yn Preston Street, ar ôl iddo fynd yno ar wahoddiad putain o'r enw Maria Dismond. Myfyriwr am yr offeiriadaeth

Anglicanaidd oedd Jenkins ac yn astudio yng Ngholeg Diwinyddol Sant Aidan ym Mhenbedw. Yn ystod yr achos cyfaddefodd Thomas Jenkins iddo golli arian yn yr un tŷ rai misoedd cyn hynny, ac er syndod i'r barnwr, clywyd mai dyma'r bumed gwaith iddo gyhuddo merched y stryd o fynd ag arian oddi wrtho. Penderfynwyd y byddai'r cyhuddwr a'r bargyfreithiwr yn ysgrifennu gair at Brifathro y Coleg, Dr Baylee, i'w hysbysu o ymddygiad y cyw-offeiriad yn ardal Preston Street.

Mary Pugh yn cenhadu ymhlith y tlawd

Gwnâi Mary Pugh waith cenhadol yn Myrtle Street a Kent Street. Agorwyd ystafell genhadol Burlington Street yn Chwefror 1874, ac yn y flwyddyn gyntaf ymaelododd 25 o Gymry tlawd fel aelodau, ond roedd tua 80 o wrandawyr, a 85 yn mynychu yr Ysgol Sul.

Ystafelloedd cenhadol Capel Princes Road

Agorwyd ystafell genhadol arall yn 246 Beaufort Street, ac yn 1874, aelodau Eglwys Princes Road oedd y rhan fwyaf o'r gweithwyr, o dan gyfarwyddyd Owen Thomas a John Owen. Un bychan o gorff oedd John Owen, 'cenhadwr i flaenau'i fysedd', yn ôl un hanesydd, a gŵr llawn hunanfeddiant a hyder. Yn ystod cyfnod ei olynydd, Ceinwenydd Owen, symudwyd yr ystafell genhadol o Beaufort Street i Yates Street.

Dr Owen Thomas, y diwygiwr cymdeithasol

Dywedwyd fod 'llawer yn mynd o *cellar* i *cellar* ac *attic* i *attic* i weddïo gyda'r bobl'. Un o'r rheiny oedd Owen Thomas.

Bu Owen Thomas yn gefnogol dros ben i Gymry tlawd Lerpwl. Ef oedd yn gyfrifol am sefydlu Cymdeithas Ddilladu Capel Princes Road Liverpool yn 1876. Fel hyn yr eglura amcan y Gymdeithas Ddilladu:

Ei hamcan ydyw, rhoddi rhyw gymaint o gynhorthwy tuag at ddilladu y tlodion a berthynant i'r Eglwys a'r Gynulleidfa yn enwedig â'r gwisgoedd sydd yn bennaf yn angenrheidiol er cynhesrwydd iddynt ym misoedd oerion y gaeaf. Mae yn gwneuthur hynny trwy gefnogi darbodaeth a gofal ymhlith y tlodion eu hunain; trwy gyfranu swm bychan ar gyfer y swm a delir i mewn ganddynt hwy yn eu cyfraniadau wythnosol. Ac y mae'r Adroddiad hwn (a ysgrifennwyd ar 31 Hydref

1878) yng gystal ag Adroddiadau Blaenorol, yn dangos fod y lluaws mawr o'r tlodion yn gwerthfawrogi y Gymdeithas ac yn ymgnnio i wneuthur eu rhan er ennill ei manteision.

Negyddiaeth W. H. Parry ar 'bechodau'r oes'

Cyhoeddodd W. H. Parry oedd yn byw yn 46 Wesley Street, lyfryn 53 o dudalennau o dan y teitl *Y Cymry yn Liverpool, eu Manteision a'u Hanfanteision*. Argraffwyd y llyfryn gan T. Hughes, 53 Netherfield Road North, yn 1868. Ofnai ef fod llawer o'r Cymry tlawd yn cael eu swyno i'r tafarnau. Cedwid y tafarnau ar agor o 6 y bore (llawer ohonynt o 4 y bore) hyd 12 o'r gloch y nos. Credai W. H. Parry y dylid darllen Llyfr y Diarhebion o'r Hen Destament yn feunyddiol:

> Ni a glywsom yn fynych am ddynion wedi codi i sefyllfaoedd uchel ac anrhydeddus
> o dlodi a dinodedd, y rhai briodolent eu llwyddiant i'w hastudiaeth fanwl o Lyfr
> y Diarhebion pan yn ieuanc, a'u hymdrech cydwybodol i gydymffurfio â'i
> gyfarwyddiadau.

Yr oedd W. H. Parry yn agos ati wrth gyfeirio at y cyfle a roddwyd i drigolion Lerpwl yfed yn y tafarnau. Sonia R. Ceinwenydd Owen am wraig i grefftwr yn dweud wrtho am syched ei gŵr. Gwariodd y swm o £71 ar ddiod feddwol iddo'i hun yn 1877. Disgrifiodd R. Ceinwenydd Owen y gŵr yn dod adref o'r dafarn ar nos Sul:

> Ond cyn bydd hanner awr o amser wedi myned heibio, fe fydd bwrdd a chadair
> neu ddwy wedi eu gwneuthur yn gandryll, y wraig wedi cael ei llusgo ar hyd y
> tŷ yn erbyn gwallt ei phen, a'r plant wedi cael curo eu pennau yn erbyn y mur!
> Roedd y gwario a'r difrod yn creu tlodi yn hanes y teulu.

Sonia R. Ceinwenydd Owen am gyflwr y Cymry yn y selerau llaith hefyd a chymaint ohonynt oedd yn llusgo byw o amgylch parc Toxteth. Cyfeiria at ŵr a fyddai'n aml yn ddi-waith ac yn byw gyda'i wraig a phump o blant mewn seler oer a digysur. Unig ddodrefn y seler oedd cadair ac un bwrdd. Dim ond chwe cheiniog oedd ganddynt i 'gael ymborth' erbyn y Sul a'r wythnos a ddilynai. Roedd rhent y seler yn ddau swllt yr wythnos. Unig obaith y teulu yn y pen draw oedd haelioni ystafell genhadol Yates Street.

Diolchai am nifer o ferched Cymraeg oedd yn barod i fod yn athrawon ar y plant, bob un ohonynt yn gweini yn nhai y byddigions oedd yn byw yn y tai hyfryd ger Parc Sefton. Deuai rhai ohonynt o bellter a thrwy bob tywydd i ddysgu plant y tlodion Cymraeg i ddarllen y Beibl. Ceid anhawster gyda'r iaith. Fel y dywed W. H. Parry:

> Y mae rhieni Cymraeg y dref hon hefyd o dan anfantais i ddwyn eu plant i fynu yn Gymry, yr hyn, ni a gredwn sydd yn ddyletswydd orphwysedig arnynt.

Roedd y gwersi'n ddiflastod llwyr i rai o'r plant nad oedd yn clywed yr un gair o Gymraeg ac eithrio pan aethant i'r Ysgol Sul. Yng ngeiriau W. H. Parry:

> Dilyna llawer ohonynt eu rhieni a'r addoliad Cymreig ar y Sabbath, ond ni dderbyniant nemawr o fendith na mwynhad yn y gwasanaeth.

Er hynny, yn ôl R. Ceinwenydd Owen, llwyddodd merched ifanc Yates Street i Gymreigio llawer o'r plant tlawd.

Byddai clwb dilladu o'r enw Clwb Dorcas yn cyfarfod yn yr ystafell genhadol i wneud dillad i'r tlodion. Deuai'r taliadau wythnosol i £19-17-5. Cyfrannai y chwiorydd eu hunain y swm o £8-14-0, a deuai'r gweddill o gyllid yr ysgoldy cenhadol. Sonia Ceinwenydd Owen gyda balchder am ferched ifanc a gwragedd da eu byd o Gapel Princes Road yn mentro ymhob tywydd i ymweld â'r Cymry tlawd yn Toxteth Park.

Y meddyg Hugh Owen Thomas yn cynorthwyo'r tlodion

Un arall a wnâi waith mawr ymhlith tlodion Lerpwl oedd y meddyg Hugh Owen Thomas, Nelson Street. Dywedodd ei fywgraffydd David Le Vay amdano:

> An idol of the poor, he was known to every working-man of Liverpool, then a drunken and dissolute city. One of the most criminal towns. He traversed its roughest quarters. Cheered by both Catholics and Protestants.

Cyfansoddodd y bardd R. M. Davies (Erfyl) yr englyn hwn iddo:

Mab llafur ddringodd i urddas – ei haedd,
   Yw Hugh Owen Thomas,
  Mewn dawn gŵr mwya'n dinas –
  Er hyn i gyd gwna ran gwas.

Meddylgarwch Dr Robert Gee tuag at y tlodion

Meddyg arall a roddodd ei amser i helpu'r tlawd oedd Dr Robert Gee (1819-91), Sgwâr Abercrombie, a brawd y cyhoeddwr Thomas Gee, Dinbych. Daeth Robert Gee i Lerpwl yn 1846 fel meddyg. Nid oedd ond yn 27 mlwydd oed a buan y daeth i sylw y dref am ei frwdfrydedd a'i ddoniau fel meddyg. Bu'n swyddog meddygol Festri Liverpool am 43 o flynyddoedd ac ef a fu'n gyfrifol am gael nyrsys profiadol i weini ar y cleifion yn y tloty yn Brownlow Hill. Meddyliai y byd o'r metron Agnes Jones a weddnewidiodd y tloty yn ei bywyd byr, a bu Dr Gee yn gyfrifol am ysbyty arall yn ardal Everton. Yn wahanol i Dr Hugh Owen Thomas, roedd Dr Gee yn ŵr crefyddol iawn ac yn cymryd rhan amlwg ym myd y Blaid Ryddfrydol, fel ei frawd. Etholwyd ef yn flaenor yng nghapel Mulberry Street a Chatham Street. Byddai yn ddieithriad ar ddiwedd oedfa nos Sul yn rhoddi anerchiad ar y bregeth a hynny yn Saesneg!

Ysgolion cenhadol yn 'ynysoedd gobaith'

Mae'n amlwg fod yr ystafelloedd cenhadol yn ynysoedd gobaith i blant y tlodion. Un o'r rheiny oedd Ysgoldy Cenhadol Portland Street a berthynai i'r Annibynwyr Cymraeg. Dysgir am weithgarwch yr ystafell genhadol trwy adroddiadau'r wasg Gymraeg. Yn y *Genedl Gymreig* yn 1887 ceir y brawddegau hyn am Ystafell Portland Street:

> Cafwyd y pleser o weled ugeiniau o blant tlodion y lle cenhadol hwn trwy offerynoliaeth, yn bennaf y boneddigesau Misses Parry, merched y Parchedig John Parry, York Terrace.

Roedd y chwiorydd hyn a'r cyfoethogion Cymraeg yn barod iawn i gefnogi a chynnal canolfannau ar hyd a lled y dref. Prynodd Miss A Davies, Bedford Street, dŷ yn Kent Square am £250, a'i addasu yn Ysgol Genhadol. Meddai yr Ysgol Genhadol hon ar genhadwr o'r enw Thomas Morgan. Un o ardal Corwen ydoedd a chafodd waith pan ddaeth gyntaf i Lerpwl o dan y gorfforaeth i lanhau'r strydoedd. Mynychodd gapel Chatham Street, a phrofodd ei hun i fod yn siaradwr tan gamp yn y Cyfarfod Gweddi. Gwelodd y gŵr busnes llwyddiannus, Eliezer Pugh, ddefnydd cenhadwr ymhlith y tlodion ynddo. Cyflogodd ef i'r dasg honno a thalodd gyflog o ddeg swllt ar hugain yr wythnos iddo. Pan fu farw ar 30 Tachwedd 1875, dywedodd gwraig gyfoethog: 'O am grefydd Thomas Morgan!'

Ond nid oedd hi'n hawdd cadw trefn ar y plant a ddeuai i gyfarfodydd yr ysgoldai cenhadol. Dyma eiriau yr hanesydd John Hughes Morris a gofiai am y gweithgarwch ac a fu'n llygad-dyst ohono:

> Nid rhaid dywedyd mai plant dilywodraeth nodedig a ddeuai i'r cyfarfodydd; weithiau troent i ymladd â'i gilydd; bryd arall rhoddent y golau allan yn sydyn; bryd arall drachefn dygent gyda hwy bowdwr a fire-works, gan eu tanio ar ganol y gwasanaeth! Ond ni ddigolonai y gweithwyr, a thystir i rai o'r bechgyn a'r genethod hyn, a ddeuent o gwrtydd iselaf y dref, ddringo i safleoedd o barch a defnyddioldeb, gan briodoli eu dyrchafiad i'r addysg a dderbyniasant yn Ysgol Genhadol Kent Square.

Yn niwedd Oes Fictoria, roedd cyfartaledd uchel o hyd o dlodion yn Lerpwl ac yn y gymuned Gymraeg. Disgrifir cyfarfod ar drothwy'r Nadolig yn Neuadd Sant Siôr gan ohebydd Cymraeg fel hyn:

> Golygfa i'w chofio ydoedd, gwelid y creaduriaid bychan carpiog yn myned i'r olchfa ddŵr, a gwelid yr hen garpiau wedi eu taflu o'r neilldu, a'r plant wedi eu gwisgo mewn dillad newydd (newydd iddynt hwy) a'u gwelid wedi hyny wrth ben eu digon.

Yn y pedwardegau agorwyd baddonau cyhoeddus. Agorwyd y cyntaf yn 1842 ac adeiladwyd nifer o rai eraill. Bu'r ddarpariaeth hon yn bwysig iawn i'r gwragedd i olchi dillad y teulu a hefyd yn gyfleus i'r tlodion gael trochfa am ddim. Cyfrwng gwerthfawr arall oedd Clybiau Tontine, er mwyn i'r tlodion allu talu am afiechyd, a derbyn swm ar gyfer treuliau cynhebrwng. Byddai llawer o'r clybiau hyn yn y gymdeithas Gymraeg yn dibynnu ar y capeli. Byddai Clwb y Cambrian, er enghraifft, yn cyfarfod yn ysgoldy Capel Beaconsfield Street.

Problem fawr y Cymry tlawd oedd cael gwaith. Roedd dociau Lerpwl yn lle da i chwilio am waith ond nid oedd modd gwarantu swydd sefydlog. Cyfloglid labrwyr am ddiwrnod a thelid iddynt gan amlaf yng nghanol y ganrif am dair ceiniog yr awr, mewn tocynnau ac nid mewn arian sychion. Byddai labrwr cyffredinol yn gallu ennill punt am wythnos o waith, ac yn y pedwardegau chwyddwyd y nifer oedd yn awyddus am waith gan y miloedd ar filoedd o Wyddelod a gyrhaeddodd y dref. Ond nid oedd punt yr wythnos yn ddigon o bell ffordd i fyw fel teulu. Nid oes rhyfedd fod yr haenen isaf o'r gymdeithas Gymraeg yn treulio eu blynyddoedd yn y wyrcws a'r tlotai. A dyna fu'r drefn ar hyd y ganrif.

Y Meddyg Esgyrn

Roedd afiechyd yn gymar parhaus yng nghartrefi Cymry Lerpwl yn ystod y ddeunawfed a'r bedwaredd ganrif ar bymtheg. 35 oedd cyfartaledd oed byw trigolion slymiau Lerpwl yn y flwyddyn 1845, ac roedd trwch y werin bobl yn llusgo byw ar fwyd heb lawer o faeth ynddo, fel llymru, bara ceirch a chig hallt. Collodd miloedd eu bywydau oherwydd y geri marwol, twymyn yr ymysgaroedd (teiffoid) a'r ddarfodedigaeth yn 1832 a 1849. Roedd y frech wen yn anhygoel o greulon, gan y gallai achosi dallineb, diffrwythdra a chreithiau ar y croen. Ceid damweiniau cyson ar y dociau ac ar feysydd adeiladu. Angen mawr Lerpwl oedd am feddygon a fedrai gynorthwyo'r cleifion a'u rhyddhau o boen a blinder a dwyn iachâd.

Yr arloeswr Evan Thomas

Daeth gwaredigaeth pan symudodd Evan Thomas (1804-84) o Fôn i'r Glannau. Ei fwriad gwreiddiol oedd ymfudo i'r Unol Daleithiau at ddwy chwaer oedd wedi cartrefu yn Wisconsin. Ond pan gyrhaeddodd Lerpwl, sylweddolodd nad oedd ganddo ddigon o arian i brynu tocyn i fynd ar long i Efrog Newydd. Cafodd hyd i waith mewn ffowndri yn Vauxhall a daeth yn llygad-dyst i ddamweiniau cyson.

Gwelodd ei gyfle fel meddyg esgyrn ac yntau yn lletya yng nghartref 'Mali Bach' yn Fazakerley Street. Ymhen amser aeth i fyw i 72 Great Crosshall Street. Er bod ei Saesneg yn glogyrnaidd, roedd ei ddwylo yn dwyn cysur i'r clwyfedig. Deuai pob gradd o bobl i'w ystafell yn Crosshall Street, lle y byddai yn trin pobl y toresgyrn. Gwyddom i un o berthnasau Dug Westminster fynd ato am driniaeth. Ni wyddai Evan Thomas pwy oedd y gŵr arbennig hwn, gan fod ei wisg yn ddigon cyffredin, cymaint felly fel iddo benderfynu codi chweugain yn unig am y driniaeth. Ymhen ychydig ddyddiau cafodd nodyn o ddiolch gan y gŵr bonheddig a gwybodaeth pwy ydoedd, a thair punt yn ychwanegol am ei gymwynas. Bu sôn am ei apwyntio i staff ysbyty gerllaw ond methiant fu hynny gan i'r si greu cyffro ymysg y meddygon cofrestredig.

Oddeutu 1833 priododd Evan Thomas â Jane Ellis Owen, Bodedern, a chawsant bump o feibion, y pump yn feddygon, a dwy ferch.

Y mab hynaf, Hugh Owen Thomas

Ganwyd y mab hynaf, Hugh Owen Thomas, ar 23 Awst 1834 yn Nhy'n Llan, Bodedern, Môn, a Jane, ar y pryd, ar ymweliad â'i rhieni. Bachgen eiddil, tenau ydoedd, ac am hynny cafodd ei fagu gyda'i daid a'i nain yn Rhoscolyn, hyd nes ei fod yn dair ar ddeg oed. Roedd athro yn Rhoscolyn, Owen Roberts, a oedd yn eithriadol o glyfar a thrwythodd y bychan mewn llenyddiaeth Saesneg, yn arbennig barddoniaeth William Wordsworth. Symudodd i goleg yn New Brighton a chafodd ragor o addysg trwy berthynas i'w fam, Dr Owen Roberts, Llanelwy. Cyn gadael Rhoscolyn, taflodd un o'i ffrindiau garreg a'i daro yn ei lygad gan achosi ectropion. Wedi hynny bu'n gwisgo cap â'r pig wedi ei dynnu i lawr dros ei lygad gwan, poenus.

Collodd ei fam yn bedair ar ddeg oed a bu yn golled anfesuradwy iddo, am fod perthynas agos iawn rhwng y ddau. Roedd ei dad yn benderfynol y byddai ef a gweddill y bechgyn yn derbyn addysg prifysgol a chymwysterau priodol i ddilyn y grefft. Roedd meddygon Lerpwl am ei waed a bu'n rhaid i Evan Thomas wynebu achos llys oherwydd eu dicter tuag ato am fod mor llwyddiannus o'i gymharu â'r gweddill ohonynt.

Erlid Evan Thomas fel crachfeddyg

Mae'n debyg mai'r achos a gafodd sylw y cyhoedd oedd yr un a gynhaliwyd ar 8 Chwefror 1834 ger bron Edward James a rheithwyr eraill yn y Liverpool Court of Passage. Hawliai dioddefwr o'r enw Crowley, cigydd wrth ei waith, iddo dderbyn poen arteithiol yn ei goes dde. Aeth i weld meddyg o'r enw Dr Thorburn ond heb iachâd ac yna aeth at Evan Thomas. Rhwymodd ef ei goes a'i golchi â dŵr oer. Aeth ei goes yn ddiffrwyth a'r canlyniad oedd colli ei goes. Yn yr amddiffyniad soniodd Evan Thomas am yr holl gleifion a ddeuai am iachâd ato, weithiau drigain y dydd ac ambell ddiwrnod pedair ugain. Ac ni cheid byth gwyno, dim ond diolch am ei waith.

Tystiolaethodd Evan Thomas fel hyn:

> I asked him who had ordered the leeches to be put on his leg and he said he had put them on himself. I told him he had not done very right. I examined it very particularly and found nothing wrong there. I also examined his leg and found it ruptured in the sinews. I made the best examination I could and then put a wet bandage on, from the toe up to the knee. I did it moderately tight. I used no splint. I ordered hot bran poltice to be applied on Saturday, because the foot was rather cold. I never had any difficulty before.

Dychwelodd y rheithgor ddedfryd o blaid y meddyg esgyrn. Ond ni chafodd Evan Thomas lonydd. Roedd y rhan fwyaf o'r meddygon lleol yn benderfynol o'i drechu a byddent yn y dirgel yn llwgrwobrwyo cleifion oedd yn feirniadol ohono. Bu o flaen ei well naw o weithiau, gan gynnwys un tro am ddynladdiad, ond oherwydd y parch oedd gan y cleifion a fu o dan ei ofal tuag ato fe'i caed yn ddieuog bob tro.

Yn 1857 y daeth y cyhuddiad o ddynladdiad. Bu farw gwneuthurwr casgiau a hynny ar ôl i glwy yn ei law wenwyno'r gwaed. Aeth ei law yn gwbl ddiffrwyth. Galwyd ar Hugh Owen Thomas, oedd â chymwyster fel meddyg, gan ei fod wedi gweld y claf yn cael ei drin gan ei dad. Bu'r dystiolaeth honno o fudd iddo a'r ddedfryd oedd 'dieuog'. Mynegodd y bargyfreithiwr a'i hamddiffynnodd eiriau beirniadol dros ben am eiddigedd y meddygon yn Lerpwl oedd yn ei erlid. Y tu allan i'r Llys casglodd torf enfawr o drigolion Lerpwl, gan gynnwys cyfran o Gymry. Trefnwyd i gael seindorf bres wrth law i ganu y gân, 'See, The Conquering Hero Comes' yr holl ffordd i'r fferi, gan fod y meddyg yn byw yn Wallasey.

Meibion Evan Thomas fel meddygon esgyrn

Aeth y pum brawd i Ysgol Feddygol Caeredin ac oddi yno i Goleg y Brifysgol, Llundain. Yn wir am gyfnod, roedd y pump ohonynt yno gyda'i gilydd. Aeth y mab hynaf, Hugh Owen Thomas, yn ei flaen i Baris gan ddychwelyd i Lerpwl yn 1858 i ymuno â'i dad a'i frawd Richard Evan Thomas (1836-75) yn y syrjeri yn 72 Great Crosshall Street.

Gadawodd Hugh Owen Thomas bractis ei dad ar ôl dwy flynedd am nifer o resymau. Roedd y tad a'r mab fel ei gilydd yn meddu ar syniadau ac argyhoeddiadau cryf. Anghytunai'r ddau yn gyson ar y ffordd i wella a helpu'r claf. Cymhlethwyd y berthynas wedi i'r tad ailbriodi hefyd.

Pan fu farw Evan Thomas, trefnwyd angladd unigryw iddo. Aeth yr hers heibio Great Crosshall Street, lle y cyflawnodd waith mawr ei fywyd a threfnwyd i gôr Cymraeg ganu ei hoff emynau ym mynwent Wallasey.

Cyfraniad unigryw Hugh Owen Thomas

Symudodd Dr Hugh Owen Thomas o 72 Great Crosshall Street i 11 Nelson Street. Yno y sefydlodd weithdy a chyflogi cydweithwyr. Trodd dŷ arall a brynodd yn Hardy Street yn ysbyty preifat gydag wyth o welyau ar gyfer cleifion oedd angen gofal arbennig arnynt.

Dechreuai ar waith y dydd am 5 o'r gloch y bore, gan alw yng nghartrefi y cleifion. Cynlluniodd gerbyd ar gyfer yr ymweliadau hyn ac fe'i hadeiladwyd gan y staff ac yntau yn y gweithdy yn Nelson Street. Mabwysiadodd liwiau Lerpwl a Chymru ar y cerbyd. Gwyddai pob dinesydd yn y dref pwy oedd yn dynesu ar y strydoedd yn y cerbyd llachar coch, a hwnnw yn cael ei dynnu yn chwim gan ddau geffyl porthiannus.

Cyrhaeddai yn ôl i Nelson Street erbyn wyth y bore i gael brecwast syml gyda'i wraig a'i gydweithwyr. Rhwng naw y bore a dau y prynhawn byddai'n gweld tua 30 i 40 o gleifion. Byddai'r cinio ar y bwrdd am hanner dydd gan ei fod am fynd i'r Ysbyty yn Hardy Street ar gyfer llawdriniaethau. Yna rhwng 6 a 7 o'r gloch byddai'n archwilio mwy o gleifion yn Nelson Street, cyn mynd allan yn y cerbyd coch i gwblhau ei ymweliadau am y dydd. Byddai yn ôl tua 9.30 gan fod ganddo awydd ymchwilio i'w alwedigaeth a llunio erthyglau a llyfrau ym myd orthopaedeg ac weithiau i gynllunio rhagor o dechnoleg i helpu'r cleifion. Trawodd fargen gyda'r argraffydd William Dobb oedd â siop fechan yn Gill Street, ac ef a gyhoeddodd yr erthyglau cynnar. Mae'n debyg, o'r tair cyfrol ar ddeg o'i eiddo, mai'r un gyntaf, *Diseases of the Hip, Knee and Ankle Joints, with their deformities: Treated by a new and efficient method*, oedd y gyfrol y bu y mwyaf o brynu arni. Llosgai'r gannwyll yn llythrennol yn y naill ben a'r llall gan y byddai'n hanner nos cyn iddo roddi ei ben i lawr i gysgu.

A chofier nad meddyg esgyrn yn unig mohono. Byddai'n trin canser y fron, y tafod a'r ofari, a gwyddai yr arbenigwyr yn ysbytai Lerpwl am ei allu i drin rhwystr yn y perfedd. Cyfrifid ef hefyd yn llawfeddyg gwych am drin cerrig yn y bledren. Ei waith yn Lerpwl a symbylodd dri o feddygon orthopaedig enwoca'r byd, sef nai ei briod, Syr Robert Jones, Syr Herbert Barker a'r Athro Rushton Parker o Brifysgol Lerpwl, i gysegru eu galluoedd i feddygaeth.

Ond y sblint a ddyfeisiodd Hugh Owen Thomas oedd un o'i gyfraniadau gwerthfawr. Yn Nelson Street y cynhyrchwyd y ddyfais bwysig. Byddai'r meddyg yn trin achosion anodd drwy'r sblint a thrwy roddi gorffwys llwyr i'r cymalau am gyfnodau hirion. Derbyniodd yn y saithdegau wahoddiad gan y Gymdeithas Feddygol Brydeinig i ddangos sut roedd yn trin dicáu mewn cymalau. Dywedodd wrthynt yn ei atebiad am ddod â'r gynhadledd i Lerpwl. Cynhaliwyd y gynhadledd yn 1883 a chyflwynodd Hugh Owen Thomas ddeg ar hugain o gleifion â dicáu yn y glun, a phob un wedi gwella oherwydd y sblint.

Bu farw Dr Thomas yn sydyn ar 6 Ionawr 1891, ac yntau yn 56 mlwydd oed. Yng nghwmni meddyg arall, Dr Robinson, galwyd ef i Runcorn ar ddiwrnod oer iawn i gyflawni llawfeddygaeth. Wrth ddod adref ar y trên dechreuodd disian a phesychu. Trodd yr annwyd yn niwmonia. Claddwyd ef ym mynwent Toxteth, Smithdown Road. Gwasanaethwyd yng nghapel yr Ymneilltuwyr yn y fynwent gan un a dreuliodd flynyddoedd yn Lerpwl sef y Parchedig Dr Abel J. Parry, Cefn-mawr. Dywedodd Dr Abel Parry y gwir amdano:

> Er cymaint oedd gofid rhai ohonom a gafodd y fraint o'i gwmni, na welai lygedyn llygad â ni o berthynas i ddaliadau'r grefydd Cristnogol, ni allai'r un ohonom ganfod y bai lleiaf ar ei fywyd Cristnogol ef. Pan sylwn ar fodlondeb ei fywyd, gonestrwydd ei gyfeillgarwch, a'i ewyllys da roedd ein cyfaill yn un o'r rhai tebycaf i Grist a wybûm i erioed.

Cyfrifir ef erbyn hyn fel un o enwogion disgleiriaf bywyd Lerpwl, ac ymysg llawfeddygon enwocaf Prydain.

Syr Robert Jones yn parhau â'r gwaith

Trosglwyddwyd gwaith arloesol Hugh Owen Thomas i nai ei briod, Dr Robert Jones (1857-1933), a fagwyd yn Llundain. Pan fu farw ei dad, mabwysiadwyd Robert gan Hugh Owen ac Elizabeth Thomas. Cafodd fynedfa i Ysgol Feddygol Lerpwl ac enillodd ei FRCP yn 21 oed. Cafodd hyfforddiant hefyd ym Mhrifysgol Dulyn cyn dychwelyd i Nelson Street i ddysgu'r grefft. Gosododd Dr H. O. Thomas ef yn feddyg y clybiau iechyd a chafodd ran bwysig yn y clinig ar fore Sul. Dywedodd Dr John Ridlon, Chicago, a deithiodd i weld Hugh Owen Thomas wrth ei waith:

> To my mind, one of the greatest things Robert Jones ever did was to make the main principles of Hugh Owen Thomas acceptable to the medical profession.

Apwyntiwyd ef yn llawfeddyg yn Ysbyty Stanley yn 1880, a phum mlynedd yn ddiweddarach agorodd bractis ei hun yn 22 Great George Square, yn reit agos i Nelson Street, diolch i haelioni Hugh Owen Thomas. Cafodd gyfrifoldeb ychwanegol yn 1888 pan ddechreuwyd adeiladu Camlas Manceinion. Robert Jones oedd y llawfeddyg ymgynghorol, a deliodd gyda'r dasg enfawr o drin y damweiniau mynych a'r afiechydon blin. Cynorthwyid ef gan bedwar ar ddeg o feddygon eraill ac adeiladwyd tri ysbyty, un yn Eastham, yr ail yn Latchfield, a'r trydydd yn Barton. Robert Jones oedd pennaeth y tri ysbyty a byddai'n cadw llygad barcud ar bawb, ar y cleifion a'r rhai a weithiai o dan ei ofal. Gofalodd fod digon o sblintiau Thomas ym mhob ysbyty a chafodd brofiadau amrywiol dros bedair blynedd cyfnod adeiladu'r gamlas.

Yn 1889 apwyntiwyd ef yn llawfeddyg Ysbyty'r Southern. Yno, bu i Robert a Dr Holland ddefnyddio'r Pelydr X am y tro cyntaf yn Ysbyty'r Southern. Clywodd am fanteision Pelydr X ac aeth i'r Almaen i brynu'r offer a lwyddodd i wyrdroi meddygaeth Prydain. Deuai oddeutu saith mil bob bythefnos i'w glinig yn Nelson Street i'w trin am ddim. Yn Ysbyty'r Southern y daeth i gysylltiad â'r ferch ryfeddol o Swydd Amwythig, Agnes Hunt. Byddai hi yn dod â nifer o blant anabl am driniaeth, yr holl ffordd o Groesoswallt. Robert Jones awgrymodd adeiladu Ysbyty Brenhinol Plant Lerpwl (Royal Liverpool Children's Hospital) yn Heswall, ac ef gydag Agnes Hunt oedd yn gyfrifol am Ysbyty Orthopaedig Gobowen ar ôl cychwyn ar y gwaith yn Baschurch.

Pan ddaeth y Rhyfel Byd Cyntaf, galwyd arno i drefnu triniaeth i'r miloedd o filwyr oedd ag angen cymorth. Yn Chwefror 1915 adeiladwyd Ysbyty Milwrol Orthopaedig yn Alder Hey gyda dau gant o welyau. Gwnaeth waith enfawr yn Alder Hey ac o fewn amser byr roedd yn Frigadydd yn arolygu nifer o ysbytai, gyda chyfanswm o 23,000 o welyau.

Gwahoddwyd ef i arolygu ysbytai Prydeinig yn Ffrainc a llwyddodd i weddnewid y sefyllfa. Anfonodd filoedd o sblintiau Thomas i Ffrainc. Bu'r effaith yn syfrdanol. Lleihawyd y nifer o filwyr oedd yn marw o 80% i 20%.

Fel person bu Robert Jones yn ffodus o'i briod, un o Gymry Lerpwl, Susie Evans, merch William Evans, gŵr dylanwadol yn ardal Anfield. Gwnaed Robert Jones yn Syr yn 1919 a Barwn yn 1926, a chafodd raddau anrhydeddus o saith prifysgol, yn eu plith Prifysgolion Iâl a Harvard yn yr Amerig. Bu farw ar 14 Ionawr 1933, a gosodwyd ei lwch yn Eglwys Gadeiriol Anglicanaidd Lerpwl. Ym marn yr Arglwydd Moynihan, Dr William Mayo, Dr Goronwy Thomas ac eraill, Syr Robert Jones oedd y meddyg orthopaedig mwyaf a fu yn y byd mewn unrhyw oes.

Y Wasg Gymreig yn Lerpwl

E r bod Lerpwl yn Lloegr, bu i'r ddinas chwarae rôl amlwg yn y byd cyhoeddi Cymraeg diolch i'r llenorion a'r beirdd a ddaeth i lafurio yn Lerpwl yn y bedwaredd ganrif ar bymtheg. Yng nghwmni argraffu Nevetts yn Castle Street yn 1895 yr argraffwyd y llyfr emynau cynnar, *Grawnsypiau Canaan.*

Dyfodiad John Jones i Stryd y Castell

I argraffdy Nevetts y daeth un o arloeswyr mawr y wasg Gymraeg yn Lerpwl, sef John Jones. Fe'i ganwyd ar 29 Mai 1790 yn Llansantffraid Glan Conwy, ond symudodd yn un ar ddeg oed i Lerpwl lle daeth yn brentis am saith mlynedd i argraffdy'r Mri Joseph Nevetts a'i Gwmni yn 9 Castle Street. Wedi cwblhau'r brentisiaeth, daeth yn un o ryddfreinwyr y fwrdeistref, a pharhaodd i weithio yn Nevetts. Yn wir daeth yn oruchwyliwr yr argraffdy, ac erbyn 1816 pan welwyd pedwerydd argraffiad *Grawnsypiau Canaan*, ceir y geiriad arno 'Argraffedig gan John Jones o argraffdy Nevetts'. Roedd John Jones erbyn hynny yn bartner yn y cwmni ac yntau yn chwech ar hugain oed. Pan fu farw sefydlydd y cwmni, Joseph Nevetts, yn 1832, fe aeth y cwmni i ddwylo'r Cymro Cymraeg, John Jones.

Erbyn hynny, roedd y cyhoeddwr yn ŵr amlwg iawn yn y gymuned Gymraeg, yn ffrind i Pedr Fardd, ac ar delerau da â phrif bregethwyr y cyfnod fel John Elias. Yn wir ef oedd y gwas priodas yn ail briodas John Elias gyda'r Arglwyddes Ann Bulkeley yn Eglwys Gymraeg Dewi Sant, Russell Street, Lerpwl. Fel llawer o gyhoeddwyr Cymraeg a fu yn byw yn Lerpwl, roedd John Jones ei hun yn hoff o lenydda, ac ef a John Roberts (Minimus) a luniodd y cofiant cyntaf i John Elias a gyhoeddwyd yn 1850. Er ei fod yn fawr ei weithgarwch yng nghapel Pall Mall, ni lwyddodd i ddianc rhag y ddisgyblaeth Galfinaidd. Yn Nhachwedd 1830 cynhaliwyd isetholiad seneddol yn Lerpwl a fu'n llawn o lwgrwobrwyo a phrynwyd pleidleisiau'r etholwyr. Un o'r rhai a werthodd y bleidlais am £30 oedd John Jones, a rhoddodd hynny y cyfle i Samuel Jones, ail fab Robert Jones, Rhoslan, i'w ddinoethi. Penllanw'r cyfan oedd diarddel John Jones o gapel Pall Mall ac fe ymunodd yntau ag eglwys yr Annibynwyr Cymraeg yn y Tabernacl, Great Crosshall Street, lle y daeth yn fuan yn flaenllaw, a bu ymhlith sylfaenwyr Capel Annibynwyr arall y ddinas, sef Salem, Brownlow Hill (Grove Street wedi hynny).

Yn 1843 symudodd un o Gymry mwyaf dawnus y ganrif i Lerpwl – y Parchedig William Rees (1802-82), 'Gwilym Hiraethog', oedd hwnnw ac o'r cyfarfyddiad rhwng John Jones ac yntau y tarddodd un o bapurau pwysicaf yr oes. Cychwynnwyd *Yr Amserau* yn 1843 gyda John Jones, Castle Street, yn gyhoeddwr a Gwilym Hiraethog yn olygydd. Roedd John Jones wedi bod yn cyhoeddi cylchgronau cyn hynny. Cyhoeddodd y cylchgrawn bychan *Y Cymro* yn 1822 o dan ei olygyddiaeth ef a Pedr Fardd. Ond byr fu ei oes. A byr fu hanes y cylchgrawn nesaf, *Y Brud a Sylwydd*, a gychwynnwyd yn 1828 gan y cyfreithiwr Joseph Davies, a oedd yn enedigol o Lanfair-ym-Muallt. Cyhoeddwyd wyth rhifyn ohono, rhwng Ionawr ac Awst 1828. O'r trydydd rhifyn ymlaen ceid ysgrifau Saesneg yn ogystal â rhai Cymraeg. Un o ddilynwyr William Owen Pughe ydoedd, ac yn ôl Syr Thomas Parry, gwerth y cylchgrawn ydyw gweld y geiriau Cymraeg newydd a luniwyd ar gyfer anghenion yr oes. Argraffwyd y cylchgrawn yng Nghaerfyrddin a'i gyhoeddi yn Lerpwl.

Yna yn 1835, cyhoeddodd John Jones fisolyn o dan y teitl *Y Pregethwr*, cylchgrawn a oedd yn cynnwys yn bennaf bregethau cewri'r Methodistiaid Calfinaidd. John Roberts (Minimus) a'r Parchedig Richard Williams oedd y golygyddion. Yn 1836 cyhoeddodd John Jones *Y Dirwestydd*, gan gofio mai ymhlith Cymry Lerpwl y cychwynnodd y Mudiad Dirwestol yn y cyfnod hwnnw. Mae'n amlwg fod John Jones yn ŵr a oedd yn gweld ei gyfle ac yn barod i fentro. Y gamp fwyaf oedd cyhoeddi *Yr Amserau* bob pythefnos. Cymerodd yr holl gyfrifoldeb bron, gan gyfuno'r dasg o argaffu a chyhoeddi, gweinyddu a dosbarthu a hyd yn oed is-olygu. Gwaith Gwilym Hiraethog oedd golygu, cyfieithu, a chwilio am ysgrifau i lenwi'r tudalennau.

Daeth y rhifyn cyntaf o'r *Amserau* o'r wasg yn Awst 1843. Araf fu ymateb Cymry Lerpwl, a bu bron i John Jones roi'r gorau i'w gyhoeddi ymhen chwe mis. Ond trawodd Gwilym Hiraethog ar y syniad o gyfrannu ei gyfres wych o lythyrau dan y ffugenw 'Rhen Ffarmwr', a bu hynny yn fodd i ennill darllenwyr.

Argraffwyr newydd i'r *Amserau*

Erbyn Mehefin 1845 rhoddodd John Jones y gorau i'w fusnes argraffu, a daeth y gwaith yn eiddo i M. J. Whitty a William Ellis. Nododd John Jones yn rhifyn Gorffennaf o'r *Amserau* y byddai ei 'wasg ef yn parhau fel cynt'. Fodd bynnag, parhaodd Whitty ac Ellis i argraffu a chyhoeddi'r *Amserau* hyd at rifyn 29 Mehefin 1849 o'r swyddfa yn Castle Street. Dyna pryd yr aeth *Yr Amserau* i feddiant John Lloyd (yr argraffydd o'r Wyddgrug a symudodd i Lerpwl). Gweithredai John Lloyd fel goruchwyliwr i'r papur o'i swyddfa yn St Anne Street.

Roedd gan ferch John Jones, Mary Ann Jones, fusnes argraffu a gwerthu llyfrau yn Copperas Hill a School Lane cyn iddi symud i 18 Tithebarn Street yn 1847. Ei hargraffnod hi sydd ar gofiant ei thad a Minimus i John Elias.

Dioddefodd cylchrediad *Yr Amserau* oherwydd i'r papur wrthwynebu Rhyfel y Crimea. Bob yn ail wythnos y cyhoeddid ef i ddechrau a'i bris yn dair ceiniog a dimai, ond erbyn 1848 ymddangosai fel wythnosolyn. Yn 1852 daeth John Roberts (Ieuan Gwyllt) o Geredigion yn is-olygydd ac yna'n olygydd. Gostyngwyd ei bris i geiniog. Gwerthwyd *Yr Amserau* i Thomas Gee o Ddinbych yn 1859 ac unwyd y papur â *Baner Cymru* a gyhoeddid eisoes gan Gee.

Cyhoeddai John Lloyd *Gronicl yr Oes* yn yr Wyddgrug cyn iddo symud i Lerpwl, ac wedi dileu'r doll ar bapurau newydd, penderfynodd gychwyn papur ceiniog *Y Cronicl* a phenodwyd Lewis William Lewis (Llew Llwyfo, 1831-1901) yn olygydd. Bu bron i'r *Cronicl* â lladd *Yr Amserau* ac yn hytrach na parhau i gyhoeddi'r naill neu'r llall am geiniog, cafodd John Lloyd wared ar *Y Cronicl*.

Mentrodd John Lloyd gyhoeddi cylchgrawn arall o'r enw'r *Gwerinwr*, papur misol dan olygyddiaeth John Thomas. Cafwyd deunaw rhifyn, o Ebrill 1855 hyd Mawrth 1856.

Gwasg Rhufoniawc

Cyhoeddwr cynnar arall yn Lerpwl oedd Robert Lloyd Morris, gŵr o Sir Ddinbych, a adnabyddid wrth ei enw barddol Rhufoniawc. Bwriodd ei brentisiaeth yn Nhreffynnon a Dinbych gyda Thomas Gee. Erbyn 1833 roedd gan Morris ei fusnes argraffu yn Mason Street, Edge Hill, ac oddi yno symudodd yn 1836 i Tithebarn Street, ac erbyn Awst 1840 roedd wedi symud i Dale Street. Argraffodd *Hymnau a Salmau* Richard a Joseph Williams ar ran y Methodistiaid Calfinaidd yn 1840, ac yn 1842 y pumed argraffiad o'r cyfieithiad Cymraeg o lyfr Elisha Coles, *Traethawd Ymarferol ar Benarglwyddiaeth Duw*.

Pwysigrwydd Richard Lloyd Morris (Rhufoniawc) yn hanes y wasg yn Lerpwl oedd iddo ddod yn berchennog ac yn olygydd i'r cylchgrawn *Y Gwladgarwr* yn 1840. Roedd *Y Gwladgarwr* mewn trafferthion pan gymerodd reolaeth arno a gwnaeth ymdrech dda i wella ei ddiwyg. Ond er pob ymdrech, dod i ben a wnaeth *Y Gwladgarwr* gyda rhifyn Mehefin 1841, a hynny yn ddirybudd.

Llenyddiaeth ar gyfer menter Patagonia

Rhaid cyfeirio hefyd at y cylchgronau a dyfodd o fudiad sefydlu'r Wladfa Gymreig ym Mhatagonia. Y cyntaf oedd *Y Ddraig Goch*, papur a ymddangosai bob pythefnos ac a gyhoeddwyd o 5 Gorffennaf hyd 4 Tachwedd 1862 o dan olygyddiaeth Lewis Jones, a'i werthu am geiniog. Yna, yn 1863, ymddangosodd *Y Ddraig Goch* eto a argraffwyd gan Lee a Nightingale, 7 Lower Street. Ymddangosodd eto yn 1867 wedi ei olygu gan Thomas Cadivor Wood, Caer. Roedd ganddo ddiddordeb mawr yn y Wladfa, gan iddo gyhoeddi cylchgrawn gyda'r enw rhyfedd *Eich Modryb Gwen, Ddifyr, Ddoeth, Dda* yn 1865. Ond un rhifyn yn unig ymddangosodd. Dyna fu hanes sawl papur, hyd yn oed yn oes aur Cymry Lerpwl.

Cylchgronau byrhoedlog Lerpwl yn y bedwaredd ganrif ar bymtheg

* *Yr Annibynwyr* a gyhoeddwyd yn 1856. Dr John Thomas oedd y prif hyrwyddwr, a bu'n olygydd hyd 1861.
* *Y Llenor* a gyhoeddwyd rhwng 1860 a 1861. Y prif hyrwyddwyr oedd

Dr Hugh Jones a Josiah Thomas (brawd Owen a John Thomas) a Dr G. Parry, Caer. Misolyn dwy geiniog oedd hwn.

- *Cronicl yr Ysgol Sabbothol ar gyfer Ysgolion Sul y Methodistiaid Calfinaidd yn bennaf* a gyhoeddwyd rhwng 1878 a 1880 gan y Parchedig John Evans, Garston, a'r Parchedig John Jones, Lerpwl, a Runcorn cyn hynny.

- *Y Meddwl.* Ymddangosodd pum rhifyn yn 1879 wedi eu cyhoeddi gan Gwmni'r Cambrian, Lerpwl.

- *Yr Ymwelydd Cyfeillgar* a sefydlwyd gan un o weinidogion y Bedyddwyr, y Parchedig L. Lewis.

- *Yr Ysgol* a gyhoeddwyd rhwng Ionawr 1880 a Mawrth 1881. Misolyn ceiniog a gyhoeddwyd gan olygyddion *Cronicl yr Ysgol Sabbothol.*

- *Y Cennad Hedd* a gyhoeddwyd rhwng 1881 a 1885. Misolyn dwy geiniog a gyhoeddwyd ac a olygwyd gan y Parchedig William Nicholson, olynydd Gwilym Hiraethog yn Grove Street.

- *Newyddion Da* a ymddangosodd yn 1881. Chwarterolyn ceiniog i hyrwyddo'r genhadaeth dramor, a olygwyd gan y Parchedig Josiah Thomas, oedd yn ysgwyddo cyfrifoldeb am swyddfa Cenhadaeth Dramor y Methodistiaid Calfinaidd. Ailgychwynwyd *Y Newyddion Da* yn 1892 dan olygyddiaeth y Parchedig Griffith Ellis, Bootle.

- *Y Wyntyll* a sefydlwyd yn 1890. Papur a ymddangosodd bob dau fis ar gyfer Eglwys Princes Road yn bennaf ydoedd, ei bris yn ddwy geiniog. Câi ei olygu gan F. Rees Jones ac Elwyn D. Symond.

- *Y Mis.* Cylchgrawn a olygwyd gan y Parchedig John Hughes, Fitzclarence Street. Misolyn dwy geiniog a argraffwyd gan W. W. Lloyd yn Low Hill, Kensington.

- *Y Tyst Cymreig* a sefydlwyd gan Gwilym Hiraethog, Noah Stephens a John Thomas fel papur wythnosol i'r Annibynwyr.

- *Y Dydd* a sefydlwyd gan Samuel Roberts Llanbryn-mair yn 1868. Yn 1871 unwyd y ddau gyhoeddiad *Y Tyst Cymreig* a'r *Dydd* ac ymddangosodd y cylchgrawn dan y teitl *Y Tyst a'r Dydd*. Bu dan olygyddiaeth John Thomas o 1872 hyd 1892.

- *Y Dinesydd* a fu mewn bodolaeth am oddeutu naw mis. Wythnosolyn dimau a gyhoeddwyd gan W. Wallis Lloyd, Low Hill, Lerpwl ac a olygwyd gan y Parchedig Edmund Griffiths, a fu am flynyddoedd yn gofalu am gapel Cymraeg y Methodistaidd Calfinaidd, Carmel, Ashton-in-Makerfield.

Gwasg Llyfrbryf

Y cyhoeddwr a roddodd Lerpwl ar y map yn y byd Cymreig oedd Isaac Foulkes (Llyfrbryf, 1834-1904). Yn llanc ifanc, bu dan brentisiaeth Isaac Clarke, argraffydd adnabyddus yn Rhuthun, ond cyn cwblhau ei brentisiaeth penderfynodd Isaac Foulkes gerdded o Ruthun i Eastham a chroesi Afon Merswy i borthladd Lerpwl. Glaniodd yn Lerpwl yn llanc deunaw oed ond llwyddodd i gael gwaith yn argraffdy *Yr Amserau*. Ar ôl gwerthu'r *Amserau*, bu Foulkes yn gweithio i David Marples, argraffydd yn Lerpwl a gyhoeddodd beth deunydd yn y Gymraeg.

Yn 1862 cychwynnodd Isaac Foulkes ei gwmni ei hun yn King Street, lle yr oedd ef a'i briod Hannah (Cymraes o Lan-rydd, Sir Ddinbych) yn byw. Dechreuodd o ddifrif fel cyhoeddwr yn 1863. Cyn hynny, roedd y byd cyhoeddi Cymraeg yn Lerpwl yn apelio at arweinwyr ac aelodau o'r capeli ymneilltuol ac wedi'i fwriadu'n bennaf ar gyfer dosbarthiadau'r Ysgol Sul a'r Cymanfaoedd Pregethu a Dirwestol. Ei weledigaeth oedd ehangu terfynau llenyddiaeth Gymraeg a chyhoeddi gwaith safonol, gan roi sylw i'r clasuron oedd yn cael eu hanghofio. Aeth ati i gyhoeddi gwaith John Jones (Talhaearn, 1810-69), a oedd wedi llunio awdl i goffáu'r Tywysog Albert.

Cyhoeddodd Llyfrbryf gyfrol o alegorïau a bywgraffiad byr o Christmas Evans (1766-1838), un o gymeriadau blaenllaw Ymneilltuaeth Gymraeg. Casglodd storïau a llenyddiaeth y werin bobl, a rhwng 1862 a 1864 ymddangosodd *Cymru*. Ynddo roedd casgliad o storïau, traddodiadau, chwedloniaeth a damhegion Cymraeg, a lluniwyd ac ysgrifennwyd y cyfan gan y cyhoeddwr ei hun. Yna yn 1864-5 cyhoeddodd lyfr defnyddiol o dan y teitl *Adroddiadur*, yn cynnwys cerddi y gellid eu hadrodd yn hawdd mewn eisteddfodau a chyfarfodydd diwylliannol. Estynnodd wahoddiad i Joseph David Jones (1827-70), prifathro ysgol ramadeg breifat yn Rhuthun, i gydweithio ag ef i lunio yr *Adroddiadur*. Cydweithiodd â Gwilym Hiraethog i gyhoeddi *Aberth Moliant*, ac ar ôl marw ei frawd Henry Rees, cyhoeddodd yr awdl orau ar destun marwnad iddo yn Eisteddfod Gordofigion 1869, sef gwaith Richard Foulkes Edwards, a adnabyddid fel Risiart Ddu o Wynedd.

Yn 1870 cyhoeddodd waith y bardd sinigaidd Thomas Edwards (Twm o'r Nant), a gwelodd *Cybydd-dod ac Oferedd* olau dydd.

Anturiaeth nesaf Isaac Foulkes oedd paratoi a chyhoeddi cyfrol safonol a swmpus, *Geirlyfr Bywgraffiadol o Enwogion Cymru*, yn 1870. Deil y *Geirlyfr* yn gyfrol o werth mawr heddiw, ac Isaac Foulkes yw awdur y rhan fwyaf o'r bywgraffiadur. Yna, yn 1872 a 1873, cyhoeddwyd gwaith llenyddol William Rees mewn cyfrol sylweddol, sef *Rhyddweithiau Hiraethog*, ac aeth ati hefyd i gyhoeddi barddoniaeth Dafydd ap Gwilym o dan olygyddiaeth y Parchedig Robert Ellis (Cynddelw). Roedd yr ysfa i ysgrifennu yn gryf yn y cyhoeddwr. Nid rhyfedd felly iddo lunio dwy nofel, sef *Rheinallt ap Gruffydd* (1874) ac *Y Ddau Efell neu Llanllonydd* (1875), ac yna yn 1877 ysgrifennodd gyfrol ar gyfer Mudiad yr Ysgolion Sul o dan y teitl *Yr Ysgol Sabbothol*. Yna aeth ati i gyhoeddi gwaith ei arwr mawr, Gwilym Hiraethog. Cyhoeddwyd tair cyfrol, *Helyntion Bywyd Hen Deiliwr*, *Llythyrau Rhen Ffarmwr* a *Cyfrinach yr Aelwyd*.

Yn 1887, cyhoeddodd farddoniaeth Robert Williams (Robert ap Gwilym Ddu), y bardd o Eifionydd, a'r flwyddyn ganlynol cyhoeddodd holl waith Goronwy Owen. Gwnaeth *Holl Waith Barddonol Goronwy Owen* gryn argraff, a'r gyfrol hon oedd un o'r rhesymau pennaf am boblogrwydd Goronwy Owen ymhlith Cymry Lerpwl. Erbyn 1881, roedd Isaac Foulkes yn byw yn 18 Queensland Street a'i fab Arthur yn ddeunaw oed, ac wedi cychwyn ei brentisiaeth ers blynyddoedd yn y Tŷ Cyhoeddi.

Cyhoeddodd *Y Mabinogion Cymreig* yn 1880, a *Hanes Llenyddiaeth Gymreig* gan Robert John Prys (Gweirydd ap Rhys), a gyhoeddwyd ar ran yr Eisteddfod Genedlaethol, yn 1885. Yn 1887 cyhoeddwyd cyfrol ddeniadol o waith Philip Yorke o Erddig o dan olygyddiaeth Richard Williams, *The Royal Tribes of Wales*. Yn 1888 cyhoeddwyd llawysgrifau Iolo Morganwg – arwr yng ngolwg Foulkes – gyda chyfieithiad Saesneg a nodiadau o eiddo Taliesin Williams.

Erbyn y nawdegau, roedd Isaac Foulkes yn un o gyhoeddwyr pwysicaf y genedl Gymraeg, gan ei fod yn cyfuno cymaint o dasgau yn yr un person – fel awdur a llenor, golygydd, bywgraffydd, gŵr busnes craff a chyhoeddwr hirben. Erbyn y degawd hwn sefydlwyd ei swyddfa yn Don Chambers, Paradise Street, yng nghanol dinas Lerpwl. Gwelodd gyfle i gyhoeddi papur wythnosol ar gyfer Cymry Lerpwl a alwodd yn *Y Cymro*. Meddai'r newyddiadurwr E. Morgan Humphreys am *Y Cymro* yn *Y Wasg Gymreig* (1945):

> Yr oedd diddordeb byw [y] golygydd ym mhopeth Cymreig, ei wybodaeth
> am hynafiaethau a llenyddiaeth, ei adnabyddiaeth o fywyd bob dydd Cymru a'i
> gydnabyddiaeth â llawer o wŷr amlwg y dydd, ynghyd â'i ddawn i ddweud ei
> feddwl yn finiog ac yn glir, yn gosod eu marc ar y papur drwyddo draw.

Hyn a wnaeth *Y Cymro* yn newyddiadur wythnosol, atyniadol. Dywed O. Caerwyn Roberts, un o'r rhai a ddaeth i weithio yn y swyddfa yn 1890, nad oedd Foulkes yn un hawdd i gydweithio ag ef o fewn y wasg. Ar brydiau, gallai fod yn ŵr blin.

Casglodd Isaac Foulkes nifer o unigolion dawnus o'i gwmpas. Un o'r rhain oedd Lewis William Lewis (Llew Llwyfo, 1831-1901). Yn ystod ei gyfnod yn Paradise Street, fe luniodd dair nofel a gyhoeddwyd i ddechrau yn wythnosol yn *Y Cymro*. Galwodd un o'r cyfrolau yn *Y Wledd a'r Wyrth* a'r llall yn *Cyfrinach Cwm Erfin*. Un o gysodwyr yr argraffdy yn y cyfnod hwn oedd John H. Jones a ddaeth yn hysbys yn y byd newyddiadurol Cymraeg fel 'Je Aitsh' *Y Brython*; ef oedd y golygydd cyntaf. Gŵr arall amryddawn a weithiai yn y cyfnod hwn yn ystafell newyddiadurwyr *Y Cymro* oedd T. Gwynn Jones. Bwriodd ei brentisiaeth yn y wasg o 1893 i 1895.

Roedd gan Isaac Foulkes gysylltiadau ardderchog y tu allan i'w swyddfa, a bu'n gefnogol iawn i Ellis Pierce (Elis o'r Nant, 1841-1912), Dolwyddelan. O'r flwyddyn 1874 ymlaen mentrodd Elis o'r Nant i fyw fel gwerthwr llyfrau Cymraeg o bentref i bentref yng ngogledd Cymru. Un arall a alwai yn gyson oedd Syr Evan Vincent Evans (1851-1934), un o Gymry Llundain a gŵr amlwg yn yr Eisteddfod Genedlaethol. Ysgrifennai yn rheolaidd i'r *Manchester Guardian* ac roedd ganddo golofn wythnosol i *Baner ac Amserau Cymru*, a pherswadiodd Foulkes ef i ysgrifennu i'r *Cymro* ar faterion Cymreig o fewn Senedd San Steffan. Ond sgŵp pennaf Isaac Foulkes oedd dwyn perswâd ar y nofelydd Daniel Owen, ei ffrind o'r Wyddgrug, i lunio'r nofel *Enoc Huws*. Gwelodd y nofel hon olau dydd ar dudalennau *Y Cymro* rhwng 1890 a 1891. Ar ôl hynny ymddangosodd y nofel *Gwen Tomos* yn *Y Cymro* rhwng 1893 a 1894. Roedd ganddo synnwyr busnes i wybod y byddai'r nofel yn *Y Cymro* yn chwyddo cylchrediad yr wythnosolyn, ac roedd yn llygad ei le. Ond fe'i cythruddwyd yn arw, pan werthodd Daniel Owen hawlfraint y nofelau i gyhoeddwr arall, sef Hughes a'i Fab yn Wrecsam, am well pris nag y byddai Foulkes wedi ei gynnig. Does ryfedd i Caerwyn ddweud am Foulkes:

> Er mai cydnabyddiaeth ariannol fechan a dalai i ohebwyr a chyflog tebyg i minnau am weithio o wyth y bore hyd chwech yr hwyr a myned wedyn yn fynych ar ôl gadael y swyddfa i groniclo hanes rhyw gyfarfod neu'i gilydd, eto cefais yn y swyddfa hyfforddiant a phrofiad gwerthfawr a fu o fantais i mi mewn blynyddoedd diweddarach.

Cyflawnodd Llyfrbryf, enw barddol Foulkes, waith graenus fel bywgraffydd Daniel Owen. Ymddangosodd y cofiant i Daniel Owen yn 1903, a daeth yr ail argraffiad allan o'r wasg y flwyddyn ganlynol.

Aeth Llyfrbryf ati i lunio cofiant am John Ceiriog Hughes, ei fywyd, ei athrylith a'i waith a chyhoeddwyd y gyfrol ganddo yn 1887. Cyhoeddodd *Athrylith John Ceiriog Hughes* yn 1899 ac roedd yn cynnwys barddoniaeth Ceiriog a gwerthfawrogiad gan y bardd-bregethwr Elfed.

Daeth storom i'w fywyd yntau pan fu farw ei briod Hannah yn 1900, ond yn 1904 ailbriododd â Sinah o ffermdy Hafod Elwy ond byr fu eu bywyd priodasol. Trosglwyddwyd yr argraffdy i'w fab, ond nid oedd ganddo ef yr adnoddau na'r diddordeb a feddai ei dad. Llwyddodd Arthur Foulkes i gadw wythnosolyn *Y Cymro* mewn bodolaeth am bum mlynedd arall a bu'n rhaid iddo ddibynnu cryn lawer ar Hugh Evans, a oedd yn yr un traddodiad yn union â Llyfrbryf.

Cynnyrch a chyfraniad Gwasg y Brython

Enw allweddol arall yn hanes y wasg yn Lerpwl oedd Hugh Evans, sylfaenydd Gwasg y Brython. Pwrcasodd Hugh Evans, brodor o Langwm, y peiriant argraffu cyntaf yn 1896 a chychwynnwyd y gwaith mewn ystafell wely uwchben siop gwerthu papur a agorwyd yn 444 Stanley Road. Dinistriwyd y cyfan gan fom yn ystod yr Ail Ryfel Byd. Ei fab E. Meirion Evans, a oedd yn brentis argraffydd gyda Isaac Foulkes, oedd y cyntaf i weithio i'w dad a bu llawenydd mawr pan argraffwyd a chyhoeddwyd llyfr Cymraeg cyntaf y wasg yn 1901 o dan y teitl *Teulu'r Bwthyn*.

Cychwynnodd Hugh Evans bapur wythnosol yn 1906 sef *Y Brython*, a dyfodd i fod yn bapur cenedlaethol o dan y golygydd unigryw, John Herbert Jones (Je Aitsh). Fe'i penodwyd yn olygydd yn 1906 a bu yn y swydd hyd Ionawr 1932. Dilynodd esiampl Llyfrbryf drwy ddefnyddio geiriau gwerinaidd anghyffredin yn ei ysgrifau ac roedd ganddo arddull a'i gosodai ar ei ben ei hun. Casglodd lawer o'i ysgrifau i'w cyhoeddi gan Wasg y Brython gyda theitlau anghyffredin fel *O'r Mwg i'r Mynydd* (1913), *Swp o Rug* (1920), a *Moelystota* (1931) a *Gwin o'r Gorffennol* (1938).

Bu farw Hugh Evans yn 1934. Dilynwyd ef yn y busnes gan ei feibion E. Meirion Evans a Howell Evans a'i wyres a'i ŵyr, M. Bronwen Evans ac Alun H. Evans.

Datblygodd Gwasg y Brython gysylltiad hir gyda'r Eisteddfod Genedlaethol. Cyhoeddasant lu o lyfrau ar ran yr Eisteddfod Genedlaethol, gan gynnwys y *Rhestr Testunau*, *Rhaglen yr Wythnos* a'r *Cyfansoddiadau a Beirniadaethau*. Cyhoeddasant raglenni eisteddfodau capeli a chymdeithasau'r Glannau a llyfrau nad oedd gweisg eraill (fel Hughes a'i Fab a Gwasg Gomer) yn barod i'w derbyn, am nad oedd budd masnachol yn y llyfrau hyn. Cyhoeddwyd o leiaf ddau gant o ddramâu un act, neu dair act, o waith dramodwyr. Mae'n sicr mai'r gymwynas fwyaf a wnaeth y wasg oedd cyhoeddi cylchgrawn *Y Beirniad* o 1912 i 1920 dan olygyddiaeth John Morris-Jones. Gwnaeth Gwasg y Brython gyfraniad nodedig iawn ym myd llyfrau plant a'r ifanc hefyd. Hwy a roddodd lwyfan i nofelau ditectif Meuryn a George Breeze, a nofelau Alwyn Thomas fel *Deg o'r Gloch*, a holl lyfrau John Pierce, Joseph Jenkins a Gwyneth Wiliam ar gyfer y plant ieuengaf a hŷn.

Cyhoeddasant rai o glasuron ein llenyddiaeth hefyd. Gellid cyfrif cyfrol nodedig y sylfaenydd, Hugh Evans, *Cwm Eithin* fel un o'r clasuron. Hwy hefyd gyhoeddodd farddoniaeth Euros Bowen, J. Glyn Davies, holl gyfrolau E. Tegla Davies, esboniad *Enwau Lleoedd* Syr Ifor Williams a chyfrol werthfawr y Gwir Anrhydeddus James Griffiths, Aelod Seneddol Llanelli, ar ddiwydiant y gwyddai amdano, *Glo*.

Trwy hyn, cyflogasant 60 o bobl, a'r rhelyw mawr ohonynt yn Gymry Cymraeg a drigai yn Bootle a Lerpwl yn bennaf. Roedd safon eu gwaith yn dda, a gwelwyd hynny pan benderfynodd Cyhoeddiadau Modern Cymreig gydgyhoeddi'r *Tywysog Bach*, cyfieithiad Llinos Iorwerth Dafis o un o glasuron llenyddiaeth plant yr iaith Ffrangeg i'r Gymraeg. Daeth colled aruthrol i ran

Gwasg y Brython yn 1940 pan ddinistriwyd yr argraffdy yn Stanley Road, ond o fewn blwyddyn, roeddent yn cynhyrchu gwaith o South Castle Street. Dinistriwyd siop lyfrau'r wasg yn 1941 yn Commerce Court ond ailagorwyd yn Hackins Hey ddwy flynedd yn ddiweddarach a symudodd yr adran argraffu i Edge Hill. Ailadeiladwyd y swyddfeydd a'r argraffdy yn Stanley Road a'u hailagor yn 1948 a buont yno hyd y diwedd yn 1977.

Symudiad Gwasg Cyhoeddiadau Modern Cymreig i Allerton, Lerpwl

Bu bwlch mawr yn hanes cyhoeddi Cymraeg ar ôl Gwasg y Brython ond ers 1968 mae Gwasg Cyhoeddiadau Modern Cymreig Cyf yn cyhoeddi yn Lerpwl. Gwasg oedd hon a gychwynnwyd yn Abercynon yn 1963 gan D. Ben Rees. Mae cyfraniad y wasg hon yn ddigon tebyg i Wasg y Brython, ymgais i dorri tir newydd gyda chyfresi fel yr *Arolwg, Pwy yw Pwy* a *Pwy oedd Pwy*, llyfrau plant lliwgar, ac ambell i gyfrol ar hynt a helynt Cymry Lerpwl.

Cylchgronau eraill sy'n gysylltiedig â Lerpwl

Yn ystod teyrnasiad *Y Brython* ac yn y blynyddoedd a ddilynodd, roedd cylchgronau eraill yn cael eu cyhoeddi yn Lerpwl a nodaf hwy yn fyr:

* *Yr Ymwelydd Misol* a ymddangosodd rhwng 1903 a 1909, ac a olygwyd gan weinidog y Presbyteriaid Cymraeg yn Rock Ferry, y Parchedig O. J. Owen.
* *Llais Rhyddid*, cylchgrawn a ddaeth i fodolaeth pan ddaeth enwad newydd o'r enw Eglwys Rydd y Cymry i fodolaeth yn nechrau'r ugeinfed ganrif trwy'r sgandal a achoswyd gan weinidog Chatham Street, y Parchedig W. O. Jones. Parhaodd y cylchgrawn o 1902 i 1926 o dan olygyddiaeth y Parchedig W. O. Jones a W. A. Lewis.
* *Y Banerydd*, cylchgrawn yr Eglwys Fethodistaidd o 1910 hyd 1957. Golygwyd ef am flynyddoedd gan y Parchedig Wesley Felix.
* *Ysbryd yr Oes*, cylchgrawn a ymddangosodd o Swyddfa'r *Cymro*, o 1903 hyd 1907.
* *Y Llusern*. Golygwyd gan y Parchedig Richard Humphreys, gweinidog Capel Chatham Street o 1903 i 1907.
* *Yr Esperanto Cymreig*. Gwilym Griffiths oedd yn gyfrifol am y cyhoeddiad

hwn. Roedd yn byw yn Cressington, maestref lewyrchus yn Lerpwl, a bu'n gweithio am bron i hanner canrif gyda Cheshire Line yn ei gorsaf ganolog. Cyhoeddodd ddeg mil o gopïau o'r cylchgrawn a gwerthwyd ef ar hyd a lled Cymru a Lloegr a hyd yn oed ym Mharis i Lydawyr oedd yn astudio yn y Sorbonne a cholegau eraill.

- *Y Cenhadwr*, cylchgrawn cenhadol Eglwys Bresbyteraidd Cymru o 1922 i 1974. Cyhoeddwyd y cylchgrawn yn ddi-fwlch am 62 o flynyddoedd, a'i bwrpas oedd adrodd hanes y gwŷr a'r gwragedd oedd ynghlwm â'r genhadaeth. Y golygydd oedd y Parchedig J. Hughes Morris a gyflawnodd y gwaith am wyth mlynedd ar hugain. Byr fu cyfnodau'r gweddill a fu yn ei olygu – D. R. Jones, David Edwards, Llewelyn Jones, Ednyfed W. Thomas, R. Leslie Jones ac R. Emrys Evans a'r Parchedig J. R. Roberts, Pen-y-cae.

- *Y Gadwyn*, misolyn ar gyfer yr Annibynwyr Cymraeg o 1945 hyd 2007, o dan olygyddiaeth y Parchedig J. D. Williams Richards ac yna y Parchedig R. J. Môn Hughes.

- *Y Glannau*. Fe lansiwyd *Y Glannau* yn 1944 fel Cylchlythyr Aelwydydd Glannau Mersi o dan olygyddiaeth y Parchedig Llewelyn Jones, gweinidog Capel Douglas Road yn Anfield. Roedd chwe Aelwyd yr Urdd llewyrchus ar y Glannau'r adeg honno, a phwyllgor yr Aelwydydd oedd yn gyfrifol amdano, yn bennaf O. E. Roberts, T. Meilyr Owens ac Edwin Jones. Am y saith mlynedd olaf, golygwyd *Y Glannau* gan y Parchedig R. Emrys Evans, Penbedw, a chyhoeddwyd y rhifyn olaf fis Rhagfyr 1958.

- *Y Bont*. Penodwyd y Parchedig R. Maurice Williams, gweinidog capeli Waterloo a Southport yn olygydd, a'r Prif Lenor O. E. Roberts a Gwilym Meredydd Jones, llenor arall a gipiodd y Fedal Ryddiaith yn 1982 yn is-olygyddion. Ymddangosodd y rhifyn olaf, rhif 238, ym mis Rhagfyr 1978, o fewn tri mis i fod yn ugain oed.

- *Yr Angor*. Ymddangosodd y rhifyn cyntaf o dan olygyddiaeth D. Ben Rees ym mis Mehefin 1979 a thros y blynyddoedd fe'i cysodwyd yng Nghymru i ddechrau, ym Mhen-y-groes (Cyhoeddiadau Mei), yna gan Wasg y Sir, Y Bala (Cwmni Gwyn ac Eifion Evans) ac yn ddiweddarach yn Llanuwchllyn. Mae llwyddiant y papur yn dibynnu ar swyddogion gweithgar, haelioni unigolion a chymdeithasau eglwysig a threfol, a chefnogaeth Cyhoeddiadau Modern Cymreig. Derbyniwyd cymorth ariannol Bwrdd yr Iaith (ac yn ddiweddarach Llywodraeth y Cynulliad); bu hyn yn gaffaeliad mawr. Ehangwyd hefyd y dalgylch yn 1993 i gynnwys Cymry Manceinion, Altrincham a Warrington. Daw o leiaf naw deg y cant o'r ysgrifau a'r newyddion gan Gymry alltud sy'n byw yn nalgylch *Yr Angor*.

Capeli Cymry Lerpwl yn ystod oes Fictoria

Erbyn teyrnasiad y Frenhines Fictoria yn 1837, roedd Capeli Cymraeg o bob enwad wedi eu sefydlu ar hyd a lled y dref a'r diwygiad dirwestol yn treiddio trwy'r holl gymdeithasau.

Pwysigrwydd y capeli fel canolfannau i'r Cymry

I'r Cymro a ddeuai i Lerpwl, roedd y capel yn ei ddenu am ei fod ef ei hun yn gyfarwydd â gweithgarwch y capeli yn ei gymuned gartref. Ni ellir gorbwysleisio pwysigrwydd aruthrol y canolfannau hyn i'r ymfudwyr. Hwy oedd berchen y capeli, yno y caent gwmni eu cyd-Gymry, gwyddent pe bai hi yn anodd arnynt mai dyma'r lle i droi am gymorth, cyfeillgarwch, cyfarwyddyd a chefnogaeth ariannol. Roedd y capeli yn trefnu a darparu ar gyfer pob math o anghenion, yn gorfforol, yn emosiynol ac yn ddiwylliannol.

Seiat y Sulgwyn dan ofal y Methodistiaid Calfinaidd

Oherwydd y cynnydd enfawr yn nifer yr aelodau a berthynai i'r capeli, dechreuodd y Methodistiaid Calfinaidd gynnal Seiat Fawr flynyddol dros y Sulgwyn, a hynny yng Nghapel Bedford Street i atgoffa pawb mai ar yr adeg honno yn 1787 yr agorwyd Capel Pall Mall. Cofiai Eleazar Roberts y Seiat Fawr yng nghapel Bedford Street, a dyma ddarn o'i atgofion sy'n tanlinellu y gwrthdaro rhwng yr ysbrydol a'r materol:

> Byddai dillad newyddion, a boneti crand yn cael eu dwyn allan y Sulgwyn, a
> hynny i'r fath raddau fel y byddai rhai o'r hen frodyr yn gofidio o'r herwydd,
> ac yn rhybiddio rhag balchter. Yr wyf yn cofio hen frawd o'r enw J C mewn

cyfarfod gweddi yn taer erfyn ar i'r chwiorydd gael eu deffro i ddymuno mwy am dywalltiad yr Ysbryd Glân nag am wisgoedd gwych; a chariwyd ef ymaith gymaint fel y trodd oddi wrth annerch yr orsedd i annerch y chwiorydd: 'Ferched bach annwyl! Peidiwch a meddwl cimint am eich boneti newydd a'r ribanau amliwiau: gweddïwch am yr Ysbryd Glân!' … Gwyddai pob *cabby* yn Liverpool am y *big Welsh meeting* ar Llun y Sulgwyn.

Erbyn 1853 aeth capel Bedford Street yn rhy fach a threfnwyd i gynnal y Gymanfa yn Hegler's Circus, ac yn ddiweddarach yn Sun Hall, Kensington, oedd yn dal pum mil o bobl.

Yr Achosion Saesneg

Erbyn canol y pedwardegau yr oedd arweinwyr enwad y Methodistiaid Calfinaidd yn gofidio fod nifer o'r bobl ifanc yn methu dilyn y bregeth Gymraeg yn ystod yr oedfaon. Teimlid hefyd y dylid gofalu am Gymry di-Gymraeg a symudai i Lerpwl o'r siroedd lle yr oedd y Saesneg wedi sefydlu ei hun fel iaith y bobl. Deuai Cymry o Fynwy, Morgannwg, Penfro a Maesyfed i'r ddinas, a theimlai John Hughes y Mownt y dylid gwarchod hwy fel y Cymry Cymraeg o Arfon a Meirionnydd. Ef oedd y mwyaf cefnogol i agor Capeli Saesneg yn Scarisbrick, Windsor Street, Garston a Gill Moss yn West Derby rhwng 1845 a 1857. Sefydlwyd ysgol ddyddiol yn Scarisbrick a bu nifer dda o ddarpar weinidogion Cymraeg yn gwasanaethu'r capel a'r ysgol.

Un o'r gweinidogion athrylithgar a ddaeth i ofalu am Gapel Saesneg y Methodistiaid Calfinaidd Cymreig yn Windsor Street oedd Thomas Charles Edwards. Llwyddodd i ddwyn perswâd ar adeiladwyr Cymraeg i adeiladu ysgoldai a chapel i'r di-Gymraeg yn Everton yn bennaf.

Caniadaeth y Cysegr yn nwylo William Evans

Rhoddwyd pwys mawr ar 'ganu mawl' yn y capeli, yn arbennig ar ôl cael *Grawnsypiau Canaan* i'w dwylo. Un o'r codwyr canu cynharaf oedd plastrwr o'r enw William Evans (1758-1822), Agnew Court, James Street. Dywedodd Robert Henry Williams (Corfanydd) amdano fel hyn:

Ni wyddai William Evans ddim am y *notes*… ond fe wyddai yn eithaf da sut i

ganu penillion Williams Pantycelyn nes gyrru y gynulleidfa drwyddi oll i anghofio
ei hun mewn llawenydd a gorfoledd. Yr oedd y canu cyntefig ym mhlith yr hen
Cymry yn fwy tebig i dreithganu (*chanting*) yn enwedig ym mhlith y Trefnyddion
Calfinaidd ac ni chlywais yr un mwy medrus yn y dull yma o ganu na William
Evans.

Arbenigrwydd John Ambrose Lloyd i fyd y moliant

Yn 1830 daeth John Ambrose Lloyd o'r Wyddgrug, yn fachgen 15 oed, at ei
frawd Isaac Lloyd i Lerpwl gyda'r bwriad o gael profiad dysgu yn ei ysgol a
chael ei benodi yn ysgolfeistr. Ond ar ôl i'w frawd gael ei benodi yn olygydd
y *Blackburn Standard,* penodwyd John Ambrose Lloyd yn un o athrawon y
Mechanics Institute. Arhosodd yno am ddeng mlynedd.

Nid oedd y bachgen talentog heb gwmni yn Lerpwl; roedd ei gefnder
Emrys (yn ddiweddarach y Parchedig William Ambrose, 1813-73) yn aelod
yng nghapel Tabernacl, Heol Fawr, Crosshall. Daeth gyda'i gefnder am y
tro cyntaf i'r gymdeithas ar 21 Medi 1835. Am ei fod yn fab i Enoch Lloyd,
gweinidog amlwg gyda'r Bedyddwyr, nid oedd wedi ei fedyddio. Bedyddiwyd
ef a'i dderbyn yn aelod yn y Tabernacl ar 1 Tachwedd 1835, ac yntau yn
ugain mlwydd oed.

Ymrodd John Ambrose Lloyd i gapel y Tabernacl. Roedd ef eisoes wedi
cyfansoddi tôn ardderchog, a hynny yn 1831, a galwodd hi 'Wyddgrug' mewn
diolch i'w dref enedigol. Cyfansoddodd hi yn benodol ar gyfer emyn Dafydd
Jones o Gaeo, 'Wele cawsom y Meseia'. Daeth y dôn hon yn boblogaidd yn
y Tabernacl a chapeli eraill Lerpwl.

Ymunodd John â Chymdeithas Ffilharmonig Lerpwl a sefydlwyd ar 10
Ionawr 1840. Daeth yn ffrindiau gyda cherddorion dawnus, fel yr organydd
enwog, William Thomas Best, a cherddor ifanc arall, George Hurst. Erbyn
hyn deuai llu o Gymry ifanc i gartref John yn wythnosol i ymarfer canu. O'r
ymarferion hyn y tyfodd Cymdeithas Gorawl Gymreig Lerpwl (Liverpool
Welsh Choral Society) o dan ofal John Ambrose Lloyd.

Rhoddodd John y gorau i'w swydd fel athro gan obeithio cael ei ddewis
yn Ysgrifennydd y Mechanics Institute. Ond ni chafodd y swydd, er ei fod
yn Ysgrifennydd i aml fudiad fel cymdeithas adeiladau a chwmni cyhoeddi
yr *Amserau.* Mentrodd i fyd busnes fel lithograffydd, ond ni fu'r fenter yn
un lwyddiannus, ac er colled fawr i gapeli Lerpwl, symudodd i Fwlch Bach,

ger Conwy, yn 1851 fel trafaeliwr i gwmni masnachol Francis Firth (wedyn cwmni Woodall a Jones). Bu'n byw yng Nghaer (1852-64) a'r Rhyl (1864-74), ac ef oedd un o feistri cyfansoddwyr canu mawl y capeli. Ar ei ffordd adref ar ôl taith ar y môr i Syria a'r Aifft, cafodd ei daro'n wael ac aed ag ef i dŷ ei frawd yng nghyfraith, Capten J. C. Jones, yn 11 Lodge Lane, Lerpwl. Ac yno y bu farw ar 14 Tachwedd 1874.

Eleazar Roberts

Eleazar Roberts a ledaenodd y system tonic sol-ffa, nid yn unig trwy holl gapeli Lerpwl o bob enwad, ond trwy ogledd a chanolbarth Cymru. Aeth Eleazar i Ysgol Frytanaidd Rose Place (caewyd yr ysgol pan sylweddolwyd na ellid ei chadw hi fel cynt yn ddwyieithog, a bod mwyafrif y plant yn Saeson ond fe fu'r ysgol o dan oruchwyliaeth pump o gapeli Cymraeg Lerpwl, yn enghraifft ddigon anarferol yn hanes y Methodistiaid Calfinaidd Cymreig). Gadawodd yr ysgol yn dair ar ddeg oed a'i brentisio fel clerc. Gweithiodd yn galed, ac fe aeth ati i feistroli'r gyfraith. Treuliodd ddeugain mlynedd yn swyddfa ynadon Lerpwl, a bu'n brif ysgrifennydd yr ynad cyflogedig Stamfford Raffles. Ond ei ddiléit pennaf oedd bywyd y capel, yr Ysgol Sul, caniadaeth y cysegr a chydweithio ar y newyddiadur, yr *Amserau*, a'r *Cronicl Wythnosol* a ddeuai allan o'r un swyddfa yn St Anne Street. Daeth yn lladmerydd y gyfundrefn tonic sol-ffa, a chyhoeddodd *Hymnau a Thonau i Blant* a *Gwersi i'r Cerddor Cymraeg*.

'Eglwys Gadeiriol Cymry Lerpwl' yn Princes Road

Yn ystod Oes Fictoria, adeiladwyd nifer o gapeli gan y Cymry yn Lerpwl. Yn ôl y *Drysorfa* yn 1872, Princes Road oedd 'y capel godidocaf a godwyd gan Gymry erioed'. Cynlluniwyd ef ar ffurf croes, yn gan troedfedd o hyd, ac yn bedwar ugain troedfedd o led ar draws breichiau'r groes, y *transepts*. Ar y llawr roedd eisteddleoedd i naw cant o bobl, a daliai'r tair oriel, un yn y pen draw, a dwy bob ochr i'r pulpud, oddeutu 350. Nid rhyfedd i'r adeilad gael ei alw yn 'Eglwys Gadeiriol Cymry Lerpwl'. Roedd y gost o'i adeiladu yn £19, 633-8-5, ac erbyn dechrau gweinidogaeth Owen Thomas yno yn 1871, roedd y swm o £10,122-18-5 wedi ei dalu. Dengys y tabl isod dwf y capel yng nghyfnod gweinidogaeth Owen Thomas.

Yr Eglwys					Yr Ysgol Sul		Casgliadau (bunnoedd)		
Blwyddyn	Cymunwyr	Ar Brawf	Plant	Cyfanswm	Cyfanrif YS	Cyfartaledd Presenoldeb	Y Weinidogaeth	Arall	Cyfanswm
1871	769	29	248	1,046	646	-	476	8,314	8,790
1876	956	20	290	1,266	707	-	646	2,597	3,243
1881	994	17	280	1,291	804	433	647	1,939	2,586
1886	962	10	280	1,252	641	377	595	1,059	1,654
1891	870	7	240	1,117	583	335	565	1,252	1,817

Poenai Owen Thomas, y gweinidog, yn fawr am ddealltwriaeth y gynulleidfa o'r Gymraeg. Mynegodd hyn mewn Cyfarfod Misol yn Lerpwl ar 4 Gorffennaf 1883:

> Yr oedd yn ffaith ddifrifol bod nifer lluosog o ieuenctid ein cynulleidfaoedd yn mynychu y moddion bob Sabboth, eto yn analluog i ddeall pregethiad yr efengyl yn yr iaith Gymraeg. Ar yr un pryd, nid ydyw y dosbarth hwn, oherwydd cysylltiadau teuluoedd a chymdeithasol yn barod i dorri eu cysylltiad â'r eglwysi Cymraeg. Y cwestiwn pwysig gan hynny ydyw: Pa beth a ellir ei wneud i gyfarfod y dosbarth hwn?

Yn ôl y sylwadau a gafwyd y noson honno, plant Princes Road oedd y mwyaf rhugl yn yr iaith ac mae'n amlwg fod dylanwad y gweinidog yn ffactor bwysig. Meddai'r cofnodion:

> Honnai y cyfeillion o Princes Road bod y Gymraeg yn fwy blodeuog yno nag ydoedd 30 mlynedd yn ôl. Er enghraifft yr oedd ganddynt 3 o arolygwyr yn yr Ysgol Sabbothol, ac yr oedd y tri hynny wedi eu magu yn Liverpool.

Olynydd Owen Thomas yn Princes Road, oedd John Williams (Brynsiencyn): yn ystod ei gyfnod yn Lerpwl, scf o 1895 i 1906. Gwelodd ef bwysigrwydd dosbarth y gweithiwr a ddaeth i weini yn nhai y teuluoedd cyfoethog a theuluoedd dosbarth canol cymuned Toxteth. Daliodd John Williams ar y cyfle. Trefnodd fod Eglwys Princes Road yn paratoi te bob prynhawn Sul ar eu cyfer. A dyma ddechrau traddodiad a ymledodd i ogledd Lerpwl a Southport.

Capel Chatham Street a gweinidogaeth Henry Rees

O fewn milltir i Princes Road, adeiladwyd Capel Chatham Street yn 1860, gydag eisteddle ar gyfer cynulleidfa o 1,200. Ac am yr wyth mlynedd nesaf, y Parchedig Henry Rees fu'n weinidog yno. Cyfrifid ef yn un o brif bregethwyr ei oes, ac ef a gafodd yr anrhydedd o fod yn llywydd cyntaf Cymanfa Gyffredinol ei enwad, a hynny yn 1864.

Dadansoddi Capel Bethel yr Annibynwyr Cymraeg

Gellir disgrifio capel yr Annibynwyr, Bethel, Park Road, Dingle fel man oedd yn gwch gwenyn o weithgarwch. Gofalai Bethel am anghenion tymhorol yr aelodau yn ôl y galw. Daeth i sylw y diaconiaid yn Ebrill 1889 fod y brawd Lewis Jones yn derbyn 2/6 o'r plwyf, ond ei fod ef yn talu 3 swllt yn wythnosol am ei lety. Penderfynwyd rhoddi tri swllt yn wythnosol iddo oddi wrth y capel tuag at ei gynhaliaeth.

Weithiau y capel oedd yn talu costau angladd. Pan fu farw William Stephens, 123 Upper Hill Street, Toxteth, ar 9 Ebrill 1874, trefnwyd yr arwyl yng nghapel Park Road a'i osod i orffwys ym mynwent Smithdown Road. Prynodd y capel ei fedd am £15 a hefyd llogi hers a'r cerbydau a pharatoi te angladd yn Ysgoldy Princes Road. Talwyd cyflog William Stephens o ganol Mawrth am gyfnod amhenodol, ac ar ôl ei farw, i'w weddw hyd ddiwedd mis Mehefin.

Roedd yr eglwys hefyd yn penderfynu yn aml ar gwestiwn yn ymwneud â moes a dirwest. Blinder i'r Annibynwyr Cymraeg oedd y ddadl am yr Hen Gyfansoddiad a'r Cyfansoddiad Newydd ac ar 1 Medi, 1879, cyflwynwyd y mater i sylw cynulleidfa Bethel. Condemniwyd tri o fawrion yr enwad, Michael D. Jones, Dr Pan Jones a David Rees gan y gweinidog. Roedd dau gant o'r aelodau yn bresennol yn yr oedfa honno.

Pennod 9

Y Wladfa a Chymry Lerpwl

Breuddwydwyr y Wladfa

Sosialydd a diwydiannwr o Gymro oedd Robert Owen (1771-1858) a hanai o'r Drenewydd. Gwireddodd yntau ei weledigaeth o wladfa, y tro hwn yn New Harmony, Indiana. Deuai Robert Owen yn achlysurol i Lerpwl, nid yn gymaint i chwilio am ei gyd -Gymry ond am y dyrnaid o radicaliaid fel John Finch oedd ar yr un donfedd ag yntau. Roedd wrth ei fodd felly yn cysylltu â rhai o ddiwygwyr y dref, yn Gymry ac yn Saeson. Er ei fawredd a'i esiampl fel diwydiannwr dynol a charedig, ni fu ei wladfa mor llwyddiannus ag y dymunai.

Ond ni phylodd awydd y Cymry i ymfudo gyda'r bwriad o sefydlu Gwladfa Gymraeg. Cofir am y Capten Dan Jones (1810-61) o Helygain, Sir y Fflint, a argyhoeddodd 249 o Gymry i fentro i dalaith Utah yn America. Yna cofir y gŵr ifanc o Geredigion, Thomas Benbow Phillips (1829-1915) a berswadiodd 41 o Gymry Manceinion a Lerpwl i hwylio o Lerpwl i Brasil. Hwyliodd ail long, yr *Irene*, o Lerpwl yn Awst 1851, a thrydedd llong *Madonna* ym mis Tachwedd 1851 yn cario rhagor o Gymry. Erbyn Nadolig 1851, roedd 80 o Gymry yno, y mwyafrif helaeth ohonynt o ardaloedd Nant-y-glo a Bryn-mawr, Tregaron (bro mebyd y sylfaenydd) ac o siroedd Trefaldwyn, Dinbych a Môn.

Un arall o'r un calibr â Phillips oedd Samuel Roberts (SR Llanbryn-mair, 1800-85) a berswadiodd bobl i ymfudo i Bryntirion, Tennessee, ar 6 Mai 1857. Roedd ei frawd Gruffydd Rhisiart Roberts wedi mynd yno flwyddyn o'i flaen. Ond methodd yn arw, gan i oruchwylwyr y tir ei dwyllo, a daeth Rhyfel Cartref America 1861-5 ar eu gwartha. Diflannodd gwladfa SR o dan ragfarn a dihangodd yntau yn ôl i Gymru fach yn falch o fod yn fyw. Roedd hynny yn rhyfeddod. Croesawyd ef â breichiau agored gan dyrfa o Gymry Lerpwl, lle yr oedd yn arwr, nid yn unig gyda'r Annibynwyr Cymraeg, ond bron y gymuned gyfan. Hwy oedd y tu ôl i'r dysteb o £1,245 a drosglwyddwyd i'w ddwylo ym Mawrth 1868.

Michael Daniel Jones

Ffigwr amlycaf yr ymfudo oedd Michael Daniel Jones (1822-98). Pan orffennodd ei astudiaethau diwinyddol aeth ar ei union yn 1837 i'r Amerig. Urddwyd ef yn weinidog ar Eglwys Gymraeg yn Cincinnati, Ohio. Ffurfiodd Gymdeithas y Brython i hwyluso'r ymfudo a gweithredodd fel ysgrifennydd. Ond buan y sylweddolodd Michael D. Jones fod y Gymraeg yn dioddef yn yr Unol Daleithiau a'r Cymry yn ei chael hi'n anoddach i drosglwyddo'r iaith i'w plant a phlant eu plant nag yr oeddent yn Llundain a Lerpwl. Pan ddychwelodd i Gymru, roedd yn gwbl grediniol fod angen crynhoi y Cymry i ddarn penodol o dir, er mwyn gwarchod yr etifeddiaeth grefyddol a diwylliannol ac ieithyddol. 'O grynhoi' meddai ar drothwy gadael Cincinnati, 'byddem yn llawer dedwyddach nag yn wasgaredig fel yn awr, a chaem well gweinidogaeth a chadwid ein cenedl rhag ddifodiant.'

Un arall o arloeswyr pennaf y wladfa oedd Edwin Cynric Roberts. Cyffyrddodd ei weledigaeth o'r Wladfa yn nifer o Gymry Lerpwl. Erbyn 1860 roedd y syniad wedi ei wyntyllu a'i saernïo gan ddau werinwr, y cysodydd a'r argraffydd Lewis Jones (1836-1904), a'r saer maen Hugh Hughes (Cadfan Gwynedd neu Hughes Cadfan, 1824-98).

Cefnogwyr y Wladfa yn Lerpwl

Wrth ystyried rôl Pwyllgor Lerpwl yn hybu'r Wladfa yn yr Ariannin, gwelir mai nifer fychan oedd yn gwbl ymroddedig. Deuddeg ar y mwyaf oedd aelodaeth y pwyllgor. Ond roedd pob un ohonynt yn bobl gyfforddus eu byd a dau ohonynt ymhlith cyfoethogion pennaf Lerpwl, sef Eliezer Pugh a Peter Williams. Gwnaeth Eliezer ei gyfoeth drwy fyd cotwm, a Peter drwy fod yn ddilledydd llwyddiannus. Mae'n bwysig nodi hefyd fod dau o gewri Cymry Lerpwl, Gwilym Hiraethog a Dr John Thomas yn hynod o ddifater ynglŷn â'r bwriad o ymfudo wedi i Samuel Roberts (SR) Llanbryn-mair ymfudo i ddwyrain Tennessee yn 1856.

Anfonwyd Capten Love Jones-Parry a Lewis Jones allan i ddyffryn Chuput a dychwelodd y ddau i Lerpwl ar 5 Mai 1863 i adrodd yn ôl. Pardduwyd hwy gan aml un am roddi gwedd ry dda ar y rhandir, ond yn ôl yr hanesydd, R. Bryn Williams, cyflwynodd y ddau ohonynt eu hadroddiadau i'r pwyllgor yn Lerpwl yn 'eithaf teg'. Rhoes y ddau gyngor gwerthfawr fel hwn:

> Dylid cofio yr angenrheidrwydd am i'r fintai gyntaf gymeryd digon o fwyd am flwyddyn gyfan. Nid oes angen i ni fanylu na cheisio eich dysgu.

Ond yn anffodus ar ei deithiau o amgylch Cymru i ddarlithio, collodd Lewis Jones ei ysbryd cymedrol ac aeth i organmol. Tueddwyd i orliwio a rhoi portread anghywir o'r Wladfa. Meddylier am Cadfan yn annerch Cymry Lerpwl yn y Concert Hall, Lord Nelson Street, ar 4 Awst yn dweud:

> …fod yno ddau gnwd glas i'w gael yr un flwyddyn; fod y ffigyswydd a'r gwinwydd yn tyfu yn rhwydd a pherffaith yn yr awyr agored.

Gwŷr ifanc 25 oed oedd Lewis Jones a Cadfan, pobl heb ddim profiad o fyd amaethyddiaeth, ac wedi eu llwyr lyncu gan y weledigaeth.

Yn 1865, ymddangosodd hysbyseb gan Bwyllgor y Gymdeithas Wladfychol yn y *Faner* a'r *Amserau* a chyhoeddiadau eraill yn galw am ymfudwyr:

> Bydd y llong Halton Castle, 700 tunnell (o dan gapteniaeth) Cadben Williams, yn hwylio o Liverpool gyda'r fintai gyntaf o ymfudwyr i'r Wladychfa ar y 25ain o Ebrill. Cludiad: 12 punt am rai mewn oed, 6 phunt am blant dan 12 oed, babanod dwy flynedd am ddim. Ernes: punt dros rai mewn oed, 10 swllt dros blant, i'w hanfon i'r Trysorydd, Mr Owen Edwards, 22 Williamson Square, a'r gweddill i'w talu pan ddelo'r ymfudwyr i Liverpool i gychwyn [y fordaith].

Roedd *Halton Castle* yn llong newydd, haearn, ddwyflwydd oed, ac yn ddiogelach o gryn dipyn nag aml i long a adawai Lerpwl am Brasil a Buenos Aires. Ar 25 Ebrill roedd tua 200 o ddarpar ymfudwyr wedi cyrraedd Lerpwl. Ond buan y derbyniwyd y newydd nad oedd *Halton Castle* wedi cyrraedd, ac ni wyddai neb ei hynt na'i helynt. Dyma argyfwng go iawn, a bu'n rhaid mynd ati yn ddiymdroi i chwilio am long arall, ac i geisio bugeilio y Cymry oedd wedi cyrraedd Lerpwl. Michael D. Jones ac Anne, ei briod, a ysgwyddodd y baich hwn gydag Eleazar Pugh yn barod i dalu am gyfran o'r cwmni. Gwelodd gwrthwynebwyr yr ymfudo eu cyfle i feirniadu. Ysgogodd hynny ar ddiflastod a dechreuodd y rhai mwyaf anghenus droi yn ôl i Gymru.

Ond mentrwyd ailhysbysebu gan ddweud: 'Rhoddir cymorth haelionus i'r rhai hynny sydd heb ddigon i dalu eu cludiad. Bydded iddynt anfon eu henwau mewn yn ddi-oed'. Diolch i'r hysbyseb, ymgasglodd 163 o bobl yn barod i hwylio.

Yr ymfudwyr dewr ar fwrdd y llong *Mimosa*

Roedd y rhan fwyaf o'r criw oedd ar y *Mimosa* yn ifanc a llawer o blant yn eu plith. Roedd awydd Lewis Jones ym Machynlleth wedi ei wireddu felly, nid hen bobl oedd ar fwrdd y llong ond pobl ifanc, mentrus. Teimlai bron bob un ohonynt fod eu byd newydd, er gwaethaf eu problemau, yn llawer gwell dewis na'r 'caethiwed diobaith yr oeddent ynddo yng Nghymru'. Petasai eu byd yn well, meddai Abraham Mathews, 'buasent oll wedi ymadael... ac felly ni fuasai y Wladfa wedi parhau, na dyffryn y Camwy wedi'i boblogi, na'r wlad wedi'i harchwilio, na mynyddoedd yr Andes wedi eu darganfod.'

Yn rhan o'r criw roedd ugain o Gymry Lerpwl ar y *Mimosa*, sef George Jones, David Jones, Hugh Hughes (Cadfan), Jane Hughes (Cadfan), David Hughes (Cadfan), Llewelyn Hughes (Cadfan), Jane Williams, Edward Price, Martha Price, Edward Price (ieuengaf), Martha Price (ieuengaf), William Davies, William Williams, Lewis Jones, Eleanor Jones, Thomas Ellis, John Ellis, Ann Owen, Elizabeth Wood a Dr Thomas Green.

Cofio *Mimosa* gan mlynedd yn ddiweddarach

Ar ganmlwyddiant sefydlu'r Wladfa, daeth cannoedd ynghyd ym mis Mai 1965 i hwylio ar y llong *Royal Daffodil* am dair awr ar afon Merswy. Cyflwynwyd torch o flodau i Gymry Lerpwl oedd ar y llong gan yr Henadur D. J. Lewis, cyn-faer dinas Lerpwl, a H. Humphrey Jones, Llywydd y Gymdeithas Gymraeg.

Taflwyd y dorch i'r dyfroedd gan un o ferched y Wladfa, sef Mrs Valmai Jones (Caergwrle), Ysgrifennydd Cymdeithas Cymry Ariannin. Y Parchedig Nefydd Cadfan Hughes, disgynnydd i'r arloeswr Cadfan Hughes, oedd yng ngofal y gwasanaeth. Ganed Nefydd Cadfan Hughes yn y Wladfa a daeth yn weinidog yng ngogledd Cymru. Roedd Nefydd yn un o dri a fagwyd yn y

Siarter y Brenin Ioan i Lerpwl

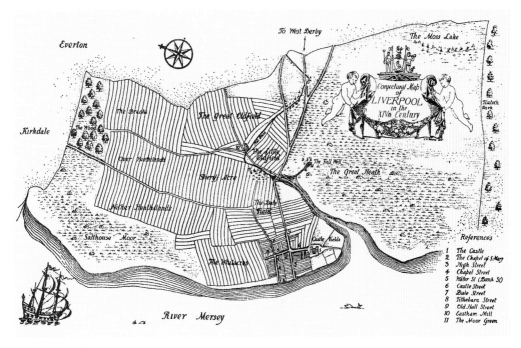

Lerpwl yn y bedwaredd
ganrif ar ddeg

Castell Lerpwl

Tŷ'r Tollau

Tŵr Lerpwl

Eglwys Sant Niclas o Ynys Mann

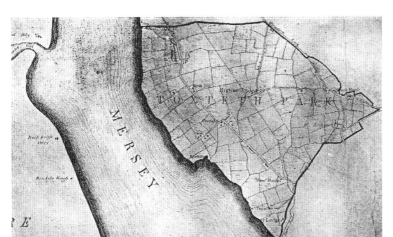

Map o Barc Toxteth

Lerpwl yn yr ail ganrif ar bymtheg

London Road yn y ddeunawfed ganrif

Lerpwl a'i heglwys

Capel cyntaf y Cymry yn
Pall Mall

Pall Mall yn yr
ugeinfed ganrif

Plac a luniwyd gan John Gibson o William Roscoe

Peter Jones (Pedr Fardd), yr athro a'r emynydd

Annibynwyr Cymraeg

Y Parchedig John Breese

Y Parchedig John Jones, Bethel

Y Parchedig Thomas Pierce

Y Parchedig William Williams o'r Wern

Tabernacl, Crosshall Street

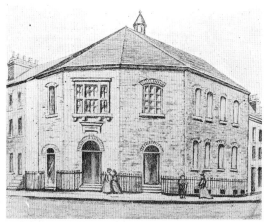

Y Parchedig William Rees
(Gwilym Hiraethog)

Capel Bethel, Park Road

Meddygon Esgyrn

Evan Thomas

Hugh Owen Thomas

Canolfan Iechyd, 11 Nelson Street

Elizabeth Thomas, gwraig Dr H. O. Thomas

Robert Jones yn y gadair a Hugh Owen Thomas gyda'i sigarét

Gweithwyr y Winllan Werdd yn Lerpwl

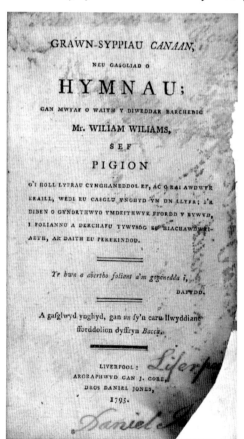

Thomas Lloyd, yr argraffydd

Grawnsypiau Canaan 1795

Matthew Jones, y gwerthwr glo a'r
diwinydd Calfinaidd

John Williams

Matthew Jones a'i ddisgyblion diwinyddol

Y Parchedig Ddr John Hughes

Thomas Lloyd

Y Parchedig Owen Jones

Bedd John Evans ym mynwent Anfield

Y Parchedig John Evans, Pontypridd   Y Parchedig J. D. Evans, Garston

John Gibson   Y Parchedig Ddr John Thomas   Y Parchedig Noah Stephens

Pobl y wasg

Y Parchedig O. L. Roberts

Siop Hugh Evans, Stanley Road, Bootle

Gwasg Hugh Evans

Pwyllgor *Yr Angor*

Emlyn Evans, Gwasg
Gee ac Alun Williams
yn cyflwyno cyfrol i'r
awdur yn Lerpwl yn
1997

John Roberts (Ieuan Gwyllt), is-olygydd   *Codi yr Angor*, 2019
Yr Amserau (1852-1858)

Capeli

Capel Great Mersey Street

Capel Marsh Lane, Bootle

Capel Trinity Road, Bootle

Capel Chatham Street

Capel Heathfield Road, Penny Lane

Capel Princes Road

Neuadd Sant Nathaniel

Smithdown Place, lle
cychwynnodd achos Capel
Heathfield Road

Organ Capel Bethel,
Heathfield Road cyn
ei gwerthu i deulu yn
mhentref Carno

Capel Webster Road a
symudwyd i Heathfield
Road yn 1927

Capel y Bedyddwyr
Cymraeg Earlsfield
Road, Wavertree

Wladfa ac a benderfynodd ymfudo i Gymru i baratoi ar gyfer y weinidogaeth gydag Eglwys Bresbyteraidd Cymru. Y ddau arall oedd y bardd a'r ysgolhaig, y Parchedig R. Bryn Williams, a'r Parchedig Trefor Mai Thomas a fu'n genhadwr yn yr India.

Dathliad arall yn 2015

Gan mlynedd a hanner ar ôl i'r *Mimosa* adael porthladd Lerpwl, trefnodd Cymdeithas Etifeddiaeth Cymry Glannau Mersi ŵyl arbennig ar 29 Mai i 31 Mai 2015 yn ninas Lerpwl a chafwyd gwledd o atgofion gan y dyrfa fawr a ddaeth ynghyd.

Clwstwr o Feddygon Cymry Lerpwl

Lerpwl oedd y ddinas gyntaf ym Mhrydain i apwyntio Swyddog Meddygol Iechyd (Medical Officer of Health). Soniwyd eisoes am gyfraniad teulu o Gymry i ddatblygiad meddygaeth orthopaedig y byd. Cyn dyfodiad Evan Thomas, Hugh Owen Thomas a Syr Robert Jones, roedd gwaith orthopaedig o fewn yr ysbytai yn hollol amrwd. O ddyddiau Syr Robert Jones, daeth Lerpwl yn ganolfan feddygaeth orthopaedig o bwys rhyngwladol.

Disgleirdeb Dr Robert Gee

Mab Thomas Gee, yr argraffydd, a'i briod Mary Foulkes o Hendre'r Wydd yn Nyffryn Clwyd oedd Dr Robert Gee. Cyflwynodd Dr Robert Gee Ddeddf Iechyd y Cyhoedd (Public Health Act) yn 1866 a osododd ganllawiau ar gyfer sefydlu ysbytai addas i'r tlawd a'r cleifion a ddioddefai o afiechydon hawdd eu gwasgaru o stryd i stryd. Manteisiodd ar y cyfle i roi arweiniad a chydweithio gyda Dr Richard Caton a Dr Alexander Davidson yn 1872. Sefydlwyd ysbyty yn Netherfield Road. Addaswyd tŷ preifat fel ysbyty i gyfarfod ag anghenion pobl ifanc a fyddai'n cyrraedd Lerpwl ar longau, pobl ifanc oedd yn gweithio yn Lerpwl a phobl ifanc oedd yn dilyn cyrsiau addysg, ac felly yn brin o gyfalaf i dalu am unrhyw lawdriniaeth. Yn 1880 cyflwynodd Corfforaeth Lerpwl gymhorthdal o £250 y flwyddyn ar y ddealltwriaeth eu bod yn neilltuo 25 o welyau ar gyfer Swyddog Meddygol Lerpwl ac yn cadw'r gost yn saith swllt yr wythnos am y cleifion hyn. Bu galw mawr am Dr Gee mewn ysbytai eraill yn Lerpwl a bu ei farwolaeth ef a Hugh Owen Thomas yn 1891 yn golled i feddygaeth yn gyffredinol.

William Thelwall Thomas

Llawfeddyg arall hynod o bwysig o blith Cymry Lerpwl oedd William Thelwall Thomas (1865-1927). Pan fu farw, aeth y newydd fel tân drwy'r gymuned Gymraeg, ac yn y *Liverpool Daily Post and Mercury* fe ddywedwyd hyn: 'the most famous surgeon Liverpool has produced has died suddenly.'

Ganwyd ef yn y ddinas, yn fab i'r ffotograffydd John Thomas, Cambrian Gallery, ac ar ôl astudio yn Glasgow a Lerpwl, fe ddaeth yn gynorthwyydd i Syr William Mitchell Bank, un o feddygon enwocaf Lerpwl. Sefydlodd Dr Thelwall Thomas ei bractis ei hun i ddechrau yn Hope Street cyn symud i stryd enwog meddygon Lerpwl yn Rodney Street. Apwyntiwyd ef yn 1892 i fod yn llawfeddyg cynorthwyol yn yr Ysbyty Brenhinol ac yn 1907 daeth yn llawfeddyg cofrestredig. Chwe blynedd yn ddiweddarach apwyntiwyd ef yn ddarlithydd mewn Llawfeddygaeth Ymarferol ym Mhrifysgol Lerpwl a naw mlynedd yn ddiweddarach, fe'i hapwyntiwyd yn Athro Llawfeddygaeth Ranbarthol (Professor of Regional Surgery).

Erbyn hyn ef oedd prif lawfeddyg Lerpwl yn ogystal â bod yn athro meddygaeth. Cyfrifid ef yn seren yn ffurfafen meddygaeth, yn medru dadansoddi a gweithredu mewn modd effeithiol. Yn ei flynyddoedd cynnar roedd yn aelod gweithgar yng nghapel Presbyteriaid Cymraeg Fitzclarence Street, ac ar hyd y blynyddoedd bu yn un o ymgynghorwyr Cymdeithas Genhadol yr enwad. Deuai'r cenhadon i'w weld ef ar ôl eu derbyn i'r India, ac ar ôl dychwelyd am seibiant.

Taith Llawfeddyg arall o Anfield

Daeth John Howell Hughes yn enw cyfarwydd iawn i'r Cymry yn Lerpwl ac yng ngogledd a chanolbarth Cymru yn y cyfnod wedi'r Ail Ryfel Byd. Ganwyd John Howell Hughes mewn tŷ teras yn Anfield a graddiodd o Brifysgol Lerpwl yn 1931. Dechreuodd ar ei yrfa fel llawfeddyg yn Ysbyty Brenhinol Pembroke Place. Tyrrai'r Cymry ato a chyfrifid Ward 8 yn yr Ysbyty Brenhinol fel y Ward Gymraeg. Roedd y ward yn anghyffredin. Gellid gweld pob gwely a chlaf wrth sefyll yn ei chanol. Pan ddechreuwyd adeiladu ysbyty newydd yn lle'r hen Ysbyty Brenhinol yn 1968, galwyd arno i fod yn Swyddog Comisiynu. Cymerodd ddeuddeng mlynedd i adeiladu'r ysbyty, ac yn y blynyddoedd olaf ef oedd cadeirydd y fenter.

Yr Athro Owen Herbert Williams

Ganed yr Athro Owen Herbert Williams (1884-1962) yn Bootle i Owen a Jane Williams (née Evans). Ar ôl marwolaeth ei dad pan oedd yn un ar ddeg oed, penderfynodd y fam fynd yn ôl at ei theulu yn Llanfaelog, Môn. Gwelwyd aeddfedrwydd ynddo yn Ysgol Ramadeg Biwmares, ac aeth yn 1901 i Brifysgol Caeredin fel myfyriwr meddygol, a graddiodd yn 1906. Apwyntiwyd ef y flwyddyn honno yn llawfeddyg yn Ysbyty'r Southern, Lerpwl. Symudodd yn 1908 i'r Ysbyty Brenhinol fel cofrestrydd yn ogystal â chyflawni dyletswyddau llawfeddygaeth. Gweithiodd yr un pryd i ennill yr FRCS o Brifysgol Caeredin yn 1909 a chafodd DPH Rhydychen yn 1911. Dychwelodd i Ysbyty Southern a bu yn gysylltiedig â'r ysbyty hwn ar hyd ei oes, ar wahân i'r blynyddoedd a dreuliodd yn y Rhyfel Byd Cyntaf. Cychwynnodd Glwb Llawfeddygaeth Deithiol (Travelling Surgical Club) yn 1919 ar gyfer ei gyd-feddygon o Ryfel 1914-18. Ymwelent yn flynyddol ag ysbytai yn Ewrop er mwyn cadw'r datblygiadau diweddaraf ar flaenau eu bysedd. Apwyntiwyd ef yn 1939 yn Athro Llawfeddygaeth ym Mhrifysgol Lerpwl ac ymddeolodd yn 1945. Gwasanaethodd fel aelod o Fwrdd Rhanbarthol Ysbytai Cymru a Bwrdd Iechyd Cymru, a bu ar Lys Prifysgol Cymru a Llys Coleg y Brifysgol, Bangor. Derbyniodd radd DSc (er anrhydedd) gan Brifysgol Cymru yn 1952.

Dr William Williams

Llawfeddyg arall o Gymro a fu'n flaenllaw dros ben yn Ysbyty'r Southern oedd Dr William Williams. Meddai'r gŵr hwn ar ddulliau anghyffredin i drin *typhoid fever* a hefyd *gastro ulcers*. Yn ôl Williams, dylid llwgu'r claf a pheidio â rhoddi iddo fwy na pheint o laeth mewn pedair awr ar hugain. Llwyddodd yn rhyfeddol, llawer gwell na'i gyd-feddyg Dr Cameron a gredai mewn 'bwydo yr afiechydon'.

Maenan, bardd a meddyg yn Lerpwl

Adnabyddid Dr John Lloyd Roberts yn y cylchoedd llenyddol wrth ei enw barddol, Maenan. Roedd Maenan yn berson amlochrog ac yn meddu ar gymwysterau academaidd mewn gwyddoniaeth, meddygaeth a llawfeddyginiaeth. Meddai ar raddau BA, BSc a BS (dosbarth cyntaf) yn ogystal â Doethuriaeth mewn Meddygaeth, y cyfan o Brifysgol Llundain.

Llwyddodd i gael MRCD (Llundain) a PRCS (Lloegr) a gwnaeth enw mawr iddo'i hun yn Ysbyty Guy yn Llundain cyn symud i Lerpwl, lle y cynyddodd ei boblogrwydd fel athro clinigol. Tyrrai myfyrwyr meddygol ato o bob rhan o Brydain am ddysg a chyfarwyddyd. Y tu allan i'w alwedigaeth bu yn un o brif Seiri Rhyddion y gymuned Gymraeg. Ychydig o sylw a roddwyd gennym fel haneswyr Cymry Lerpwl i'r mudiad y bu Maenan yn perthyn iddo. Er hynny perthynai cannoedd o Gymry y dosbarth canol yn y ddinas i'r mudiad, ac nid meddygon yn unig a berthynai iddo ond adeiladwyr, cyfreithwyr, capteiniaid llong a gweinidogion yr Efengyl.

Goronwy Thomas, meddyg esgyrn

Ganwyd Goronwy Thomas yng Nghyffylliog yn Nyffryn Clwyd. Awdures oedd ei chwaer Besi Maldwyn, a'i frawd Dr J. G. Thomas yn feddyg teulu yn nhref Dinbych. Yn y 1930au derbyniodd Goronwy Thomas ei hyfforddiant a'i addysg ym Mhrifysgol Lerpwl a dod yn rhan o fwrlwm Cymraeg y myfyrwyr. Ar ôl graddio bu'n gweithio gydag arbenigwyr fel Theodore Armour, yr Athro T. P. MacMurray a Bryan McFarland. Apwyntiwyd ef yn ystod yr Ail Ryfel Byd yn ymgynghorwr i Ysbyty Alder Hey, ac i drefnu gwasanaeth orthopaedig yn Ysbyty Broadgreen. Yn ddiweddarach daeth yn ymgynghorydd i ysbytai unedig Lerpwl.

Meddai y meddyg ar ddawn cyfathrebu a daeth yn athro eneiniedig i feddygon ifanc. Gwahoddwyd ef i fod yn aelod o bwyllgor rheoli'r *Journal of Bone and Joint Surgery* o 1950 ymlaen, a lluniodd amryw o erthyglau hynod o ddadlennol ar gyfer y cylchgrawn. Ceir cyfeiriadau cyson at ei gyfraniad orthopaedig yn y cylchgrawn.

Meddygon orthopaedig eraill

Un o gyfeillion Dr Goronwy Thomas oedd Dr Tom Price (1914-67) oedd yn aelod o staff ac yna'n gofrestrydd orthopaedig yn Ysbyty Brenhinol Lerpwl. Roedd ei gyfathrebu gyda phlant yn gwbl arbennig, a dilynodd ei unig fab ôl ei droed. Fe enwyd ei fab ar ôl y meddyg esgyrn enwog, Hugh Owen Thomas. Gwasanaethodd ar hyd ei oes yn Ysbytai Cilgwri.

Llawfeddyg orthopaedig arall o gryn allu oedd Dr Hugh Osborne Williams (1920-88), un o'r Rhyl yn wreiddiol. Mab i feddyg teulu ydoedd a daeth i Brifysgol Lerpwl i ddilyn cwrs yn yr Adran Feddygaeth. Ar ôl llwyddo yn yr holl arholiadau, apwyntiwyd ef i Ysbyty y Gogledd. Gelwid yr ysbyty yn David Lewis Northern Hospital a bellach garej yn gwerthu moduron sydd ar y fangre lle y bu gofal, ymroddiad a phrysurdeb ysbyty. Treuliodd Dr Hugh Osborne Williams flynyddoedd yr Ail Ryfel Byd yn y Lluoedd Arfog, ac ar ddiwedd y gyflafan, fe'i penodwyd yn Gofrestrydd Orthopaedig. Bu galw mawr am ei wasanaeth fel llawfeddyg ymgynghorol yn Ysbyty Whiston yn Prescot, ym Mhenbedw, a Wallasey. Fel Dr Goronwy Thomas, roedd yn athro ymroddedig oedd â sgiliau arbennig fel llawfeddyg.

Gyrfa a dewrder Dr Frank Ieuan Evans

Meddyg digon tebyg i Maenan oedd Dr Frank Ieuan Evans a anwyd yn 1900 yn Sir y Fflint, ond a symudodd i Lerpwl pan dderbyniodd ei dad wahoddiad i wasanaethu fel meddyg teulu yn y ddinas. Llwyddodd i ennill y dosbarth cyntaf mewn Gwyddoniaeth Naturiol gyda Ffiseg yn brif bwnc o Brifysgol Caergrawnt. Gwirfoddolodd yn yr Ail Ryfel Byd a bu ar flaen y gad yn y brwydro ffyrnig yn y Dwyrain Pell. Cyflwynwyd iddo y Groes Filwrol am ei ddewrder yn Burma.

Daeth yn Llawfeddyg i Ysbyty Stanley yn Bootle ac roedd ganddo hefyd gyfrifoldebau cyffelyb yn Ysbyty Cyffredinol Penbedw.

Edgar Parry

Llawfeddyg adnabyddus yn wreiddiol o Waunfawr, Arfon, a ddaeth i Lerpwl i hyfforddi cyn yr Ail Ryfel Byd oedd Edgar Parry. Arhosodd yn Lerpwl hyd ei ymddeoliad yn 1984. Bu'n llawfeddyg ymgynghorol yn ysbytai Broadgreen a Waterloo. Arloesodd gyda'r driniaeth lawfeddygol o'r rhydweliau a'r gwythiennau.

Marwolaeth meddygon yn gynamserol

Ganed Dr Hugh Williams (1859-1904) ym Mryn Du, Ynys Môn, a daeth i Lerpwl yn llanc un ar bymtheg oed i weithio fel fferyllydd. Ei uchelgais oedd bod yn feddyg, ac felly aeth ati i astudio yn ei amser sbâr a llwyddo yn yr arholiadau ym Mhrifysgol Lerpwl. Derbyniodd brofiad fel llawfeddyg tŷ (house surgeon) yn Ysbyty Stanley cyn sefydlu ei hun fel meddyg teulu yn Breckfield Road North. Rhoddodd ei orau i'r cleifion a bu yn hynod o weithgar yng nghapel y Methodistiaid Calfinaidd yn Fitzclarence Street, lle yr etholwyd ef yn flaenor yn 1887. Brawychwyd y gymuned Gymraeg o glywed am ei farwolaeth ar 26 Gorffennaf 1904 yn 55 mlwydd oed. Claddwyd ef ym mynwent Anfield.

O ddauddegau yr ugeinfed ganrif y daw yr enghraifft nesaf, sef y Dr James Jones, Allerton, brawd Dr Emyr Wyn Jones, Rodney Street. Ychydig o gyfle a gafodd y meddyg ieuanc hwn, a anwylodd ei hun i'r Cymry yng nghapel y Presbyteriaid Cymraeg, Webster Road, i wneud ei farc. Gwelir ei enw yn adroddiadau'r capel hwnnw, a phriododd ferch un o'r blaenoriaid, J. W. Jones, yr adeiladydd. Cyhoeddwyd cyfrol o'i farddoniaeth a bu ganddo erthygl yn y *Lancet* ar 'Hairball in Stomach', ond bu farw yn ei gartref, Awelon, Allerton Road ac yntau ond yn 24 mlwydd oed.

Bu marwolaeth Dr Trevor Lloyd Hughes yn 55 mlwydd oed yn golled anfesuradwy i'r Gwasanaeth Iechyd ym mhob rhan o Lannau Merswy. Disgleiriodd fel myfyriwr meddygol ym Mhrifysgol Lerpwl, ac enillodd Fedal Aur mewn llawfeddygaeth a meddygaeth, a hefyd wobr yn Arddangosfa Derby, gwobr O. T. Williams a gwobr gan y *Clinical School Exhibition*. Enillodd ei Radd MD gyda seren a chafodd ddosbarth cyntaf yn ei arholiadau terfynol. Dechreuodd ar ei yrfa fel Swyddog Meddygol Iechyd a Swyddog Meddygol Ysgolion Corfforaeth Middlesborough, ond dychwelodd i Lerpwl yn 1947 fel Swyddog Meddygol Gweinyddol i Fwrdd Rhanbarthol Lerpwl, ac yn ddiweddarach gyda gofal dros holl ysbytai Glannau Merswy.

Meddyg dawnus arall a fu farw yn gynamserol oedd Dr Raymond Winston Evans, a hynny ar 9 Ionawr 1973 yn 62 mlwydd oed. Un o Abertawe ydoedd yn wreiddiol a chyrhaeddodd Lerpwl yn 1947. Gweithiodd am chwarter canrif fel Patholegydd Ymgynghorol yn Ysbyty David Lewis y Gogledd, ac ystyrid ef yn un o'r awdurdodau pennaf ar gancr trwy'r byd i gyd. Daeth ei gyfrol *The Histological Appearances of Tumours* yn bwysig ar hyd a lled y byd oddi ar ei chyhoeddi yn 1959. Enillodd Ddoethuriaeth PhD yn 1959 a Doethuriaeth mewn Gwyddoniaeth, DSc, yn 1970. Bu am dymor yn 1963 yn athro ym Mhrifysgol Texas a hefyd ym Mhrifysgol Chicago.

Cyfoeswr i Dr Winston Evans oedd Dr David Trefor Howell Evans (1920-84). Daeth yn un o brif ddisgyblion Dr Watson Jones (mab yng nghyfraith Syr Robert Jones) a Norman Roberts. Edmygid ef fel llawfeddyg hynod o fedrus yn y byd orthopaedig a threuliodd flynyddoedd lawer yn Ysbyty David Lewis y Gogledd, Ysbyty Cyffredinol Penbedw ac Ysbyty Fictoria, Penbedw.

Un o Fachynlleth yn wreiddiol oedd Dr Gordon Lewis Mills (1930-83) ac aeth oddi yno i dderbyn hyfforddiant meddygol ym Mhrifysgol Lerpwl. Penodwyd ef yn Athro Meddygaeth Geriatrig yn ei hen brifysgol yn 1977. Bu ei gyfraniad i feddygaeth geriatrig yn aruthrol, yn Llundain fel yn Lerpwl, ac roedd yn athro delfrydol i'w fyfyrwyr. Bu farw ar 20 Chwefror 1983, ar ôl hir waeledd, ac yntau ond yn 53 mlwydd oed.

Meddyg arall o blith Cymry Lerpwl a'n gadawodd yn llawer rhy gynnar oedd Dr Eric Walker (1917-47). Ganwyd ef ym Mhrestatyn a chafodd ei addysg yn Ysgol Ramadeg y Rhyl a Phrifysgol Lerpwl. Gwelid yn gynnar ei ddawn ym myd meddygaeth ac fe lanwodd un swydd bwysig ar ôl y llall yn ninas Lerpwl. Daeth yn ymgynghorydd yng ngofal radioleg clefyd y galon yng Nghanolfan Cardiac Ysbyty Sefton yn Smithdown Road, yna'n ymgynghorydd radiolegydd yn Ysbyty Brenhinol Lerpwl ac yn ddarlithydd *Radio Diagnosis* yn Adran Meddygaeth Prifysgol Lerpwl. Bu farw yn ddim ond 30 mlwydd oed.

Samariaid trugarog o feddygon

Un o Fiwmares ym Môn oedd Dr John Owen ond derbyniodd ei addysg ym Mhrifysgolion Lerpwl, Caergrawnt a Llundain. Daeth yn feddyg i Rodney Street, ac yn arbenigwr ar nerfau'r corff a'r ysgyfaint. Daliodd y ffliw a ddatblygodd yn niwmonia ym mis Chwefror 1929.

Cyfoeswr i Dr Owen oedd Dr Arthur Gruffudd William Owen, Gorwyl, Park Road North, Penbedw. Er byw ym Mhenbedw, yn Lerpwl y gweithiai fel meddyg. Bu'n Swyddog Meddygol (Senior Residential Medical Officer) yn Ysbyty David Lewis y Gogledd.

Meddygon a wasanaethodd y blychau ennaint

Roedd nifer o feddygon Cymraeg yn weithgar o fewn capeli Cymraeg, rhai fel Dr T. E. Jones, ei frawd Dr Bennett Jones a Dr David Robert Evans, 1 Sandringham Drive, Parc Sefton, meddyg a roddodd wasanaeth cywir i

Gapel Belvedere Road. Yn yr un capel roedd Dr William Robert Williams a wasanaethodd yn Ysbyty Stanley ac Ysbyty Brenhinol Lerpwl.

Blaenor yng nghapel y Presbyteriaid Cymraeg oedd Dr R. E. Roberts. Bu hefyd yn 1905-6 yn Faer Bootle.

Adran Meddygaeth Prifysgol Lerpwl

Un o adrannau pwysicaf Prifysgol Lerpwl yw'r adran sy'n hyfforddi meddygon. Cyfeiriwyd eisoes at yr Athro Owen Herbert Williams a'r Athro Thelwall Thomas ond y mae eraill sydd yn teilyngu ein sylw. Un o'r meddygon galluocaf a welodd Prifysgol Lerpwl oedd yr Athro Emeritws David Alan Price Evans. Wedi ennill cymwysterau, aeth i weini mewn ysbytai yn Siapan, Singapor a Chorea ar ddiwedd y Rhyfel, ac yna yn Kuala Lumpur yn ystod argyfwng Malaysia. Bu'n trin clefydau'r jyngl. Wedi dychwelyd o'r rhyfel, bu'n gwasanaethu ysbytai Broadgreen, Stanley a'r Northern fel uwchswyddog meddygol a chofrestrydd. A thrwy'r cyfnod hwn fe ymchwiliodd gan arbenigo fel gwyddonydd, a hynny ym maes ffisioleg. Coron ar y cyfan oedd y flwyddyn 1958-9 pan enillodd radd arall o Brifysgol Johns Hopkins yn Baltimore, y tro hwn am waith ymchwil gwreiddiol ym maes etifeddeg. O ganlyniad i'w ddarganfyddiadau pwysig, bu'n dysgu a darlithio yn ei faes arbenigol mewn deg gwlad ar hugain ledled y byd. Treuliodd dros ugain mlynedd yn ddarlithydd, uwchddarlithydd, athro a phennaeth Adran Feddygaeth Prifysgol Lerpwl cyn symud yn 1982 i fod yn Gyfarwyddwr Meddygol Ysbyty Athrofaol y Lluoedd Arfog yn Saudi Arabia yn Riyadh. Bu'n gofalu am y teulu brenhinol am chwarter canrif. Cadwodd ei gartref yn Lerpwl a byddai'n treulio chwe mis bob blwyddyn yn y ddinas a'r gweddill yn Riyadh.

Dilynwyd Dr Evans yn yr adran gan Gymro cadarn arall, yr Athro Richard Edwards. Ef fu'n gyfrifol am drefnu bod peiriant unigryw oedd yn medru tynnu lluniau anhygoel o fanwl o'r corff dynol yn cael ei leoli yn ei adran. Bu'r peiriant a oedd yn defnyddio magneteg o gymorth mawr i'r athro a'i gyfoedion i ddal ati gyda'u hastudiaethau o afiechydon y cyhyrau, yn arbennig Distroffi'r Cyhyrau.

Athro athrylithgar arall yn yr adran oedd Robert Owen. Bu ei gyfraniad yn allweddol o fewn Prifysgol Lerpwl fel darlithydd ac athro a chofier hefyd am ei ofal tyner dros blant a phobl ifanc yn Ysbyty Alder Hey a chleifion esgyrn yn yr Ysbyty Brenhinol. Treuliodd flynyddoedd yng Nghadair Orthopaedig y Brifysgol, a phenderfynodd ychwanegu cwrs hyfforddi Meistr i fyfyrwyr o dramor ac o Brydain.

Meddygon carismatig fu'n cydoesi gyda'r meddygon hyn yn yr adran oedd Dr David Enoch a'r llawfeddyg poblogaidd, Wil Lloyd Jones. Gwasanaethodd Dr Enoch yn yr adran am ddau ddegawd fel seiciatrydd a hefyd yn yr Ysbyty Brenhinol oedd yn gysylltiedig gyda'r adran. Gwasanaethodd Wil Lloyd Jones Ysbytai Broadgreen, Lourdes a'r Ysbyty Brenhinol gan roddi proffil uchel i'r meddyg o Gymro. Ni bu ei well fel llawfeddyg. Heddiw gwasanaethir yr adran gan yr Athro Mari Lloyd-Williams sy'n cyflawni gwasanaeth anhygoel yn maes diwedd oes ac mae'n gefnogol iawn o'r Hosbis yn Woolton.

Arbenigwr meddygol sydd wedi cadw cysylltiad agos gyda'i hen adran yw Dr John G. Williams. Cafodd yrfa nodedig fel ffisigwr yr ysgyfaint. Bu nifer o wŷr llên Cymru o dan ei ofal. Anrhydeddwyd ef gan Orsedd y Beirdd am ei gyfraniad i'r bywyd Cymraeg yn Lerpwl. Ef yw cadeirydd pwyllgor gwaith *Yr Angor* a phleser yw darllen ei ysgrifau yn Gymraeg ar wahanol agweddau o feddygaeth. Ceidw ef, a Dr Rhys Davies o Ysbyty Aintree, arbenigwr arall, y traddodiad Cymraeg meddygol i ffynnu yn ein plith.

Doniau amrywiol Dr Emyr Wyn Jones

Y meddyg a fu yng nghanol y bywyd Cymraeg hiraf oedd Dr Emyr Wyn Jones. Graddiodd yn feddyg o Brifysgol Lerpwl yn 1928 gyda gradd dosbarth cyntaf ag anrhydedd mewn meddygaeth a llawfeddygaeth. Gan iddo benderfynu bod meddygaeth glinigol yn apelio ato yn fwy na phatholeg, wedi iddo gael ei MRCP (Llundain) yn 1933, fe'i hapwyntiwyd ar staff ysbytai Lerpwl, hynny yw, yr ysbytai a oedd yn arbenigo ar hyfforddi myfyrwyr meddygol. Yn 1937, fe'i hetholwyd yn un o sylfaenwyr Sefydliad Prydeinig y Galon Yna yn 1938 fe'i hapwyntiwyd i'r Ysbyty Brenhinol ac yno bu'n brif ffisigwr am ugain mlynedd ac yng ngofal Adran y Galon am dros chwarter canrif. Yn 1966, daeth yn Gyfarwyddwr Canolfan Ranbarthol y Galon yn Lerpwl a hefyd yn Gyfarwyddwr Astudiaethau'r Galon yn y Brifysgol. Roedd ganddo glinig yn Rodney Street. Daeth yn Dderwydd Gweinyddol Gorsedd y Beidd yn 1967 a bu yn y swydd am ugain mlynedd, cyn ymddeol yn 1987. Lluniodd y

Parchedig E. Meirion Roberts, a ddaeth yn weinidog i Benbedw, yr englyn hwn iddo:

> Nyddaf fy englyn iddo – ŵr a dawn,
>   Ŵr o dyner ddwylo;
>   Llai yw y boen erch lle bo,
>   Llai y dolur lle delo.

Gwaddol Syr Alfred Lewis Jones i feddygaeth

Mae un enw y dylid ei grybwyll er nad oedd yn feddyg o gwbl. Marsiandwr oedd Syr Alfred Lewis Jones, ac ef oedd yn bennaf gyfrifol am Ysgol Meddygaeth y Trofannau. Ef oedd y prif ddyn y tu ôl i'r fasnach eang a fu rhwng Lerpwl a gorllewin cyfandir yr Affrig. Sefydlodd yr Alfred Jones Chair of Tropical Medicine, a phan fu farw yn 1909 fe roddodd yn ychwanegol labordy yn Pembroke Place a ward ar gyfer dioddefwyr malaria a chlefydau y gwledydd poeth yn yr Ysbyty Brenhinol. Gosodwyd labordy Syr Alfred Lewis Jones ar gyfer anghenion y Swyddfa Ryfel yn ystod y Rhyfel Byd Cyntaf er boddhad mawr i David Lloyd George. Yn 1915 fe sefydlwyd y Tropical School of Auxiliary Military Hospital, gyda dau gant o welyau ar gyfer milwyr a ddioddefai o'r clefyd rhydd a malaria – teyrnged haeddiannol i Syr Alfred Lewis Jones.

Cyfrinach a chyfraniad John Thomas i ffotograffiaeth

Gŵr a gafodd gyfle godidog i ddatblygu ei ddoniau yn ninas Lerpwl oedd y ffotograffydd John Thomas (1838-1904), Cambrian Gallery, Everton. Un o Geredigion ydoedd, un a anwyd ar lan afon Teifi, mewn tŷ o'r enw Glan Rhyd yn ardal Cellan a hynny ar 14 Ebrill 1838, yn fab i David a Jane Thomas. Ysgrifennodd John Thomas ysgrif ddiddorol iawn ar 'Cyfrinion Afon Teifi' a chafodd addysg yn Llanfair Clydogau a Llanbedr cyn mynd yn brentis i ddilledydd yn y dref. Bu ei dad farw yn 1853, y flwyddyn y gadawodd ef Gellan am Lerpwl. Llencyn pymtheg oed yn mentro i'r ddinas bell o gefn gwlad Ceredigion. Y diwrnod cyntaf, sef y seithfed o Fai, cerddodd wyth milltir i Dregaron er mwyn cael lletya gyda Dafydd Jones y cariwr wyau. Fore trannoeth cychwynnodd gyda Dafydd Jones am Lanidloes, pellter o ddeugain milltir, trwy Bontrhydfendigaid, Ffair Rhos, Pont-rhyd-y-groes ac i Bontarfynach. Oddi yno am Eisteddfa Gurig, Llangurig a chroesi mynydd Pumlumon ar yr wythfed o Fai. Yn ôl y llanc, 'yr oeddem hyd at hanner ein coesau mewn eira'. Wedi cyrraedd Llanidloes, yr oedd blas ar y tân ac ar y bwyd a'r gwely clyd.

Y daith o Lanidloes i Lerpwl

Cychwynnodd y ddau yn gynnar o Lanidloes i gael bod yn y Drenewydd erbyn i'r farchnad agor, er mwyn i Dafydd Jones gael ymadael â'i lwyth o wyau, ac i'r gŵr ifanc gael ei gario o'r Drenewydd mewn cwch. Ond cafodd siom, fel y cydnebydd:

Ond wedi dod yno, roedd y cariwr mewn pryd, ond y teithiwr yn rhy hwyr i gael fly boat ar y canal y diwrnod hwnnw, felly yr oedd yn rhaid aros tan drannoeth.

Gofalodd John Thomas roi digon o amser i ddal y cwch, ond sylweddolodd yn fuan mai yn araf iawn y symudai. Tynnid y cwch gan ddau geffyl a byddent yn cael eu newid yn weddol aml. Soniodd fel hyn amdanynt:

Byddent weithiau yn carlamu, brydiau eraill yn trotian, ac ymhen ychydig oriau yr oeddem yn Rednal, yn agos i Groesoswallt, ac yno roedd y Great Western Railway yn ein cymerid am Lerpwl a chyrhaeddyd yno cyn nos y trydydd dydd ar ôl cychwyn o Glanrhyd.

Sut le oedd Lerpwl yng ngwanwyn 1853? Prysur, prysur iawn. Dyma dystiolaeth y llencyn o Gellan:

Wedi glanio yn Lerpwl yr oeddwn yn meddwl yn sicr ei bod yn ddiwrnod ffair, wrth weled y bobl yn gwau trwy ei gilydd, a phawb yn ymddangos yn llawn prysurdeb; ond erbyn drannoeth y ffair wedyn, ac yn y ffair honno yr wyf wedi cartrefu hyd yn awr.

Cafodd waith mewn siop ddillad o dan yr enw Ingham a Morgan oedd yn Scotland Road. Gŵr talentog a fu yn yr un siop ag ef oedd Evan Herber Evans (1836-96). Ganwyd ef yng Nghastellnewydd Emlyn a bu'n gweithio mewn siopau dillad yn Rhydlewis, Pontypridd a Merthyr Tudful cyn dod i Lerpwl. Yn Lerpwl daeth o dan ddylanwad y Parchedig Ddr John Thomas ac yn ei gapel ef, y Tabernacl, Great Crosshall Street, y dechreuodd bregethu yn 1857.

Priododd John Thomas ar 23 Awst 1861 gydag Elizabeth Hughes, oedd yn hanu o Fryneglwys, yn Eglwys Anglicanaidd Sant Pedr, Everton. Ganwyd iddynt dri o blant – Jane Claudia, William Thelwall Thomas ac Ivor Thomas, mab arall a fu yn feddyg yn y ddinas.

Dechrau gyda'r camera ar waith mawr ei fywyd yn 1863

Blwyddyn dyngedfennol yn hanes John Thomas oedd 1863 pan brynodd gamera a gwahodd nifer o bregethwyr Cymreig enwog fel Henry Rees a John Hughes i gael tynnu eu lluniau. Erbyn hynny, roedd goruchwylion y siop ddillad yn amharu yn fawr ar ei iechyd. Gwelodd fwlch yn y farchnad a gwelodd fod cyfle i arloesi mewn crefft oedd heb ei datblygu. Bu am ddwy flynedd yn gweithio i un o ffotograffwyr amlycaf Lerpwl, Harry Emmens, oedd â'i stiwdio yn Seel Street. Cafodd ddwy flynedd o brentisiaeth cyn mentro agor canolfan yn 53 Heol Sant Anne o'r enw Cambrian Gallery House. Fe'i cynorthwywyd gan ei wraig a rhoddodd swydd i'w frawd-yng-nghyfraith, Thomas Glwysfryn Hughes, o Fryneglwys.

Ffotograffydd y gwyliau crefyddol a diwylliannol

Pob Sulgwyn cynhelid Cymanfa Bregethu yn Lerpwl pan ddeuai'r pregethwyr gorau i'r gwahanol gapeli a cheid cyfarfodydd ar y cyd yn neuadd fawr Sun Hall, Kensington, lle roedd seddi i chwe mil o bobl. Aeth un o ffrindiau John Thomas ag ef i gartref y blaenor Edward Morris yn Fraser Street, er mwyn ei gyflwyno i nifer dda o'r pregethwyr oedd ar ymweliad. Derbyniodd y pregethwyr y cynllun yn ddiolchgar, yn arbennig o glywed nad oedd yn rhaid talu am gael tynnu lluniau, ac yn wir y byddent yn cael nifer o gopïau o'r lluniau yn rhad ac am ddim.

Atyniad Cambrian Gallery

Daeth Cambrian Gallery yn fangre i'r Cymry a ddeuai am dro i ddarlithio a phregethu, ac am seibiant o dawelwch cefn gwlad.

Y flwyddyn 1867 oedd dechrau'r stori arloesol i John Thomas fel ffotograffydd proffesiynol llawn amser, gan iddo deithio yr holl ffordd i Lanidloes i Gymanfa Gyffredinol y Methodistiaid Calfinaidd Cymraeg i dynnu lluniau'r cynrychiolwyr – yn weinidogion a blaenoriaid. Y flwyddyn ddilynol ymwelodd â'r brifwyl genedlaethol yn Rhuthun a chymryd llun o goroni'r bardd buddugol. Ac am y deng mlynedd ar hugain nesaf bu'n ymweld â'r ddau sefydliad, a sefydliadau eraill.

Canlyniadau y camera mewn llawer bro

Ar ei deithiau ceisiai John Thomas ddod o hyd i'r enwog a'r anenwog. John Thomas fu'n bennaf cymorth i O. M. Edwards wrth iddo olygu y cylchgrawn *Cymru Coch*. Dyma eiriau o ddiolch gan O. M. Edwards:

Y mae ei oriel gyfoethog wedi bod yn agored a chroesawgar i mi. Ac felly yn lle darluniau anghyffredin wedi eu tynnu ar adegau damwain, cefais ddarluniau wedi eu tynnu yn ofalus ar yr adeg orau ar y dydd, megis heulwen ar bentref Llansannan neu brydferthwch difrif dwys yr hwyr uwch mynwent hynafol Abererch.

Gwerth yr Oriel Gymreig i'n hanes

Wedi iddo sylweddoli gwerth arbennig ei gasgliad unigryw, detholodd John Thomas dros dair mil o'r *plates* a'u gwerthu am swm cymedrol iawn i O. M. Edwards. Defnyddiodd yr hanesydd a'r golygydd hwy i ddarlunio *Cymru* a hefyd y cyfrolau gwerthfawr o'i eiddo yng Nghyfres y Fil.

Pan drosglwyddodd Syr Ifan ab Owen Edwards y casgliad yn 1930 i'r Llyfrgell Genedlaethol, cafodd ein cenedl rodd werthfawr. Mae y casgliad hwn gydag un o'r casgliadau gorau sydd yn ein meddiant. Gellir dweud i John Thomas ddechrau traddodiad ffotograffiaeth Cymreig ac fe'i dilynwyd yn Lerpwl gan gwmni John Mills.

Bu farw John Thomas ar 14 Hydref 1905, yn 67 mlwydd oed. Ni ddymunodd gael ei feddrod yn Nyffryn Teifi, ond yn hytrach ym mynwent Anfield, lle y gorweddai ei briod ers 1895.

Cynnyrch y dosbarth canol

Yr Arglwydd Mostyn oedd un o selogion y Gymdeithas Gymraeg a ffurfiwyd ar ôl dyfodiad yr Eisteddfod Genedlaethol i Lerpwl yn 1884, a dyma'r enghraifft odidocaf o sefydliad y dosbarth canol. Ceid ysgolheigion i ddarlithio yn fisol a gwaherddid y werin bobl a'u beirdd gwerinol rhag dod yn aelodau gan nad oeddent yn meddu ar gyfoeth, statws a dillad o safon i'w gwisgo. Roedd yr Arglwydd Mostyn yn barod i ddweud bod Lerpwl o flwyddyn i flwyddyn yn tyfu fwyfwy yn brifddinas Cymru. Sylwer nad prifddinas gogledd Cymru fel y byddai y Rhyddfrydwr radical John Bright yn ei morio hi ond prifddinas Cymru.

Y Parchedig Ddr Owen Thomas

Roedd bywydau rhai o'r gweinidogion, yn arbennig y rhai yr oedd galw mawr amdanynt, fel y Parchedig Ddr Owen Thomas, y tu hwnt o gyffordddus. Mae ei lythyrau yng nghyfnod Lerpwl yn cynnwys cyfeiriadau cyson at giniawa ar aelwydydd cysurus a moethus. Dywedodd wrth ei blant o Dreherbert ar 10 Mai 1881:

> As our people are mostly of the working classes – but Providence was never kinder to me.

Blaenoriaid cyfoethog Princes Road

Blaenor yn Princes Road ac un o gynheiliaid y dosbarth canol yn ei ogoniant oedd Peter Williams. Daeth i Lerpwl o Gefn-mawr, ger Rhiwabon yn 1837, ac adeiladodd fusnes mawr fel dilledydd. Ym mynwent Toxteth yn Smithdown Road gwelir cofgolofn (y bedd mwyaf yn yr holl fynwent) yn ei goffáu ar ôl ei farwolaeth yn niwedd 1880. Roedd yn un o leygwyr amlwg uchel lysoedd ei enwad, ac ef oedd llywydd cyntaf Cyfarfod Misol Lerpwl ar ysgariad yr eglwysi Cymraeg oddi wrth Henaduriaeth Siroedd Caerhirfryn a Chaer yn 1864.

Gŵr arall a gynrychiolai'r dosbarth canol oedd John Jones, 4 Thackeray Street. Ganwyd ef yn Lerpwl mewn cymuned Gymraeg oedd wedi ei hamgylchynu gyda phobl o genhedloedd amrywiol. Daeth ei fab J. Harrison Jones yn gynghorydd amlwg yn y ddinas a bu'n flaenor yn Princes Road o 1877 hyd ei farwolaeth yn 1924. Galwyd ysgol ar ei ôl yng nghyffiniau Edge Hill. Yn anffodus tynnwyd yr adeilad i lawr yn saithdegau'r ugeinfed ganrif.

Lladmerydd arall y dosbarth canol o gapel a oedd dan ofal Dr Owen Thomas oedd William Jones, 19 Berry Street. Bu yn arweinydd yng nghapel Princes Road am chwe blynedd a deugain. Gŵr nodedig arall oedd David Roberts, 63 Hope Street, tad John Roberts, y gwleidydd a ddaeth o Lanrwst yn ŵr ifanc ac a ddaeth yn farsiandwr coed pwysicaf y ddinas.

Teulu na ellir ei anwybyddu oedd teulu John Davies, Peel Road, ac yn ddiweddarach Devonshire Road yn Toxteth. Daethai tad John Davies, sef David Davies o Lanilar, Sir Aberteifi, i Lerpwl yn 1837 fel cynrychiolydd i gwmni te. Yna, cychwynnodd ei fusnes ei hunan – yn Cook Street i ddechrau, nes ffurfio cwmni Davies and Sons and Company Ltd yn 1837 a symud i Crosshall Street, ac yn ddiweddarach i School Lane yng nghanol y ddinas. Dilynodd John Davies ei dad yn y busnes a daeth yn ŵr amlwg ym mywyd cyhoeddus y ddinas. Bu'n aelod o Gyngor y Ddinas fel Rhyddfrydwr, ac ef oedd Cadeirydd Pwyllgor Gwaith Eisteddfod Genedlaethol Lerpwl yn 1884. Priododd â Gwen, merch y seraff-bregethwr John Jones, Tal-y-sarn, a ganwyd iddynt chwech o blant. Bu'r teulu yn byw yn 55 Peel Road, ac yna Belvidere Road ac yna yn 1891 symud i 38 Devonshire Road, Princes Park, lle y gosododd Cymdeithas Etifeddiaeth Glannau Mersi blac i gofio dau o'r plant, John Glyn Davies a George M. Ll. Davies, yn 2003. Ond daeth trychineb i'r cartref moethus hwn, a arferai groesawu cewri pulpud y Methodistiaid Calfinaidd, ym Mawrth 1891 pan aeth John Davies yn fethdalwr. A dyna'r rheswm yr ymddiswyddodd o gyfarfod blaenoriaid Capel Princes Road flwyddyn yn ddiweddarach. Roedd mynd yn fethdalwr yn bechod anfaddeuol yng ngolwg dosbarth canol capeli Cymraeg Lerpwl. Nid oedd gan y Methodistiaid gydymdeimlad â phobl yn methu cadw ethos y dosbarth canol, parchus, a deallwn mai ar hyd strydoedd y tu cefn i Princes Road, ac ar ei ben ei hun, yr âi John Davies i'w gapel. Byddai'n cerdded o Devonshire Road heibio y strydoedd Cymraeg, Rhiwlas a Madryn a deg stryd ag enwau Cymreig eraill, wedi'r methdaliad. Eisteddai Gwen Davies yn ei sidanau a'r plant yn sedd flaenaf y gangell, ond roedd John Davies yn sleifio i mewn trwy ddrws y festri ac yna eisteddai ar ei ben ei hun yn y gornel o dan yr organ newydd. Nodwedd amlwg o'r dosbarth canol ar hyd y blynyddoedd, yn arbennig yn y Cymry a anwyd ac a fagwyd ac a drigai yn Lerpwl, oedd snobyddiaeth.

Beirniadaeth y gwerinwyr ar snobyddiaeth y dosbarth canol

Cyfaddefodd Hugh Evans, y cyhoeddwr, fod 'yn yr amser gynt gryn lawer o'r *class system* yn eglwysi Lerpwl a'r cylch, a bod ymhlith yr aelodau aml un wedi gwneuthur tipyn o bres, a'i ben wedi chwyddo'. Yn ei lyfr *Hynt Gwerinwr*, sonia J. W. Jones amdano yn gadael ardal y chwareli yn Arfon gan fynychu Capel Stanley Road, Bootle yn 1890. A'i brofiad yn syml oedd methu 'anadlu'n rhydd gan mor foesgar ffurfiol ydoedd pawb a phopeth i mi o ganol ardal wledig ddirodres'. Dadleuodd Dr R. Merfyn Jones mai'r 'rhaniad dosbarth hwn ymhlith eglwysi Lerpwl a fu'n rhannol gyfrifol am rwygo Cyfundeb y Methodistiaid Calfinaidd' yn nechrau'r ugeinfed ganrif a sefydlu enwad newydd, sef Eglwys Rydd y Cymry. Gwelwn felly fod dosbarth canol Cymraeg dinas Lerpwl yn awyddus i ddringo'r ysgol cyn belled ag y gellid.

George M. Ll. Davies

Yng ngolwg y dosbarth canol, ni cheid pardwn am fethu mewn busnes fel a ddigwyddodd yn hanes teulu y ddau frawd John Glyn Davies a George Maitland Lloyd Davies. Bechgyn ifanc oedd y ddau pan aeth y tad yn fethdalwr.

Llwyddodd J. Glyn Davies i ddilyn yr Almaenwr Kuno Meyer fel Pennaeth Adran Gelteg Prifysgol Lerpwl yn 1920, ond ni fynnai fyw yn y ddinas. Byddai'n teithio i Lerpwl o Sir y Fflint, pan fyddai'n rhaid iddo gynnal seminar gyda Chymry ifanc y dosbarth canol fel Saunders Lewis, gorchwyl oedd yn codi cyfog arno. Ond fel bardd y mae iddo le parhaol yn hanes llenyddiaeth Cymru. I Glyn Davies, carchar oedd bod yn aelod o'r dosbarth canol Cymraeg, yn arbennig pan weithiai yn ei ddyddiau cynnar gyda chwmni llongau Rathbone Brothers. Carchar hefyd oedd byw yn Lerpwl, a nefoedd oedd cael dianc i Benrhyn Llŷn ar ei wyliau a throi yn Edern ymysg hen longwyr o Gymry. Mae hyn i'w weld mewn cerddi fel 'Ar Fôr i Leyn', a'r pennill:

A cholli golwg cyn bo hir
  ar Lerpwl bygddu;
pan af oddi ar y llong ar dir,
  bydd yn dir Cymru.

Gwelir ei agwedd yn glir wrth iddo gyfeirio at ddosbarth canol Lerpwl mewen cerdd arall:

Eneidiau anwyl, esmwyth oedd eich byd,
meirch a cherbydau'n sgleinio yn yr heulwen,
heb brinder cyfoeth, pawb a'i gartref clyd,
a balchder byd oedd rhyngoch a'r ddaearen.
  Eneidiau hoff yn dawel gyda Duw,
  gadawsoch ar eich holau Fflat Huw Puw.

Daeth ei frawd, George M. Ll. Davies, yn nodedig am ei gyfraniad fel heddychwr. Gwnaeth Cymdeithas y Cymod, a sefydlwyd yn 1914, a'r mudiad heddwch ef yn eicon ymhlith Cymry Cymraeg a daeth llu o bobl i'w ystyried yn arweinydd heddychwyr Cymru. Dywedodd un o'i ddisgyblion pennaf, Gwynfor Evans:

Ac yn awr daeth yr amser i mi enwi y gŵr a fu'n brif ddylanwad ar fy mywyd i.
Hwnnw oedd George M. Ll. Davies, yr heddychwr, y Cymro, y deuthum i'w hanner addoli.

Dywedodd mam Alun R. Edwards fod y dyn 'tebycaf i Iesu Grist a welodd hi erioed' wedi bod yn aros ar ei haelwyd yn Llanio, ger Llanddewi Brefi. George M. Ll. Davies oedd hwnnw. I'r bardd R. Williams-Parry:

Yr ail oedd seraff yr efengyl seml
a fu'n ymgynnal heb na thâl na theml
Oherwydd bod ei gariad at ei Dduw
Yn fwy nag at ei fara ac at ei fyw!

Ymwadodd George M. Ll. Davies cyn gynted ag y medrai â *trappings* y dosbarth canol oedd mor amlwg yn ei gartref a'i gapel. Taflodd ei hun i'r ysgoldy cenhadol yn Warwick Street, lle yr ymgasglai'r Cymry tlawd. Yn 1923, bu am dymor yn Senedd San Steffan fel Aelod Seneddol dros Brifysgol Cymru. Bu yno am lai na blwyddyn ac unwaith yn unig y cymerodd ran mewn dadl. Gwell oedd ganddo ef seiadau gyda phobl oedd yn awyddus i weld byd gwell a gwahanol.

Cofio Syr Alfred Thomas Davies

Dosbarth canol Cymraeg Lerpwl oedd yn gyfrifol am fagwrfa Syr Alfred Thomas Davies (1861-1949), ffrind cywir y gwleidydd David Lloyd George. Ganwyd Alfred Thomas Davies ar 11 Mawrth 1861 yn Lerpwl, yn fab i William a Mary Davies. Cafodd gyfleon da cyn mynd am addysg bellach i Goleg Prifysgol Cymru yn Aberystwyth. Daeth yn ôl i Lerpwl yn ŵr gradd yn 1883 a chael swydd fel cyfreithiwr. Am bron i chwarter canrif bu'n gyfreithiwr yn Lerpwl, yn arbenigo ar gyfraith trwyddedu, swydd broffidiol iawn, gan fod cymaint o dafarnau yn y ddinas. Dyna fel y gwnaeth F. E. Smith, a ddaeth yn Arglwydd Birkenhead, ei arian ac enw iddo'i hun yn Lerpwl, yn gynnar iawn yn ei yrfa. Bu i Alfred T. Davies ran amlwg ym mudiad dirwest dinas Lerpwl. Cafodd enw fel gŵr oedd yn meddu ar bâr o ddwylo diogel yn ei faes, a gwasanaethodd yn Lerpwl ar amryw bwyllgorau ac ymddiriedolaethau addysgol. Oherwydd ei gysylltiadau teuluol â Sir Ddinbych, fe wasanaethodd ar y Cyngor Sir a'r Pwyllgor Addysg o 1904 i 1907. Yn y flwyddyn honno fe'i hapwyntiwyd yn Ysgrifennydd Parhaol Cyntaf Adran Gymreig y Bwrdd Addysg Cymreig a bu yn y swydd honno am ddeunaw mlynedd.

Cofier ei gyswllt ag un ymgyrch bwysig. Yn 1923 mynegodd Cyngor Dinas Warrington eu dymuniad i foddi Glyn Ceiriog er mwyn creu cronfa ddŵr. Y bwriad oedd boddi un eglwys Anglicanaidd, pum capel anghydffurfiol, dwy fynwent, dwy ysgol, dau dŷ tafarn, pum siop, un efail gof, wyth deg dau o gartrefi, pedwar deg pump ohonynt yn ddyddynnod a ffermydd, yn gwneud cyfanswm o 13,600 o erwau. Yn 1923 roedd dau ymladdwr medrus yn barod i wynebu gelyn pwerus Dyffryn Ceiriog. Y cyntaf oedd cynnyrch dosbarth canol Cymry Lerpwl, y gwas sifil dylanwadol, sef Syr Alfred T. Davies a'i swyddfa yn Whitehall, Llundain. Roedd gwreiddiau ei deulu yn y dyffryn.

Yr ail wrthwynebydd oedd Robert Richards o Langynog, un a fu'n Athro Economeg yng Ngholeg y Brifysgol Bangor cyn ei ethol yn Aelod Seneddol Llafur dros etholaeth Wrecsam. Roedd y ddau fel ei gilydd ar dân dros yr ymgyrch i arbed Dyffryn Ceiriog rhag y Philistiaid. Llwyddodd Alfred Davies i gael cefnogaeth Lloyd George, yr hwn a'i gwnaeth yn farchog yn 1918. Dywedodd hwnnw: 'It is monstrous for English Corporations to come to Wales and drown our historic and beautiful valleys.'

Diolchodd Syr Alfred T. Davies iddo yn 1948 (ar ôl marw'r gwleidydd) yn ei gyfrol, *The Lloyd George I Knew*. Blwyddyn yn ddiweddarach bu farw Syr Alfred T. Davies ar 21 Ebrill 1949 yn Brighton, a daliodd ei afael ar hyd ei oes ar y cefndir a gafodd yn ninas Lerpwl ymhlith Cymry y dosbarth canol.

Oracl ar hanes Cymru - Syr John Edward Lloyd

Gŵr arall a fagwyd ym moethusrwydd y dosbarth canol oedd John Edward Lloyd. Ganwyd ef ar 5 Mai 1861 yn Lerpwl, yn fab i Edward Lloyd, gŵr busnes cyfoethog, a'i wraig Mary (gynt Jones) a ddeuai fel ei gŵr o ogledd Maldwyn, o ardal Pen-y-bont-fawr. Pobl y dosbarth canol bob amser y dyddiau hynny oedd Ynadon Heddwch. Ac roedd Edward Lloyd yn un ohonynt ac yn ddiacon yng nghapel Gwilym Hiraethog, sef Capel yr Annibynwyr, Grove Street. Fel aml i fachgen a merch arall o ddosbarth canol Lerpwl, treuliai y mab John Edward Lloyd ei wyliau haf gyda'i deulu yng ngogledd Maldwyn. Cafodd addysg dda yn Lerpwl, ac aeth i Goleg Prifysgol Cymru Aberystwyth ac oddi yno yn 1881 i Goleg Lincoln ym Mhrifysgol Rhydychen. Un o'i gyfoeswyr yn Aberystwyth oedd Owen M. Edwards, y llenor pwysig. Llwyddodd John Edward Lloyd yn rhyfeddol ym Mhrifysgol Rhydychen, gan dderbyn anrhydedd y dosbarth cyntaf mewn Groeg a Lladin, a'r flwyddyn ganlynol anrhydedd dosbarth cyntaf mewn Hanes. Ac ar ganol ei gwrs gradd enillodd y brif wobr yn Eisteddfod Genedlaethol Lerpwl yn 1884 am lawlyfr ar Hanes Cymru hyd at 1282, a gyhoeddwyd yn Nhrafodion yr Eisteddfod.

Penodwyd John Edward Lloyd i'w hen goleg yn 1885, yn ddarlithydd mewn Hanes a Chymraeg. Bu yno am saith mlynedd a mynegi yr adeg honno ddiddordeb mawr yn symudiad y Blaid Ryddfrydol am Senedd i Gymru. Daeth Mudiad *Young Wales* yn bwysig i ddosbarth canol Lerpwl. Symudodd yn 1892 i Goleg y Brifysgol Bangor, yn Gofrestrydd ac i gynorthwyo fel hanesydd yn yr Adran Hanes. Dywedodd ef un tro am y blynyddoedd hyn, ei fod yn darlithio yn y bore, cofrestru yn y pnawn, a chwilota yn yr hwyr. Daeth yn ŵr trefnus iawn, doeth, diplomataidd, ac yn bwyllgorddyn o'i gorun i'w draed. Gellid maentumio ei fod yn un o bwyllgorddynion pwysicaf Cymru, yn arbennig yn ei gyfraniad i Gymdeithas Hynafiaethau Cymru, Cymdeithas yr Iaith Gymraeg, Bwrdd y Gwybodau Celtaidd a Chymdeithas yr Eisteddfod Genedlaethol. Yn 1899 cafodd ei benodi yn Athro Hanes yn olynydd i'r Prifathro R. H. Reichel, a dyma ddechrau cyfnod toreithiog. Yn 1911 y cyhoeddwyd *A History of Wales to the Edwardian Conquest*, dwy gyfrol drwchus sydd yn cyflwyno hanes cynnar Cymru yn raenus. Dyma eiriau un o'i edmygwyr pennaf, yr Athro R. T. Jenkins:

> Nid gormod yw dweud i'r llyfr hwn fod yn drobwynt yn astudiaeth hanes Cymru; yr oedd yn ffrwyth beirniadaeth drylwyr ar y ffynonellau, ac yn gyflead eglur a darllenadwy o rediad hanes oes y Tywysogion.

Erys y cyfrolau hyd heddiw yn hynod o ddarllenadwy a dibynadwy, er bod cryn lawer o wybodaeth newydd wedi cael ei gyhoeddi. Ond clywid canmoliaeth gan haneswyr o galibr yr Athro Rees Davies a'r Athro Beverley Smith, y ddau yn canmol yr hyn a gyflawnodd y Cymro o Lerpwl. Rhoddwyd iddo DLitt Prifysgol Rhydychen yn 1918 ac anrhydeddwyd ef ymhellach gan y brifysgol honno pan wahoddwyd ef yn 1931 i draddodi darlithiau Ymddiriedolaeth Ford. Dewisodd yn destun 'Owain Glyn Dŵr' a chyhoeddodd Gwasg Prifysgol Rhydychen y cyfan o dan y teitl *Owen Glyndower*, clasur arall o'i eiddo. Gwnaed ef yn Farchog yn 1934.

Cyfraniad pellach yr hanesydd o Lerpwl

Camgymeriad o'r mwyaf yw meddwl am Syr J. E. Lloyd fel awdurdod ar y cyfnod cynnar yn unig; roedd yn oracl ar holl hanes Cymru. Gwahoddwyd ef i olygu y gyfrol fawr *A History of Carmarthenshire* a gyhoeddwyd yn 1935 ac sydd yn un o drysorau ein llyfrgelloedd. Yn 1937 gwahoddwyd ef gan Gymdeithas y Cymmrodorion i olygu *Y Bywgraffiadur Cymreig*. Roedd ganddo lawer o brofiad fel academydd oddi ar 1885. Yn wir, cyfrannodd 120 o gofnodion bywgraffyddol ar bobl adnabyddus ac enwog i'r *Dictionary of National Biography*.

Roedd Dr John Edward Lloyd yn llawn awyddfryd i ofalu bod *Y Bywgraffiadur Cymreig* yn gymorth i bawb a phob un sydd â diddordeb yn y gorffennol yn ogystal ag i ysgolheigion. Iddo ef a'i gynorthwywr Dr R. T. Jenkins, y diffiniad o ysgolhaig yw person sydd yn meddu ar lwyth o lyfrau at ei wasanaeth ac sydd wrth ei fodd yn ymchwilio i'r gorffennol. Ysgrifennodd dros 60 o fywgraffiadau, er i'r Rhyfel wneud y dasg yn anodd. Byddai ef ac R. T. Jenkins yn cyfarfod yn wythnosol, dau o Gymry Lerpwl, oherwydd cofier mai yn ninas Lerpwl y ganwyd R. T. Jenkins, a hynny yng nghylch Toxteth yn 1884.

Cydweithiwr arall ar y gwaith hwn oedd Syr W. Llewelyn Davies, Aberystwyth, a phan ddaeth y cyfan i ben yn nechrau'r pumdegau, roedd yr ysgolhaig graenus, cynnyrch bywyd Lerpwl, wedi marw. Bu farw ar 20 Mehefin 1947 a chofiaf fynd yng nghwmni dau o gyn-Gymry Lerpwl, Eurfryn a Siân Arwel Davies, Llandegfan, i fynwent Llandysilio, ar yr ynys gerllaw Porthaethwy, i weld beddau Henry Rees a John Edward Lloyd.

Nodweddion plant o'r dosbarth canol

Roedd Syr John Edward Lloyd, fel Syr Robert Jones a Dr Thelwall Thomas, yn enghraifft wych o ddosbarth canol Cymry Lerpwl, a hynny am dri rheswm. Yn gyntaf, eu gwisg drwsiadus, dillad dydd Sul fel y dywedwn, ac yn arbennig, pan oeddent o flaen y cyhoedd. Gwelid pob un ohonynt bob amser ac ar bob amgylchiad yn drwsiadus a chymen. Yn ail, cyfathrebwyr da yn eu meysydd gyda lleisiau clir, clywadwy. Yn drydydd, yr iaith a ddeuai o'u genau, boed yn Gymraeg neu yn Saesneg, bob amser yn ramadegol gywir, ac yn rhydd o iaith sathredig, ddi-chwaeth. Cynnyrch Cymry Lerpwl yn Oes Fictoria oedd y rhai breintiedig hyn. Ni cheisiodd Syr John E. Lloyd fod yn boblogaidd trwy ostwng ei safonau. Portreadwyd ef yn berffaith yn y ddwy linell olaf o'r gerdd hir 'Marwnad Syr John Edward Lloyd' gan Saunders Lewis:

> Ond ef, lusernwr y canrifoedd coll,
> Nid oedd ef yno mwy, na'i lamp na'i air.

Priododd yn 1893 gyda merch a fu'n ddisgybl iddo yng Ngholeg Aberystwyth, Clementina Miller o Aberdeen, a ganwyd iddynt fab a merch. Daeth y ferch i fyw ar lannau Merswy, sef Eluned Lloyd. Priododd hi yn 1923 gydag un o Gymry Lerpwl a Phenbedw, sef William Garmon Jones (1884-1937) a daethpwyd i'w hadnabod fel Eluned Garmon Jones. Ymffrostiai yntau ei fod yn fab yng nghyfraith i John Edward Lloyd.

Yr Athro W. Garmon Jones ym Mhrifysgol Lerpwl

Ganwyd Garmon Jones ar 15 Tachwedd 1884 ym Mhenbedw, mab William Jones (o ffyrm Jones, Barton a'i Gwmni, peirianwyr, Lerpwl) a Jane (gynt Jones) o'r Wyddgrug. Dyma gynnyrch arall y Cymry dosbarth canol. Anfonwyd Garmon i Ysgol y Brenin William yn Ynys Manaw, a bwriad y rhieni oedd ei baratoi ar gyfer gyrfa ym myd masnach. Daeth adref a chael gwaith mewn swyddfa yn Lerpwl, ond yn 1903 derbyniwyd ef ym Mhrifysgol Lerpwl i baratoi am radd mewn peirianneg. Cwblhaodd ran helaeth o'i radd, ond yn 1905 daeth o dan ddylanwad yr Athro J. M. Mackay. Golygodd hynny iddo ddod o hyd i briod faes ei fywyd, sef Hanes Llenyddiaeth. Trodd oddi wrth Beirianneg at Hanes ac enillodd radd dosbarth cyntaf yn 1908. Enillodd hefyd Gymrodoriaeth Charles Beard, un o sylfaenwyr y brifysgol a gweinidog amlochrog ymhlith yr Undodiaid. Blwyddyn yn ddiweddarach enillodd radd MA a gwnaed ef yn ddiymdroi yn Gymrawd o'r Brifysgol. Chwaraeodd ran allweddol ym mywyd Prifysgol Lerpwl, yn ddarlithydd yn yr Adran Hanes o 1913 hyd 1919 ac yna yn Athro o 1924 hyd ei farwolaeth yn 1937. Yn 1928 fe'i penodwyd yn Llyfrgellydd y Brifysgol, a gallwn ddeall felly pam fod casgliad ardderchog o lyfrau Cymraeg yn Llyfrgell Sidney Jones yno. Ym Mhenbedw daeth yn flaenor yng Nghapel Parkfield, lle y gweinidogaethai Moelwyn. Bu farw ar 28 Mai 1937 a chladdwyd ef ym mynwent Flaybrick. Dodwyd cofeb iddo wedi ei cherfio gan Tyson Smith yn Llyfrgell Cohen ym Mhrifysgol Lerpwl.

Un o'i ddisgyblion galluocaf oedd un arall o ddosbarth canol Cymry Lerpwl, sef yr Athro Thomas Jones Pierce (1905-64). Fe'i ganwyd ar 18 Mawrth 1905 yn Lerpwl, yn fab i John a Winifred Pierce, teulu oedd yn gysylltiedig â Chapel y Presbyteriaid Cymraeg, Edge Lane. Anfonwyd ef i ysgol arbennig, sef y *Liverpool Collegiate School*, lle y dangosodd allu arbennig mewn hanes. Derbyniwyd ef i astudio y pwnc yn yr Adran Hanes, lle y daeth i adnabod yr Athro W. Garmon Jones. Graddiodd gyda dosbarth cyntaf mewn Hanes yn 1927 ac ennill Ysgoloriaeth Chadwick a Gwobr Goffa W. E.

Gladstone. Ystyriwyd ef yn un o haneswyr mwyaf creadigol ei gyfnod, ac yn arloeswr yn ei faes. Casglwyd ei brif erthyglau yn gyfrol swmpus gan un o'i ddisgyblion, Dr J. Beverley Smith, yn *Medieaval Welsh Society* a gyhoeddwyd yn 1974.

Magwraeth a syniadau Saunders Lewis

Ysgolhaig ac arweinydd ym mywyd Cymru a anwyd ac a fagwyd o fewn dosbarth canol Lerpwl oedd John Saunders Lewis. Roedd yn athrylith mewn gymaint o feysydd, a gellir ei gyfrif yn fardd o'r radd flaenaf, yn ddramodydd mwyaf Cymru, yn llenor, yn wleidydd ac yn gymeriad oedd yn medru bod yn destun dadlau brwd.

Ganed John Saunders Lewis ar 15 Hydref 1893 yn fab y Mans, ar aelwyd ddiwylliedig, dosbarth canol fel aelwyd ei daid. Llwyddai ei dad, y Parchedig Lodwig Lewis, gweinidog Liscard Road, Seacombe, ers 1891 a'i briod Mary (wyres y Parchedig William Roberts, Amlwch, a merch y Parchedig Owen Thomas) i gadw morwynion, fel y mwyafrif o weinidogion y Glannau. Dyna linyn mesur arall o'u pwysigrwydd ymysg y dosbarth canol. Dymunai rhieni Saunders Lewis ei fagu yn Gymro Cymraeg, a'r ffordd orau i wneud hynny oedd cael dwy forwyn o Fôn i'w warchod a'i gynorthwyo. Bu farw Mary yn 1900, gan adael tri o fechgyn bach i'w magu'n ffyddlon a chariadus, a llwyddwyd y tu hwnt i bob disgwyl gan i fodryb y plant symud o Gymru i lenwi'r bwlch.

Mewn ymateb i gofiant Owen Thomas, *Pregethwr y Bobl* (1979), cyfaddefodd Saunders Lewis fod ei fam, ei daid ac yntau wedi eu llwyr feddiannu gan awyrgylch snobyddlyd dosbarth canol Lerpwl:

> Safonau moes dosbarth canol cefnog Llundain a Lerpwl (a blaenoriaid Princes Road) oedd ei safonau ef a safonau ei blant, ie a'i unig ŵyr sy'n fyw, – nid dewis mohono ond ffaith.

A weithiau byddai deiliaid y dosbarth hwn yn ffraeo â'i gilydd o fewn cylchoedd cysegredig a chymdeithasol. Dyma gyffes Saunders Lewis am J. Glyn Davies: 'Byr iawn a ffyrnig ffraellyd fu fy nghyfathrach bersonol â Glyn Davies.' A dywedodd merch J. Glyn Davies, Elen, am Saunders: 'His name was mud in our house.' Ac eto, roedd cysylltiad agos rhwng J. Glyn Davies a Saunders Lewis, y ddau yn gynnyrch dosbarth canol Cymry Lerpwl ar ei orau.

Roedd taid Saunders Lewis, Dr Owen Thomas, yn weinidog ar rieni a phlant Devonshire Road. Cofiai J. Glyn Davies am Owen Thomas yn treulio Sul ar yr aelwyd yng nghwmni dau weinidog arall, sef David Saunders, gweinidog cyntaf Princes Road, ac Edward Matthews, Ewenni. John Davies, y tad, yn eistedd ar ben y bwrdd yn yr ystafell orau, Edward Matthews yn nesaf ato, a J. Glyn Davies, yn ŵr ieuanc rhwng 17 a 18 oed, gyferbyn â'r ddau bregethwr, David Saunders ac Owen Thomas. Ef, Owen Thomas, oedd yn llywio'r holl sgwrs, ac yn mynd dros yr hen ddyddiau gyda'i dad.

Pan aeth J. Saunders Lewis ati i baratoi ei draethawd MA, fe gafodd yn yr Adran Gelteg ym Mhrifysgol Lerpwl gymorth a chyfarwyddyd J. Glyn Davies. Yn ei ragair i'r gyfrol a seliwyd ar ei draethawd MA, sef *A School of Welsh Augustans: Being a Study in English Influences on Welsh Literature during part of the 18th Century*, sonia am ei ddyled fel hyn:

> First to my teachers at Liverpool, and especially to Mr J. Glyn Davies who
> suggested to me this course of study, and whose generous and inspiring criticism
> saved me from pitfalls and made my progress possible.

Ond gwelodd Saunders J. Glyn Davies fel un oedd yn meddu ar gryn lawer o athrylith yn ogystal â gŵr i'w gasáu yn berffaith. Ychwanega Saunders Lewis y geiriau hyn:

> Yr oedd Oliver Elton, fy athro yn Lerpwl, yn ysgolhaig oer, cysact,
> Rhydychenaidd ar y naw; ond Elton a ddywedodd wrthyf [am J. Glyn Davies]:
> "In spite of everything, you know, he is, he really is, a genius, and these are not so
> many."

A gellid dweud yr un peth am Saunders Lewis ei hun. Roedd ei ysgolheictod yn cwmpasu cymaint o feysydd – llenyddiaeth, diwinyddiaeth, seicoleg, cymdeithaseg a gwleidyddiaeth. Nid rhyfedd i'r Athro R. Geraint Gruffydd ddweud ei fod ef yn amheus a gafodd Prifysgol Cymru yn ei holl hanes aelod disgleiriach o'i staff nag ef. Llenyddiaeth Gymraeg oedd ei faes y pryd hynny a rhoddodd i ni astudiaethau gwerthfawr ar William Williams Pantycelyn, Daniel Owen, J. Ceiriog Hughes a llu o feirdd a llenorion fel

Dafydd ap Gwilym, Dafydd Nanmor, Tudur Aled, Goronwy Owen, Ann Griffiths, Robert ap Gwilym Ddu, Islwyn, Emrys ap Iwan ac Owen M. Edwards. Ymdrwythodd ym mhrif glasuron Ewrop. Elwodd ar ei athrawon ym Mhrifysgol Lerpwl a thrwy ei arweiniad cafodd y Cymry llengar wybod am gewri Ewropeaidd megis Étienne Gilson a Francesco de Sanctis. Llwyddodd yn wahanol i'r rhan fwyaf o'i gyfoeswyr i greu llenyddiaeth o'i ysgrifau beirniadol.

Ni ellir llawn ddeall Saunders heb ystyried ei fywyd Cymraeg o fewn dosbarth canol Lerpwl. Yn y byd maestrefol yn ei lencyndod ar lannau Merswy, yn Wallasey a Seacombe a Lerpwl, daeth yn ymwybodol o Gatholigiaeth a'r cenedlaetholdeb ymosodol Gwyddelig. Cafodd addysg ysgol breifat fel cymaint o blant Cymry'r dosbarth canol. Ar ôl cyfarfod a dod i garu Gwyddeles o'r enw Margaret Gilcrist, daeth Iwerddon yn fwyd a diod iddo. Roedd beirdd yr Ynys Werdd yn llenwi oriau lawer o'i amser. Y Gwyddel yr ymserchodd ynddo oedd Thomas Kettle (1880-1916), lladmerydd dros Iwerddon annibynnol a ffrind agos i'r llenor byd-enwog James Joyce. Ymunodd Saunders â'r fyddin fel y gwnaeth Kettle.

Daeth i adnabod Cymry ifanc o ddosbarth canol Lerpwl fel Gwilym Peredur Jones, mab J. H. Jones, golygydd Y Brython, ac un a ddaeth maes o law yn Athro Hanes Economaidd ym Mhrifysgol Sheffield. Peredur oedd Llywydd Cymdeithas Gymraeg y Myfyrwyr ym Mhrifysgol Lerpwl, Saunders yn Is-lywydd a Jennie Thomas, Penbedw, a ddaeth yn awdures ei hun, yn Ysgrifennydd. Ar y Pwyllgor Gwaith roedd Richard Alan Morton (1899-1977), a ddaeth yn ddarlithydd yn y brifysgol ac yn Athro, ac a oedd yn arloeswr ym maes biocemeg. Dyna Gymry alltud gyda'i gilydd yn Lerpwl, yn dadlau, yn cydweithio er budd eu cefndir a'u cred.

Yn y cyfnod hwn y daeth y gwirionedd i'w lorio wrth iddo ddadlau â'i dad. Troes ei dad ato a dweud wrtho wrth ei ddesg yn y llyfrgell: 'Drychwch chwi, Saunders, ddaw dim byd ohonoch chi nes dowch chi 'nôl at eich gwreiddiau.' A dyna Saunders Lewis wedi ei lorio yn llwyr. Gwendid sylfaenol Saunders Lewis oedd anghofio bod ei wreiddiau yn y gymuned Gymraeg, y cafodd ef ei eni a'i fagu ynddi, yn gyfrifol am ei genedlaetholdeb eirias. Er hynny, penderfynwyd ei anrhydeddu ar ddechrau bodolaeth Cymdeithas Etifeddiaeth Cymry Glannau Mersi yn 2000 trwy osod plac ar ei gartref yn Wilton Road, Liscard, a chynnal oedfa yn tanlinellu ei gyfraniad a'i hunanaberth. Mae'n wir mai Saunders Lewis yw cynnyrch pennaf dosbarth canol Cymraeg Lerpwl.

Llenorion a beirdd Lerpwl

Hiraeth yn thema beirdd Lerpwl

Mae hiraeth am fro mebyd yn elfen gref ym marddoniaeth Cymry Lerpwl, fel ym marddoniaeth Cymru ei hun. Mae'n rhan o'r profiad dynol, fel y mynegodd Elias Davies, pan weithiai ym manc Barclays yn Egremont, yn yr englyn ar y testun 'Hiraeth':

> Daw hiraeth â du oriau, – daw â'i gur,
> > Daw â di-gwsg nosau;
> > Hwn a'i lais sydd yn amlhau
> > Ei arwyddion ar ruddiau.

Pwysigrwydd Goronwy Owen fel bardd hiraeth yr alltud

Ond mae hiraeth yr alltud yn bwerus, hiraeth am y Gymru ddelfrydol a welir yn y dychymyg ac yn yr atgofion. Ac fe geir enghraifft o hyn yn y cywydd a ganodd Goronwy Owen yn 1753 yn ystod ei gyfnod fel athro a churad Eglwys y Santes Fair, Walton. Yn y 'Cywydd hiraeth am Fôn' tanlinella'r ffaith ei fod yn ymwybodol iawn mai alltud ydoedd yn Lerpwl:

> Dieithryn, adyn, ydwyf,
> Gwae fi o'r sud! alltud wyf,
> Pell wyf o wlad fy nhadau,
> Och sôn! ac o Fôn gu fau;
> Y lle bûm yn gware gynt
> Mae dynion na'm hadwaenynt;
> Cyfaill neu ddau a'm cofiant,
> Prin ddau lle'r oedd gynnau gant:
> Dyn didal dinod ydwyf,

Ac i dir Môn estron wyf;
Dieithr i'n hydraith hen,
Dieithr i berwawd awen.
Gofidus, gwae fi! Ydwyf,
Wrth sôn, a hiraethus wyf.

Neges Hugh Hughes, y bardd o Feirionnydd

Canodd un o feirdd anghofiedig Lerpwl, Hugh Hughes, ar yr un testun. Mewn cerdd deimladwy a welir yn *Y Dysgedydd* (Mai 1844) a hynny ar y testun 'Meirion Deg', ceir pum pennill pedair llinell. Dyfynnir y pennill cyntaf a'r olaf, sydd yn mynegi hiraeth y bardd am y Berwyn a Llyn Tegid a'r hapus drigolion:

O Meirion hawddgaraf, ti wyt yr anwylaf
I'th garu o siroedd y Gogledd i gyd;
Oblegid ar lethrau dy annwyl hoff fryniau
Y treuliais y dyddiau oedd hyfryd bob pryd...

O peidio dy ganmol nis gallaf yn hollol,
Na feia neb arnaf os gallaf roi clod;
Dy hapus drigolion a'th landeg forwynion,
Enillodd fy nghalon i'th ganu tra'n bod.

Cwm Eithin a'r awdur Hugh Evans

Un o Langwm yn wreiddiol oedd Hugh Evans (1854-1934). Cyhoeddodd *Cwm Eithin* yn 1931 tua diwedd ei oes a daeth yn hynod boblogaidd. Argraffwyd y pumed argraffiad yn 1949, flwyddyn ar ôl iddo gael ei gyfieithu i'r Saesneg gan y newyddiadurwr E. Morgan Humphreys o dan deitl *The Gorse Glen*. Hugh Evans yw'r enghraifft orau o ddisgybl i Samuel Roberts (SR) Llanbryn-mair, amddiffynnydd y tyddynwyr tlawd eu byd. Mae *Cwm Eithin* yn gyfrol o bropaganda digyfaddawd dros y tenantiaid a gafodd fywyd anodd ar yr ucheldir, ac y mae'n canmol safbwynt SR i'r entrychion.

Cefnogaeth i'r artistiaid creadigol

Goronwy Owen ddywedodd bod yn rhaid i lenor a bardd gael rhyw fath o gefnogaeth, nid yn gymaint yn ariannol, ond yn gymdeithasol, lle bynnag y mae'n llenydda. Meddai wrth un o Forysiaid Môn, Richard Morris:

> Rych yn gofyn pam yr wyf yn gadael i'r awen rydu (yn Walton). Rhof a Duw pe cawn bris gweddol amdani, mi a'i gwerthwn hi. Beth a dal Awen, lle bo dyn mewn llymdra a thlodi? A phwy gaiff hamdden i fyfyrio tra bo o'r naill wasgfa i'r llall mewn blinder ysbrydol a chorfforol?

Awen Pedr Fardd

O fwrlwm a diwylliant y capel Cymraeg cyntaf a sefydlwyd yn 1787, Pall Mall, y daeth un o'r beirdd cynharaf, Peter Jones, a anwyd 17 Medi 1775 yng Ngarndolbenmaen, ac a fu farw yn Lerpwl yn Ionawr 1845. Roedd yn fab i'r bardd gwlad, William Jones neu William Jesus. Symudodd ei fab i Lerpwl yn ŵr ifanc ac erbyn 1799, roedd yn flaenor, ac er i'r berthynas rhyngddo ef a'r blaenoriaid mwy dogmatig fod yn stormus ar brydiau, fe gyfrannodd yn helaeth i fyd llenyddiaeth grefyddol. Cyhoeddodd *Mêl Awen* yn 1823, lle y ceir awdlau, englynion a chywyddau ar destunau fel Diniweidrwydd, Dyngarwch, Brawdgarwch, Rhagoriaeth Cariad. Gwobrwywyd ei gywydd, 'Gwaredigaeth Israel a Dymchweliad yr Aifftiaid' yn Eisteddfod Aberhonddu yn 1822.

Er hynny, cyfraniad mawr Pedr Fardd oedd ei emynau. Prif destun yr emynau yw'r Iachawdwriaeth sydd yng Nghrist Iesu, ond ceir hefyd ei brofiadau ef ei hun fel crediniwr, ei ffydd yn Nuw, diogelwch yng nghanol peryglon, a hyder am fuddugoliaeth, er enghraifft:

> Dywedwyd ganwaith na chawn fyw
>   Gan anghrediniaeth hy';
> Ond ymddiriedaf yn fy Nuw
>   Mae'r afael sicraf fry.

> Caf floeddio concwest yn y man,
>   Pob gelyn draw a ffy;
> Can's er nad ydwyf fi ond gwan,
>   Mae'r afael sicraf fry.

Cynnyrch awen ac ysgrifbin Gwilym Hiraethog

Roedd y Parchedig William Rees (Gwilym Hiraethog, 1802-81) yntau yn emynydd. Ef a ddywedodd:

Dyma gariad fel y moroedd,
tosturiaethau fel y lli:
T'wysog bywyd pur yn marw,
marw i brynu'n bywyd ni.
Pwy all beidio â chofio amdano?
Pwy all beidio â thraethu'i glod?
Dyma gariad nad â'n angof
tra bo nefoedd wen yn bod.

Cyhoeddwyd yr emyn hwn am y tro cyntaf yn ystod ei weinidogaeth yn Lerpwl yn *Per Ganiedydd* (1847), detholiad ganddo o emynau William Williams (1717-91) ac a gynhwysai atodiad o'i emynau ef hefyd. Canwyd yr emyn hwn yn gyson yn ystod Diwygiad Evan Roberts 1904-5 yn Saesneg ac yn y Gymraeg. Barnai yr ysgolhaig, y Prifathro Pennar Davies, mai hwn oedd emyn mwyaf yr iaith Gymraeg.

Roedd Gwilym Hiraethog yn brysur fel bardd eisteddfodol hefyd. Enillodd lu o wobrau, a choron y cyfan oedd ennill Cadair Eisteddfod Madog yn 1851 am ei awdl ar 'Heddwch'. Ond ei brif waith barddonol yw 'Emmanuel: neu, Ganolbwngc Gweithredoedd a Llywodraeth Duw'. Gorchest o gerdd dwy fil ar hugain o linellau ac yn llenwi 759 o dudalennau! Cymharodd un o feirdd Lerpwl, David Adams (Hawen), ef i John Milton o ran 'nerth ei argyhoeddiadau, ei gariad dwfn at ryddid... ei atgasedd o ormes a thrais... ei gydymdeimlad â phersonau a chenhedloedd gorthrymedig, ac yng nghrefyddoldeb ei ysbryd.' Gwaith pwysig arall o eiddo Hiraethog ydyw *Twr Dafydd*, sef y Salmau wedi eu troi ar gân, a chyfansoddodd y gwaith hwnnw ac yntau mewn llesgedd.

Emynwyr eraill Lerpwl

Yn ystod y ganrif fawr fe gafwyd nifer o emynwyr eraill o fewn y capeli, fel John Roberts, 'Minimus' a John Owen Williams (neu 'Pedrog', 1853-1933), y gweinidog gyda'r Annibynwyr. Daeth i Lerpwl o Lanbedrog i weithio i gwmni o gyfranddalwyr yn 1878, a buan iawn roedd yn pregethu yn gynorthwyol gyda'r Eglwys Fethodistaidd. Denwyd ef at yr Annibynwyr yn 1881 gan ymaelodi yng nghapel Kensington. Er na chafodd unrhyw addysg ddiwinyddol, ordeiniwyd ef yn weinidog ar y capel hwnnw yn 1884 ac yno y bu am 46 mlynedd, hyd ei ymddeoliad yn 1930. Erbyn hynny gelwid y capel yn Gapel Pedrog. Enillodd y gadair yn yr Eisteddfod Genedlaethol dair gwaith, yn Abertawe (1891), Llanelli (1895) a Lerpwl (1900). Gwelir y gadair a enillodd yn 1900 yn Neuadd y Ddinas. Canodd un o feirdd Lerpwl, Robert Owen Hughes (1893-1967), yr englyn hwn i Pedrog:

> Pedrog, goronog arweinydd – a llwyr
> Ym myd llên a chrefydd,
> Iraidd deyrn i feirdd y dydd
> A thra hynaws athronydd.

Bardd-bregethwr y tueddir i'w anghofio yw'r Parchedig John Hughes (1850-1932), cyfoeswr i Pedrog a gweinidog Fitzclarence Street. Daeth i Lerpwl o Fachynlleth, a bu'n hynod o brysur yn bugeilio, pregethu, diwinydda a barddoni yn y ddwy iaith. Cyhoeddodd yn Saesneg *Songs of the Night* (1885), *Tristora* (1896) ac yn Gymraeg *Dan y Gwlith* (1911), sydd yn cynnwys ei emynau.

Hawen a Pedr Hir

Gweinidog grymus iawn ac emynydd oedd y Parchedig David Adams (1845-1923) a adnabyddid yn y cylchoedd Cymraeg fel Hawen. Daeth yn 1895 o Fethesda, Arfon, yn weinidog i Gapel Annibynwyr Cymraeg Grove Street. Cyhoeddodd ddwy gyfrol, *Paul yng Ngoleuni'r Iesu* (1897), ac *Yr Eglwys a Gwareiddiad Diweddar* (1914). Enillodd am draethawd ar yr athronydd o'r Almaen, Hegel, yn Eisteddfod Genedlaethol Lerpwl yn 1884. Bu ei gyfraniad yn helaeth ym meysydd barddoniaeth, athroniaeth a diwinyddiaeth ac erys rhai o'i emynau mewn cylchrediad.

Ddwy flynedd ar ôl i Hawen gyrraedd Lerpwl daeth eisteddfodwr a bardd arall, Peter Williams (Pedr Hir, 1847-1922) i ofalu am Gapel y Bedyddwyr Cymraeg, Balliol Road, Bootle. Yno yr arhosodd hyd ei farwolaeth ar 24 Mawrth 1922. Gwelir rhai o'i emynau yn y casgliadau, a delir i ganu yn ein hoes ni yr emyn a luniodd pan oedd yn ugain oed, 'Bydd canu yn y nefoedd'.

Llenorion o'r un teulu

Ymysg llenorion Lerpwl o fyd y weinidogaeth ymneilltuol mae'n rhaid nodi cyfraniad y canlynol. Yn gyntaf, y brodyr Owen Thomas a John Thomas. Gorchest lenyddol fawr Owen Thomas oedd *Cofiant John Jones, Talsarn* a gyhoeddwyd yn 1874. Rhoddodd ei ŵyr, Saunders Lewis, y cofiant yn ei gefndir priodol fel un o ryfeddodau ein rhyddiaith:

> Saif hwn ar ei ben ei hun yn fath hollol newydd o gofiant mewn Cymraeg. Ni pherthyn Owen Thomas i draddodiad y cofianwyr o'i flaen. Yr oedd yn ysgolhaig a'i efrydiau yn bennaf mewn hanesiaeth eglwysig yn gyffredinol, mewn llenyddiaeth Saesneg fodern, gan gynnwys yr haneswyr a'r nofelwyr, ac yn hanes datblygiad Protestaniaeth yng Nghymru. Hoffai'r cofianwyr mawr Saesneg, yn arbennig Boswell a Lockhart; argraffiad Birbeck Hill o'r *Life of Samuel Johnson* oedd ffefryn ei lyfrgell.

Lluniodd hefyd gofiant Henry Rees, Chatham Street, ac er nad yw yn yr un categori â *Cofiant John Jones, Talsarn* mae hwn hefyd yn werthfawr i haneswyr yr enwad. Gellid edrych ar ei frawd, Dr John Thomas (1812-92), fel un o arloeswyr y nofel Gymraeg, gyda'r nofel a gyhoeddwyd yn *Y Tyst a'r Dydd* yn 1879 yn dwyn y teitl *Arthur Llwyd y Felin*, ac a gyhoeddwyd yn gyfrol yn ddiweddarach. Cyhoeddodd *Cofiant y Tri Brawd* (1881), *Cofiant John Davies, Caerdydd* (1883) a *Cofiant Thomas Rees* (1888). Llwyddodd ef a Thomas Rees i lunio *Hanes Eglwysi Annibyniaeth Cymru*, y cyfan hyn, ac yntau yn weinidog ar eglwys weithgar y Tabernacl, Great Crosshall Street, ac yn Netherfield Road, lle y bu yn weinidog o 1854 hyd 1892.

Disgybl i Owen Thomas, yr ysgolhaig Griffith Ellis

Edmygydd a ffrind caredig i Owen Thomas oedd Griffith Ellis (1884-1913), gweinidog Stanley Road, Bootle, am 38 o flynyddoedd. Cynhyrchodd yn helaeth ar ôl dod i blith Cymry Lerpwl a Bootle, ar ôl gyrfa addysgol ddisglair yng Ngholeg Balliol, Prifysgol Rhydychen. Mae'n sicr mai ei waith mwyaf poblogaidd oedd ei gofiant i'r Prif Weinidog, William Ewart Gladstone, a gyhoeddwyd yn 1898. Bu llawer o alw am y gyfrol, am fod W. E. Gladstone yn eilun i'r Cymry diwylliedig. Ef yw'r unig lenor o Lerpwl a luniodd gofiant Cymraeg ar y Frenhines Fictoria.

Dau o wŷr llengar yr Eglwys Fethodistaidd

Nodwedd amlwg cymaint o'r pregethwyr llenyddol oedd eu bod yn aros yn hir yn Lerpwl, ond roedd eithriadau, sef gweinidogion yr Eglwys Fethodistaidd. Cafodd Cymry'r ddinas gwmni a chyfraniad rhai ohonynt. Dyna'r Parchedig David Tecwyn Evans (1876-1957) a fu yn ystod y Rhyfel Byd Cyntaf yn gweinidogaethu ym Mhenbedw ac a chwaraeodd ei ran yn Eisteddfod y Gadair Ddu. Tra oedd yn Lerpwl y cyfieithodd Tecwyn Evans emyn adnabyddus George Matheson (1842-1906), 'O Love That Wilt Not Let Me Go', ar gyfer Cymanfa Ganu yn y Bala yn 1916. Yn Lerpwl hefyd y cyfieithodd D. Tecwyn Evans emyn poblogaidd Charles Wesley, 'Jesu, Lover of my Soul' ac fe'i cyhoeddwyd yn rhifyn Mawrth 1917 o'r cylchgrawn a olygid gan Syr O. M. Edwards, *Cymru*.

Llenor mawr arall y Wesleaid oedd E. Tegla Davies; daeth ef o Gylchdaith Manceinion ym mis Awst 1928 i Gylchdaith Mynydd Seion, un o'r capeli harddaf yn Lerpwl, a safai yn Princes Road. Disgrifiodd Tegla eglwys Mynydd Seion fel hyn:

> . . . fel hen ŵr bonheddig a welsai ddyddiau gwell – yn yr un gosodiad, yr un cerddediad, yr un het silc a ffroc côt, ond yr het wedi dechrau cochi, a'r gôt braidd yn wyrddlas ac yn loyw ei phenelinoedd a'r trywsus wedi dechrau bochi yn ei bennau gliniau.

Ei gampwaith llenyddol yng nghyfnod Lerpwl oedd ei gyfieithiad o *Pilgrim's Progress*, gan John Bunyan, ar gais Gwasg Hughes a'i Fab. Roedd yn gyfrol o 341 o dudalennau, a thalodd J. D. Dyfnallt Owen y deyrnged hon yn *Y Tyst*:

> Llawer cynnig a wnaethpwyd o ddyddiau Stephen Hughes i droi meddyliau John Bunyan i Gymraeg. Un peth y cytunir arno yn bur unfarn: na chafwyd hyd yn hyn ddim byd yn debyg i gyfieithiad Tegla sydd newydd ei gyhoeddi gan Wasg Wrecsam. Y mae cyfieithiad Tegla yn llawer mwy syml, uniongyrch ac idiomatig.

Cyflwynodd Prifysgol Cymru MA (er anrhydedd iddo) am ei gyfraniad i lenyddiaeth Gymraeg yn 1928 a symudodd y llenor amryddawn i Fangor yn 1931.

Llenorion lu a fagwyd neu a fu'n gofalu ar ôl cymunedau capelyddol Lerpwl

Mab y Mans oedd yr Athro Gwilym Owen. Roedd ei dad, y Parchedig William Owen, yn weinidog Capel MC Webster Road, Wavertree. Cafodd yrfa nodedig, ac ar ddechrau y Rhyfel Byd Cyntaf symudodd i Seland Newydd yn Athro Gwyddoniaeth. Roedd hyn yn golled aruthrol i gapel Webster Road yn Lerpwl, gan iddo gael ei ethol yn flaenor yn 1911. Daeth yn ôl o Seland Newydd gan symud i Goleg Prifysgol Cymru yn Aberystwyth yn athro, ac yn ddiweddarach yn Ddirprwy Brifathro. Ond ei gyfraniad parhaol oedd fel llenor, yn cyflwyno gwyddoniaeth trwy gyfrwng y Gymraeg.

Yn ddiweddarach dilynwyd ef gan Owen Elias Roberts, Childwall, a weithiai fel prif wyddonydd labordy Ysbyty Broadgreen. Bu ef yn arweinydd yng nghapeli Anfield a Heathfield Road ac enillodd y Fedal Ryddiaith ddwywaith, yn Eisteddfod Genedlaethol Aberystwyth yn 1952 ac yna'n Ystradgynlais,1954. Estynnodd ef yr iaith Gymraeg trwy ei ysgrifau ar wyddoniaeth, ac y mae'r cyfrolau o'i eiddo yn dyst o'i bwysigrwydd fel llenor crefftus.

Llenor arall a gipiodd y Fedal Ryddiaith yn Eisteddfod Genedlaethol 1978 am *Y Ddaeargryn Fawr*, sef hunangofiant dychmygol am fywyd a gwaith Søren Kierkegaard, yr athronydd a'r diwinydd o Ddenmarc, oedd y Parchedig Athro Harri Williams, Aberystwyth. Llenor praff a chynnyrch cymuned Capel Douglas Road, Lerpwl.

Gŵr arall a gyfrannodd oedd y Parchedig D. D. Williams (1862-1938), gweinidog capeli David Street ac ar ôl hynny Belvidere Road, gan iddo ennill gwobrau yn yr Eisteddfod Genedlaethol am rai o'i astudiaethau. Un o'r pwysicaf oedd ei gofiant i'r Prifathro Thomas Charles Edwards a fu'n weinidog yn Lerpwl cyn mynd yn Brifathro Coleg y Brifysgol, Aberystwyth, ac a fu'n ddiweddarach yng ngofal Coleg Diwinyddol y Bala. Cyhoeddodd Cymdeithas yr Eisteddfod Genedlaethol y gyfrol yn Lerpwl yn 1921. Cyfrifid ei gofiant i'r Parchedig Thomas John Wheldon, a gyhoeddwyd yn 1925 yn gyfrol ddadlennol yn ei dydd.

Mae'n debyg mai'r llenor a'r hanesydd sydd yn dal yn bwysig i ni o hyd yw'r Parchedig John Hughes Morris (1870-1953). Ni chafodd addysg coleg, dim ond Ysgol Gynradd Chatsworth Street yn ardal Edge Hill, Lerpwl. Ond fe'i penodwyd yn ŵr ifanc i Swyddfa'r Genhadaeth Dramor a gwasanaethodd yn Falkner Street o 1892 hyd 1949. Bu'n olygydd *Y Cenhadwr* o'i ddechreuad yn 1922 a'r cyhoeddiad Saesneg, *Glad Tidings*, yn ogystal. Nodwedd amlycaf J. Hughes Morris oedd ei waith fel hanesydd y genhadaeth, ac y mae *Hanes Cenhadaeth Dramor y Methodistiaid Calfinaidd Cymreig hyd 1904* (Caernarfon, 1907) yn fwynglawdd o wybodaeth ddibynadwy. Felly hefyd y fersiwn Saesneg a gyhoeddwyd yn 1910. Yn Lerpwl yn 1930 cyhoeddwyd llyfr mwy poblogaidd, *Ein Cenhadaeth Dramor*, a gofalodd J. Hughes Morris hefyd ysgrifennu a chyhoeddi llyfrynnau bychain hardd eu diwyg ar arloeswyr fel Thomas Jones, William Lewis a T. Jerman Jones. Cyhoeddodd ddwy gyfrol ar Fethodistiaeth Galfinaidd Gymraeg Lerpwl a'r Cyffiniau; *Hanes Methodistiaeth Liverpool, Cyfrol 1* (Lerpwl, 1929) a *Cyfrol 2* (1932).

Ysgrifennai Namora Williams ysgrifau i'r cylchgrawn *Y Bont*. Fe'i ganwyd yn Lerpwl, ei thad o'r Groeslon a'i mam o Nanmor. Derbyniodd ei haddysg yn y ddinas a Phrifysgol Lerpwl a bu'n athrawes yn Ysgol Merched Merchant Taylors yn Crosby, lle y bu llu o Gymry Cymraeg eraill yn dysgu fel Megan Williams, Pat Williams a Dilys Jones. Yn 1986 cyhoeddwyd astudiaeth werthfawr ar un o werinwyr diwylliedig Meirionnydd, sef *Carneddog a'i Deulu*.

Llenor gwych iawn oedd y Parchedig Iorwerth Jones, Gorseinon, un o wŷr amlycaf yr Annibynwyr Cymraeg. Cynnyrch Lerpwl ydoedd, a chapel Trinity, Bootle, ac ar ôl y bomio, capel yr Annibynwyr yn Great Mersey Street. Deuai o deulu diwylliedig ond gweithiodd ei dad ym myd y dociau. Cawsom ddarlun byw iawn o fywyd Cymry Kirkdale a Bootle ganddo yn *Dyddiau Lobsgows yn Lerpwl*, yn disgrifio cyfnod rhwng y ddau Ryfel Byd. Gwerth y gyfrol yw ei bod, yn ddiarwybod megis, yn herio syniadau haneswyr fel D. Tecwyn Lloyd a Gareth Miles sy'n dadlau yn eu hastudiaethau, o Saunders Lewis yn fwyaf arbennig, mai dim ond y dosbarth canol oedd yn bodoli ymhlith Cymry Lerpwl. Dengys Iorwerth Jones fod llu o Gymry diwylliedig yn y dosbarth gweithiol yn y ddinas. Perthyn i'r dosbarth gweithiol oedd y Gymdeithas Gymraeg yng nghapel Great Mersey Street, capel a gafodd weinidogion anarferol o dalentog a diwylliedig, llenor o faintioli Peter Price, beirniad llym ar emosiwn Diwygiad 1904-5, a bu dau fardd cadeiriol, J. Lewis Williams a Simon B. Jones (un o fois y Cilie), yn weinidogion yno am gyfnodau. Ond methodd Simon B. Jones ag aros mwy na thair blynedd (1923-6), blwyddyn yn fwy na David Emrys James (Dewi Emrys) a ddaeth yn weinidog ar Eglwys Rydd y Cymry yn Bootle. Ef a enillodd y gadair yn yr Eisteddfod Genedlaethol yn Lerpwl yn 1929.

Cynnyrch Capel Presbyteraidd Cymraeg Edge Lane oedd y Prifardd Emrys Roberts a Namora Williams. Mab i fardd, John Henry Roberts (Monallt), oedd Emrys Roberts. Roedd tri bardd, Monallt, Gwilym Deudraeth a Collwyn, yn cydweithio yn yr un warws cotwm am flynyddoedd a'r tri yn englynwyr crefftus. Galwodd Monallt ei fab, a anwyd yn 1929, ar ôl bardd y gadair, Dewi Emrys. Ac fe syrthiodd dawn farddol ei dad a dawn Dewi Emrys ar y baban hwnnw. Mae cyfrol anghyffredin y mab am ei dad fel bardd, sef *Monallt: Portread o Fardd Gwlad*, yn unigryw yn ein llenyddiaeth, ac yn egluro'r berthynas glos rhyngddynt. Ac y mae gan Emrys Roberts gerddi yn *Gwaed y Gwanwyn* sy'n sôn am ei blentyndod yn Lerpwl. Yn y gyfrol, ceir cerdd i Olwen Jones, un o ferched Douglas Road, a ddaeth yn ddiweddarach yn briod i'r prif lenor Harri Williams (1913-83), emynydd a chyfieithydd emynau fel 'Deuwch gyda mi draw i dŷ fy Nhad'. Teyrnged i aberth Olwen yn dysgu Cymraeg i blant Cymry Lerpwl ar fore Sadwrn yw'r gerdd:

Roedd gwawd yn llygaid meistriaid gwaith
Yn Lerpwl y trysorau
O'th weld yn ffwndrus ar dy daith
A'th barsel bach o lyfrau.

Pwy ond athrawes hanner call
A âi heb dâl, mor rhadlon,
Foreau Sadwrn, yn ddi-ball
I festri'r capel estron?

Ninnau y plant fu mor ddi-barch
O'th aberth, Siprah ffyddlon,
Yn dwyn i fan y llwch a'r arch
Risial fywiogrwydd afon.

Be wyddem ni am orthrwm erch
Pwerau i'n dinistrio?
Ond dwfn yng nghalon unig merch
Oedd creithiau y caethiwo.

Fe'n molchaist â'r Gymraeg yn lân;
A'n hymgeleddu'n ddyfal
Â'r Mabinogion, ac â chân
Dy lais fu'n faeth i'n cynnal.

Ni wyddom am y trysor coll
Yn Israel dy atgofion,
Canys yn yr Aifft y'n ganed oll
Fu'n gwrando mor anfodlon.

Heddiw ni wn i yn fy myw
O fydwraig bur, heb chwerwi,
Pa sut y cedwaist ni yn fyw'n
Y gaethglud ddidosturi.

Ond gwn, pan chwarddem tan ein gwynt
Yn greulon ein direidi,
Ple roedd dy feddwl dithau gynt
Wrth syllu trwy'r ffenestri.

Y traddodiad eisteddfodol

Heb amheuaeth mae'r traddodiad eisteddfodol yn bwysig, traddodiad Eisteddfodau'r Gordofigion o 1840 ymlaen i ddiwedd y ganrif, eisteddfodau y cymunedau, y plant, Urdd y Ddraig Goch a dyfodiad yr Eisteddfod Genedlaethol i Lerpwl yn 1884, 1900 a 1929, ac i Benbedw yn 1887 a 1917. Daeth yr olaf yn enwog fel Eisteddfod y Gadair Ddu a'r awdl fuddugol wedi ei llunio gan fardd ifanc o Drawsfynydd, Ellis Humphrey Evans (Hedd Wyn, 1887-1917). Ysgrifennodd hanner yr awdl ar 'Yr Arwr' yng ngwersyll milwrol Litherland, cyn mynd i Ffrainc a chael ei ladd yn Pilkem Ridge ar 31 Gorffennaf 1917.

Arloesydd eisteddfodol a sêr y Gordofigion

Un o eisteddfodau pwysicaf y bedwaredd ganrif ar bymtheg yn y dref oedd Eisteddfod y Gordofigion. Un o'r arloeswyr oedd y teiliwr o Fôn, Evan Evans, a ddefnyddiai'r enw barddol, Eta Môn. Fe ddaeth i Benbedw o Fethesda yn 1865, gan alw ynghyd ei gyd-Gymry llengar fel William Owen i ffurfio Cymdeithas Gymreig a roddodd fod i Gymdeithas Lengarol y Gordofigion. Gŵr o Lanfair Mathafarn Eithaf oedd William Owen a rhoddodd flynyddoedd o wasanaeth di-dâl fel Ysgrifennydd y Gordofigion, eisteddfod a fu'n llwyfan i feirdd o Gymru, o Lerpwl, ac o siroedd Caerhirfryn a Chaer. Enillodd Richard Davies (Tafolog, 1830-1904) y brif wobr yn Eisteddfod y Gordofigion am awdl ar y testun 'Gweddi'.

Yn Lerpwl ei hun cafwyd nythaid o feirdd yn cystadlu yn yr eisteddfodau hyn, fel yr adeiladydd William Williams (Gwilym Mathafarn), Gabriel Williams, Hugh Jones (Trisant), adeiladydd diwylliedig arall, Tanadlog, ei wraig yn chwaer i'r seraff-bregethwr John Evans, Eglwys-bach, Carog, Caradog o Fôn (fferyllydd yn Kirkdale) a Rowland Williams (Hwfa Môn, 1823-1905), gweinidog gyda'r Annibynwyr a bardd cadeiriol Eisteddfod Penbedw yn 1878. Un arall oedd Edward Davies (Iolo Trefaldwyn, 1819-87) a enillodd gadair Eisteddfod Gordofigion Lerpwl yn 1870 am ei bryddest 'Goleuni'.

Rhaid nodi rhai enwau eraill fel y Parchedig J. Myfenydd Morgan, offeiriad yn yr Eglwys Anglicanaidd, R. W. Jones (Diogenes) o Garston, Griffith Griffiths, Walton, Gwaenfab a Llwynog. Rhoddodd Hugh Jones (Erfyl, 1789-1858) hwb i'r eisteddfodau hefyd. Roedd ef yn gripul ac yn llenor pwysig ac ym mlynyddoedd olaf ei oes gwasanaethodd yng ngwasg Gymraeg Caer, yn argraffu llyfrau Cymraeg dros Edward a John Parry. Un arall oedd Robert Herbert Williams (Corfanydd), awdur y dôn 'Dymuniad'. Cadwai ef siop ddillad yn Basnett Street ar gongl Williamson Square, ac enillodd wobr sylweddol yn Eisteddfod y Gordofigion yn 1869 am ei draethawd ar Gymry Lerpwl, eu diffygion a'u rhagoriaethau.

Eisteddfodau eraill a beirdd amrywiol

O 1870 hyd at 1930, gwelwyd sefydlu eisteddfodau ar bob ochr i'r afon –
Eisteddfod Scotland Road, Eisteddfod Bootle, Eisteddfod Lewis yn Renshaw
Street ac eisteddfodau pwysig ar gyrion Lerpwl fel Eisteddfod Widnes ac
Eisteddfod y Golomen Wen ym Mhenbedw. Ar ddiwedd y Rhyfel Byd
Cyntaf, yn 1918, sefydlwyd Undeb y Ddraig Goch, mudiad gwladgarol, yn
nwylo beirdd a llenorion yn bennaf. Trefnai'r Undeb lu o weithgareddau,
cyfarfododydd pregethu Gŵyl Dewi yn flynyddol, cyngherddau a threfnwyd
dosbarthiadau dysgu'r Gymraeg a chynganeddu. Yn 1921 sefydlwyd Eisteddfod
y Ddraig Goch gan R. J. Rowlands (Meuryn) awdur un o awdlau hyfrytaf yr
iaith, 'Min y Môr'. Cymraeg yn unig oedd iaith yr eisteddfod a phwysleisiwyd
athroniaeth Cymdeithas Cymru Fydd. Sylfaenwyr yr Urdd gyda Meuryn
oedd Rolant Wyn Edwards (ewythr Hedd Wyn), J. R. Morris, Dan Thomas,
William Morgan (Collwyn) a T. E. Roberts (ap Heli), R. T. Williams a
Cledwyn Hughes. Pwysig oedd y darlithiau yn Hackins Hey, gyda Saunders
Lewis yn traddodi o wythnos i wythnos. D. R. Jones oedd y Llywydd a
Meuryn yn Ysgrifennydd.

Ond bu dyfodiad Undeb y Ddraig Goch yn destun anghytuno mawr
ymhlith Cymry Lerpwl. Tybiai y dosbarth canol cyfoethog fod dyfodiad yr
undeb yn ymosodiad arnynt hwy fel cynheiliaid y Gymdeithas Genedlaethol
Gymraeg oedd yn y cyfarfod yn fisol yn Colquitt Street ac oedd yn cynnal eu
gweithgareddau trwy gyfrwng yr iaith Saesneg. Un o eisteddfodwyr Lerpwl
oedd y tu allan i bwyllgor gwaith Undeb y Ddraig Goch oedd y Parchedig
W. A. Lewis. Gwnaeth Eisteddfodau Undeb y Ddraig Goch yn y dauddegau
les mawr i feirdd a llenorion Lerpwl, gan i rai o gynganeddwyr pennaf Cymru
gystadlu am y cadeiriau, fel y Parchedig William Morris, Bryfdir, J. M.
Edwards, Llanrhystud, ac Evan Jenkins, Ffair Rhos.

Prif symbylydd y mudiad eisteddfodol yn nauddegau'r ugeinfed ganrif
oedd y newyddiadurwr a'r awdur R. J. Rowlands (Meuryn) a chafwyd
cyfraniad pwysig hefyd gan O. Caerwyn Roberts (Caerwyn) fel arweinydd
eisteddfodol. Roedd ef yn feistr ar ei waith. Symudodd Urdd y Ddraig Goch
o'r maes diwylliannol erbyn 1928, ac erbyn hynny roedd wedi ei llyncu fwy
neu lai gan gangen weithredol o'r Blaid Genedlaethol.

Gwilym R. Jones

Cyhoeddodd Gwilym R. Jones ei gyfrol gyntaf o farddoniaeth yn ystod ei arhosiad yn Lerpwl. Cartrefai mewn stryd o'r enw Gredington Street, lle y ceid nifer dda o Gymry yn y faestref a elwir y Dingle, a mynychai gapel Princes Road fel eraill o'i gymdogion. Cyflawnodd orchest arall, sef ennill ei unig gadair genedlaethol yn ystod y cyfnod hwnnw. Cyflawnodd yr orchest honno yn Eisteddfod Genedlaethol Caerdydd yn 1938 am ei awdl 'Rwy'n Edrych dros y Bryniau Pell', ac roedd gan ddau o'r tri beirniad gysylltiadau â Lerpwl, sef T. Gwynn Jones (a fu yn newyddiadurwr ifanc ar bapur *Y Cymro*) a Saunders Lewis. Roedd Gwilym R. Jones hefyd yn olygydd *Y Brython* o 1931 hyd nes y bu'n rhaid rhoi'r gorau i gyhoeddi ar ddechrau yr Ail Ryfel Byd.

Gwilym Meredydd Jones

Cynnyrch ardal Glanrafon yn Edeyrnion oedd Gwilym Meredydd Jones. Gwnaeth gyfraniad cwbl arbennig ym myd y ddrama a storïau byrion. Cyhoeddodd ei nofel gyntaf *Dawns yr Ysgubau* yn seiliedig ar lyfr Ruth yn yr Hen Destament yn 1961. Darluniodd Lerpwl y saithdegau yn y gyfrol *Ochr Arall y Geiniog*, a'r stori wych honno 'Yr Ymwelydd Annisgwyl'. Mae gan Gwilym storïau tebyg yn y gyfrol *Gwerth Grôt* (1983), a chynhyrchodd nofelau *Yr Onnen Unig* (1985) a *Drymiau Amser* a chyfrol storïau byrion, *Chwalu'r Nyth,* a gyhoeddwyd ar ôl ei farw sydyn yn 1992. Cyfrannodd hefyd yn helaeth i *Y Bont* ac *Yr Angor*.

Beirdd y canu caeth a'r meistr Gwilym Deudraeth (1863-1940)

Un o ffigyrau amlycaf Cymry Lerpwl oedd Gwilym Deudraeth. Gweithiai mewn warws gotwm, ond dilynai ddosbarthiadau yr addysgwr adnabyddus, J. J. Williams, a fu'n athro yn Ysgol Granby Street, Toxteth, cyn ei benodi yn athro ym Methesda, Arfon ac yna dychwelodd i Lerpwl yn is-gyfarwyddwr Addysg Corfforaeth Penbedw. Cyhoeddwyd dwy gyfrol o'i waith, *Chydig ar Gof a Chadw* ac *Yr Awen Barod*, a hynny am fod ei edmygwyr ar lannau Mersi yn dymuno gwneud hynny. Yr oedd cynganeddu yn gwbl naturiol iddo. Dysgodd y bardd Elis Aethwy, mab i weinidog Capel Newsham Park, i gynganeddu. Cynganeddai Gwilym Deudraeth enwau ardaloedd Lerpwl a'r cyffiniau. Dywedai fod 'Het i Huw yn Knotty Ash' a ' Cyw 'ffeiriad yn Rock Ferry'. Claddwyd Gwilym Deudraeth ym mynwent Allerton, 23 Mawrth 1940, ac am dros drigain a thair o flynyddoedd nid oedd carreg fedd yno. Yn 2003 llwyddodd Cymdeithas Etifeddiaeth Cymry Glannau Mersi i berswadio Pearson-Collinson yn Allerton (trefnwyr angladdau) i osod carreg fedd deilwng am bris rhesymol ac arni cwpled pwrpasol Dic Jones yn gofadail iddo.

Cyfaredd awen Gwaenfab

Cydweithiwr i Gwilym Deudraeth 'yn y cotwm' oedd Roberts Roberts (Gwaenfab, 1850-1933) o'r Bala. Yn lled ifanc aeth i'r môr, a'r gwaith a gafodd yng nghwmni Cunard oedd taniwr, gwaith trwm, a bechgyn Scotland Road oedd yn giamstars wrth y dasg. Ar ei deithiau o Lerpwl ymserchodd yn y ddinas, ac ar ôl priodi yn 1880, penderfynodd gartrefu yn Bootle. Treuliodd ddeng mlynedd ar hugain yn Bootle cyn symud yn ôl i'r Bala. Roedd Gwaenfab yn daid i'r diddanwr a'r arweinydd medrus o Langwm, Emrys Jones.

Awen Gwnus a Madryn

Yn Bootle y cartrefai Owen Parry (Gwnus, 1873-1954) a oedd yn enedigol o fferm Cefn Gwnys, Llithfaen. Cynrychiolydd i'r cwmni yswiriant y Prudential ydoedd a daeth yn swyddog ac arolygwr o fewn y cwmni.

Ffrind mawr i Gwnus ymysg y cynganeddwyr oedd Robert Parry (Madryn, 1863-1935). Treuliodd Madryn y rhan helaethaf o'i oes yn Lerpwl, a ganwyd iddo ef a'i briod Elizabeth Catherine Parry (née Williams) naw o blant. Gweithiai yn y blynyddoedd cynnar gyda chwmni J. E. Davies, Master Carters, ac wedyn gyda chwmni Monk a Newall mewn cyffelyb ddyletswyddau. Symudodd yn niwedd ei oes i gwmni Harland and Wolfe. Gwelir ei waith yn *Y Brython* a bu'n enillydd cadeiriau yn eisteddfodau Lerpwl.

Gair am R. Lloyd Jones

Gwelid gwaith y cynganeddwr R. Lloyd Jones (1883-1968) yn gyson yng ngwasg Lerpwl. Un o Benmachno ydoedd, a mab i'r bardd bro Dewi Machno, ac ar ôl cyfnod fel chwarelwr a mecanic, ymfudodd i Lerpwl a chafodd swydd yng nghwmni Cammell Laird's hyd ei ymddeoliad. Gwelir llawer iawn o'i waith yng ngholofn Dewi Emrys yn *Y Cymro*, 'Pabell yr Awen'.

Anwyldeb J. R. Morris a Collwyn – athrawon y beirdd

Ystyrir J. R. Morris (1874-1970) yn athro beirdd Lerpwl a bu'n flaenllaw ym mhob mudiad diwylliannol yn y ddinas. Bu ef a'i gyfaill Rolant Wyn (bardd gwych arall) yn bartneriaid mewn siop lyfrau yn Stryd Renshaw, Lerpwl, am flynyddoedd cyn ymadael am Gymru i sefydlu siop lyfrau ail law yn y Bont Bridd, Caernarfon. Bu J. R. Morris yn aelod o Gapel Princes Road am ugain mlynedd, trwy gydol cyfnod y Parch. H. Harris Hughes a rhan o gyfnod Griffith Rees, tywysog pregethwyr Cymraeg y tridegau.

William Morgan oedd enw bedydd Collwyn (1882-1952) ac o Garno yr hanai. Bu'n löwr yn ne Cymru cyn symud i Lerpwl i weithio fel cymaint o feirdd eraill yn y diwydiant cotwm. Ei bennaf ffrindiau oedd Gwilym Deudraeth. Bu Collwyn yn athro allanol ar ddau ddosbarth nos ar lenyddiaeth Gymraeg o dan nawdd Prifysgol Lerpwl.

Cynnyrch Llanowain a'i gyfoeswyr

Un o feirdd cynganeddol anwylaf y cyfnod wedi'r Ail Ryfel Byd oedd Owen Trevor Roberts (Llanowain). Bu'n byw yn Lerpwl am 36 o flynyddoedd a chafodd yrfa hynod o ddiddorol. Bu yn y Llynges Fasnach am ddeuddeng mlynedd, ac yn ystod yr Ail Ryfel Byd fe dreuliodd 16 o ddyddiau mewn cwch agored wedi i'r llong suddo wedi cael ei tharo gan dorpedo. Collodd ei briod, Bet (yn enedigol o gylch Stiniog), pan oedd yn Bootle ac ailbriododd gyda Miss Mair Jones (Telynores Colwyn), a fu yn brif delynores Cerddorfa'r Philarmonig, Lerpwl. Gwnaeth y ddau eu cartref yn ddiweddarach yn nhref Rhuthun. Cyhoeddodd Cyhoeddiadau Modern Lerpwl ddwy gyfrol o'i farddoniaeth, *Cerddi Llanowain* a ymddangosodd yn 1974 ac *Ail Gerddi Llanowain*, bedair blynedd yn ddiweddarach. Cyhoeddodd nofel, *Helynt wrth ddal Morfilod,* a'r gyfrol *Englynwyr Glannau Mersi* (Dinbych, 1980). Cydweithiwr gyda Llanowain yng ngogledd Lerpwl oedd y Parchedig R. Maurice Williams. Golygai y cylchgrawn *Y Bont* a gwelir englynion lawer o'i waith o fewn y tudalennau o 1959 i 1979. Am saith mlynedd ar hugain (1952-79) bu'r bardd bregethwr yn weinidog ar eglwysi Presbyteraidd Cymraeg

Crosby Road South, Waterloo a Peniel, Southport. Y bardd a'r telynor Ap Berth o Fethesda (un o ffrindiau R. Williams Parry) oedd tad R. Maurice Williams. Swcrodd ef y bardd o Flaenau Ffestiniog a ddaeth i fyw i Wavertree, R. J. Roberts, awdur dwy gyfrol o farddoniaeth ac englynwr a enillodd aml i wobr yn eisteddfodau Lerpwl a Chymru. Yn niwedd ei oes, symudodd y bardd John Roberts o Lŷn i Allerton a bu yntau'n ysgrifennu englynion crefftus i'r *Bont*. Y pedwar hyn oedd ymhlith beirdd olaf y gynghanedd ymhlith Cymry Lerpwl yn yr ugeinfed ganrif.

Pennod 14

Adeiladwyr
Cymraeg yn Lerpwl

Campau William Jones, Catharine Street

Un o'r Cymry cyntaf i wneud ei farc oedd William Jones (1788-1876), a anwyd yn Nhy'n y Graig, Cerrigydrudion, y mab cyntaf i William a Catharine Jones. Ganwyd saith o blant iddynt; er hynny cafodd fynd i Gaer am ei addysg, a threuliodd ei brentisiaeth yn ardal Pentrefoelas. Symudodd i Lerpwl yn 1815, lle y treuliodd dros chwe deg o flynyddoedd. Ef oedd yn gyfrifol am rai o strydoedd pwysicaf Lerpwl; adeiladodd dai sylweddol a siopau yn Parliament Street, Upper Parliament Street, Duke Street ac Upper Duke Street. Mae'n debyg mai'r stryd odidocaf a adeiladodd oedd Catharine Street. Galwodd y stryd ar ôl ei fam a fu mor gefnogol iddo ym more ei oes. Yno y gwnaeth ei gartref ei hun, yn rhif 35, ac aeth Dr Owen Thomas, y pregethwr, i fyw yn rhif 46. Mae'r tai hyd heddiw yn deyrnged i'w allu fel adeiladydd. Gweithiai chwe deg o bobl iddo, y mwyafrif yn Gymry ond roedd yn ofalus iawn pwy gâi ymuno â'r cwmni. Gwrthodwyd Cymro ifanc, John Morris, a ddaeth ei hun yn adeiladydd pwysig, yn 1870.

Mae'n sicr mai cyfraniad mawr arall oedd adeiladu y gorsafoedd rheilffordd o Lerpwl i Fanceinion ar gyfer George Stephenson, pan osododd un o'r rheilffyrdd cyntaf yn Lloegr ar gyfer y *Rocket* yn 1830. Daeth ei nai, oedd o'r un enw ag yntau, o Dafarn y Llew Gwyn, Cerrigydrudion, i gymryd awenau'r busnes, ond ni lwyddodd fel y gwnaeth ei ewythr. William Jones oedd y cyntaf o adeiladwyr Lerpwl i ddefnyddio ei gyfoeth er budd bro ei febyd. Adeiladodd ysgol yn Uwchaled ar gyfer y plant a thŷ ysgol, a phrynodd fferm Pen y Bryn, gan ei throsglwyddo i'r ysgol fel y medrid cael rhent ohoni.

Bob blwyddyn byddai yn rhoddi te parti i blant yr ysgol a cheir ffenestr yn eglwys Cerrig i'w goffáu.

Deunydd crai ar gyfer yr adeiladu yng ngogledd Cymru

Roedd gogledd Cymru yn rhanbarth oedd yn meddu ar ddeunydd crai fel llechi. Ceid chwareli ar hyd Sir Gaernarfon a Sir Feirionnydd ac fe lwyddwyd i gario'r llechi i borthladdoedd fel Porthmadog, Caernarfon a'r Felinheli a'u cludo i borthladd Lerpwl. Roedd angen miloedd ar filoedd o lechi i roi to ar dai Lerpwl. Ystyrid llechi Chwarel y Penrhyn a llechi Ffestiniog fel rhai dosbarth cyntaf. Ceid digon o garreg tywod a chalch yn ardal Sir y Fflint ar y ffin â Sir Gaer. Cyfrifid Mynydd Parys yn bwysig gan y llwyddid i gael plwm, sinc a chopr o'r fan honno. Wrth osod y cyfan gyda'i gilydd, llechi, grafel, bric, cerrig o Drefor a Phenmaenmawr, roedd adeiladwyr Cymry Lerpwl yn meddu ar yr adnoddau crai gorau.

Adeiladwyr yn gysylltiedig â Chapel Princes Road

Roedd y cefndir diwylliannol yn clymu'r adeiladwyr gyda'i gilydd. Roedd Capel Princes Road yn enwog am ei adeiladwyr. Dyna Daniel Daniel (1834-1911), Amberley Street, er enghraifft, a gafodd ei ethol yn flaenor yn 1882. Un o Gastell-y-Cregin yng Ngheredigion ydoedd a bu'n gyfrifol am lu o dai o 1869 ymlaen yn ardal Toxteth, Upper Warwick Street, Churchill Sreet, North Hill Street, Upper Parliament Street ac Amberley Street, a hyd yn oed rhai o dai crand Princes Road. Fel saer coed gwych hoffai wneud y gwaith coed yn y strydoedd hyn ei hun. Bu'n ffodus o gael cymorth Manoah Evans (1830-1909), Mulgrave Street, ac aelod gweithgar yng nghapel Princes Road gyda'r busnes. Gweithiai ef ar ei liwt ei hun ac felly pan oedd angen crefftwr o'r radd flaenaf arno yn North Hill Street, Upper Parliament Street ac Upper Warwick Street, gofynnai Daniel Daniel i Manoah Evans ddod i'r adwy. Ni allai Manoah ddioddef gwaith di-raen a chredai y dylai pob adeiladwr greu y gwaith coed ei hunan. Ond meddai ar galon dyner a bu'n haelionus at y Cymry tlawd fel trysorydd Pwyllgor y Tlodion, Capel Princes Road. Adeiladodd ar ei liwt ei hun yn Claribel Street ym mharc Princes, un ochr i Beaconsfield Street, a chlwstwr o dai ym Mulgrave Street, lle y bu ef ei hun yn byw yn un ohonynt ac yn cadw llygaid ar ei dentantiaid yn y tai eraill. Symudodd ei waith adeiladu o Toxteth i faestref Aigburth, ac adeiladodd dai yn Allington Street a Bryanstown Street.

Adeiladwr arall oedd Hugh Jones (1834-1904), a anwyd yn Llandwrog ger Caernarfon. Collodd ei rieni pan oedd yn ddeuddeg oed. Ef oedd yr ieuengaf o ddeuddeg o blant, a mentrodd i Lerpwl yn 1858 i weithio i gwmni o adeiladwyr. Roedd ganddo awydd i ddysgu a mynychai y *Mechanics Institute* ym Mount Street gyda'r nos. Daeth i adnabod Richard Owen, y pensaer yno, a dod yn ffrindiau da. Mentrodd ar ei liwt ei hun a bu'n adeiladu yn strydoedd Thackeray, Tennyson ac Arnold Street, pob un o'r rhain oddi ar yr hyn a elwid yn Parliament Street. Prynodd saith erw rhwng Lodge Lane ac Alt Street, ac adeiladodd dros dri chant o dai teras.

Cenedlaethau o adeiladwyr Cymreig o'r un teulu

Un o Gaergybi oedd Hugh Jones (1852-1915), Mulgrave Street. Bu ei dad yn gweithio ym myd adeiladu Lerpwl cyn ymddeol i Rosneigr, Môn. Plastrwr oedd Hugh Jones a gweithiai ar ei liwt ei hun. Derbyniai ddigon o waith cyn mentro yng nghwmni ei gyd-Fonwysyn, John Lewis, Cemaes, i logi iard a sied fawr i gadw'r peiriannau yn Upper Parliament Street. O'r fan hon y cafodd ei gytundeb cyntaf, ac adeiladodd ym Mulgrave Street a Kimberley Street yn agos i'w hoff gapel, Princes Road. Bu mewn trafodaethau gyda'r Gorfforaeth am wyneb y ffyrdd a arweiniai i'r strydoedd ac awgrymodd osod cerrig *cobble*, ond fod strydoedd prysur fel strydoedd Selborne, Granby, ac ati i gael *setts granite*. Roedd hyn yn symudiad da gan y byddai yn gofalu bod y strydoedd yn llai swnllyd. Gwelodd Hugh Jones ei gyfle a chyda'i dri brawd, John, William ac Edward creodd gwmni adeiladu o dan yr enw y Brodyr Jones. Canolbwyntiodd y cwmni ar ddau gylch, Edge Hill ac Aigburth. Prynwyd ffatri helaeth yn Stryd Spekeland a'i thynnu i lawr er mwyn adeiladu strydoedd o'r enw Sirdar a Luxor. Gydag amser, daeth ei fab Edward Jones, Alexandra Drive, yn bartner iddo. Roedd Corfforaeth Lerpwl yn meddu ffydd fawr ynddo ac fe ofynnwyd i'r cwmni adeiladu strydoedd newydd. Yn Aigburth y bu symudiad pwysig ac adeiladwyd pedair ystad, sef Woodlands, Briarley, Valleyfield a Mossdale. Rhoddodd ei alluoedd ar waith a bu'n Gomisiynydd Treth Incwm a Threth Tir, yn aelod o'r Toxteth Board of Guardians, ac yn un o sylfaenwyr Cymdeithas Cymry Ifanc yn Upper Parliament Street.

Bu ei fab, Edward R. Jones, yn arloesydd mawr ym myd adeiladu, yn un o sefydlwyr cwmni y Liverpool Housing Building Company, ef a William Jones a J. W. Jones. Credai y dylid dymchwel y slymiau ac adeiladu tai gwell, gwella hen dai ac adeiladu bythynnod i'r tlodion ar rent isel. Yn 1915 adeiladodd dŷ oedd yn cael ei dwymo gan nwy ar system a welodd ef â'i lygaid ei hun, pan oedd ar ymweliad yn Utica, Efrog Newydd. Adeiladodd hefyd dai a ddibynnai yn gyfan gwbl ar drydan. Er ei fagu yng nghapel Princes Road, rhoddodd o'i orau i'r gwaith cenhadol, yn arbennig yn Kent Square. Priododd ei ferch Leah gyda Clement Evans, ac ar eu hôl hwy bu y meibion, John a'i frawd Ted Clement-Evans, yn y byd cynllunio a gwerthu tai ac adeiladu. Felly dyna bum cenhedlaeth yn gysylltiedig ag adeiladu ac mae'r chweched genhedlaeth ym mherson Gaynor Clement-Evans, Aigburth, wrthi yn gwerthu tai yn y dyddiau presennol. Mae'n stori anhygoel iawn, yr unig enghraifft o un teulu Cymreig a gadwodd berthynas mor hir gyda'r byd adeiladu.

Tai teras yn gwella amodau byw

Dylanwadodd y Cymry yn helaeth ar gynllun y strydoedd a'r tai teras. O'r pedwardegau ymlaen adeiladwyd tai teras rhwng y maestrefi a'r tai a welid yng nghanol y ddinas, yn arbennig yn Vauxhall, oedd yn dilyn yr ymdrechion a wnaed o 1842 ymlaen i ddiwygio'r cartrefi. Diolch i ddau penderfynol iawn, W. H. Duncan, meddyg, a Samuel Holmes, adeiladwr yn y dref, roedd carthffosiaeth yn flaenoriaeth ar bob peth arall. Cyflwynwyd mesur preifat ger bron y Senedd yn 1842 i alluogi corfforaeth fel Lerpwl i gymryd arweiniad. Yr allwedd oedd codi adeiladau newydd a hefyd gosod amodau byw uchel ar yr adeiladau eraill. Dyma'r camau cyntaf a gymerwyd i wella amodau byw pobl mewn amgylchedd dinesig. Mae'n debyg mai'r cyfraniad pennaf i'r adnewyddiad oedd deddf y *Liverpool Sanitary Act* yn1846 a fu'n welliant mawr ar Ddeddf Iechyd a Thref Lerpwl o 1842. Roedd rhaid i bob stryd fod o leiaf 30 troedfedd o led yn lle 24 troedfedd, a disgwylid i'r seler fod â'i nenfwd o leiaf dair troedfedd uwchben lefel y palmant. Rheidrwydd arall oedd bod perchnogion yn gorfod cysylltu pibellau cario carthffosiaeth gyda'r sewer fawr. I ofalu bod y cyfan yn cael ei weithredu, apwyntiwyd peiriannydd i'r fwrdeistref ac arolygydd niwsans, fel y'i gelwid. Y pedwardegau oedd y degawd a newidiodd dref Lerpwl er gwell yn hanes adeiladau, strydoedd ac amgylchedd. Gwelodd nifer o adeiladwyr eu cyfle yn sgil y ddeddfwriaeth a'r holl amodau ar gyfer adeiladu. Datblygodd y Cymry yr hyn a ddaeth i gael eu hadnabod yn strydoedd Cymreig a thai a elwid yn *Welsh Houses*.

Tai a gynlluniwyd gan y Cymry

Aeth yr adeiladwyr Cymreig ati i greu tai pedair ystafell a dau lawr. Roeddent mor wahanol i'r tai a fodolai eisoes, a chroesawodd y dosbarth gweithiol y tai teras gyda'u drysau ffrynt yn agor, nid i stryd gul ond stryd lydan, a thu ôl i'r tŷ roedd tamaid o ardd. Dyma dai oedd wedi eu hadeiladu yn dda gan ddefnyddio y deunydd crai o Gymru. Erbyn y degawd nesaf, y pumdegau, adeiladodd y Cymry dai chwe ystafell gyda thair ystafell wely.

John Hughes, Moneivion, yn ehangu ei deyrnas

Allforiwyd y steil o dŷ a adeiladwyd gan y Cymry i ddinasoedd eraill. Meddylier am gyfraniad John Hughes (1863-1936), Moneivion, Green Lane, Allerton, gŵr o Lanrhuddlad, Môn. Ef a'i gwmni fu'n gyfrifol am rai o stadau tai Lerpwl yn ogystal â thai Kenton Estate yn Llundain a Shirley Estate, Birmingham. Adeiladodd John Hughes bob math o anheddau; bythynnod, tai ar eu pennau eu hunain, tai ynghlwm â'i gilydd mewn stryd, fflatiau, siopau. Cyfrifid ei gyfraniad yn Kenton Estate fel ei brif gyfraniad, gan iddo adeiladu yno eglwysi, ysgolion, canolfannau dysg a busnes, cannoedd ar gannoedd o dai, fflatiau, siopau, mannau chwarae, boulevards a gorsaf rheilffordd. Talodd J. R. Jones, ei gyfoeswr a'i gyd-flaenor yng nghapel Heathfield Road ger Penny Lane, y deyrnged hon iddo am ystad Kenton:

> In short, one of the satellite towns of London has been brought into existence through the enterprise and determination of a Welsh builder born of humble circumstances in Anglesey.

Gellir dadlau bod y Cymry yn y bedwaredd ganrif ar bymtheg, dyweder o 1830 i 1890, wedi adeiladu yn helaeth iawn yn Kirkdale, Anfield, Everton a Walton.

Dadansoddiad o'r amrywiaeth yn Llangwm (Kirkdale)

Cyfrifid Kirkdale, a elwid gan y Cymry yn Llangwm, fel calon y bywyd economaidd, gan y ceid yno ffatrïoedd a chanolfannau creu a chadw, ac roedd camlas Leeds i Lerpwl yn cychwyn yno. Roedd y lle yn ferw gyda ffowndri, warws cotwm, a stordai amrywiol. Un o'r melinau mawr oedd *Kirkman's Union Cotton Mill*, a elwid am flynyddoedd y ffatri Gymreig, gan mai Cymry oedd mwyafrif helaeth y gweithwyr. Ond er y datblygiadau hyn, ceid hefyd hen ddiwydiannau fel y chwareli carreg tywod yn Bankhall. Cymry oedd mwyafrif y chwarelwyr hyn. Ceid nifer o chwareli cerrig ar y tir uchel uwchben Netherfield Road a byddai'r rhain yn cyflenwi ychydig o'r angen ar gyfer yr adeiladau cyhoeddus a threfol a adeiladwyd. Yr alwad barhaus o hyd oedd am dir i adeiladu.

Un o'r adeiladwyr Cymreig a fu'n feistr ar y dasg hon oedd Robert Evans, stryd Roscommon. Dibynnai ef gryn lawer ar y pensaer, John Roberts, West Derby. Camp fawr y ddau yn 1855 oedd adeiladu tai yn Boundary Street rhwng Great Homer Street a Scotland Road. Erbyn y cyfnod hwn, roedd yr elfen wledig wedi hen ddiflannu ac adeiladau mawr gyda'r dociau a'r tai warws yn rhan annatod o'r tirlun.

Menter dau o fechgyn Môn, David Hughes ac Owen Elias a'u teuluoedd

Un a gafodd ei gydnabod fel arloeswr oedd David Hughes (1820-1904) a anwyd yng Nghemaes, Môn. Daeth i'r ddinas mewn llong hwylio fechan o Amlwch, taith a gymerodd dri diwrnod. Cyflogwyd ef gan yr adeiladydd pwysig, Owen Elias, fel *joiner*. Ond roedd yn fachgen uchelgeisiol, ac ar ôl llwyddo i gasglu £80 o'i enillion prin, mentrodd i fyd adeiladu, gan ganolbwyntio ar Kirkdale. Roedd yna ddarn mawr o dir rhwng dociau'r gogledd a Stanley Road yn Kirkdale. Wedi adeiladu nifer dda o strydoedd yn Kirkdale, gwelodd botensial i ehangu i Everton lle yr oedd ei gyfaill Owen Elias (1806-80) yn adeiladu ar raddfa eang. Un o Lanbadrig oedd Owen Elias yn wreiddiol. Gwelodd ei gyfle ac aeth ati i adeiladu ar y llechwedd rhwng Great Homer Street a Heyworth Street. Buan y gwelwyd David Hughes yn adeiladu yn Everton, lle yr adeiladodd ef ac Owen Elias, rhyngddynt ond nid ar y cyd, gannoedd ar gannoedd o dai, a gwneud Everton yn ganolfan y Cymry. Clywid y Gymraeg yn fwy mynych na'r Saesneg ar ei strydoedd a gwerthid bwydydd Cymreig a llyfrau a chylchgronau Cymraeg yn y siopau. Roedd bron pob ffenestr siop â phoster Cymraeg yn hysbysebu cyngerdd neu gyfarfod pregethu yn y capeli a'r eglwysi.

Canolbwyntiodd David Hughes ar Anfield, fel ag y canolbwyntiodd Owen Elias a'i fab ar Walton. Galwodd Owen Elias y strydoedd a adeiladodd ef a'i fab, William Owen Elias (1850-1917), yn Walton yn ôl llythrennau eu henwau, gan ddechrau gyda stryd Oxton ac yna strydoedd Winslow, Eton a Neston i gwblhau ei enw bedydd. Enwyd strydoedd yn Andrew, Nimrod a Dane Street hefyd er mwyn sillafu 'and'. Gyda William rhoddwyd yr enwau Wilburn, Ismay, Lind, Lowell, Index, Arnot a Mandeville Street. Roedd y cwbl gyda'i gilydd yn sillafu yr enwau bedydd Owen and William. Gwelir y strydoedd hyn hyd heddiw o amgylch County Road a Goodison Road. Yn ddiweddarach adeiladodd William Owen Elias strydoedd gan ddefnyddio enw ei fab hynaf, E. Alfred, gan ddechrau yn Espen Street a gorffen yn Dyson Street – tair cenhedlaeth o adeiladwyr a elwodd yn helaeth o'r diwydiant.

Pentref prydferth oedd Everton pan symudodd Owen Elias a'i ddau frawd William (1808-84) ac Edward (1814-87) yno. Cartrefai y ddau hen lanc, William ac Edward yn Everton Valley, yn agos i Eglwys St Chad, ac Owen i ddechrau yn Water Street, cyn symud i blas bychan o'r enw Mere House ym Mere Lane. Erbyn hynny, adnabyddid ef fel 'Brenin Everton'. Roedd pob un o'r pum adeiladydd yn weithgar yng nghapeli Cymraeg y Methodistiaid Calfinaidd. Addasodd Thomas Hughes ystafell yn stryd Walmsey fel capel cenhadol a phan aeth yn rhy fach, adeiladodd ei frawd David Hughes Gapel Cranmer Street gyda'i arian ei hun, ac oddi yno y symudwyd yn ddiweddarach i Gapel newydd Anfield Road. Adeiladodd Thomas Hughes, eto gyda'i arian ei hun, adeilad yn York Terrace ar gyfer yr aelodau a symudodd o Gapel Burlington Street, cyn adeiladu Capel Netherfield Road, ac yno yr addolai y brodyr Elias. Nid oedd pall ar garedigrwydd Thomas Hughes i'r Cymry Calfinaidd. Gan iddo weld y cyfle yn yr ardal o amgylch West Derby Road, adeiladodd gapel ac ysgoldy yn Stryd Lombard a'u cyflwyno fel rhodd i enwad y Methodistiaid Calfinaidd.

Roedd Owen Elias o gyffelyb ysbryd a haelioni i Thomas a David Hughes. Owen Elias a gynlluniodd y capel yn Burlington Street a chyfrannu tuag at ei godi. Yn ddiweddarach adeiladodd ysgoldy yn Arkwright Street ar gyfer y Cymry di-Gymraeg. Symudodd yr eglwys hon yn ddiweddarach i Everton Brow, lle y bu'r masnachwr coed William Evans yn arwain, ac fe'i hanrhydeddwyd fel Llywydd Cynhadledd Eglwysi Saesneg Eglwys Bresbyteraidd Cymru. Bu'n amlwg iawn ym mywyd Lerpwl fel cynghorydd a henadur ar Gyngor y Ddinas. Adeiladwyd o leiaf 60% y cant o dai Everton yn nyddiau Owen Elias a'i frodyr, a David Hughes a'i frawd. Nid rhyfedd i un o haneswyr Lerpwl, Syr James Picton, alw Everton yn Gosen yr hil Gymreig.

Gorchestion John Williams, Moss Bank

Gŵr peniog ac anghyffredin a fu'n adeiladu yn Everton oedd John Williams (1817-1906), Moss Bank. Symudodd o Ddyffryn Conwy i Lerpwl yn 1837 a threuliodd saith deg o flynyddoedd yn y ddinas. Am chwe deg o flynyddoedd bu'n adeiladu ar raddfa eang. Cafodd naw o blant gyda'i briod Eleanor Jones (née Williams) o Abergele, a'u mab hynaf oedd W. H. Williams a fu'n Arglwydd Faer Lerpwl. Adeiladodd yn Everton, ardal Parc Sefton, Lodge Lane, a Princes Road. Ger Parc Goodison gwelir strydoedd Leta a Gwladys, a'i gwmni ef oedd yn gyfrifol am eu hadeiladu. Galwodd y strydoedd ar ôl dwy o'i wyresau.

Goradeiladu yn Everton, West Derby a Kensington

Gwendid pennaf yr adeiladwyr o Gymru oedd eu bod yn goradeiladu. Mor gynnar â 1860, clywid aml i feirniadaeth fod yr holl strydoedd yn creu consýrn i'r amgylchedd. Erbyn 1900 ceid mwy o feirniadu gan fod llawer o'r tai pedair ystafell heb yr anghenion pwysig. Dyma ddadansoddiad Thomas A. Roberts:

> Thousands of these regulation houses, mainly of the four-roomed type, lacked the basic amenities of mains water, mains sewage and gas, and had to share a communal W.C. Even when gas and electricity were commonplace in other districts, such housing lingered on without the benefit of either until demolished after the Second World War.

Yr un oedd y stori yn West Derby a Kensington. Cafwyd cyfraniad pwysig yn Kensington gan Robert Evans (1832-1919), gŵr o Lannerch-y-medd, a Robert Edwards o Bootle. Daeth y ddau at ei gilydd ar ôl derbyn comisiwn gan Owen Elias i'w gynorthwyo ef i adeiladu tai. Symudwyd y ddau oddi yno i weithio yn Kensington a Fairfield gan adeiladu stryd ar ôl stryd o dai teras, a symud wedyn i'r Dingle.

Y Cymry yn codi strydoedd yn Edge Lane a Toxteth a'r maestrefi eraill

Trwy y diwygio a ddaeth i fodolaeth yn y pedwardegau, gwelwyd ym maestref Toxteth yr un symudiadau ag a welwyd yn Kirkdale ac Everton. Erbyn y chwedegau, daeth model newydd sef tai chwe ystafell, ac erbyn y degawd nesaf adeiladwyd ar gyfartaledd 600 o dai bob blwyddyn ym maestref Toxteth. Yn aml iawn ceid un cwmni o Gymry yn adeiladu ar un ochr y stryd, a chwmni arall yn gofalu am y stryd gyferbyn. Manoah Evans oedd yn gyfrifol am un ochr o Beaconsfield. Mentrodd Evan Morgan (1850-1925), Edge Lane, adeiladu siopau yn Granby Road a Princes Bank. Un o Lanarth, Ceredigion, ydoedd ac adeiladwr a gyfrannodd yn helaeth i adeiladu ardaloedd Anfield, Edge Lane, Fairfield, Dingle a Wavertree. Annibynnwr cadarn a fu'n ddiacon yng nghapel Tabernacl, Belmont Road, ydoedd a cheir ysgoloriaeth yn ei enw ym Mhrifysgol Aberystwyth.

Cymry oedd adeiladwyr Toxteth. Dyna'r brodyr Williams o Abererch, sef Griffith Williams (1833-86), Robert Williams (1834-1918), Richard Williams (1841-1911) ac Elias Williams (1842-1902). *Joiner* oedd Griffith Williams a brentisiwyd gyda'i frawd Richard yn Llaniestyn a Morfa Nefyn. Adeiladodd dai yn stryd Upper Warwick, a strydoedd Pickwick a Dorrit yn Toxteth, ond gwelir mwy o'i waith yn Everton (St Domingo Road, Melbourne Street) ac Anfield (Oakfield Road, Brick Road, Esmond Street, Rocky Lane a llawer mwy). Gweithiai Robert a Richard Williams gyda'i gilydd yn stryd Dombey yn Toxteth, ac ar raddfa fawr yn Kirkdale. Pan ymunodd John Williams â'r busnes, ehangwyd i Walton (Walton Lane, Sleepers Hill, Stonewall Street a Saxon Street). Adeiladodd Elias Williams dai yn stryd Upper Warwick a Dorrit Street. Yn ddiweddarach ymunodd gyda'i frawd Griffith a William Rowlands i ffurfio cwmni adeiladu Williams a Rowlands, gan ganolbwyntio ar faestref Anfield. Canolbwyntiodd William Williams (1839-1915), Eversley Street, ar Gaeau'r Senedd (Parliament Fields) rhwng Princes Road ac Upper Parliament Street.

Strydoedd mwyaf adnabyddus Toxteth yw'r strydoedd Cymreig y bu cymaint o ymgyrchu dros eu cadw, a hynny yn wyneb awydd y Gorfforaeth i'w dymchwel. Cadwyd hwy i raddau oherwydd yr ymgyrchu ac oherwydd bod Ringo Starr wedi ei eni yn 9 Madryn Street. Adeiladwyd y tai tua 1880 ar gyfer teuluoedd o Gymry oedd yn llafurio yn y diwydiant adeiladu. Mae enwau Cymraeg i'r strydoedd fel Rhiwlas, Powis, Elwy a Dovey. Gwelir un ar ddeg o strydoedd gyda'i gilydd o fewn cerddediad i Eglwys Princes Road a Pharc Princes. Adeiladwyd Stryd Teilo gan yr Annibynnwr mawr, Evan Evans (1854-1924), Borrowdale Road. Daeth yn ddiacon a thrysorydd Capel yr Annibynwyr Cymraeg Park Road yn y Dingle. Ef a'i frawd John Evans oedd yn gyfrifol am Gredington Street yn y Dingle a Sandhurst Street yn Aigburth a strydoedd lle y trigai llawer o aelodau Capel MC Edge Lane, sef Whitland Road a Manton Road yn Fairfield.

Diwydiant adeiladu y Cymry yn ddiwydiant hunanddigonol

Yr hyn sy'n hynod o ddiddorol yw bod y Cymry wedi sefydlu diwydiant cwbl hunangynhaliol. Yn ardal Toxteth roedd ganddynt fantais aruthrol oherwydd gweithredu ymarferol David Roberts a agorodd iard goed yn Stryd Fontenoy yn 1834, ac yna ehangu i Fox Street. Bu iddo ef a'i fab John Roberts brynu Caeau'r Senedd (Parliament Fields) gan yr Arglwydd Sefton, ac yna gydag eraill o gyffelyb anian, ddatblygu'r ardal yn drefedigaeth Gymreig. Gosododd David Roberts amodau wrth werthu'r tir, sef ymgadw rhag gosod tafarn o fewn y gymdogaeth, a dyna pam fod y daith o Princes Road i Penny Lane yn arfer â bod yn daith y llwyrymwrthodwyr ar wahân i dafarn Brookhouse yn Smithdown Road.

Trefnu cyfalaf i'r adeiladwyr

Nid oedd angen i adeiladwyr Cymreig boeni am gyfalaf. Roedd banc ar gael, ac yn ogystal â hynny gymdeithasau adeiladu a sefydlwyd ar eu cyfer fel diwydiant. Roedd y broblem o gyfalaf yn enfawr yn niwedd pumdegau'r bedwaredd ganrif ar bymtheg, pan ddyblwyd nifer y tai a adeiladwyd yn Lerpwl i 66,000. Roedd cymaint o alw am gyfalaf gan gwmnïau y rheilffyrdd a chwmnïau diwydiannol nes yr oedd y cwmnïau adeiladu mewn cyfyng gyngor.

I ofalu bod yr arian yn llifo ac er mwyn cynnal y diwydiant, gwelodd nifer eu cyfle i fuddsoddi arian a chynnig elw i'r rhai a gynigai arian dros dro i gymdeithasau adeiladu. A dyna sut y daeth Cymdeithasau Adeiladu y Capeli i fodolaeth a Chymdeithas Adeiladu Clarence Street, Cymdeithas Adeiladu Chatham Street a Chymdeithas Adeiladu Crown Street. Sefydlwyd a gweinyddwyd cwmnïau eraill gan arweinwyr o'r gymuned Gymraeg – Working Men's Calvinistic Methodist Trust, y Liverpool and Birkenhead Building Society a'r City of Liverpool Permanent.

Yn 1863 sefydlwyd y Cambrian. Ymhlith yr ymddiriedolwyr roedd y gwerthwr tai Owen Roberts (1818-86), a Robert Owen Evans (1810-72), Everton Valley – adeiladwr a safodd yn Ward Scotland Road ac yna yn Everton dros y Rhyddfrydwyr, ond na lwyddodd i ennill etholiad i Gyngor y Ddinas. Llwyddwyd i berswadio Monwysyn arall, y Cynghorydd William Williams (1813-86) i ymuno yng nghwmni y Cambrian. O Llanfachraeth y daeth ef i Lerpwl. Roedd yn grefftwr o'r iawn ryw ac ef arolygodd y tai a adeiladwyd yn Newby Terrace, Everton. Ef oedd y Cymro cyntaf i adeiladu y tai warws helaeth yng ngogledd y ddinas. Ehangodd faestref Waterloo ac adeiladodd bontydd ar reilffordd Penbedw a Chaer, ac mewn mannau eraill yn Lloegr, yn y Cotswolds, yn Aberdaugleddau, ac agor sianel trwy greigiau yng nghulfor Menai. Gydai'i gyfaill R. W. Rowlands, cyflawnodd waith adeiladu ar raddfa eang yn yr Alban. Bwriadai adeiladu twnnel o Dover yng Nghaint i Calais yn Ffrainc, ond ni wireddwyd y freuddwyd honno tan ddyddiau Margaret Thatcher. Credai fod dyletswydd arno fel dyn busnes hynod o lwyddiannus i arwain ym mywyd y ddinas, ac ef oedd un o'r Cymry cyntaf o blith yr adeiladwyr i gael ei ethol i Gyngor y Ddinas i gynrychioli'r Rhyddfrydwyr dros Scotland Road, a hynny o 1863 hyd 1875, pan gollodd yn yr etholiad. Ond ailetholwyd ef dros Ward St Paul, lle roedd cyfran uchel o Gymry yn byw yn 1877. Ymddeolodd yn 1880. Rhoddodd wasanaeth enfawr i'r Methodistiaid Calfinaidd yng nghapeli Rose Place, Whitefield Road, Newsham Park a chyfrannodd yn haelionus at adeiladu Capel Fitzclarence Street. Ef a roddodd y pulpud hardd gyda'r geiriau addas wedi eu cerfio, 'Cyflwynedig gan William Williams, cynghorydd y dref, fel rhodd i'r Arglwydd ac i addurno ei le sanctaidd'.

Uchelgais Owen Williams, Toxteth

Pobl y capeli oedd wrth y llyw yn y cymdeithasau oedd yn gwarchod cyfalaf. Un o'r pwysicaf ohonynt oedd Owen Williams (1814-1902) o Llanfair-yn-neubwll, Môn, a gartrefai yn 4 Warwick Street yn Toxteth. Erbyn ei fod yn ugain oed, roedd yn farsiandwr llysiau. Aeth yn ei flaen i weithio mewn siopau llyfrau ail-law, ac erbyn 1840 roedd yn werthwr tai. Sefydlwyd ffyrm o dan yr enw Owen Williams a Sutcliffe, a'i swyddfa yn Victoria Street. Gwelid ei waith ar hyd a lled gogledd Cymru a gogledd-orllewin Lloegr. Gwahoddodd yr Arglwydd Mostyn ef i drafod y posibilrwydd o ddatblygu *copper mine* yn y Great Orme. Aeth yno o Lerpwl yn 1849, ond yr hyn a'i denodd ef oedd y posibilrwydd o adeiladu tref yng nghysgod y Gogarth. Creodd gynllun ar gyfer y dref, ac ar sail y cynlluniau hyn yr adeiladwyd Llandudno. Gweithredodd hefyd ar ran cwmni rheilffordd i ddatblygu holl ffatrïoedd Horwich, ac ef fel syrfëwr oedd yn gyfrifol am gynllunio Trearddur ym Môn a rhan o'r Rhyl, yn arbennig y strydoedd llydan a'r *parade*.

Cyfranddalwyr adnabyddus Cymdeithas Chatham

Gwnaeth Samuel Evans (1868-1938) gyfraniad sylweddol i Gymdeithas Adeiladu Chatham Street yn ystod y cyfnod y bu yn aelod o gapel Cymraeg Chatham Street ac ar ôl iddo symud i gapel Anfield. Adeiladodd strydoedd lawer ym maestref Anfield. Ef a'i gwmni fu'n gyfrifol am Harrow Road, Finchley Road, Hornsea Road a Wilmer Road, a chyn hynny bu ef a Hughes Jones (yn enedigol o Gemaes, Môn) yn adeiladu yn Everton.

Cwmni gwerthu tai Venmore

Ffurfiwyd llu o gwmnïau gwerthu tai yn sgil yr adeiladu megis W. a J. Venmore. Ganwyd William Venmore (1849-1920) a James Venmore (1850-1920) yn Llannerch-y-medd, Môn, ond pan oedd y ddau yn ddynion ifanc, teithiodd William a James i Lerpwl i weithio yn swyddfa ewythr iddynt. Ar ôl magu profiad ym myd busnes ac adeiladu, sefydlodd y ddau fusnes asiantaeth gwerthu tai sydd yn parhau hyd heddiw o dan yr enw Thomas Jones and Venmore. Cyfrannodd William Venmore yn fawr i fywyd Cymraeg a chrefyddol Lerpwl. Bu'n ysgrifennydd eglwys Cranmer Street, ac ar ôl i'r gynulleidfa symud i gapel newydd Anfield Road yn 1878, etholwyd ef yn flaenor yr eglwys newydd ym mis Mawrth 1880.

Stori anhygoel John Jones (Drinkwater)

Yr hynaf o naw o blant a anwyd yn y Garreg-lefn, Môn, oedd John Jones, Drinkwater (1853-1936). Gadawodd yr ysgol yn dair ar ddeg i fynd i weithio fel gwas fferm, ac yna â'i fryd ar wella ei fyd, aeth i Ros-y-bol i hyfforddi fel *joiner* dan feistr yn y grefft, Hugh Griffiths. Pan oedd wedi dysgu ei grefft yn ddigon da, mentrodd i Lerpwl a chafodd bob cymorth gan rai fel y brodyr Elias, David a Thomas Hughes, a John Jones, Elm Bank, Anfield. Symudodd gyda'i fusnes i Smithdown Road ac ymuno yng nghapel Webster Road yn 1887 a phriodi Catherine Parry o'r Gorslwyd, gan sefydlu cartref yn Barrington Road. Bu hi farw ar ôl saith mlynedd o fywyd priodasol, a'i adael gyda dau fab i'w magu. Daeth yn adeiladwr ar raddfa fawr yn ardal Parc Sefton, Smithdown Road, Earle Road, Princes Park a Penny Lane.

Perthynai John Jones i nythaid o adeiladwyr a fynychai gapel Webster Road. Ei bartner yn y dyddiau cynnar oedd John Hughes, Moneivion. Hwy eu dau oedd sefydlwyr cwmni adeiladu Jones a Hughes gyda'i bencadlys yn 13 Whitechapel, a bu'r bartneriaeth yn un a barhaodd am 30 mlynedd. Hwy a gynlluniodd ac a adeiladodd ystadau o dai fel Westdale yn Wavertree, Longmoor yn Fazakarley, Queen's Drive Estate yn Walton, Breeze Hill Estate yn Bootle, Cabbage Hall Estate yn Anfield a Prenton Estate ym Mhenbedw. Prynent y tir a'i ddatblygu.

Yn 1906 adeiladodd blas bychan iddo ef a'i deulu, sef Mayfield yn Dudlow Lane yn Allerton. Mae Mayfield yn werth ei weld heddiw, yn dystiolaeth i lwyddiant y Cymro o Fôn. Daeth ei fab, W. H. Jones, yntau yn adeiladwr yn Lerpwl a Phenbedw, tra arbenigodd ei frawd, J. R. Jones, fel asiant tai.

Sefydlu a datblygu cwmni J. W. Jones a'i feibion

Yn sêt fawr Webster Road roedd sylfaenydd cwmni enwog arall sef John William Jones (1868-1945). Ef oedd prif ddyn cwmni J. W. Jones a'i Feibion, 158 Allerton Road. Ganwyd ef yng Nghae'r Hafod, Cyffylliog yn Nyffryn Clwyd ac yn 1886 daeth i Lerpwl i weithio fel prentis yng nghwmni David Roberts a'i Fab. Bu'n gweithio fel saer coed i gwmnïau eraill o Gymry cyn mentro rhedeg busnes ei hun. Priododd â merch o Lanrhaeadr-ym-Mochnant a ganwyd iddynt bedwar mab a merch a bu pob un ohonynt ynghlwm â'r busnes.

Gwasanaethodd J. W. Jones ar Gyngor Lerpwl o 1932 hyd 1938 ac fel John Jones, bu'n un o sylfaenwyr Capel Heathfield Road, ger Penny Lane. Ef oedd y Trysorydd am flynyddoedd, ac felly hefyd ei fab ieuengaf Howell, a briododd Gwen, merch y Parchedig E. Tegla Davies.

Yn 1900 sefydlodd J. W. Jones ei swyddfa a'i iard yn Trentham Avenue, yn ddigon agos i orsaf Sefton Park. Ymunodd Richard Jones ag ef fel partner. Hyd y Rhyfel Byd Cyntaf canolbwyntiwyd ar ardal Sefton Park ac Allerton. Yn y cyfnod hwn, adeiladodd strydoedd nodedig yn Allerton, fel Tanat Drive (i ddiolch am ei briod o Ddyffryn Tanat) a Garth Drive, gan symud i fyw i'r tŷ helaethaf, sef Hiraethog. Gwelir ei ddawn hyd heddiw yn Garth Drive, yn arbennig yn yr amrywiaeth a welir; prin bod yr un tŷ yn union yr un fath. Canolbwyntiodd ar y maestrefi braf fel Childwall a Calderstones, ond bu ei gwmni hefyd yn adeiladu yn Anfield, Woolton a Norris Green. Mentrodd i fyd paentio tai a chynnig pob math o wasanaeth defnyddiol fel trwsio drysau a gosod ffenestri newydd yn lle y rhai a bydrodd.

Symudwyd i ganol Allerton Road yn 1923, ac arweiniodd hynny at oes aur y cwmni, gan iddynt adeiladu ar raddfa eang iawn yn West Derby (ystadau Larkhill a Lisburn), Springwood yn Allerton ac adeiladu darn helaeth o Speke lle y gwelir ugain mil o dai, ac adeiladodd gannoedd o dai yn Huyton a Bootle. Derbyniodd gytundebau yr awdurdodau lleol a chwmnïau menter. Derbyniodd J. W. Jones gytundeb gan y Weinyddiaeth Gwaith (Ministry of Works) i ofalu am adeiladau cyhoeddus o 1923 ac am y pymtheng mlynedd nesaf. Cawsant, fel cwmni, gyfleon helaeth: hwy a adeiladodd brif swyddfa bost tref Widnes, ailadeiladu Customs House a gofalu am adeiladau hanesyddol Croxteth Hall a Speke Hall. Yn ystod yr Ail Ryfel Byd bu'r cwmni mewn perthynas arbennig â'r llywodraeth gan chwarae rôl dyngedfennol o bwysig adeg ailadeiladu Lerpwl ar ôl y bomio didrugaredd yn 1940-41 gan awyrennau yr Almaen. Adferwyd miloedd o dai gan y cwmni a niweidiwyd yn y *blitz* ac ar ôl y rhyfel aed ati i adeiladu yn y maestrefi fel Childwall, Allerton a Gateacre.

Cyfoeswyr J. W. Jones

Yn 1911, etholwyd J. W. Jones yn flaenor yng nghapel Webster Road, ac yn yr un flwyddyn, etholwyd adeiladwr arall, sef Henry Williams (1864-1945), Grovedale Road. Symudodd yn llanc ifanc ugain oed o Foelfre i Lerpwl a chafodd waith fel saer coed. Saith mlynedd yn ddiweddarach collodd ei waith ar adeg anodd i'r diwydiant, a mentrodd ar long oedd yn hwylio o Lerpwl i Hamburg ac oddi yno i Rangoon yn y Dwyrain Pell. Saer oedd ef ar y llong a threuliodd saith mlynedd fel morwr. Dychwelodd yn 1898 gan setlo eto ym myd adeiladu gan sefydlu ei gwmni ei hun. Canolbwyntiodd ar ardal Wavertree a Mossley Hill, yn ddigon agos i gartref.

Cyd-flaenor arall oedd George Jenkins (1859-1946), Karslake Road. Un o Sir Benfro oedd George a chafodd fywyd hynod o ddiddorol, gan iddo ymfudo i'r Unol Daleithiau lle y bu'n gweithio fel saer maen yn Denver a Colorado o 1887 hyd 1893, cyn dychwelyd i Lerpwl. Adeiladodd ef a'i gwmni yn Aigburth, St Michael's, Dingle a hefyd yn Wavertree.

Un arall a fu'n byw yn Karslake Road oedd Thomas Roberts (1855-1950), a ddaeth i Lerpwl o Ysbyty Ifan fel gosodydd brics. Bu yntau fel George Jenkins yn yr Amerig, ond dim ond am flwyddyn. Ar ôl dod yn ôl i Lerpwl cafodd ei gyflogi gan gwmnïau Cymreig, a phan ddaeth hi'n adeg adeiladu Tŷ Capel Heathfield Road, ef oedd y prif ddyn. Casglodd o'i amgylch seiri maen a choed a phlastrwyr fel Isaac Roberts, Towers Road, oedd yn gryn fardd ac yn arddel yr enw Ap Carrog. Galwodd un diwrnod amdano a'i gael yn y gwely yn sâl. Anfarwolodd Ap Carrog y sefyllfa mewn englyn:

> Druan wyf na fedrwn i – ganu clod,
>   Bachgen clên fel Tomi,
> Y byd red a'i deyrnged i
> Fonedd doctor priddfeini.

Dewi Clwyd a'i deulu gweithgar

Un o'r adeiladwyr cynharaf yn Lerpwl oedd Robert Davies (1812-75) neu Dewi Clwyd fel yr adnabyddid ef wrth ei enw barddol. Adeiladodd ef ddeg tŷ yn Lerpwl mor gynnar â'r flwyddyn 1839 ond nid yw'n nodi ym mha ran o'r dref. Bu'n byw am gyfnod o'r pedwardegau i'r chwedegau yn 44 Saxon Street, West Derby Road. Teimlai ar goll ymhlith yr holl Saeson o'i amgylch, a dywedodd amdano ei hun mewn brawddeg ddigon nodedig: 'Pererin yw ef a'i deulu ym mhlith y Saeson.'

Pererin neu beidio, magodd ddigon o deulu i'w gadw, nid yn unig fel pererin, ond yn brysur, brysur. Cafodd wyth o fechgyn a phedair merch ac aeth saith o'r meibion i'r busnes adeiladu. Adeiladodd Dewi Clwyd dros ugain o dai yn Tuebrook. Adeiladodd ei feibion ar raddfa fawr yn ardaloedd Rock Ferry, Penbedw a Wallasey. Gwir yw geiriau Huwco Penmaen am Dewi Clwyd:

> A Robert Davies y saer maen,
> Nid dyn cyffredin ydoedd;
> Dysgedig oedd ym mhethau'r byd
> A doeth ym mhethau'r nefoedd.

Methiant teulu o adeiladwyr

Camgymeriad fyddai rhoi'r argraff fod pob adeiladwr o Gymro a fu yn Lerpwl wedi bod yn llwyddiannus. Yn 1887 o flaen Llys Methdalwyr Lerpwl a Mr Cofrestrydd Cooper, yr oedd y Brodyr Lewis, yn wreiddiol o Gemaes, Môn. Gwaith pennaf cwmni y Brodyr Lewis oedd adeiladu tai, siopau a storfeydd. Byddent yn adeiladu'r tai ac yn gosod morgais arnynt, gyda'r bwriad o wneud elw ar y gwahaniaeth rhwng y rhenti a'r llog ar y morgais. Roedd y brodyr John, Robert a William yn Gymry uniaith Gymraeg yn ôl y Llys Methdalwyr. Yr unig un oedd yn deall digon o Saesneg i gael ei gynrychioli oedd Hugh Lewis. Roeddent mewn dyled o £5,810 a dim ond £2,641 o asedau ar gael. Gohiriwyd yr achos, a hyd y gwyddys, cawsant gyfle i ddal i weithredu.

John Lewis yr adeiladwr

Adeiladwr o'r radd flaenaf a fu trwy gyfnod anodd oedd John Lewis (1875-1944), Courtland Road, Allerton. Un o Ddarowen ydoedd a daeth i Lerpwl yn 1896 i chwilio am waith, a dod o hyd i hynny yn Waterloo fel *joiner*. Ar ôl sefydlu ei gwmni yn Clubmoor, adeiladodd fflatiau a thai yn Muirhead Avenue a Lewisham Road, ond gwelir ei waith gorau yn Allerton, yn arbennig Swyddfa'r Heddlu a Gorsaf y Frigâd Dân a'r tai cyfagos yn ymyl Llyfrgell Allerton. Gofynnwyd iddo weithredu ar dŵr maes awyr Speke ac adeiladodd ef stadiwm Lerpwl i lawr yn yr ardal o amgylch Pall Mall, a elwid Tref Lerpwl.

Adeiladodd sinemâu ac ysgolion a mynychodd gapeli Waterloo, David Street a Heathfield Road.

Camp y Cymry fel adeiladwyr

Mae stori'r Cymry fel adeiladwyr yn un anhygoel. Llwyddasant i weddnewid Lerpwl o fod yn dref fechan i fod yn ddinas fawr. Y Cymry oedd y prif adeiladwyr yn Oes Fictoria. Roeddent yn gwbl hanfodol i dyfiant Lerpwl – o'r maestrefi fel Everton i Allerton, o Anfield i Speke, ac o Mossley Hill i Huyton. Ni cheir un faestref yn perthyn i Lerpwl na fu'r Cymry yn adeiladu ynddi. Gwir yw geiriau'r hanesydd Thomas A. Roberts o Brifysgol Efrog yn 1986:

> The Welsh were the most able, well-equipped and best connected to provide the neccessary resources in the quantities demanded and ensure continuity of supply, whether in terms of manpower, materials or finance. And provide they did, in increasing volume and numbers.

Cymry Lerpwl a'r môr

Porthladdoedd gogledd Cymru a phorthladd Lerpwl

Bu'r ddeunawfed ganrif yn gyfnod pwysig yn y berthynas rhwng Cymru a Lerpwl. Roedd y fasnach rhwng Lerpwl a phorthladdoedd Ynys Môn, yn enwedig Amlwch, Biwmares, Bae Dulas, Moelfre a Chaergybi yn hollbwysig. Erbyn 1787 roedd chwe deg a dwy o longau bychan yn hwylio rhwng Amlwch a Lerpwl, yn cario copr o Fynydd Parys i ganolfan yn St Helens. Teithiai llongau i borthladd Runcorn a chludwyd glo o faes glo Sir Gaerhirfryn yn ôl i Fôn. Deuai nifer dda o'r ymfudwyr a wnaeth gyfraniad helaeth i fywyd Lerpwl ar y llongau hyn, yn enwedig o Fôn ac Arfon. Penderfynodd cyfran uchel o'r morwyr a'r capteniaid llongau gartrefu yn Lerpwl. Dros y blynyddoedd, arbenigodd nifer o Gymry yn y gwaith cwbl allweddol o fod yn beilotiaid i arwain y llongau i mewn i ddiddosrwydd y porthladd.

Cyfraniad William Thomas

Un o'r Cymry a wnaeth gyfraniad helaeth i fyd y llongau oedd William Thomas (1838-1915). Brodor o Lanrhuddlad, Môn, ydoedd, a ddaeth yn ddwy ar bymtheg oed i Lerpwl. Cychwynnodd ei fusnes ei hun yn 1859, ac yntau ond yn un ar hugain mlwydd oed. Daeth ei gwmni, William Thomas a'i Feibion Lerpwl a Llundain, yn adnabyddus ym myd y llongau. Llwyddodd ei gwmni i hwylio'r moroedd. Hwyliai'r llongau hyn i Dde America ac i'r Unol Daleithiau. Hwyliodd y *Queen of Cambria* yn gyson i Efrog Newydd yn 1893.

Ond nid yn unig fel gŵr busnes hynod o lwyddiannus y cofir amdano ond fel un a fu yn flaenor mewn tri gwahanol gapel yn perthyn i'r Methodistiaid Calfinaidd yn Lerpwl. Etholwyd ef yn 1845 i arwain yng nghapel Pall Mall, ac yntau ond yn saith ar hugain mlwydd oed. Symudodd i ogledd Lerpwl yn 1879 a chwaraeodd ran bwysig yn y bywyd Cymraeg fel un o sylfaenwyr capel Peel Road a'i ethol yn flaenor yng nghapel Stanley Road. Etholwyd ef yn flaenor yn 1887 hyd 1901, pan symudodd yn ôl i'r ddinas ac ymaelodi yng nghapel Chatham Street.

Safodd hefyd fel Rhyddfrydwr mewn etholiadau lleol. Yn 1889 enillodd Ward Mersi, Bootle, ar gyngor tref Bootle, ac yn 1892-3, ef oedd maer y dref. Ar gyngor y dref, bu'n gadeirydd y Pwyllgor Ariannol am naw mlynedd a bu'n gynghorydd am dair blynedd ar ddeg.

Bu mab William Thomas, Syr R. J. Thomas, yn rhan o fyd yswiriant llongau yn Lerpwl, cyn dod yn Aelod Seneddol yn enw'r Blaid Ryddfrydol yn Wrecsam (1918-22) ac yn Aelod Seneddol Môn (1923-29).

Y Cambrian Line, Cwmni Cymreig arall

Cwmni arall a gydoesai â chwmni William Thomas oedd cwmni Thomas Williams, sef y Cambrian Line. Teithiodd y *Cambrian Warrior* yn ôl o Saigon i Lerpwl ar 10 Awst 1893 tra hwyliodd y *Cambrian Princess* o Efrog Newydd am Java ddau ddiwrnod yn ddiweddarach. Bu'r *Cambrian King* ar daith o Lerpwl i Melbourne yn Awstralia, a chyrhaeddodd yn ôl i borthladd Llundain ar 11 Medi 1893. Ddiwrnod ynghynt, hwyliodd y *Cambrian Monarch* o Ta Chaio am Brydain ac yn y Dwyrain Pell y ceid y *Cambrian Prince*. Hwyliodd y llong honno o Bangkok ar 1 Medi ar daith bell, yn gyntaf i borthladd Rio de Janeiro cyn troi trwyn y llong am Lerpwl. Ar 21 Medi hwyliodd y *Cambrian Chieftain* o Gasnewydd am Port la Plata, tra cyrhaeddodd y *Cambrian Queen* Anfa ar 18 Medi. Yr olaf o'i longau oedd y *Cambrian Hills* a hwyliodd o Antofagasta i Lerpwl.

Roedd y llongau hyn i gyd yn dibynnu llawer ar longwyr o Gymru, ond go brin fod yr un Cymro Cymraeg wedi hwylio cymaint â'r Cymro o Amlwch, George Paynter (1822-1911). Bu ef ar 355 o fordeithiau yn croesi Môr yr Iwerydd yn ôl ac ymlaen. Bu ar deithiau i Aleppo yn Syria, i Ynys Cuba, i Tsieina a Java, ac aeth ar agerlongau fel *Africa, Australasian, Canada, Kedar, Abyssinian, Persia, Bothnia, Algeria*. Ni fu erioed mewn llongddrylliad ar ôl teithio am 45 o flynyddoedd.

Syr Alfred Lewis Jones

Un o Gymry alltud llwyddiannus Lerpwl, a ddechreuodd ei yrfa fel bachgen pedair ar ddeg oed ar fwrdd llong oedd Syr Alfred Lewis Jones (1845-1909). Oherwydd anawsterau ariannol bu raid i'r teulu symud o Gaerfyrddin i Lerpwl. Llwyddodd Alfred i berswadio capten llong a berthynai i gwmni'r African Steam Ship i roddi gwaith iddo fel *cabin boy*. Gwnaeth argraff ar bawb a phan ddaeth yn ôl i Lerpwl, cyflwynodd y capten deyrnged iddo gyda'r canlyniad iddo gael cynnig swydd clerc gyda'r cwmni Laird and Fletcher. Cyflogai'r cwmni dri ar ddeg o bobl, a daeth y Cymro yn drwm o dan gyfaredd y Sgotyn Macgregor Laird. Arhosodd gyda'r cwmni, gan dderbyn cefnogaeth i fynychu ysgol nos, ennill statws a gwell cyflog, fel y medrai gynnal yr aelwyd wedi marwolaeth ei dad yn 1869. Cafodd gwmni dau ŵr pwysig yn ei yrfa, Alexander Elder a John Dempster. Gadawodd y ddau Albanwr y cwmni, y cyntaf yn 1866 a'r ail yn 1868. Rhoddodd hyn well cyfle iddo ddringo'r ysgol, ac erbyn 1870, roedd mewn sefyllfa reit gyfforddus ac yn ennill cyflog o £125 y flwyddyn.

Penderfynodd sefydlu ei gwmni llongau mewn swyddfa uwchben y banc yn 6 Dale Street. Tyfodd y busnes llongau a benthycodd nifer o longau hwylio i gario nwyddau i orllewin yr Affrig. Bu'r cam newydd yn gwbl chwyldroadol. Gwnaeth fwy o elw yn ei flwyddyn gyntaf ar ei liwt ei hun nag a wnaeth mewn deunaw mlynedd cyn hynny. Y flwyddyn ganlynol prynodd rai o'r llongau a fu ar fenthyg iddo, er mwyn cario mwy o nwyddau. Ef oedd yn trefnu'r teithiau hyn o Lerpwl i'r Affrig bell. Ond roedd un peth wedi ei daro. Gwelai fod dyddiau'r llongau hwyliau o borthladd Lerpwl yn dirwyn i ben a bod llongau ager yn eu disodli. Doedd dim cystadleuaeth o gwbl ynddi; rhaid oedd cael llong ager i deithio'n drwmlwythog o nwyddau. Gwaredodd ei longau hwylio a siartrodd stemar fechan. Bu hi'n ffrwgwd ar unwaith a phrotestiodd y cwmnïau oedd yn monopoleiddio'r fasnach, sef yr African Steamship Company a hefyd y British and African Steam Navigation Company. Roeddent wedi eu syfrdanu gan hyder y Cymro. Gwyddai perchnogion Elder and Dempster yn well na neb am ei allu a'i uchelgais. Felly, cynigiwyd partneriaeth iddo yn eu cwmni. Croesawodd y gwahoddiad o'i gartref yn West Derby. Diflannodd ei gwmni ef ac ym mis Hydref 1879 ymunodd drachefn â dau a fu'n cydweithio ag ef, sef Alexander Elder a John Dempster.

Ymuno gyda chwmni Elder Dempster

Bu Alfred yn bartner iau i'r Albanwyr hyd 1884, ond Alfred oedd yn gyrru llwyddiant y cwmni. Yn fuan sicrhaodd gytundeb gwych gan y British and African Steam Navigation Company. Golygai hynny chwyldro ym mhorthladd Lerpwl, gan mai Elder Dempster fyddai'n gyfrifol o hynny ymlaen am yr holl longau ac am drefnu a goruchwylio rhan helaeth o'r fasnach broffesiynol rhwng Prydain a gwledydd gorllewin yr Affrig. Roedd Alfred Lewis Jones ar ben ei ddigon ac fel yr âi'r misoedd heibio roedd hi'n gwbl amlwg mai ef, a neb arall, oedd â'r llaw drechaf o fewn cylch y cyfarwyddwyr.

Roedd Elder Dempster wedi cynnig partneriaeth iau i ŵr o Gernyw, W. J. Davey. Daeth i Lerpwl yn ddeunaw oed yn 1871 a chael gwaith fel clerc yn swyddfa'r cwmni llongau. Syrthiodd o dan gyfaredd Alfred Lewis Jones. Erbyn 1884 roedd y Cymro yn ddigon hyderus i fentro cymryd awenau cwmni Elder Dempster. Ni feddyliodd am eiliad y byddai Elder a Dempster yn cytuno i'w awgrym beiddgar, ond er mawr syndod iddo ef a W. J. Davey, bodlonodd y ddau alltud o'r Alban i dorri pob cysylltiad â'r cwmni a grëwyd ganddynt. Mae cryn lawer o ddirgelwch ynglŷn â sut y llwyddodd un o Gymry Lerpwl i gymryd drosodd yr awenau.

Rhydd Lewis Jones argraff mewn cyfweliad yn *The Sunday Strand* (Tachwedd 1903) fod ganddo nifer dda o siârs yn y cwmni erbyn 1884, fel y medrai gymryd yr awenau'n gyfan gwbl i'w ddwylo, ond awgryma *The Times* (13 Rhagfyr 1909) fod Alfred Lewis Jones wedi cynnig swm mor fawr o arian i'r ddau sylfaenydd fel na allent beidio ag ymadael. Awgrym arall yw ei fod wedi perswadio digon o gyfeillion oedd yn gyfranddalwyr i'w gefnogi ef.

Domineiddio gorllewin cyfandir Affrica gyda'i alluoedd

Roedd gan y Cymro y fantais o fod wedi magu perthynas glos â'r ddau gwmni llongau Prydeinig mwyaf pwerus yn Lloegr a'r Alban. Os am lwyddo ym myd allforio a llongau, rhaid oedd selio cytundebau gyda'r rhain. Aeth ati i brynu cyfranddaliadau yn yr African Steam Ship Company. Erbyn y flwyddyn 1900, roedd yn berchen ar fwy o'r cyfranddaliadau nag unrhyw gyfranddaliwr arall. Ef yn llythrennol oedd prif gyfarwyddwr yr African Steam Ship Company. Daliodd i brynu cyfranddaliadau'r cwmni tan ei farwolaeth yn 1909. Erbyn hynny, roedd ganddo 26,325 o gyfranddaliadau, a phob un ohonynt yn werth ugain punt yr un allan o gyfanswm o 33,732.

Llwyddiant Alfred rhwng 1884 a diwedd oes

Ar ôl 1891, daeth cwmni Elder Dempster yn gynrychiolwyr gweithredol i'r African Steam Ship Company yn ogystal â chadw cyfrifoldeb am fuddiannau'r British and African Steam Navigation Company. Llwyddodd Alfred Lewis Jones i gadw gafael ar y farchnad broffesiynol a'r fasnach i orllewin cyfandir yr Affrig. Yr unig gwmni arall na allai'r Cymro gael y gair olaf arno oedd cwmni o'r Almaen, llongau Woermann o borthladd Hamburg. Roedd gan y cwmni hwn fanteision amlwg, ond llwyddodd Alfred Lewis Jones i'w cael i gytuno i beidio â chystadlu ag ef ym mhorthladdoedd Prydain. Ond fe geisiwyd tanseilio llwyddiant diamheuol un o Gymry Lerpwl gan gwmnïau beiddgar y Royal Niger Company a'r African Association Ltd. Bu'n rhaid i Alfred Lewis Jones ddefnyddio'i holl sgiliau fel masnachwr a dod i drefniant anrhydeddus gyda'r cystadleuwyr newydd hyn. Cyn 1887 cynrychiolwyr asiantaeth mewn gwirionedd oedd Elder Dempster, nid cwmni llongau. Newidiodd Alfred Jones hyn yn y flwyddyn honno. Prynodd long o'r enw *S. S. Clare*. Tyfodd y cwmni, ac ymhen tair blynedd, roedd ganddo un ar ddeg o longau, ond yn 1891 fe'u trosglwyddodd oll i'r African Steam Ship Company.

Roedd cyfartaledd cludiant llwythi llongau wedi disgyn pedwar deg y cant rhwng 1889 a 1895 ac yr oedd yn golygu bod mwy a mwy o gwmnïau llongau yn edrych gydag eiddigedd ar lwyddiant y fasnach a drefnid gan Alfred Lewis Jones a'i gwmni. Roedd ganddo felly frwydrau lu ar lawer ffrynt. Aeth ati i gysylltu â chwmni Woermann yn yr Almaen i geisio'u cytundeb i greu y 'system gynhadledd' i reoli llongau a hwyliai i orllewin yr Affrig. Roedd hyn yn gam arbennig o bwysig. Cytunwyd yn gyntaf nad oedd Cwmni Woermann i alw ym mhorthladdoedd Prydain, er bod cwmnïau Prydain yn cael caniatâd i adael llwythi o gargo ym mhorthladdoedd Ewrop. Yn ail, roedd pris y cludiant o Efrog Newydd i orllewin yr Affrig i fod yr un peth â'r pris a ofynnid o Lerpwl i orllewin yr Affrig. Roedd y deunydd o Efrog Newydd i'w gario ar draws Môr yr Iwerydd i Lerpwl ac oddi yno i'r Affrig am yr un pris â chludo deunydd o Afon Mersi i Freetown.

Golygai hyn fod y cwmnïau llongau o fewn y 'gynhadledd' yn cael eu hamddiffyn yn erbyn cwmnïau llongau o'r Amerig. Hefyd, roedd nwyddau o'r Amerig yn cael eu gwerthu yng ngorllewin yr Affrig am bris rhesymol iawn. Roedd marsiandwyr Prydain yn ddigon blin am hyn. Roeddent o'u co nad oedd system y 'gynhadledd' yn caniatáu anfon nwyddau o Brydain ar eu hunion i orllewin yr Affrig. Roeddent yn gorfod dod i Lerpwl ac yna eu hailgludo o'r porthladd hwnnw, ac yn wahanol i'r cystadleuwyr o'r Amerig, roedd yn rhaid iddynt dalu costau llawn am y cludiant ac am symud y nwyddau o un llong i'r llall.

Gweithredu ar lawer ffrynt

Er gwaethaf ei fuddugoliaethau hyd yn hyn roedd Alfred Lewis Jones yn dal yn ŵr pryderus. Roedd yr African Association a'r Royal Niger Company yn dal i fodoli a rhoes ei fryd ar eu trechu. Roedd yn adnabod Ysgrifennydd y Trefedigaethau, Joseph Chamberlain, yn dda iawn a pherswadiodd ef yn Ionawr 1896 i ddirymu siarter y Royal Niger Company. Golygai hyn mai'r unig gwmni mawr y tu hwnt i'w afael oedd yr African Association, a llwyddodd Alfred Lewis Jones i fwrw amheuaeth ar ddatganiadau'r cadeirydd, John Holt.

Gwelodd Alfred hefyd yr angen am fanciau yng ngorllewin yr Affrig. Sefydlwyd cwmni cyfyngedig The Bank of British West Africa ar 30 Mawrth 1894 ac yr oedd ef yn meddu ar 1,733 o'r tair mil o gyfranddaliadau. Roedd bron y cyfan oedd yn weddill yn nwylo'i ddau bartner, Sinclair a Davey a'u cynrychiolydd yn Lagos, George Neville. Gwnaed ef yn bennaeth y banc. Gwnaed elw yn fuan a sefydlwyd canghennau mewn gwahanol wledydd yn y rhanbarth.

Maes arall y cymerodd Alfred Lewis Jones ddiddordeb mawr ynddo oedd glo. Roedd ganddo byllau glo yn ardal Maesteg. Cyflogai'r pyllau hyn tua mil o lowyr a chynhyrchent ar gyfartaledd tua phum mil o dunelli o lo yr wythnos. Defnyddiai'r glo o byllau Elders Navigation i roddi tanwydd yn y llongau, pan fyddent yn galw ym mhorthladd Port Talbot.

Alfred Lewis Jones hefyd oedd y gŵr a boblogeiddiodd y banana yng ngogledd Lloegr. Gwelodd bosibiliadau'r rhain pan ymwelodd yn fachgen ifanc ag Ynysoedd y Cŵn, ond ni fu hi'n hawdd cyflwyno'r ffrwyth i'r bobl gyffredin. Anfonodd gartiau yn llawn bananas o amgylch strydoedd

Lerpwl i'w gwerthu am bris rhesymol, fel y denid pobl i'w blasu. Yn sgil hyn, poblogeiddiodd y banana yn Lerpwl, Sir Gaerhirfryn a gweddill gogledd Lloegr.

Blynyddoedd olaf ei fywyd prysur

Cymaint oedd dylanwad Alfred Lewis Jones fel y deuai galwadau cyson am gymorth gan fudiadau a chymdeithasau, ysbytai a Phrifysgol Lerpwl. Galwai'r llywodraeth arno i roddi cyngor a chyfarwyddyd. Roedd ganddo feddwl uchel iawn o Joseph Chamberlain. Chamberlain oedd y gŵr a awgrymodd y dylid ei urddo'n farchog ac felly daeth y Cymro hwn yn Syr Alfred Lewis Jones.

Gofalodd ei chwaer, a oedd yn weddw ifanc, amdano yn ystod ei flynyddoedd olaf. Ym mis Rhagfyr 1906 aeth â dirprwyaeth ar daith i Jamaica. Ar 14 Ionawr 1907 cafwyd daeargryn a ddinistriodd dref Kingston. Cafodd miloedd o bobl eu lladd. Roedd Syr Alfred yn aros mewn gwesty o'r enw Myrtle Bank Hotel ond llwyddodd i ddianc o'r gwesty yn ddianaf. Er hynny, roedd y profiad wedi effeithio arno'n fawr a phan gyrhaeddodd adref yn Lerpwl, roedd yn llawer mwy mewnblyg a di-ddweud. Roedd hi'n amlwg i'w chwaer a'r teulu ei fod yn heneiddio cyn pryd. Cynghorwyd ef i gymryd seibiant am rai wythnosau ond ni ellid ei ddarbwyllo i wneud hynny. Aeth ar ei daith arferol ddiwedd Tachwedd ar y trên o Lerpwl i Lundain. Daliodd annwyd trwm. Ar 30 Tachwedd mynychodd ginio a roddwyd ganddo fel Llywydd Siambr Fasnach Lerpwl i anrhydeddu Syr Hesketh Bell, Llywodraethwr Gogledd Nigeria. Bythefnos yn ddiweddarach, ar 13 Rhagfyr 1909, bu farw, gan adael ar ei ôl y swm enfawr o chwe chan mil o bunnoedd, un o gyfoethogion pennaf Cymry Lerpwl.

Ei waddol a'i etifeddiaeth

Un o edmygwyr pennaf Alfred oedd Winston Churchill. Ef a ddywedodd: 'Sir Alfred Jones is a candid man, and never so candid as when he tries to conceal his thoughts.'

Disgrifiodd David Lloyd George ef yn gofiadwy iawn. Dywedodd 'na ellid ei gymharu ond â Môr Iwerydd, dideimlad ac aflonydd, nad dyn mohono ond digon o gwmni ynddo'i hun a gŵr na fedrai hyd yn oed Cymru godi mwy nag un o'i fath mewn cenhedlaeth.'

Ceir cofgolofn sylweddol i Alfred ar Pier Head. Bu ei enw am ganrif dda ar ysbyty yn Garston hefyd – Sir Alfred Lewis Jones Memorial Hospital. Ailadeiladwyd yr ysbyty hwnnw ond o'i fewn o hyd fe geir cofnod helaeth am Syr Alfred a'i haelioni. Cofir amdano hefyd yn Eglwys Anglicanaidd hardd Springwood – eglwys a adeiladwyd gyda'r arian a adawodd i'r Eglwys Anglicanaidd, ac yntau yn ŵyr i offeiriad Anglicanaidd yng Nghymru.

Achos Chatham yn esgor ar enwad newydd

Un o'r capeli harddaf a adeiladwyd yn ninas Lerpwl yw capel y Methodistiaid Calfinaidd yn Chatham Street. Agorwyd ef yn 1860 ac unodd y gynulleidfa â dau gapel arall yn 1950 i greu Eglwys y Drindod yn Princes Road. Prynwyd yr adeilad gan Brifysgol Lerpwl a byth oddi ar hynny gofalwyd ar ei ôl, a chafodd Cymdeithas Etifeddiaeth Cymry Glannau Mersi gyfle i roddi plac arno yn 2002 i ddynodi gweinidogaeth y Parchedig Henry Rees yno rhwng 1860 a 1869. Trwyddo ef daeth y capel yn adnabyddus iawn, oherwydd fel y dywedodd un o'i edmygwyr pennaf, Dr Owen Thomas:

> Ynddo ef y cyrhaeddodd y pulpud yn ein tyb ni y perffeithrwydd uchaf a gyrhaeddwyd ganddo erioed yn ein gwlad.

Y Parchedig William Owen Jones a'i gefndir

Ond y gweinidog a wnaeth gapel Chatham Street yn destun trafod ymhlith Cymry Lerpwl a Chymry gogledd Cymru oedd y Parchedig William Owen Jones. Un o Chwilog ydoedd, mab i deulu cefnog, a gafodd addysg dda, yng Ngholeg Prifysgol Cymru ym Mangor a Choleg Sant Ioan, Caergrawnt. Galwyd ef yn 1890 i gapel Waunfawr yn Arfon ac o fewn tair blynedd derbyniodd alwad i gapel enwog Chatham Street, Lerpwl. Roedd yn meddu ar feddwl athronyddol ac yn ddarllenwr mawr. Erbyn 1895, cyfrifid ef yn 'bregethwr Sasiwn'.

Ond roedd gan W. O. Jones wendidau. Roedd ynddo duedd i fod yn awdurdodol yn ei agwedd at rai o'r blaenoriaid mwyaf cecrus ac anodd oedd yn y sêt fawr. Temtiwyd ef i yfed, wisgi yn bennaf. Byddai'n bygwth ymddiswyddo hefyd; yn wir, cyflwynodd ei ymddiswyddiad bedair gwaith, ddwywaith i'w flaenoriaid a dwywaith i'r gynulleidfa, ond gwrthodwyd ei ddymuniad gan ei fod yn reit gymeradwy gan y mwyafrif o'r selogion a ddeuai i'r oedfaon.

Dechrau'r gwrthdaro rhwng y gweinidog a'r blaenoriaid

Daeth y gwrthdaro yn argyfwng ym mis Ebrill 1899, pan benderfynodd y blaenoriaid y dylid disgyblu un o'r aelodau a'i ddiarddel fel aelod o Eglwys Chatham Street. Dangosodd W. O. Jones gryn wrhydri yn ei safiad. Ni allai gytuno â'r bwriad o esgymuno un o aelodau eglwys Crist. Cefnogwyd ef gan ddau o'r blaenoriaid, sef Eliezer Pugh a Nathaniel Bebb. Mewn Seiat ar 18 Gorffennaf gosododd W. O. Jones ei achos ger bron y seiadwyr a phleidleisiodd y mwyafrif ohonynt oedd yn bresennol y noson honno o'i blaid.

Ond teimlai rhai o'r blaenoriaid mai nid i'r gynulleidfa y dylai fod wedi cyflwyno'r mater ond i Gyfarfod y Blaenoriaid, ac oddi yno, os oedd angen cymodi, i'r Henaduriaeth. Er y bu pethau yn ddigon goddefgar am ychydig fisoedd, daeth hi'n amlwg fod y mwyafrif o'r blaenoriaid am gael ei wared. A dyma bedwar o'r blaenoriaid yn mynd ati i lunio llythyr i'w anfon i'r Henaduriaeth, heb gysylltu o gwbl â'r gweinidog. Pan glywodd W. O. Jones hyn, teimlai eu bod yn ei gondemnio yn gyhoeddus, a chynigiodd ei ymddiswyddiad. Bythefnos yn ddiweddarach cafwyd cyfarfod yn Chatham Street i drin a thrafod yr anghytuno plentynnaidd. Nid oedd cariad brawdol ymhlith yr arweinwyr a phenderfynwyd gofyn i'r Henaduriaeth anfon cymodwyr i Eglwys Chatham Street.

Yr Henaduriaeth yn gorfod ymyrryd

Y cyntaf a benodwyd i roddi trefn ar yr anrhefn oedd y Parchedig Ddr Hugh Jones, gweinidog Netherfield Road o 1871 a phregethwr poblogaidd dros ben. Y llall oedd ei gymydog, y Parchedig John Williams, gweinidog Princes Road o 1895 a phregethwr nerthol arall. Cyfrifid Dr Hugh Jones yn weinidog call oedd yn meddu ar ddawn i drin pobl, a dyma ei gyfle. Ymwelodd Dr Hugh Jones â Chapel Chatham Street ar ran Henaduriath Lerpwl ar 24 Tachwedd 1899, ac ni fynegwyd dim byd syfrdanol wrtho. Trefnwyd cyfarfod eglwysig ar 30 Tachwedd. Oddi ar ei ddyfodiad i'r eglwys yn 1893 caniatawyd i

W. O. Jones weinyddu Swper yr Arglwydd ar y Sul cyntaf o'r mis, ond erbyn Tachwedd 1899 roedd William Williams wedi mynd ati i ofyn i weinidogion eraill i fod yn gyfrifol am y sacrament. Yn sgil hyn, anfonodd W. O. Jones eto ei ymddiswyddiad gyda'r geiriau hyn:

> Yr wyf yn dymuno arnoch ddweud wrth yr Eglwys nos Sabboth nesaf fy mod i yn torri fy nghysylltiad â'r eglwys yn derfynol. Nis gallaf ail-ystyried y mater fel nad yw o'r un pwrpas i'r eglwys basio unrhyw benderfyniad. Dymunaf arnoch fy rhyddhau a hynny ar unwaith.

Penderfynodd W. O. Jones fynd am seibiant i Gymru, gyda'r bwriad o adnewyddu ei nerth yn gorfforol ac ysbrydol. Gadawodd ddatganiad cyn ymadael â Lerpwl sydd yn darllen fel hyn:

> Nid wyf yn teimlo y gallaf ddweud dim yn ychwaneg o berthynas i'r ymddiswyddiad ond yr wyf wedi ymddiried yr holl achos yn llaw dau neu dri o'r gweinidogion eraill fel y gallent hwy mewn undeb â chwi ei ystyried a'i benderfynu fel y gwelant oreu.

Y gweinidogion oedd ganddo mewn golwg yn amlwg oedd Dr Hugh Jones, John Williams a Griffith Ellis. Hwy oedd i gyfarfod â'r blaenoriaid. Penderfynodd y blaenoriaid nad oedd dim diben cyfarfod ond yn hytrach dderbyn ei ymddiswyddiad.

Y sefyllfa yn gwaethygu

Trosglwyddwyd yr achos i ddwylo yr Henaduriaeth ac ar 28 Mawrth pasiwyd i sefydlu pwyllgor i ymchwilio i'r holl fater. Ddau ddiwrnod yn ddiweddarach cyfarfu'r pwyllgor yn adeiladau Chatham Street; wyth ohonynt, pedwar gweinidog a phedwar blaenor. Y cadeirydd oedd y gŵr doeth, Dr Hugh Jones. Eisteddodd y pwyllgor am dair awr a hanner. Gofynnwyd i'r gweinidog pam ei fod ef am ymddiswyddo, a cyfaddefodd ei fod yn sâl yn ei feddwl a'i gorff. Roedd pwysau mawr arno i aros gan bobl yr oedd ef yn eu mawr barchu. Cyflwynodd y pwyllgor ddatganiad doeth. Dyma'r geiriad:

> Wedi gwrando yr achosion o anghydfod rhwng swyddogion Eglwys Chatham Street barnwyd yn unfryd mai gwell o dan yr amgylchiadau a fyddai i'r Parch.

W. O. Jones, BA, i gario allan ei benderfyniad i ymddiswyddo fel gweinidog yr Eglwys wedi cael trafodaeth faith a manwl gyda'r gweinidog a'r blaenoriaid a gwrando ar bob tystiolaeth a ddygid ger bron, ynglŷn â chwynion yn erbyn W. O. Jones o arfer diodydd meddwol, barnwyd mai nid angenrheidiol a fuasai myned i mewn ymhellach iddynt. Yr un pryd yr oeddym yn teimlo fod y cwynion a ddygid yn erbyn Mr Jones yn adlewyrchu yn ddiffafriol arno a'i atebiad yntau iddynt yn anfoddhaol iawn mor bell ac yr aethom ni i mewn i'r rhan hon o'r achos.

Cytunwyd ar nos Sul, 1 Ebrill, y cyflwynai i'r gynulleidfa ei ymddiswyddiad a byddai pedwar allan o'r wyth aelod o'r pwyllgor yn bresennol. Ond yn hytrach na darllen y datganiad clir uchod aeth Dr Hugh Jones ati i gyflwyno braslun o'r penderfyniad o'i ben a'i bastwn ei hun. Pan alwyd ar W. O. Jones i roddi ei ymddiswyddiad, gwrthododd wneud, am fod Dr Hugh Jones wedi cymhlethu a bwnglera'r cyfan. Gofynnodd i'w gynulleidfa wrthod ei ymddiswyddiad. Cytunodd y mwyafrif llethol ohonynt.

Y gweinidog yn dal i dderbyn cefnogaeth gref o'r seddau

Cyfarfu y pwyllgor y dydd canlynol gan alw ar yr Henaduriaeth i wneud trefniadau yn ddi-oed i gael gweinidogion eraill yn Lerpwl i gynorthwyo Capel Chatham Street. Ac ar 6 Ebrill pasiodd y pwyllgor y penderfyniad hwn:

> Ein bod oherwydd yr hyn a fu yn Chatham Street ar ôl y drafodaeth yn y ddau bwyllgor cyntaf yn annog y Cyfarfod Misol i wneud ymchwiliad pellach i'r cwynion yn erbyn W. O. Jones ynglyn a'r ddiod feddwol.

Cytunodd yr Henaduriaeth ac aethpwyd ati i drefnu pwyllgor newydd i aildrafod yr holl fater, heb gysur i neb yn y pen draw ond hollti achos y Methodistiaid Calfinaidd. Roedd y dystiolaeth a glywodd y pwyllgor yn amrywio'n fawr. Rhai o'r tystion o blaid W. O. Jones, ond llawer mwy yn erbyn.

Ar 9 Gorffennaf 1900, datgelodd Pwyllgor Lerpwl ei gasgliad ar ôl oriau lawer o wrando a thrafod:

> Yng ngwyneb yr ymchwiliad a wnaed gennym, ynghyd a'r tystiolaethau a ddigwyd ger ein bron, ein teimlad unfrydol ydyw ein bod yn cael ein gorfodi i gredu fod

y Parch. W. O. Jones wedi bod yn euog ar amryw droion o ymddygiadau sydd yn ei anghymwyso i fod yn weinidog yr Efengyl ac felly yr ydym yn dyfod i'r penderfyniad na ddyle fod o gwbl yn y fath swydd bwysig yn ein mysg.

Roedd hi bellach yn rhyfel cartref a chapeli Lerpwl a'r Glannau wedi eu rhannu, y rhai oedd dros W. O. Jones a'r rhai oedd yn ei erbyn. Roedd dau gwmni o gyfreithwyr Cymreig yn barod i baratoi ar gyfer achos cyfreithiol a fyddai'n sicr o gael ei gynnal. Cwmni Rees a Hindley oedd dros W. O. Jones a chwmni Elwy D. Symond dros Henaduriaeth Lerpwl. Nid Henaduriaeth Lerpwl yn unig oedd yn rhanedig, allan o 27 o Henaduriaethau yn Sasiwn y Gogledd, roedd 7 ohonynt yn ffafrio'r gweinidog ar draul yr Henaduriaeth a'r Gymdeithasfa. Roedd ei ofalaeth gyntaf, Waunfawr, o'i blaid, ac yng Nghapel Chatham Street ceid 255 o aelodau yn ei gefnogi. Ceid 467 o aelodau yn 1899. Paratowyd deiseb o'i blaid a chafwyd dwy fil o Gymry crefyddol i'w arwyddo yn gofyn am drugaredd i W. O. Jones a chaniatáu iddo ddyfalbarhau â'i weinidogaeth yn ninas Lerpwl.

Cefnogwyr Gweinidog Chatham Street

Un o gefnogwyr W. O. Jones oedd Isaac Foulkes, y cyhoeddwr a golygydd y papur wythnosol *Y Cymro*. Caniataodd y golygydd i W. O. Jones gael y cyfle i amddiffyn ei hun ar dudalennau y papur hwnnw. Erbyn diwedd 1900 roedd digon o gefnogwyr ganddo ac ar 12 Ionawr 1901 daeth saith deg o Gymry Cymraeg at ei gilydd i'r neuadd yn Hackins Hey i ffurfio'r hyn a alwyd yn Bwyllgor Amddiffynnol W. O. Jones. Yn Ionawr 1901 pleidleisiodd Capel y Presbyteriaid Cymraeg Seacombe, lle yr oedd y Parchedig Lodwig Lewis (tad Saunders Lewis) yn weinidog, i gefnogi W. O. Jones, a gwnaeth Capel Parkfield, Penbedw, ei ddilyn. Cafwyd deiseb yng Nghapel Stanley Road ac arwyddodd 515 o aelodau o blaid y gweinidog.

Ar 23 Ebrill 1901 fe sefydlwyd Pwyllgor Apêl, o dan gadeiryddiaeth y Parchedig William James, Manceinion. Roedd y pwyllgor hwn i gynnwys saith aelod, tri gweinidog a phedwar blaenor ynghyd â thri o wylwyr dros Henaduriaeth Lerpwl a thri arall ar ran W. O. Jones, ac ef ei hun i'w dewis. Cafwyd pymtheg o eisteddiadau a daeth 89 o dystion ger eu bron, 43 ohonynt o Gapel Chatham Street.

Cyflwyno'r adroddiad yng Nghroesoswallt

Cyflwynwyd adroddiad yng Nghapel Seion, Croesoswallt, ar 26 Medi 1901. Daeth y cynrychiolwyr ynghyd, a chyflwynodd Dr William James yn raenus y casgliad y daeth y pwyllgor iddo, sef nad oedd W. O. Jones ddim yn haeddu bod yn weinidog yn yr enwad am ei ffaeleddau moesol fel dyn a alwyd i waith cysegredig.

Roedd gan W. O. Jones gefnogwyr brwdfrydig ac felly cyfarfu Pwyllgor Amddiffyn W. O. Jones i drafod y ddedfryd a'r ffordd ymlaen. Cynhaliwyd cyfarfod cyhoeddus a'r eitem bwysicaf oedd y bwriad i sefydlu enwad newydd a threfnu oedfaon yn Neuadd Hope ym Mount Pleasant. Yno ar ddydd Sul, 14 Gorffennaf 1901, y cynhaliwyd oedfaon cyntaf yr enwad newydd. Daeth pum cant o Gymry i gyfarfod gweddi yn y bore ac yn yr hwyr cynhaliwyd oedfa Saesneg, a fynychwyd gan 2,000 o bobl. Dyma'r oedfa gyntaf i W. O. Jones bregethu ynddi ers blwyddyn gyfan.

Dechrau enwad newydd, Eglwys Rydd y Cymry

Ar 21 Gorffennaf cyhoeddodd W. O. Jones bod eglwys gyntaf yr enwad Eglwys Rydd y Cymry wedi ei sefydlu. Ceid aelodaeth o 450 yno, a'r Sul canlynol estynnwyd galwad iddo i fod yn weinidog. Aethpwyd ati i sefydlu Ysgolion Sul ar hyd a lled y ddinas, yn Hope Hall, ond hefyd yn Smithdown Road, Everton, High Park Street a Phenbedw.

Sefydlydd a golygydd *Llais Rhyddid*

Aeth W. O. Jones ati i gynllunio ac i olygu cylchgrawn ar gyfer yr enwad newydd, *Llais Rhyddid*. Misolyn ydoedd o 1902 i 1912 ac yna bob chwarter o 1912 hyd ei ddiflaniad yn 1920. Erbyn ymddangosiad rhifyn cyntaf *Llais Rhyddid*, roedd gan Eglwys Rydd y Cymry gapel yn Garmoyle Street, Wavertree, a chapel arall yn Merton Road, Bootle. Gwahoddwyd y Parchedig David Emrys James (Dewi Emrys) yn weinidog ar Gapel Merton Road. Gadawodd enwad ei dad a'i deulu am yr enwad newydd, ond byr fu ei arhosiad, a symudodd yn ôl at yr Annibynwyr Cymraeg, lle y bu yn ddigon ansicr ei fyd. Erbyn 1903 ceid capel llewyrchus yn Donaldson Street, Penbedw, gyda mil a dau gant o aelodau. Symudodd cynulleidfa Hope Hall i gartref newydd yn Canning Street, yn agos iawn i'w hen eglwys yn Chatham Street.

Ond enwad rhanedig oedd Eglwys Rydd y Cymry, gyda'r mwyafrif ynddi wedi eu magu a'u meithrin yn Fethodistiaid Calfinaidd. Erbyn 1920 roedd Eglwys Rydd y Cymry, fel enwad, wedi chwythu ei phlwc. Yn 1920 trosglwyddwyd y capeli i enwad yr Annibynwyr Cymraeg a daliodd y Parchedig W. O. Jones yn weinidog Canning Street. Bu yno hyd ei farwolaeth ar 14 Mai 1937.

Effeithiau Diwygiad Crefyddol 1904-5 yn Lerpwl

Lerpwl oedd canolfan Gymraeg fwyaf Lloegr yn nechrau'r ugeinfed ganrif. Roedd mwy o Gymry Cymraeg yn Lerpwl nag yr oedd yn Wrecsam, Abertawe, Casnewydd a Chaerdydd gyda'i gilydd. Yn agos i ganol y ddinas roedd capeli llewyrchus y Cymry fel Princes Road, Chatham Street, Grove Street a Bethel, Park Road. A hyn oedd y patrwm ar draws y ddinas o'r gogledd i'r de, i ganol maestrefi Walton, Anfield ac Everton i dde Lerpwl. Meddai pob un o'r capeli hyn ar ddechrau'r ugeinfed ganrif ar weinidogion hynod o ddawnus, yn meddu ar gymwysterau addysgol, cynnyrch Rhydychen a Chaergrawnt a Phrifysgol Cymru.

Rhan bwysig John Williams yn gwahodd y Diwygiwr i Lerpwl

Un o'r pregethwyr mwyaf dawnus oedd y Parchedig John Williams, gweinidog Capel Princes Road, y gŵr a adnabyddir fel Dr John Williams, Brynsiencyn. Ef oedd yn gyfrifol am fagu pregethwr o'r enw y Parchedig W. F. Phillips a fu'n amlwg yn ei wrthwynebiad i sosialaeth yng nghymoedd y De o 1905 i 1920. Dr John oedd yn gyfrifol hefyd am ddod ag Evan Roberts i Lerpwl. Fel y dywedodd y Parchedig W. Morris Jones, gweinidog Capel Crosshall Street (Llansantffraid yn ddiweddarach) amdano: 'Ymdaflodd gorff, enaid ac ysbryd i'r gwaith.'

Trefnodd tri gweinidog, John Williams, W. M. Jones a William Owen, gweinidog Capel Cymraeg Webster Road, gyfarfod ar gyfer pobl ieuainc Gymraeg de Lerpwl yng Nghapel Webster Road. John Williams a lywyddodd y cyfarfod, gan draddodi anerchiad gafaelgar. Cydiodd ychydig o fflamau'r

Diwygiad yn yr ieuenctid hyn. Cafwyd gweddi ddwys y noson honno gan Llinos Moelwyn. Cyneuodd y tân ac ymledodd o gapel i gapel Cymraeg yn ne Lerpwl.

Eglwys Rydd y Cymry yn cefnogi y Diwygiad

Ymledodd y Diwygiad i blith yr enwad newydd. Ar nos Fawrth, 22 Tachwedd 1904, yng nghapel llewyrchus Donaldson Street, a hwythau yn y Gymdeithas Ddadleuol yn trafod y pwnc, 'Pa un ai pregethu yntau canu sydd yn cael mwyaf o ddylanwad', cyffyrddodd yr Ysbryd Glân â'r ddadl a'r unigolion oedd yn bresennol. Daeth dwyster nas profwyd erioed o'r blaen ar yr ieuenctid a'r to hŷn, a thorrodd un o'r bobl ifanc i ganu emyn o Ddiwygiad Methodistaidd y ddeunawfed ganrif, sef 'Duw mawr y Rhyfeddodau maith, Rhyfeddol yw pob rhan o'th waith.' Bu'r ieuenctid yng nghapel Donaldson Street yn gweddïo hyd un ar ddeg o'r gloch y nos. Y nos Iau ganlynol yr un stori a gafwyd, a chydiodd y Diwygiad yn rymus ryfeddol yn nhrwch yr aelodaeth gref a feddai Eglwys Rydd y Cymry yn yr adeilad hwnnw.

Cymry Lerpwl a chrwsâd yn Crosshall Street ac Edge Lane

Roedd dau o arloeswyr Diwygiad Cymreig 1904-6 yn meddu cysylltiad â Lerpwl. Bu'r Parchedig Joseph Jenkins, Cei Newydd, yn weinidog yn Eglwys Bresbyteraidd Cymru (Adran Saesneg) Spellow Lane ac yr oedd mab y Parchedig David Howell (Llawdden), yr eglwyswr efengylaidd, yn ficer Eglwys St Bees yn ardal Toxteth. Cynhaliwyd cenhadaeth y ddau Americanwr, Charles Alexander a Reuben A. Torrey, yn Lerpwl pan oedd gwres y Diwygiad i'w deimlo yn y capeli Cymraeg o bob enwad. Codwyd pafiliwn mawr yn Edge Lane i ddal un fil ar ddeg o bobl dros Nadolig 1904 a'r flwyddyn newydd.

W. O. Jones yn hyrwyddo yr ysbryd tanbaid, diwygiadol

Ond roedd y Diwygiad heb unrhyw amheuaeth wedi cydio a thanio y gwrthryfel ym mynwes y pechadur, W. O. Jones. Yng nghyfarfodydd pregethu Capel Cymraeg Cydenwadol Sutton Oak, a safai rhwng tref St Helens a thref lai St Helens Junction, cafodd W. O. Jones a'i gyd-gennad y Parchedig David Davies eu defnyddio yn helaeth ar ddydd San Steffan 1904. Arwr mawr

W. O. Jones, fel David Davies, oedd y glöwr ifanc o fyfyriwr, Evan Roberts o Gasllwchwr.

Roedd Evan Roberts yng ngolwg W. O. Jones yn offeryn yn llaw Duw i gyflawni gweinidogaeth anghyffredin ymhlith y Cymry. Cymaint oedd ei ddiddordeb nes i W. O. Jones deithio ar y trên o Lerpwl i Abertawe er mwyn cael golwg ar y diwygiwr yn y cnawd. Ei brofiad ar ôl bod yn Abertawe oedd hyn:

> Ar ôl ei weled a'i glywed gellir ffurfio dirnadaeth fwy clir am broffwydi yr Hen Destament ag Apostolion y Testament Newydd. Diolch i Dduw am un arall o broffwydi Cymru.

Trychineb cenhadaeth Lerpwl oedd i'r Parchedig W. O. Jones orfod newid ei gân a'i farn am y diwygiwr, a hynny am i Evan Roberts gael ei ddylanwadu i gymryd ochr y Methodistiaid Calfinaidd yn erbyn Eglwys Rydd y Cymry. Bu gwrthdaro anffodus rhwng W. O. Jones ac Evan Roberts ac eraill ohonynt. Dioddefodd cenhadaeth Diwygiad Crefyddol 1905 yn ddirfawr iawn gan y digwyddiad hwnnw.

Evan Roberts yn paratoi ar gyfer ei ymweliad

Poenodd Evan Roberts lawer cyn cychwyn o Gymru am genhadaeth Lerpwl. Bu'n paratoi ei hun yn ysbrydol yng Nghastell-nedd am wythnos gyfan 'mewn distawrwydd llwyr' ac yna am dros wythnos arall yng Ngheredigion ac yng Nghastellnewydd Emlyn, lle bu'n fyfyriwr am rai wythnosau. Aeth oddi yno adref i Gasllwchwr i amddifadu ei hun o bob ceiniog a feddai fel myfyriwr diwinyddol. Gwnaeth hynny trwy roddi dau gan punt i glirio dyled Capel Bach Pisgah, Bwlchymynydd, lle bu'n athro ac Arolygwr yr Ysgol Sul yn ystod ei ddyddiau fel glöwr. Trosglwyddodd y swm o gan punt, a hynny i dalu rhan o ddyled Capel Moriah, Casllwchwr, a deg punt i'r brawd David Williams, Llansamlet, oedd yn fyfyriwr yn Ysgol Baratoawl Castellnewydd Emlyn. Roedd hyn yn swm go fawr, cyfystyr yn ein dyddiau ni (2019) i bum mil o bunnoedd. Ac yna ar balmant gorsaf rheilffordd Casllwchwr rhoddodd ei ddwylo yn ei boced, ac yntau ar ei daith i'r ddinas bell, Lerpwl, a darganfu nad oedd wedi rhannu ei holl arian. Cyflwynodd y gweddill oedd yn ei bocedi i'w frawd Dan Roberts i'w drosglwyddo i wraig dlawd oedrannus oedd yn byw yn agos i'w gartref. Cyrhaeddodd felly, ben ei daith yng ngorsaf Lime Street, Lerpwl, heb geiniog.

Teithiodd ei chwaer Mary gydag ef a'r gerddores Annie Davies, Maesteg, ynghyd â'r Parchedig Ddr D. M. Phillips, Tylorstown, a'i nith Edith Jones Phillips. Arhosodd y cwmni yn 1 Ducie Street, lleoliad digon cyfleus i gapel Princes Road. Gwraig y tŷ oedd Mrs Edwards a buan iawn y lledodd y si ar led yn Toxteth lle yr arhosai y gŵr ifanc.

Ymgyrch Lerpwl yn unigryw

Roedd ymgyrch Evan Roberts yn Lerpwl yn wahanol i'r hyn a wnaeth cyn hynny. Gweithio ar ei ben ei hun a wnâi yng nghymoedd glo Morgannwg ond roedd cyfarfodydd Lerpwl a Phenbedw wedi eu cynllunio'n ofalus gan Gyngor Eglwysi Rhyddion Cymraeg y ddinas. Cyn ei ddyfodiad, bu tîm helaeth o Gymry'r capeli yn canfasio pob cartref yn ninas Lerpwl a Garston a Phenbedw a dod o hyd i ddeng mil ar hugain o Gymry Cymraeg yn y cymunedau hyn a phedair mil ohonynt yn esgeuluswyr a gwrthgilwyr llwyr. Trefnwyd dau ar bymtheg o gyfarfodydd ar eu cyfer mewn gwahanol ganolfannau yn ne Lerpwl, canol Lerpwl, Bootle, Penbedw a Seacombe.

Y cyfarfod cyntaf ar 29 Mawrth 1905

Agorwyd yr ymgyrch yn Eglwys John Williams yn Princes Road ar 29 Mawrth 1905. Daliai'r adeilad bymtheg cant ac yr oedd dan ei sang. Ond y gwir oedd fod mwy o bobl yn y festri fawr a thu allan nag oedd o fewn y cysegr. Dyna fu'r patrwm ym mhob canolfan. Llenwyd neuadd enfawr Sun Hall oedd yn dal chwe mil ac wedi ei lleoli yn Kensington. Gwelwyd posteri o Evan Roberts mewn cannoedd ar gannoedd o ffenestri cartrefi'r Cymry. Gosodwyd hwy ym mhob siop oedd ym meddiant y Cymry ar hyd a lled Lerpwl. Tyrrai rhai o weinidogion amlycaf capeli Saesneg y ddinas i weld a gwrando ar y Cymry yn gorfoleddu yn eu hiaith eu hunain am fawrion weithredoedd y Goruchaf. Un o'r rhai a gafodd ei fodloni gan yr emosiwn crefyddol, tanbaid oedd y Parchedig John Watson, a ofalai am Eglwys Bresbyteraidd Saesneg Sefton Park ac a ysgrifennai nofelau o dan yr enw Ian Maclaren.

Gwrthdaro rhwng yr enwadau

Ond roedd drwg yn y caws a'r broblem oedd Eglwys Rydd y Cymry. Roedd y gwrthdaro a'r cweryla rhwng yr enwad newydd a'r enwadau mwy sefydlog, Eglwys Bresbyteraidd Cymru, Eglwys y Bedyddwyr, Eglwys yr Annibynwyr a'r Eglwys Fethodistaidd yn amlwg ddigon yn y cyfarfod a gafwyd yn nhref Penbedw. Aeth Evan Roberts mor bell â haeru yn y cyfarfod hwnnw fod yn rhaid 'glanhau'r lle yma', am fod rhai'n bresennol na allent faddau i'w dyledwyr. Cododd un o arweinyddion ifanc Eglwys Rydd y Cymry, gan weddïo gydag angerdd ar i Dduw blygu y bobl ystyfnig nad oedd yn barod i gydweithio'n frawdol. Ond nid oedd Evan Roberts yn amlygu o gwbl y doethineb yr oedd W. O. Jones wedi ei danlinellu yn ei ysgrifau amdano. Daliai Evan Roberts i ddatgan fod yr Ysbryd Glân yn cael ei wrthwynebu a bod yna lawer o Gymry crefyddol yn gwrthod maddau i'w cyd-Gristnogion. Y diwrnod canlynol ar 1 Ebrill yng nghapel y Wesleaid Cymraeg, Shaw Street, Lerpwl, cyhoeddodd y diwygiwr yn gwbl ddirybudd eiriau a gododd storm o brotest. Dywedodd fod yr Ysbryd Glân wedi eu gadael yn amddifad yn Lerpwl am fod pump yn bresennol y diwrnod hwnnw a oedd yn genfigennus am y gwaith ysgubol a wnaed yn y Diwygiad. Cythryblwyd y gynulleidfa, a dweud y lleiaf, ac aeth y Parchedig John Williams i geisio tawelu'r dorf oedd wedi ei siomi. Awgrymodd yn ddigon caredig y dylid dod â'r cyfarfod i ben ond nid oedd Evan Roberts yn cytuno. Ac fel y cydnabu W. O. Jones, ni allai holl rethreg a huodledd un o gewri'r pulpud Cymraeg ddistewi y gŵr ifanc o Gasllwchwr.

Cododd gweinidog uniaith Saesneg ar ei draed, gan ofyn yn garedig am fwy o Saesneg yn y gwasanaeth, gan gofio nad yng Nghymru y cynhelid yr oedfaon hyn, ond mewn dinas Saesneg ei hiaith. Dadleuodd nad oedd cyfran dda o'r gynulleidfa yn deall Cymraeg o gwbl. Cymraeg oedd iaith pob un o'r cyfarfodydd cyhoeddus yn Lerpwl a Phenbedw. Ymateb Evan Roberts oedd: 'Os dywed yr Ysbryd, fe gewch.' Dyna i gyd.

Gwahoddid i gwmni yr Arglwydd Faer

Ar 7 Ebrill fe drefnodd Cymry blaenllaw fel Ysgrifennydd yr Ymgyrch yn Lerpwl, y Cynghorydd Henry Jones a'r Cadeirydd William Evans, Anfield, cyn-gynghorydd ar Gyngor y Ddinas, fod y diwygiwr i gael derbyniad swyddogol gan Arglwydd Faer Lerpwl, y Cynghorydd John Lea, a hynny yn y Mansion House. Cyflwynodd John Williams y gŵr ifanc o ddiwygiwr i'r Arglwydd Faer yn y geiriau hyn:

Caniatewch i mi, Arglwydd Faer, i gyflwyno i chwi Mr Evan Roberts, gwas i'r Arglwydd Iesu Grist.
(Allow me, Lord Mayor, to present to you Mr Evan Roberts, servant of the Lord Jesus Christ.)

Roedd lle ar y bwrdd uchaf i bump yn unig, ac yno yr eisteddodd y Parchedig John Watson, Evan Roberts, y Parchedig J. A. Kempthorne, rheithor Anglicanaidd yn Lerpwl, yr Arglwydd Faer a John Williams. Dyna brofiad cwbl newydd i gyn-löwr chwech ar hugain oed. Gwahoddwyd hufen y Gymdeithas Ymneilltuol Gymraeg a Saesneg i'r cyfarfyddiad. Roedd John Morris, adeiladydd a blaenor yn Princes Road a'i gyd-flaenor, yr Henadur J. Harrison Jones, yn bresennol; y lleygwr crefyddol Herbert Radcliffe a'r sosialydd chwyldroadol, y Parchedig Ddr C. F. Aked, gweinidog Capel Bedyddwyr Saesneg Pembroke Place. Efe a siaradodd ar ran y gwahoddedigion i ganmol y diwygiwr am ddod i Lerpwl ac i'r Arglwydd Faer am y trefniadau. Siomedigaeth i'r mawrion parablus oedd fod Evan Roberts wedi gwrthod dweud gair o'i enau yn gyhoeddus.

Cynulleidfa gref yn Neuadd yr Haul, Kensington

Daeth chwe mil i Sun Hall i wrando ar Evan Roberts yn hwyrach y noson honno. O ddechrau y cyfarfod mawr hwn hyd ei ddiwedd, roedd Evan Roberts yn aflonydd a blin. Roedd Evan Roberts yn amlwg o dan ddylanwad ei isymwybod a nerthoedd na ellir eu dadansoddi ac yna fe roddodd fraw i'r gynulleidfa wrth ddweud mai gweinidog yr efengyl oedd y gwrthrych y soniai amdano ar archiad yr Ysbryd Glân. Cythruddwyd dau o weinidogion y ddinas, sef y Parchedig Hugh R. Roberts, gweinidog Capel y Bedyddwyr Edge Lane, a'r Parchedig O. L. Roberts, gweinidog yr Annibynwyr Cymraeg, Tabernacl, Belmont Road. Roedd ef yn ŵr hynod o ddylanwadol, ac un o'r chwech a deithiodd i bentref Dowlais ger Merthyr Tudful i berswadio Evan Roberts i ddod i Lerpwl.

Pan brotestiodd y ddau weinidog yn gyhoeddus yn Neuadd yr Haul boddwyd eu lleisiau gan y dyrfa, a chlywyd hwy mewn cytgan yn seinio y gair 'cywilydd', a hynny hanner dwsin o weithiau. Gwelwyd Evan Roberts yn llithro drwy'r drws gyda'i chwaer a Miss Annie Davies.

Cyfarfodydd pellach

Ar 10 Ebrill yng nghapel y Cynulleidfawyr Saesneg Westminster Road, cafwyd gweddi gan y Parchedig W. O. Jones. Erfyniodd am nerth i faddau yn llwyr ac yn llawn fel y gellid anghofio'r diflastod a'r ymrafael i gyd. Roedd Evan Roberts yn ei ddagrau wrth glywed yr eiriolaeth ddwys am faddeuant a chymod yr efengyl. Cymerwyd rhan yn yr oedfa hon gan weinidog grymus arall a deithiodd yn un swydd o Sir Feirionnydd. Hwn oedd y Parchedig Gwynoro Davies, gweinidog y Methodistiaid Calfinaidd yng nghapel Caersalem, Bermo, oddi ar y flwyddyn 1887.

Ar 4 Ebrill 1905 roedd Evan Roberts yn rhan o gyfarfod emosiynol arall yng nghapel yr Eglwys Fethodistaidd (Wesleaidd) Mynydd Seion yn Princes Road. Roedd y cysegr o dan ei sang. Roedd Evan Roberts yn amlwg ar bigau'r drain a gwnaeth ddatganiad am Eglwys Rydd y Cymry;

> Rhoddodd Duw y neges hon i mi. Y mae a wnelo'r neges ag Eglwys Rydd y Cymry. Mae'n neges uniongyrchol oddi wrth Dduw – 'Nid yw sylfeini'r eglwys honno ar y Graig'. Dyna'r neges.

Roedd gwŷr y wasg yn glustiau i gyd ac wrth eu bodd gyda'r datganiad. Aeth y newyddiadurwr Gwilym Hughes ar ei union i holi W. O. Jones yn ei gartref yn Percy Street. Ac yntau wedi ei frifo gan eiriau un roedd yn ei edmygu'n fawr cyn hyn, dechreuodd W. O. Jones bardduo Evan Roberts wrth y newyddiadurwr.

Roedd mwy i ddod, yn arbennig yn y cyfarfod a drefnwyd ar nos Wener yng nghapel Chatham Street, lle y cychwynnodd helynt blin Eglwys Rydd y Cymry. Cyfarfod oedd hwn ar gyfer dynion a bechgyn yn unig. Llywyddwyd y cyfarfod gan y gweinidog, y Parchedig Richard Humphreys (olynydd W. O. Jones). Roedd Evan Roberts yn bresennol ond ni ddywedodd air. Ond ymhen amser fe gododd gweinidog ifanc, y Parchedig Daniel Hughes, yn y sêt fawr â dicter stormus yn ei lais gan droi at y diwygiwr a gofyn yn gyhoeddus iddo:

A wyt ti wedi dy gymodi â'th frawd cyn dod i'r cyfarfod heno? Pam yr wyt ti'n chwarae â phethau sanctaidd fel hyn?

Cyfeirio a wnâi'r gweinidog at y berthynas anffodus, a oedd yn destun siarad y Cymry o stryd i stryd, rhwng W. O. Jones a'r diwygiwr. Fel y disgwylid aeth hi yn ddadl boeth rhyngddo ef a llu o weinidogion oedd yn cefnogi Evan Roberts. Pan godod Evan Roberts i geisio annerch y dynion, boddwyd ei eiriau gan gri y gwrandawyr a'i gefnogwyr.

Roedd hi'n hen bryd dod â'r oedfa dros ben llestri i ben, a dyna a wnaeth Richard Humphreys yn ei ddull hamddenol ei hun. Y noson honno bu siarad hyd oriau mân y bore yn Percy Street, cartref W. O. Jones a'i deulu, ac yno yr arhosai Daniel Hughes. O fewn ychydig fisoedd, yn wir ar 1 Hydref 1905, symudodd Daniel Hughes o Gaer i ofalu am gapel yn Lerpwl oedd yn perthyn i Eglwysi Disgyblion Crist, yr enwad y magwyd yr Arlywydd Ronald Reagan ynddo. Trannoeth ar 15 Ebrill, gwelwyd llythyr yn y *Liverpool Courier* oddi wrth David Hughes. Roedd yn llythyr ffyrnig yn awgrymu mai hoced oedd gwaith cyhoeddus Evan Roberts a'i gydweithwyr, a'i fod yn mynegi yn ei ymwneud cyson â'r cyhoedd feistrolaeth gwbl arbennig dros alluoedd hypnotiaeth a thelepathi, sef darllen meddyliau y gwrandawyr.

Yn fuan wedi hyn, trefnodd y Parchedig John Williams i Evan Roberts fynd i 88 Rodney Street i gael ei archwilio gan bedwar o feddygon ac arbenigwyr pennaf y byd meddygol yn Lerpwl. Roedd un ohonynt, Dr William McAfee yn edmygydd mawr o'r diwygiwr. Dedfryd y pedwar arbenigwr, sef James Barr, William Williams, Thomas A. Bickerton a William McAfee oedd hyn:

We find him mentally and physically quite sound. He is suffering from the effects of overwork, and we consider it advisable that he should have a period of rest.

Cyfarfodydd i gloi y genhadaeth

Cafwyd dau gyfarfod diwygiadol i gloi cyfnod Evan Roberts yn Lerpwl a hynny ar 15 Ebrill yn Lerpwl ei hun a 17 Ebrill 1905 ym Mhenbedw. Roedd hi'n amlwg fod Evan Roberts yn ddigon balch i gael ymadael ar yr 18 o Ebrill. Daeth tyrfa fawr o Gymry Lerpwl i ddymuno'n dda iddo ar blatfform gorsaf rheilffordd Lime Street. Roedd John Williams ac Evan Roberts gyda'i gilydd, ynghyd â'r ddwy ferch ifanc Annie a Mary a fu'n gwefreiddio'r tyrfaoedd â'u caneuon.

Dylanwad Evan Roberts ar ddinas Lerpwl

Diolch i Evan Roberts, fe gryfhawyd y mudiad dirwestol. Yn wir, dywedodd Prif Gwnstabl Lerpwl i Evan Roberts wneud mwy o ddaioni mewn tair wythnos yn y ddinas gosmopolitan nag a wnaeth unrhyw berson na mudiad arall mewn tair blynedd.

Dywedodd y Parchedig William Henry, gweinidog Capel Cymraeg y Methodistaidd Calfinaidd Waterloo: 'Fe gorfforwyd Eglwys newydd yn Laird Street, Birkenhead.' Gwelodd ef yng ngwres yr adfywiad deimladau grymus yn Eglwys Parkfield a'r Ystafelloedd Cenhadol perthynol iddi. Mae hyn yn hynod o ddiddorol, gan fod pwnc Eglwys Rydd y Cymry wedi bod yn rhwystr yng nghyfarfodydd Lerpwl, ond ym Mhenbedw bu'r diwygiad yn fodd i hybu achos crefyddol newydd.

Effaith arall oedd cynnydd sylweddol yn hanes yr Ysgolion Sul mewn llawer iawn o gapeli ymneilltuol. Sonnir bod aelodau Ysgolion Sul y Methodistiaid Calfinaidd yn Henaduriaeth Lerpwl wedi cyrraedd y ffigwr o 7,173 sydd yn dangos cynnydd o 606 mewn un flwyddyn. Ychwanegodd y Parchedig R. Aethwy Jones, gweinidog Capel Newsham Park a mab yng nghyfraith y Parchedig Griffith Ellis, fod yn rhaid cofio bod 'lliaws o'r dychweledigion yn gwneud i fyny y cynnydd hwn' yn yr Ysgolion Sul.

Effaith arall amlwg oedd cynnydd yn aelodaeth y capeli. Cafwyd o leiaf 750 o ddychweledigion ymysg capeli enwad y Presbyteriaid Cymraeg oherwydd y cyfarfodydd a gynhaliwyd. Daeth caniadaeth y cysegr, a ddeilliodd o'r cyfarfodydd hyn, yn destun syndod o'r mwyaf i lu o drigolion y ddinas.

Gwendid pennaf ei genhadaeth oedd y cecru a fu ar fater bodolaeth Eglwys Rydd y Cymry a'i dyfodol. Beia cofiannydd y Parchedig John Williams, Brynsiencyn, sef y Parchedig R. R. Hughes, y pregethwr grymus hwnnw am yr hyn a ddigwyddodd. Dyma'r hyn a ddywed:

> Credai ef bob amser yn y pregethwr mawr, a'r cyfarfod mawr a'r oedfa fawr, ac yn ei awydd i weled bedyddio'r eglwysi a holl ddinas Lerpwl â thân ac â'r Ysbryd y cynlluniodd fel y gwnaeth. Arweinid ei farn ar gyfeiliorn yn aml gan ei galon, ac felly bu yn yr achos hwn.

Un arall oedd yn feirniadol oedd yr Henadur Joseph Harrison Jones, 99 Ullet Road, Parc Sefton, blaenor i John Williams (yn wir etholwyd ef yn flaenor yn 1887) a deimlai fod saga Eglwys Rydd y Cymry wedi difetha holl bwrpas ymweliad Evan Roberts â Chymry Lerpwl.

Bu ymadawiad John Williams o Lerpwl am Frynsiencyn naw mis ar ôl trefnu ymweliad Evan Roberts â Lerpwl yn ergyd drom i Ymneilltuaeth Cymry Lerpwl. Yng ngeiriau R. Aethwy Jones:

> Bu Mr Williams o wasanaeth mawr i'r Cyfarfod Misol, a'i wahanol bwyllgorau, yn ystod ei arhosiad o un-mlynedd-ar-ddeg yn y ddinas, a thrwy ei weinidogaeth efengylaidd a grymus bu yn addurn i bulpud Cymraeg y ddinas, ac yn gyfrwng bendith i'r holl eglwysi.

Ni ddywedodd air am yr hyn y bu'n gyfrifol amdano yn 1905 yn trefnu ymgyrch y diwygiwr a'i dîm. Dyn ar dân oedd Evan Roberts, ac fel y dywedodd ef ei hun mewn cyfarfod yng nghapel y Wesleaid Cymraeg Shaw Street: 'Mae dyn wedi ei achub am achub pawb, fel un wedi dianc o *wreck* am achub y gweddill.'

Gofid, gweithgarwch gwleidyddol a'r Gadair Ddu (1910-19)

Lerpwl fel prifddinas gogledd Cymru

Meddai Hugh Evans yn *Y Brython*:

> Dichon mai ar lannau y Ferswy y mae'r cwmwd lluosocaf o Gymry a geir ond odid yn unman.

Yn Lerpwl, ceid cyfleusterau i ddenu Cymry'r gogledd a'r canolbarth. Os am driniaeth lawfeddygol, roedd digon o ysbytai yn Lerpwl, a Chymry Cymraeg yn gofalu amdanynt. Ceir syniad o'r nifer o Gymry Cymraeg a fynychai ysbytai Lerpwl ar ddechrau yr ugeinfed ganrif trwy ddyddiaduron John Evans, Beaconsfield Road. Roedd ef yn ymwelydd cyson â'r ysbytai ac o Ebrill 1893 hyd 1908 ymwelodd â'r ysbytai 1,607 o weithiau. Bu'n cysuro 4,352 o gleifion o Gymry.

Agorodd y ganrif yn Lerpwl gydag ymweliad yr Eisteddfod Genedlaethol. Enillodd un o weinidogion y dref, y Parchedig J. O. Williams (Pedrog), y gadair am ei awdl i'r bugail a chafwyd cryn lawer o ddathlu oherwydd hynny. Digwyddiad pwysig arall yn yr Eisteddfod oedd i Gôr Dowlais ennill y brif gystadleuaeth gorawl o dan arweiniad Harry Evans. Un o ganlyniadau pennaf cael yr Eisteddfod Genedlaethol yn 1900 oedd hybu'r mudiad eisteddfodol yn Lerpwl, a chreu côr sydd yn dal mewn bodolaeth, Undeb Gorawl Cymry Lerpwl. Yn y degawd a ddilynodd yr Eisteddfod Genedlaethol gwelwyd

Eisteddfodau o bob math yn cael eu sefydlu oddeutu Afon Mersi. Erbyn 1907 cynhaliwyd Eisteddfod Gerddorol New Brighton ac Eisteddfod Goronog Temlwyr Da Lerpwl yn y Central Hall, Renshaw Street ar Ddydd San Steffan.

Côr Plant y Pentre

Côr oedd hwn ar gyfer pentref Everton, un o gadarnleoedd y bywyd Cymraeg yn Lerpwl yn bennaf. Ffurfiwyd Côr y Pentre yn 1899 ynghyd â *Band of Hope* (Gobeithlu) Capel Cymraeg y Bedyddwyr yn Everton Village, a hynny gan R. T. Edwards. Un ar hugain oed ydoedd ar y pryd ac roedd yn awyddus fel aelod o'r capel i gynorthwyo'r plant a fynychai'r Gobeithlu, ac i godi safon canu corawl ymysg y to oedd yn codi. Trwy weledigaeth y Cymry a chefnogwyr Saesneg sefydlwyd Gŵyl Gerddorol Plant Lerpwl. Erbyn 1907 roedd Côr y Plant wedi cael cymaint o sylw a gwobrau fel ei fod yn medru cymryd drosodd Neuadd y Dderwen (Oak Hall) yn Oakfield Road, Anfield. Hwn oedd hen gartref Cymru Fudd yn Anfield. Cafodd y Côr fuddugoliaethau ar hyd a lled Glannau Mersi ac mewn eisteddfodau yng Nghymru. Enillodd y côr brif wobr gorawl yr Eisteddfod Genedlaethol am dair blynedd yn olynol; yn y Rhyl (1901), Caernarfon (1902) ac Abertawe (1903). Penderfynwyd ar ôl hynny i ganolbwyntio ar gyngherddau ac anghofio cystadlu.

Undeb Gorawl Cymry Lerpwl

Fel canlyniad i'r Eisteddfod Genedlaethol sefydlwyd Undeb Gorawl Cymry Lerpwl yn 1900, a thrwy hynny ailatgyfodi Undeb Gorawl a fu'n gysylltiedig â J. Ambrose Lloyd. Penderfynodd y côr wahodd Harry Evans, Merthyr Tudful, yn gôr-feistr, a dyma ddechrau ar gyfnod rhyfeddol yn ei hanes ef a'r côr. Daeth yn feirniad cerddorol o fri a gwahoddid ef i bob rhan o Brydain ac Iwerddon.

Croesawu Uchel Lysoedd yr Enwadau

Roedd Bedyddwyr Cymraeg Glannau Mersi yn llawn gweithgarwch wrth baratoi ar gyfer dyfodiad Undeb Bedyddwyr Cymru i'r ddinas. Daeth yr Undeb i Lerpwl ym mis Awst 1874, ym mlwyddyn llywyddiaeth y Parchedig Ddr Thomas Davies, Prifathro Coleg Diwinyddol yr enwad yn Hwlffordd. Ond roedd yr Undeb yn meddu ar fwy o gynrychiolwyr yn 1903. Darparwyd lletya i dros chwe chant o gynrychiolwyr ond dim ond pedwar cant a fynychodd, gan beri cryn dipyn o siom i swyddogion y pwyllgor lleol, yn arbennig yr adeiladydd Owen Owens (Cadeirydd), D. E. Roberts, Everton (Trysorydd), a John Davies (Ysgrifennydd). Cynhaliwyd yr holl gyfarfodydd yng nghapel y Bedyddwyr Cymraeg, Everton Village, a darparwyd y prydau bwyd yn ysgoldy eang Capel y Methodistiaid Calfinaidd Fitzclarence Street.

Gwleidyddiaeth y Cymry a 'Cymru Fydd'

Yn wleidyddol roedd mwyafrif mawr y Cymry yn Lerpwl yn Rhyddfrydwyr. Swcrwyd hwy yn helaeth ar hyn yn y bedwaredd ganrif ar bymtheg gan Gwilym Hiraethog a hefyd John Thomas, dau weinidog pwerus dros Ryddfrydiaeth. John Thomas oedd un o'r rhai a welodd botensial y gŵr ifanc Lloyd George fel gwleidydd. Fe'i gwahoddwyd i gyfarfod yn Hope Hall ar destun Datgysylltiad yr Eglwys yng Nghymru yn 1899, gyda Thomas Ellis, Aelod Seneddol Meirionnydd. Ac yna ar ôl y cyfarfod i swper yng nghartref Dr Owen Thomas, brawd John Thomas. Daeth eraill gyda'r tri, a cheryddwyd Lloyd George yn hallt am boeri gwawd ar y person a'r clochydd wrth eu litwrgïau yn eglwys wag y plwy. 'Nid fel yna y mae sôn am weinidogion Duw', meddai Owen Thomas wrth ben y bwrdd. Chwech ar hugain oed oedd Lloyd George pan aeth i Dŷ'r Cyffredin yn 1890. Deg ar hugain oedd Thomas E. Ellis ar y pryd ac yr oedd ef yn y Senedd eisoes ers pedair blynedd. Y ddau hyn oedd arwyr Cymry Rhyddfrydol Lerpwl. Ac yn wir, Cymry Lerpwl a Chymry Llundain, yr alltudion, oedd ar flaen y gad yn y mudiad a ddatblygodd o dan yr enw 'Cymru Fydd' a sefydlwyd yn derfynol yng Nghaer yn 1894. Roedd Cymru Fydd yn fudiad oedd yn cefnogi'r gwleidyddion ieuainc Cymreig. Er bod W. E. Gladstone yn enedigol o Lerpwl ac yn eicon i'r Cymry, roedd Cymry Lerpwl at ei gilydd yn fwy cefnogol i'r syniad o Ysgrifennydd i Gymru a Datgysylltiad, Comisiwn y Tir a Mesur Dirwest, ynghyd â gwelliannau ym myd addysg uwchradd a phrifysgol nag yr oedd y gwleidydd byd-enwog.

Hiraethai Cymry Lerpwl am genedlaetholdeb diwylliannol a hwythau wedi eu hamgylchynu gan Seisnigrwydd ac imperialaeth. Yn ôl O. E. Roberts, roedd 'cenedlaetholdeb Cymreig yn bwysicach hyd yn oed na

Rhyddfrydiaeth yn eu golwg' a pharhaodd hynny dros ddegawdau yr ugeinfed ganrif.

Ond mynnodd nifer o Gymry blaengar gychwyn Cymdeithas Cymru Fydd mewn ystafelloedd uwchben siop ar gornel Granby Street ac Arundel Street yn Toxteth. Agorwyd y clwb ar Ionawr 24, 1893.

Un o'r Cymry gweithgar yn y symudiad hwn oedd Herbert Lewis. Daeth i Lerpwl yn 1885 fel cyfreithiwr yn bartner gydag Alfred T. Davies, gŵr a ddaeth yn ddylanwadol iawn yn ddiweddarach ym myd addysg Cymru. Arhosodd Herbert Lewis gyda'i ewythr Edward Lewis a ddaeth i Lerpwl yn 1836 i sefydlu busnes dillad yn y dref. Am gyfnod o ddeugain mlynedd, cynhaliodd Edward Lewis ysgol ar gyfer plant y strydoedd, y Ragged School, gan dalu o'i boced ei hun am yr holl gostau. Ym mis Tachwedd 1887, Herbert Lewis oedd yn y gadair mewn cyfarfod mawr o Gymry Lerpwl lle y gwnaeth Tom E. Ellis araith bwysig yn awgrymu cynulliad wedi ei ethol gan bobl Cymru. Roedd yn bell o flaen ei oes.

Llywydd Cymdeithas Cymru Fydd oedd Herbert Lewis, gyda Tom Ellis, Lloyd George ac Ellis Jones Griffiths yn is-lywyddion. Aethpwyd ati ym mlynyddoedd olaf y bedwaredd ganrif ar bymtheg a blynyddoedd cyntaf y ganrif newydd i sefydlu canghennau o fudiad Cymru Fydd mewn rhannau eraill o Lerpwl, yn benodol yn Anfield a hefyd yn Bootle, a Toxteth. Symudwyd o Toxteth i ystafelloedd helaeth yn 150 Upper Parliament Street. Oherwydd methiant y Rhyddfrydwyr, yn bennaf D. A. Thomas, gwleidydd amlwg yn y de, a Lloyd George yn y gogledd, i uno y Blaid Ryddfrydol fe ddaeth Mudiad Cymru Fydd i ddyddiau y dirywiad. Collwyd y weledigaeth. Rhoddodd Lloyd George ei fryd ar ennill mwy o bŵer gwleidyddol o fewn y Blaid Ryddfrydol Brydeinig. Ond yn Lerpwl daliodd y Cymry yn y clwb, ac yn 1910, mynnodd y rhain brynu'r adeilad yn Parliament Street. Prynodd nifer o bobl gyfranddaliadau o bum ceiniog nes cyrraedd y nod o fil o bunnoedd. Prynwyd yr adeilad, gwariwyd arian i'w atgyweirio, ei baentio a gosod trydan o'i fewn. Roedd Cangen y Merched wedi bod ar wahân, ond unwyd y merched a'r dynion. Aeth y clwb a gychwynnodd fel pwerdy y Blaid Ryddfrydol, fwy neu lai yn ganolfan ddiwylliannol lle y cafwyd darlithioedd, cyngherddau a chwaraeon. Sefydlwyd llyfrgell ac yno roedd cyfnodolion a phapurau Cymraeg lleol a chenedlaethol ar gael i'w darllen gan y mynychwyr.

Roedd y clwb erbyn 1910 yn ganolfan weithgar i'r Cymry. Croesawyd y Cymry a ddeuai i'r ddinas i weithio, ond cyhoeddid bob amser fod yr egwyddorion yn deillio yn ôl i weledigaeth Tom Ellis a Lloyd George yn y nawdegau o'r ganrif flaenorol. Cefnogai y clwb fudiadau yn y ddinas oedd yn uniaethu eu hunain â Chymreictod a gwleidyddiaeth Gymreig. Ac yn 1914 mynnodd yr arweinwyr fod yn rhaid cofio a phwysleisio lle egwyddorion y Blaid Ryddfrydol ym mywyd y clwb *Young Wales* fel y daeth i'w adnabod ar leferydd Cymry'r dref. Penderfynwyd nad oedd neb yn cael eu derbyn yn aelod oni fyddai a) yn Gymro o waed; b) yn coleddu y gredo Ryddfrydol. Ond o fewn ychydig fisoedd newidiodd y sefyllfa yn gyfan gwbl a daeth y Rhyfel Byd Cyntaf i aflonyddu ar bob rhan o gymdeithas. Diflannodd y rheidrwydd o fod yn aelod o'r Blaid Ryddfrydol, a newidiodd yr holl bwyslais yr adeg honno o dan bropaganda didostur o blaid ymuno â'r rhengoedd, ond daliai'r *Young Wales* yng nghanol y cyfan yn llwyfan i drafodaethau hynod o ddiddorol ar bynciau'r dydd.

Gweithgarwch y sosialwyr fel John Edwards

Yn Lerpwl ei hun ym mlynyddoedd cyntaf yr ugeinfed ganrif, roedd yr amgylchiadau cymdeithasol i lu o bobl yn druenus a dweud y lleiaf. Roedd o leiaf fil o drigolion Lerpwl yn marw o newyn yn flynyddol. Y mudiad mwyaf gweithgar o ran tosturi at yr anghenus oedd y mudiad Llafur.

Nid oedd y Cymry yn dianc o'r tlodi a'r diweithdra, ond at ei gilydd roedd eu byd yn llawer gwell, gan fod y capeli yn trefnu cymdeithasau i gadw golwg ar y tlodion Cymraeg. Ac ymhlith Cymry Lerpwl y magwyd un o'r sosialwyr pwysicaf, sef John Edwards (1861-1922), a fagwyd o fewn un o'r capeli i rieni dosbarth canol. Ychydig a wyddys am ei flynyddoedd cynnar ond gwyddom iddo fyw am gyfnodau yn Stoneycroft, yna West Derby ac yn niwedd ei oes yn Roby. Yn ei aeddfedrwydd uniaethodd ei hun gydag enwad yr Undodiaid, enwad a gyflawnodd waith aruthrol yn ei oes ef. A chofier fod tad David Lloyd George wedi bod yn athro yn ysgol yr Undodiaid am wyth mlynedd yn Lerpwl. Siaradai William George gydag edmygedd o'r hyn a gyflawnid gan yr enwad, a mwynhaodd ei arhosiad, fel dyn y chwith, yn ninas Lerpwl.

Gwyddom fod John Edwards yn aelod o Gymdeithas Sosialaidd Lerpwl a fyddai'n cyfarfod mewn lle bwyta yn Dale Street yn wythnosol a daeth rhai o sêr y byd sosialaidd i'w cyfarch: William Morris, Edward Carpenter a'r propagandydd a'r golygydd Robert Blatchford. Erbyn 1892 roedd y Gymdeithas Sosialaidd leol wedi uno gyda Chymdeithas Ffabiaid Lerpwl. Daeth John Edwards yn Llywydd y Gymdeithas hon. Anfonodd Edward Pease, un o'r Ffabiaid adnabyddus yn Llundain, lythyr o ganmoliaeth i John Edwards:

> Your Society certainly seems to be doing a great deal of work, and Liverpool is rapidly removing the disgrace which it had for so long of being the largest town in which there was the least Socialist agitation of any in England . . . with congratulations on your energetic propoganda.

Gwnaeth y Ffabiaid gryn wahaniaeth ac yn 1894 sefydlwyd cangen o'r Blaid Lafur Annibynnol. Cydweithiai y ddwy gangen â'i gilydd. Yn wir roedd John Edwards yn sylfaenydd y Blaid Lafur Annibynnol yn Lerpwl gyda J. W. T. Morrissey a Robert Manson. Er na chafodd John Edwards y sylw a haeddai gan haneswyr gwleidyddol Lerpwl, roedd ei bresenoldeb ymhob cylch a phob cymdeithas sosialaidd yn amlwg. Chwaraeodd John Edwards ei ran fel un o Gymry Lerpwl yn neffroad y werin bobl a'r holl gymdeithasau a syniadau sosialaidd oedd yn cyniwair ym mhorthladd Lerpwl.

Un a ddaeth i adnabod John Edwards oedd Lorenzo Portet. Ymfudodd ef i Lerpwl fel athro ieithoedd. Chwaraeodd James Connolly a Jim Larkin ran allweddol yn natblygiad syndicaliaeth ymysg docwyr Lerpwl, cyfartaledd uchel ohonynt yn Geltiaid milwriaethus, yn Gymry a Gwyddelod.

Un o ganolfannau y mudiad llafur oedd Capel y Bedyddwyr Saesneg, Pembroke Street, lle yr oedd C. F. Aked yn weinidog. Un o gynheiliaid y chwith oedd ef ac un o'r rhai a groesawodd y diwygiwr Evan Roberts i Lerpwl. Denodd y gymdeithas Clarion filoedd o bobl i'r Mudiad Llafur. Profodd Lerpwl streic ar ôl streic, ac yn 1911 collwyd gwaed yn streic pobl y rheilffordd. Anfonwyd milwyr i gadw trefn. Lladdwyd un heddgeidwad ac anafwyd ugain arall. Ac ar 15 Awst 1911 saethwyd dau o'r protestwyr yn farw pan ymosododd tair mil ar fan yn cludo nifer a arestiwyd i'r carchar. Bu'r streic yn andwyol i Gorfforaeth Lerpwl yn ariannol. Ymosododd y Ceidwadwyr ac arweinydd y ddinas, Syr Charles Petrie (1853-1920), a oedd

yn un o aelodau selocaf Eglwys Anglicanaidd St Anne yn Aigburth, ar John
Edwards a'i gymrodyr. Nid oedd Petrie yn gweld unrhyw rinwedd yn y
Blaid na'r Mudiad Llafur, ac awgrymodd fod y rhai a drefnodd y streic
am weld pobl Lerpwl yn dioddef 'afiechydon, clefydau a marwolaethau'.
Roedd y dyfodol yn nhraddodiad John Edwards, gan ei fod yn cydweithio
yn agos iawn gyda gweinidog Capel Undodaidd Hope Street, H. D. Roberts.
Cristion sosialaidd oedd John Edwards, yn ysgrifennydd ei gapel, ac un a fu
yn trefnu yn ddygn yng nghanol streic trafnidiaeth 1911, digwyddiad hynod
o bwysig yn hanes undebaeth yn Lerpwl. Cadeiriodd John Edwards lu o
gyfarfodydd, gan roddi ei gefnogaeth lwyr i'r adran filwriaethus. O'r Rhyfel
Byd Cyntaf ymlaen cafodd y Cymro gryn lawer o afiechyd, a dioddefai yn
bennaf o'r gwynegon, a bu farw yn Albion Villa, Roby, ar 12 Chwefror
1922. Ni fu ei arloesi yn ofer, a gwelir ei safbwynt yn glir yn ei erthyglau i'r
Liverpool Forward ac yn ei bamffledi, y gorau ohonynt *Socialism and the Art of
Living* (Lerpwl, 1913).

Llafurwr arall, Jonah Evans, Runcorn

Gŵr tebyg iawn i John Edwards oedd Jonah Evans (1826-1907), codwr
canu Capel Cymraeg Presbyteraidd Runcorn, ac arloeswr yn y Mudiad
Cydweithredol. Gadawodd Froncysyllte, lle y'i ganwyd, i weithio fel labrwr
wrth osod rheilffordd o Gaer i Warrington ac yna yn nociau Runcorn. Ond
ei gyfraniad mawr oedd fel sylfaenydd Cymdeithas Gydweithredol Runcorn
a Widnes yn 1862. Ef oedd y rheolwr cyffredinol o 1879 hyd ei ymddeoliad
yn 1904.

Gyrfa Tom Price yn Awstralia

Un arall o feibion Cymry Lerpwl oedd Tom Price (1852-1909). Magwyd
ef ar aelwyd Gymraeg ac mewn capel Cymraeg yn perthyn i'r Eglwys
Fethodistaidd. Ymfudodd o Lerpwl i Adelaide ym mis Mai 1883 ac yn 1893
etholwyd ef yn aelod Llafur yn Senedd De Awstralia. Daeth yn Ysgrifennydd
y Blaid Lafur yn 1900, ac yn arweinydd iddi yn 1901, ac yn 1905 yn Brif
Weinidog De Awstralia, mewn llywodraeth gymysg o Ryddfrydwyr a
Llafurwyr.

Cefnogi ymgais y merched am y bleidlais

Roedd carfan o'r sosialwyr yn pledio achos y *suffragettes* yn Lerpwl ac ym mhob rhan o'r wlad. Llusgo eu traed a wnâi'r llywodraeth ac yr oedd Cymry Lerpwl wedi eu rhwygo ar y cwestiwn. Collodd y sosialydd adnabyddus, George Lansbury, ei sedd yn etholaeth Bow a Bromley yn Llundain yn Hydref 1912 ar y mater sensitif hwn. Cyfansoddodd Edward Hughes, Anfield, bennill coeglyd, miniog ar fethiant Lanbury i gadw ei sedd yn y *Liverpool Echo*:

> To Mrs Pankhurst you maybe
> A gallant 'beau' and comely;
> Still, with such charms it seems to me,
> You're not the 'beau' for Bromley.

Y Rhyfel Byd Cyntaf a'i ganlyniadau

Bu Cymry Lerpwl â rhan amlwg yn y Rhyfel Byd Cyntaf. Ysigwyd Cymdeithas Cymru Fydd Lerpwl i'w seiliau a chollwyd rhai aelodau yn y rhyfel. David Lloyd George oedd arwr y Cymry, ac er iddo ofni a chael ei siomi yn ymateb y cyhoedd, fel gwleidydd uchelgeisiol gwelodd y medrai'r rhyfel helpu ei yrfa. Ymroes i ennill buddugoliaeth ar yr Almaen ac ymosododd ar y Prif Weinidog H. H. Asquith am ei lwfdra a'i arafwch. Bu Lloyd George yn Weinidog dros Arfau o 1915 hyd 1916 ac yn Weinidog Rhyfel o Orffennaf hyd Ragfyr 1916 cyn dod yn Brif Weinidog hyd 1922. Ef oedd yn galw ar i'r Cymry neidio i'r gad a chafodd gefnogaeth gref ymysg Cymry'r ddinas. Cyhoeddodd Eglwys Bresbyteraidd Stanley Road, Bootle, lyfryn bychan yn enwi'r 205 a oedd wedi gwirfoddoli o'r eglwys honno i faes y gad; collodd 26 ohonynt eu bywydau o ganlyniad. Ymunodd 31 o ieuenctid Capel Webster Road â'r Lluoedd Arfog. Y cyntaf i farw oedd John David Jones, Bective Street, a berthynai i fataliwn y Royal Welch Fusiliers. Lladdwyd ef ym mrwydr Mons ym Medi 1914, ychydig dros fis er pan gychwynnodd y gwrthdaro gwaedlyd. Ymateb y gweinidog, y Parchedig William Owen oedd:

> Gelwir ar yr eglwys i weini ar y dioddefus, ac i gysuro'r galarus; gofaled fod yn ddigon ysgafn ei llaw a thyner ei chalon i gyflawni ei dyletswyddau pwysig.

A dyna ymateb cyffredinol y canolfannau crefyddol, ac yn arbennig y gweinidogion. Trefnai y rhain yn ddyfal, a bu'r gwaith hwn yn fwy na digon i'r Parch. H. Harris Hughes, bugail Capel Princes Road oddi ar 1909. Torrodd ei iechyd i lawr, a bu mewn cyfyng gyngor a gwendid affwysol am rai misoedd. Cystudd trwm oedd hyn yn deillio o'i bryder am y 179 o ieuenctid ei gapel (gan gynnwys 6 o Ysgoldy Cenhadol Upper Warwick Street) a alwyd i'r gad.

Gofal Capel Waterloo am filwyr

Paratôdd y Parchedig William Henry, gweinidog Capel Presbyteraidd Waterloo, yn fanwl ar gyfer y rhai a fentrodd i faes y gad fel milwyr ac a adawodd rieni a theulu ar ôl. Wedi'r cyfan aeth dau o'i fechgyn ei hun i frwydro yn Ffrainc. Yn ei anerchiad am 1914 dywedodd:

> Dyma nifer dda o'n gwŷr ieuanc wedi ymrestru, ac erbyn hyn, rhai ohonynt ar faes y frwydr, a chant oll ein cefnogaeth a'n gweddïau ar eu rhan. Amlygwyd diddordeb yr eglwys ynddynt mewn modd hapus iawn noson yr *Organ Recital* ym mis Tachwedd, pan gyflwynwyd iddynt bob un *Gold Pendant*, a chopi o'r Testament Newydd. A da gennym edrych ar y *Roll of Honour* a roddwyd yn gelfydd a phrydferth, a baratowyd gan Mr W. S. Roberts, ac a roddwyd ym mhorth y capel.

Ac yno y bu *Roll of Honour* ar ddiwedd y rhyfel yn rhestru 41 o enwau. Tyfodd y rhestr o flwyddyn i flwyddyn, 24 yn 1915, 32 yn 1916, 38 yn 1917 a 41 yn 1918. Bu Capel Waterloo yn hynod o ofalus o'r milwyr a ddeuai i'r gwersylloedd milwrol, yn arbennig gwersyll milwrol Litherland, a'r gwesylloedd cyfagos. Dywed William Henry yn 1915 am y ddarpariaeth ar gyfer milwyr Cymraeg o Gymru yn ystafelloedd Capel Waterloo ar nos Wener a phrynhawn Sadwrn:

> Mae yn amlwg fod y cyfarfodydd adloniadol pob nos Wener ar gyfer y milwyr Cymraeg oedd yn y gwahanol wersylloedd lleol yn fawr fwynhad iddynt hwy a ninnau oll. A cham yn yr iawn gyfeiriad yw rhoddi un o'n hystafelloedd i'w gwasanaeth bob prynhawn Sadwrn. Llonder mawr i ni yw bod nifer dda o'r milwyr Cymreig yn mynychu y Cyfarfodydd Gweddi a'r Seiat, ac yn cymryd rhan ynddynt. Profa hyn eu bod wedi eu magu mewn eglwysi byw a chynnes yn y wlad.

Adeiladwyr

Tai a adeiladwyd gan William Jones (Klondyke) yn Orrell

Mona Street, Orrell

Stryd arall Klondyke Jones

Capel newydd Bethel, Heathfield Road

Capel Ashton-in-Makerfield

Ffenestr liw er cof am Laura Jones

Swyddfa J. W. Jones a'i feibion yn Allerton

Lleolir bedd yr adeiladwr David Roberts ger y Gadeirlan Anglicanaidd

Cymry Adnabyddus yn y Ddinas

Y Parchedig J. Cadvan Davies

Y Parchedig David Adams (Hawen)

Pedrog, y bardd-bregethwr

Y Parchedig D. Hughson Jones, arweinydd
mudiad Cymry Lerpwl yn erbyn boddi
Tryweryn

Dr Owen Thomas

Dr H. Gordon Roberts a chefnogwyr i'w waith yn Ysbyty Shillong

Y Parchedig Peter Price, Gweinidog Great Mersey Street

Yr Archdderwydd Bryn Williams (un o blant y Wladfa)

Dathlu 150 mlynedd y *Mimosa*

Carwyn Jones, Prif Weinidog Cymru yn annerch

Dr Christine James, Archdderwydd Cymru

Yr Arglwydd Dafydd Wigley

Arglwydd Faer, Cynghorydd a'i briod, Dr Arthur Thomas, Ian Pollitt o Gwmni Peel Holdings, Alicia Amalia Castro a Dr D. Ben Rees

Rhan o'r dyrfa enfawr yn Neuadd Peel Holdings ar brynhawn Sadwrn 30 Mai, 2015

Plant o Ddyffryn Chubut yn canu ger cofeb y *Mimosa*

Mrs Elan Jones, Mossley Hill, gynt o'r Wladfa, yn annerch ar ôl dadorchuddio'r gofeb yng nghwmni Dr Huw Edwards

1865 MIMOSA 2015

Cofnoda'r gofeb hon ymadawiad y llong hwylio 'Mimosa' o Lerpwl ar
28 Mai 1865, yn cludo 162 o Gymry (gan gofio hefyd y tri aeth allan o'u
blaen). Glaniwyd ym Mhorth Madryn, Patagonia, ar 28 Gorffennaf 1865.
Yno sefydlwyd gwladfa Gymreig sy'n bodoli hyd heddiw.

This plaque records the departure from Liverpool of the sailing ship 'Mimosa'
on 28 May 1865, with 162 Welsh people (remembering also the three who
went out before them). They landed at Port Madryn, Patagonia, on 28 July
1865 where they established a Welsh speaking settlement which survives to
this day.

Cymdeithas Etifeddiaeth Cymry Glannau Mersi   Merseyside Welsh Heritage Society

Dadorchuddiwyd 30 Mai 2015 gan Mrs. Elan Jones   Unveiled 30 May 2015 by Mrs. Elan Jones

Plac y gofeb ger Doc Princes yn Lerpwl

Dr Huw Edwards, Llundain

Trigolion y Gaiman a Dyffryn Chubut yn y seremoni yn Lerpwl

Plant o'r Wladfa yn y man lle hwyliodd yr anturwyr dewr yn 1865

Gwaith John Gibson

Cerflun Gibson o'r Aelod Seneddol William Huskisson

Bedd John Gibson ym mynwent Protestannaidd Rhufain

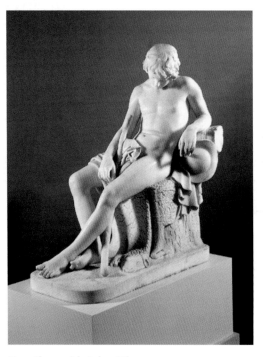

Bugail o waith John Gibson

Bedd Benjamin Gibson

Lluniau Amrywiol

Ian Rush

Dr John Williams yn yr Orsedd

Eddie Evans, cyfansoddwr tonau

John Davies, Cadeirydd Pwyllgor
Gwaith Eisteddfod Genedlaethol
Lerpwl, 1884

Gwen Davies, mam George M. Ll. Davies a
Glyn Davies a'r brodyr eraill

Dan Thomas, Toxteth

Y Parchedig Griffith Ellis, Bootle

Dr John Williams, Princes Road

Y Parchedig Phillip Jones, arwr Cymry
Presbyteraidd Lerpwl

Y Parchedig John Hughes, Everton

Celebrating the Centenary of

THE ROTARY CLUB
OF LIVERPOOL

(1913–2013)

by
Rotarian David Ben Rees

Clwb Rotari Lerpwl lle bu llu o
Gymry yn aelodau gweithgar

Dathlu 40 mlynedd *Yr Angor*

Arwyddion dathlu
Yr Angor

Norma a Roderick
Owen, Dr Huw
Edwards, Beryl a Dr
John Williams

Gwenfyl Bain,
Blodwen Roberts a
Lillian Coulthard

Dr Huw Edwards a Dr D. Ben Rees

Y Parchedig Robert Parry, Cynorthwyydd Bugeiliol y Glannau, yn diddori'r bwrdd bwyd

Mwynhau'r wledd yng nghlwb Golff Woolton, 20 Gorffennaf, 2019

John P. Lyons,
pentref Knowsley
a Dafydd Ll. Rees,
Llundain a Lerpwl

John G. Williams,
Huw Edwards a
D. Ben Rees

Bwrdd cefnogi y
papur bro

Gofid, gweithgarwch gwleidyddol a'r Gadair Ddu (1910-19)

Bechgyn gwersyll Litherland oedd y mwyafrif o'r rhain, ac ar ôl i David Lloyd George gael ei ddyrchafu yn Brif Weinidog yn Rhagfyr 1916, o dan amgylchiadau a greodd densiwn, ymrafael a rhwygiadau dwfn o fewn y Blaid Ryddfrydol, pwyswyd fwy a mwy am ragor o filwyr. Cyn hyn mater gwirfoddol oedd ymrestru yn filwr; bellach roedd hi'n orfodol i ddynion o dan ddeugain oed ymrestru, diolch i Fesur Consgripstiwn 1916.

Un o'r Cymry a gyrhaeddodd wersyll Litherland o wersyll yn Wrecsam yn niwedd Ionawr 1917 oedd bugail o fardd o Drawsfynydd, Ellis Humphrey Evans (Hedd Wyn, 1887-1917). Ymunodd â 15fed Bataliwn y Ffiwsilwyr Cymreig, a thrwy lawysgrifau milwr o Blaendulais, y Preifat J. Buckland Thomas, cawn ddarlun byw ohonynt yn y gwersyll. Gwnaeth Thomas hwy yn gysurus a chan fod y Major oedd yng ngofal yr hyfforddi yn Sais, defnyddiwyd J. B. Thomas yn aml fel cyfieithydd, gan fod nifer helaeth a'r milwyr yn uniaith Gymraeg. Dyma eiriau J. B. Thomas:

> Yr oedd hi'n olygfa bathetig i weld y rhain yn gorfod bod yn filwyr, a hwythau yn dod o waith angenrheidiol ar y ffermydd, gadael eu hanwyliaid adref, gan nad oes bron neb ohonynt wedi ei dorri allan i fod yn filwyr.

Daeth Ellis yn ail am y Gadair yn Eisteddfod Genedlaethol Aberystwyth yn 1916 a bwriadai gystadlu am Gadair Eisteddfod Genedlaethol Birkenhead ym Medi 1917. Roedd wedi cychwyn ar y dasg o lunio awdl ar y testun 'Yr Arwr' yn ei gartref, Yr Ysgwrn. Cafodd gyfle pellach yn Litherland, ac yna ar 27 Mawrth, cafodd ddychwelyd i Drawsfynydd, er mwyn gwireddu cynllun aredig, gan fod y llywodraeth am i'r ffermwyr gynhyrchu mwy o fwyd. Dychwelodd i Litherland ar 13 Mai a dyma'r englyn a luniodd i Wersyll Litherland:

> Gwêl wastad hutiau'n glwstwr – a bechgyn
>   Bochgoch yn llawn dwndwr;
>   O'u gweled fe ddywed pob gŵr,
>   Dyma aelwyd y milwr.

Mynychodd *sosial* ar gyfer y milwyr yn York Hall ac ef a gynigiodd air o ddiolch ar ran y milwyr am y caredigrwydd a ddangoswyd iddynt gan Gymdeithas Cymreigyddion Lerpwl. Lluniodd yr englyn hwn o ddiolch:

Nos Sadwrn mewn naws hudol – ar un gwynt
   O'r hen gamp materol
  Hwyliai'i arwyr milwrol
  A'u holl wŷr call i York Hall.

Ar y Sul byddai Hedd Wyn yn mynychu yr Ysgol Sul ac oedfa'r hwyr yng nghapel yr Annibynwyr Cymraeg Marsh Lane, Bootle. Gadawodd Litherland ym mis Mehefin am Ffrainc; ac fe'i lladdwyd ym mrwydr Pilckem Ridge ar 31 Gorffennaf. Yn y frwydr honno roedd dau Gymro o Benbedw, Robert Roberts, mab yng nghyfraith golygydd *Y Brython*, J. H. Jones, a Cecil Roberts a fu'n ddiacon yng nghapel Woodlands Road.

Ym mis Medi 1917, a'r miloedd wedi dod ynghyd i Eisteddfod Genedlaethol Birkenhead, dyfarnodd y tri beirniad y gadair i awdl Hedd Wyn. Pan gyhoeddodd yr Archdderwydd Dyfed o'r llwyfan fod y bardd wedi ei ladd yn y rhyfel, wylodd y gwŷr mawr. Gwelwyd David Lloyd George, Syr John Morris-Jones, y Parchedig John Williams, Brynsiencyn (triawd a fu'n recriwtio yn galed ar gyfer y rhyfel), â dagrau ar eu gruddiau. Gorchuddiwyd y gadair ag amwisg ddu, er mawr alar i dorf o ddeunaw mil. Diolchodd J. B. Thomas am yr englyn a luniodd Hedd Wyn iddo yn Lerpwl ar 6 Mawrth 1917:

Dyn siriol a dawn siarad – yw Thomas,
   Brawd twym ei ddylanwad;
  Nid oes gŵr yn huts y gad
  Mwy euraidd ei gymeriad.

Milwr llengar arall

Milwr gorfodol oedd Hedd Wyn, mor wahanol i un o'r meibion mwyaf galluog a fagwyd ar aelwyd Cymry'r Glannau, sef John Saunders Lewis (1892-1985), mab y Mans, ac ŵyr i Dr Owen Thomas, Princes Road. Ymunodd Saunders Lewis â'r fyddin y cyfle cyntaf a gafodd, er ei fod wedi cychwyn ar ei astudiaethau ym Mhrifysgol Lerpwl. Ar 3 Medi 1914 mynychodd gyfarfod recriwtio yn Undeb y Myfyrwyr yn Bedford Street, Lerpwl, a'r diwrnod wedyn ymunodd â 3ydd Bataliwn y King's Liverpool Regiment, y 'Liverpool Pals' fel y'i hadwaenid. Ar ei ffurflen ymuno gosododd 'Presbyterian' o dan ei deyrngarwch enwadol gan ychwanegu Welsh 'Yes' ar ei ôl! Roedd yn awyddus i gael ei hun ymhlith ei gyd-Gymry; am ei fod 'yn fab i weinidog Cymraeg', ac yn fyfyriwr prifysgol, gobeithiai gael comisiwn mewn catrawd Gymreig.

Ymunodd â 12fed Bataliwn Cyffinwyr De Cymru a dyfarnwyd comisiwn fel is-lefftenant iddo yn 1916, ac yna ar 2 Chwefror 1916 yn lefftenant llawn. Profodd galedi y ddaear galed, fel y dywedodd mewn ysgrif o'i eiddo, a'r caledi a'r bwystfileiddiwch yn mynd yn rhan o'i bersonoliaeth:

> Aeth yr haearn yn ddwfn i natur dynion a oedd gynt yn llednais. Gwelais pan
> ddychwelem unwaith o'r llinell, a'r dwfr yn cyrraedd at ein llwynau, a bachgen yn
> syrthio, a'r nesaf a'i canlynodd a droediodd arno er ennill gwell sylfaen i'w gam.
> Y dyddiau hynny boddwyd cymaint ag a laddwyd, a neb yn ateb nac yn sylwi pan
> lefai un am gymorth. Buddugoliaeth y ddaear a'n llethodd.

Ar fore o Ebrill bu Saunders Lewis yng nghanol brwydr a dyma ei ddisgrifiad graffig:

> Deffrodd y magnelfeydd a'r peirianddrylliau, bu gwaeddi croch a rhegfeydd a
> lleisiau nas clywodd namyn milwr; a'r tir yn siglo yr awyr yn gymysg o eirias fflach
> a thywyllwch du dynion o'n blaen, yn syrthio dan redeg, ambell i gorff yn cadw'i
> gyflymdra am ennyd, ninnau megis defaid o flaen tymestl yn symud yr un ffordd, a
> rhai yn gwingo i dranc, eraill yn ymbalfalu o'u hwynebau yn y gwellt ac uwch eu
> pennau, heb i neb eu gweled, y dydd gwyn yn ymdaenu dros y ffurfafen a'r wawr,
> yn torri ar forgrug deillion y ddynoliaeth.

Lladdwyd ei frawd ieuengaf, Ludwig, ar 7 Gorffennaf 1917 yn Ffrainc. Treuliodd Saunders Lewis gyfnodau yn yr ysbyty, yn Ysbyty'r Groes Goch yn Rouen, mewn ysbyty yn Llundain, ac oddi yno i Ysbyty Luton Hoo ar gyrion tref Harpenden. O Luton Hoo i Ynys Wyth, ac yn ôl i'r 3ydd Bataliwn, cyn ei yrru i ysbyty yn Lerpwl. Ailymunodd gyda'r Bataliwn yn Hightown ar gyrion Lerpwl. Canlyniad y rhyfel iddo oedd awydd angerddol i 'wneud rhywbeth dros Gymru ar linellau Iwerddon.' Roedd am weithredu yn olyniaeth Owain Glyndŵr, ond roedd yn y lleiafrif yn hynny o beth.

Nid oedd Lloyd George yn barod i ymweld â maes y gad; er hynny, roedd yn ddigon parod i fynychu Eisteddfod Gadeiriol Birkenhead o dan bwysau mawr. Am wythnosau ar ôl dod yn ôl, yn ôl ei feistres Frances

Stevenson, dioddefodd ddiffyg cwsg. Ei gyffes: 'I am too sensitive to pain and suffering and this visit has almost broken me down.' O'r 700,000 a gollodd eu bywyd yn y Rhyfel Byd Cyntaf, rhestrir 35,000 yn Llyfr Coffadwriaeth Cymru. Collodd Presbyteriaid Cymru ddau gant a naw o bobl ieuanc o eglwys i Lerpwl a'r cyffiniau. Bu'r golled honno yn un o'r ergydion pennaf i ganolfannau Cymraeg Lerpwl, a phenderfynwyd eu cofio gydag ysbryd o ddiolchgarwch. Gosododd Capel Stanley Road, Bootle, gofgolofn yn ymyl y capel i dystio i'r aberth. Gelwir hi yn 'Cofeb y Milwyr a'r Morwyr', a gwnaed y cyfan o wenithfaen durol Aberdeen.

Prinder heddychwyr ymysg Cymry Lerpwl

Ni chaed llawer o heddychwyr yng Nghapeli Cymraeg Lerpwl a'r cyffiniau. Y ddau eithriad oedd George Maitland Lloyd Davies (1880-1949), heddychwr a aned ac a fagwyd yn Lerpwl, ac yn y ddinas y derbyniodd ei addysg, a'r meddyg Emyr Wyn Jones, a ddaeth o'r Waunfawr i Adran Meddygaeth Prifysgol Lerpwl ddegawd ar ôl i'r Rhyfel ddod i ben. Daeth George yn Ysgrifennydd Cymdeithas y Cymod ym Mhrydain pan y'i ffurfiwyd yn 1914. Carcharwyd ef droeon oherwydd ei wrthwynebiad di-ildio i'r ymladd ar gyfandir Ewrop ac i orfodaeth filwrol yn 1916. Enillodd heddychiaeth y Crynwyr hygrededd newydd trwy Gymdeithas y Cymod a bu syniadaeth Crynwriaeth yn ddylanwad pwysig ar un o feibion capel Princes Road a'i ymgyrch hedd ar hyd a lled Cymru, ac ymhlith ei gyd-genedl yn Lerpwl. Daeth y myfyriwr meddygol Emyr Wyn Jones, arbenigwr ar y galon, yn ddiweddarach yn un o ymgyrchwyr hedd o fewn Capel Chatham Street a'r Crynwyr. Bu nifer o heddychwyr Cymraeg yng ngharchar Walton yn ystod y Rhyfel Byd Cyntaf. Un o'r rhain oedd John Jones (J. J.), Llangoed, bardd gwlad a hanesydd.

Colledion rhyfel y 'Gadair Ddu'

Sylweddolodd Undeb Cymru Fydd yn Lerpwl na wnaeth y Rhyfel Byd Cyntaf unrhyw hwb i achos datganoli yng Nghymru. Collodd aelwydydd dros ddau gant o ieuenctid Cymraeg Lerpwl, a chlywid galar a gruddfan a gwae ymhlith y teuluoedd. Bu chwiorydd cymdeithasau a chynulleidfaoedd Cymraeg Lerpwl yn fawr eu gofal yn anfon parseli i'r bechgyn a llythyron mynych. Llafuriodd llu o ferched Cymraeg yn ysbytai Lerpwl, rhai yn wirfoddol ac eraill yn cael eu cyflogi. Un o'r rhain oedd Gwladys Davies (née Roberts, 1894-1993), merch i blastrwr, Isaac Roberts, a weithiai i gwmni Cymraeg yn y ddinas, a phriododd hi yn 1914 gydag un o fechgyn Cymry Lerpwl, John Iorwerth Davies. Ganwyd iddynt fab, Ifor, a fu'n athro yn Ysgol Quarry Bank ac yn offeiriad yn Sir y Fflint. Cafodd J. Iorwerth Davies ei glwyfo ym mrwydr y Somme, a daeth adref yn un o'r clwyfedigion. Bu farw o'i archollion yn 1922.

Y cofebau i gofio yr aberth

Gosodwyd cofebau ar furiau'r capeli a'r eglwysi, a pharatowyd cofeb i'r holl filwyr a'r morwyr a syrthiodd yn y rhyfel. Gellir cytuno â'r Parchedig Daniel Davies, gweinidog Capel Webster Road, yn ei eiriau am bwysigrwydd y gofeb:

> Erys honno yn dystiolaeth i serch yr eglwys tuag at eu gwŷr ieuainc, a'u gwerthfawrogiad o'u gwasanaeth a'u haberth dros eu gwlad. 'Mur oeddent hwy i ni, nos a dydd.'

Ond efallai mai Megan Lleyn o Seaforth yng ngogledd Lerpwl sy'n crisalu'r oferedd orau wrth ddisgrifio aberth Hedd Wyn – y gŵr na chrwydrodd ymhell o'i gynefin yn Nhrawsfynydd. Y pellaf iddo deithio, cyn y daith hir a helbulus i Pilckem Ridge, oedd i bwll glo Abercynon a gwersyll milwrol Lerpwl. Dyma neges Megan Lleyn yn ei phedwerydd pennill:

> Cofir Cadair Ddu Penbedw
> Am ganrifoedd eto i ddod,
> Cofir ing y diwrnod hwnnw –
> Ni anghofia Cymru'r clod.
> Croesi'r glyn dan faner rhyddid
> Wnaeth Hedd Wyn tu hwnt i'r llen:
> Yn llaw Iesu'r Bugail tyner,
> I'w groesawu chwifiai faner
> Buddugoliaeth Calfari.

Ond pan ddaeth y Rhyfel i ben cafwyd ychydig seibiant cyn cael etholiad yn 1918 gyda Lloyd George a'r Toriaid yn creu Llywodraeth Glymblaid.

Cafodd Lloyd George fuddugoliaeth ysgubol. Roedd gafael Lloyd George fel y Prif Weinidog a enillodd y Rhyfel ac ysbryd y fuddugoliaeth wedi treiddio i bob haen o gymdeithas.

Ysgrif dreiddgar cynnyrch bywyd crefyddol Cymraeg Lerpwl

Dechreuwyd hefyd ddadansoddi methiant y capeli a'r eglwysi yn y gyflafan, a gwelwyd ysgrif dreiddgar gan y Parchedig William Francis Phllips, un o'r ymneilltuwyr mwyaf rhagfarnllyd a gwrth-sosialaidd yn negawd y Rhyfel Byd Cyntaf. Ond yn 1919 ysgrifennodd ysgrif i gylchgrawn yr heddychwyr Cymraeg, *Y Deyrnas*, ar 'Methiant yr Eglwysi'. Mae'n ysgrif bwysig ac yn un a anwybyddwyd. Sonia am ran y gweinidogion i 'bwyso ar aelodau'r eglwys i ymuno â'r fyddin' ac yn hynny o beth roedd yn llygad ei le. Dyma ei eiriau:

> Ond teimlais lawer pryd mai prawf o wendid anfaddeuol ynom ni grefyddwyr ydoedd gadael i'r dynion hynny ddioddef yng ngharchar a dioddef pethau gwaeth na hynny, am arfer yr hawl a roddwyd iddynt gan Ddeddf Gorfod. Dyna un o'r penodau duaf yn hanes y Rhyfel. Ac nid gwyn o lawer ymddygiad yr eglwysi ynglŷn â hynny.

Cystwyodd y capeli a'r eglwysi am fethu cydymdeimlo â hawliau llafur, eu bod yn llawer rhy negyddol eu hagwedd ac wedi troi'r capeli yn 'glybiau parchus'. Gwelai fod gan y capeli gyfle newydd ar ddiwedd y rhyfel, gan fod 'oes newydd ar wawrio'.

Roedd W. F. Phillips, a fu farw flwyddyn yn ddiweddarach, wedi gwneud ymgais dda i ddadansoddi, a chan newid yn fawr ei agwedd ef ei hun at fudiadau fel yr Undebau Llafur. Mae'n debyg mai ychydig o aelodau'r capel a'i cefnogodd i'r weinidogaeth a ddarllenodd ei ysgrif, gan fod Côr Undebol Princes Park o dan arweiniad yr organydd llawn amser, G. W. Hughes, yn cael derbyniad mawr y diwrnod yr ymddangosodd y cylchgrawn. Roedd y côr yn gyforiog o dalent gydag Edith Jones yn gyfeilydd, Mabel Roberts, unawdydd soprano a Gwen Taylor, contralto, Gwilym Powell, tenor, ac E. Walter Williams, bas. Roedd dwy o'r un teulu, Alwena a Sioned Roberts ar y telynau. Roedd wyth deg o aelodau yn y côr ond cofier fod y Pwyllgor Gwaith yn cynnwys cerddorion capeli Cymraeg y cyffiniau fel J. R. Jones, codwr canu capel yr Annibynwyr Cymraeg Park Road, E. T. Barker a oedd yn organydd capel yr un enwad yn Grove Street, a deuai cyfeilydd y Côr, Edith Jones o gapel Webster Road a'r organydd J. P. Taylor, a roddodd oes o wasanaeth i ganiadaeth y cysegr i gapeli Webster a Heathfield Road, yn rhan o'r cyfan. Rhyfedd sylwi na chafodd Armon Jones, athro cerddoriaeth, a chodwr canu yr Eglwys Fethodistaidd Central Hall ei gynnwys ym Mhwyllgor Gwaith Côr Undebol Princes Park.

Trychineb Ffordd Knowsley Mawrth 1919

Yn niwedd Mawrth 1919 aeth Robert Roberts, 276 Knowsley Road, i angladd ei dad, y Capten Edward Roberts, yn y Bermo. A phan gyrhaeddodd yn ôl y noson honno, roedd ei gartref yn llawn nwy a'i briod, 48 oed, a'r ferch yn bedair ar bymtheg oed wedi colli eu bywydau. Roeddent yn aelodau yng nghapel yr Annibynwyr, Trinity Road, Bootle. Nid oedd modd cael esboniad am yr hyn a ddigwyddodd.

Coffáu y bardd Trefor

Ymhlith colledion y cyfnod oedd marwolaeth John Jones (Trefor), 4 Briar Street, ar 6 Ebrill 1919 yn 72 mlwydd oed. Bu yn baentiwr cartrefi a thai llwyddiannus iawn yn Lerpwl am hanner can mlynedd. Chwaraeodd ran amlwg fel bardd yn yr eisteddfodau, a chysylltid ef bob amser gydag Eisteddfod Ddirwestol Lerpwl. Rhoddodd wasanaeth fel athro'r gynghanedd yn Neuadd Cymru Fydd, Parliament Street a pherthynai i Gymdeithas y Cylch Cyfrin, cymdeithas o feirdd Cymraeg gwerinol a meistri ar y cynganeddion yn Lerpwl. Perthynai Trisant, Treflyn a'i frawd, Caros, Erfyl, Gwilym Mathafarn ac eraill i Gylch Cyfrin y Beirdd. Lluniodd Pedrog englyn i Trefor:

Dyn tawel, â dawn tewi – oedd ein bardd,
　　Yn byw mewn goleuni;
　Y tirion frawd, drwy'i wyn fri,
　Bydd annwyl y bedd inni.

Cofio Pryce Hughes, Garth Drive, Allerton a Robert John Roberts, Anfield

Yr un mis â Trefor, bu farw yn Bryn Rhedydd, Garth Drive, Allerton, Pryce Hughes, prynwr yng nghwmni Frisby Dyke, Lord Street, ac yntau ond yn ddeugain mlwydd oed. Un o Fostyn, Sir y Fflint ydoedd yn wreiddiol a chydnabyddid ef fel pregethwr cynorthwyol yng Nghylchdaith Eglwys Fethosdistaidd Mynydd Seion, Lerpwl. Roedd ei briod yn chwaer i weinidog amlwg yn yr enwad, y Parchedig W. O. Evans, Porthmadog.

Teulu oedd wedi cefnogi y Rhyfel Byd Cyntaf i'r eithaf ymhlith Cymry Lerpwl oedd teulu Mr a Mrs Owen Roberts, 8 Alroy Road, Anfield. Ymrestrodd pob un o'r meibion, pump ohonynt, â'r Lluoedd Arfog, a bu pedwar o'r brodyr yn ffosydd Ffrainc. Ymunodd yr ail fab, Bob, un o gantorion gorau Capel Cymraeg Anfield, yn gynnar yn Awst 1914, a gwnaed ef yn Lefftenant yn 1918. Cafodd bedair blynedd hunllefus ar gyfandir Ewrop, clwyfwyd ef yn 1915 ond ailafaelodd yn yr ymladd yn y ffosydd yn Awst 1918. Daliwyd ef wedyn yn garcharor clwyfedig ar 25 Hydref 1918 a bu farw dridiau yn ddiweddarach.

Blynyddoedd rhwng y ddau Ryfel Byd

Mae'n debyg mai yn 1920 y cyrhaeddodd oes aur Cymru Lerpwl ei phinacl o ran nifer y Cymry a drigai yn y ddinas. Roedd bywyd cyfoethog, yn ddiwylliannol, yn grefyddol ac yn gymdeithasol, ar hyd a lled y ddinas.

Pobl Meirionnydd yn cymdeithasu

Roedd gan nifer o'r siroedd gymdeithasau i warchod eu hanes a'u traddodiadau. Roedd nifer o wŷr amlwg yn mywyd Lerpwl yn dod o Sir Feirionnydd ac yn flaenllaw yng Nghymdeithas Meirionnydd. Y blaenaf, mae'n sicr, oedd J. C. Roberts (1860-1941). Ganwyd ef yn Llanuwchllyn ac er ei anfanteision ym more oes, llwyddodd yn rhyfeddol a daeth yn gyfarwyddwr i'r Liverpool Rubber Company. Yn 1919 symudodd ef a'i briod, a'u merch a'u dau fab, i fyw mewn tŷ braf ar rodfa'r môr yn Southport ond ni olygai hynny ei fod yn ymneilltuo o fywyd Cymraeg Lerpwl. Gweithiai yn ddygn i helpu y Gymdeithas Gymraeg yn Southport. Trwy'r cyfnod hwn (1920-40) bu'n un o'r mwyaf cefnogol. Yr ail berson pwysig yn y gymdeithas honno oedd John Herbert Jones (Je Aitsh) Jones (1860-1943). Ef a gafodd y dasg o wneud *Y Brython* yn bapur cenedlaethol. Gwahoddwyd ef gan Hugh Evans a llwyddodd. Dywedodd E. Morgan Humphreys y gwir amdano: 'Yr oedd ei arddull wrth fodd rhai ac yn peri i eraill wylltio – ond yr oedd yn amhosibl peidio â'i ddarllen.'

Er iddo fyw y rhan helaethaf o'i oes ym Mhenbedw, roedd ei swyddfa olygyddol yn Stanley Road, Bootle, a chyhoeddwyd y goreuon o'i ysgrifau mewn pedair cyfrol, *O'r Mwg i'r Mynydd* (1913), *Swp o Rug* (1920), *Moelystota* (1931) a *Gwin y Gorffennol* (1938). Ymddeoloedd o'i swydd yn 1931 ond, daliodd i fyw ar y Glannau hyd 1941, gan symud i fyw at ei ail ferch a'r teulu ym Mhenygroes, Dyffryn Nantlle, ble y bu farw 23 Mawrth 1943.

Marwolaeth y Parchedig David Powell

Yn 1920, cafodd Bedyddwyr Cymraeg Lerpwl eu hamddifadu o esboniwr Beiblaidd o'r radd flaenaf ym marwolaeth y Parchedig David Powell, Gweinidog Capel Bedyddwyr Cymraeg Everton. Bu'n ddiwyd yn ei holl ddyletswyddau fel bugail cymuned Everton am 31 mlynedd a bu'n olygydd *Yr Heuwr* am flynyddoedd. Gosododd Capel Everton Village gofeb er cof amdano ar fur y capel gyda'r adnod addas o lyfr Malachi (Pennod 2, Adnod 6) arno:

> Cyfraith gwirionedd oedd yn ei enau ef, ac anwiredd ni chafwyd yn ei wefusau. Mewn hedd ac uniondeb y rhodiodd gyda mi, a llaweroedd a drôdd efe oddi wrth anwiredd.

Ymorol am gymorth i gymdeithasau

Nid oedd yr amgylchiadau yn Lerpwl yn hawdd o gwbl yn nechrau'r dauddegau a bu'n ofynnol i nifer o fudiadau a chapeli drefnu pob math o ddigwyddiadau i godi arian. Penderfynodd Cymdeithas Cymru Fydd ym mis Rhagfyr 1920 gynnal basâr i godi digon o arian i glirio'r dyledion. Gwahoddwyd E. T. John (1857-1931) i agor y basâr, un a gyfrannodd yn helaeth i Gymry Middlesborough, gan ei fod yn berchennog ar weithfeydd haearn yno a bu'n Aelod Seneddol y Rhyddfrydwyr dros Ddwyrain Dinbych o 1910 i 1918. Dyma a ddywed y Parchedig W. F. Phillips amdano:

> Bu E. T. John wrthi â'i holl egni am flynyddoedd yn dadlau hawliau Cymru, ac yn ceisio gwelliannau yng nghyflwr y bobl. Gŵyr pawb sydd yn gyfarwydd â'i hanes cyhoeddus iddo gyflawni gwaith mawr a phwysig, ond dechreuodd y cŵn gyfarth ac ni bu taw ar eu sŵn cyn iddynt lwyddo i'w barddu a'i erlid o'i sedd.

Canlyniad hyn oedd iddo sefyll yn lliwiau y Blaid Lafur yn etholaeth Dinbych yn Etholiad 1918 a cholli i Syr D. S. Davies, y Rhyddfrydwr

Cenedlaethol. Ond ni surodd a bu'n ddylanwadol iawn fel datganolwr a Llywydd y Cymdeithasau Cymreig a'r Gymdeithas Heddwch. Cafodd groeso mawr yn y basâr, ef a merch y Prif Weinidog, Megan Lloyd George.

Cyfraniad y bardd a'r newyddiadurwr Meuryn

Bu llwyddiant mawr i'r ymdrech honno ac yn 1921 llawenhaodd y Gymdeithas pan enillodd y newyddiadurwr, Robert John Rowlands (Meuryn, 1880-1967) gadair Eisteddfod Genedlaethol Caernarfon (1921) am ei awdl orchestol, 'Min y Môr'. Roedd wedi dod â chlod i Gymry Lerpwl ddwy flynedd yn gynharach, pan enillodd gadair yr Eisteddfod Genedlaethol 1919 am ei awdl, 'Ar y Traeth'. Daeth Meuryn i Lerpwl i weithio ar *Y Cymro* a bu'n cynrychioli papurau Cymraeg ar ôl diflaniad *Y Cymro* ac yn Lerpwl y cyhoeddwyd ei unig gyfrol o farddoniaeth, sef *Swynion Serch* a hynny yn 1906. Colled fawr oedd colli Meuryn o Lerpwl, gan mai ef oedd un o sylfaenwyr Undeb y Ddraig Goch.

Eisteddfodau Undeb y Ddraig Goch

Pwrpas yr Undeb oedd cryfhau yr iaith Gymraeg yn y dref, casglu'r beirdd a'r llenorion ynghyd a chynnal Eisteddfod ar raddfa eang gan ddenu cystadleuwyr o bell a gwahodd beirniaid cenedlaethol. Ymysg y beirniaid cerddorol yn y dauddegau ceid Osborne Roberts, J. E. Jones, Llanbryn-mair, Telynores Gwyngyll, Dr D. Vaughan Thomas ac yn yr adran farddoniaeth, ysgrifau, straeon byrion a thraethodau, byddai rhai fel R. Williams Parry, Kate Roberts, Saunders Lewis, E. Tegla Davies a'r Parchedig Evan Roberts yn beirniadu. J. E. Roberts (ap Heli), un o feirdd Lerpwl, fyddai goruchwyliwr y llwyfan. Gofalid rhoddi bri ar yr eisteddfod trwy wahodd enw adnabyddus ym myd busnes i ddweud gair a chyfrannu at y cyllid. Un flwyddyn, gwahoddwyd William Lewis, Pennaeth Cwmni Llongau'r Pacific Steam Navigation Company, yn Llywydd.

Colli dau fardd o fywyd Lerpwl

Yn 1923 collodd y byd eisteddfodol ddau fardd. Gweinidog amlwg gyda'r Annibynwyr Cymraeg yn Grove Street oedd y Parchedig David Adams (Hawen, 1845-1923), brodor o Dal-y-bont, Ceredigion. Daeth yn un o ladmeryddion diwinyddiaeth ryddfrydol, ffrwyth ysgolheictod prifysgolion yr Almaen. Treuliodd 28 mlynedd yn Lerpwl, yn fawr ei ddylanwad ym mywyd diwylliant a chrefydd. Yn 1922 cafodd lythyr yn ei hysbysu bod Prifysgol Cymru yn bwriadu rhoi gradd Doethor mewn Diwinyddiaeth iddo. Bu farw 10fed Gorffennaf, 1923, cyn derbyn y radd a deilyngai am ei holl lafur gorchestol.

Bardd arall a fu farw yn 1923 oedd Dr Richard James Jones, a hynny yn ddim ond pedair ar hugain oed. Lluniodd gerddi telynegol ac englynion crefftus gan ddangos addewid mawr fel bardd. Gwelir yn ei gerdd 'Atgof', hiraeth naturiol y bardd am ardaloedd Eryri ac Afon Gwyrfai:

Ynghanol dwndwr dinas Lerpwl fawr
Hiraethaf am gael gweled Gwyrfai dlos,
A'i chlywed eto'n canu gyda'r nos
Wrth olchi godre'r Cwm ar Allt Coed Mawr.

Hen glogwyn Gyrnant annwyl ddringwn gynt
Yn oriau byr dibryder bore oes –
Cyn cwrddyd siom a themlo pwysau croes –
O! Na chawn eto'th ddringo ar fy hynt.

Breuddwydion maboed ar dy lethrau di
Freuddwydiais ganwaith, do, ond mynd fu raid
O'th erwau cysegredig i fyd llaid –
Llaid moes a natur, yma gwelir fi.

A nant y Betws, onid hoff oedd mynd
At fin nos haf ar hyd dy ddolydd di,
A gwrando trydar bach di-ri
Yng nghwmni melus aml i hen ffrynd.

Os rhoir fy nghorff yn naear estron wlad,
A chwalu o'r gwynt fy llwch i fannau'r byd;
Fe fydd fy ysbryd tanbaid fyw o hyd
Yn nefoedd hen glogwyni f'ardal fad.

Ffarwelio gyda Cadvan

Ar Hydref y deuddegfed y flwyddyn honno daeth y newydd i Lerpwl am farwolaeth y Parchedig John Cadvan Davies (Cadvan, 1846-1923), gweinidog amlwg yn yr Eglwys Fethodistaidd. Roedd yn ŵr adnabyddus yn y cylchoedd eisteddfodol yn Lerpwl fel cystadleuydd a beirniad. Daeth i amlygrwydd cenedlaethol pan enillodd ar arwrgerdd, 'Madog ab Owain Gwynedd', a gipiodd iddo y brif wobr yn Eisteddfod Genedlaethol Lerpwl 1884. Cyhoeddwyd pedair cyfrol o'i farddoniaeth a gwasanaethodd ei enwad yn Lerpwl lle yr oedd croeso mawr iddo bob amser.

Rhai o arweinwyr Undeb y Ddraig Goch

Yn y dauddegau roedd Eisteddfodau Undeb y Ddraig Goch yn mynnu sylw beirdd fel Hawen a Cadvan. Mudiad oedd Undeb y Ddraig Goch i fagu Cymry a fyddai'n gwarchod y genedl a'i hiaith a'r holl draddodiadau. Nid eisteddfod oedd yr unig weithgaredd. Ceid Cyfarfod Pregethu adeg Gŵyl Ddewi a threfnid cyngherddau yn gyson. Sylweddolwyd yr angen i fagu beirdd cynganeddol a bu Dr Richard James Jones yn mynychu dosbarthiadau'r gynghanedd.

Cymraeg yn unig oedd iaith y mudiad yn cynnwys yr Eisteddfod a chydweithiai'r Undeb â Chymdeithas Cymru Fydd yn Upper Parliament Street. Sefydlwyd Undeb y Ddraig Goch gan ddeg o wŷr amlwg dinas Lerpwl: Dr R. T. Williams, yn enedigol o Ffestiniog, J. R. Morris, Rolant Wyn, ewythr Hedd Wyn, Cledwyn Hughes, Dan Thomas, William Morgan (Collwyn), W. R. Hughes, J. E. Roberts (ap Heli), Meuryn a D. R. Jones. Roedd pob un o'r rhain yn wladgarwyr o argyhoeddiad a bu dyfodiad Saunders Lewis i'w plith yn chwa o wynt.

Cnewllyn o Gymry Lerpwl yn anwesu Cymru fel cenedl

Yn Lerpwl deffrodd rhai o'r bobl bwysicaf o ran deallusrwydd i anwesu'r iaith a'r syniad o genedl. Erbyn 1922 roedd Saunders Lewis wedi gadael Lerpwl ond nid oedd ei ddylanwad wedi cilio'n llwyr a'i ddarlith enwog ar 'Egwyddorion Cenedlaetholdeb' yn cael derbyniad yng nghymdeithasau'r Young Wales Society yn Llundain a Lerpwl. Un o'r rhai oedd yn mwynhau darlithoedd ac ysgrifau Saunders Lewis oedd Isaac Griffiths, Thatto Heath,

St. Helens. Ef a ysgrifennodd un o'r llythyrau pwysicaf yn hanes cynnar y Blaid Genedlaethol, yn wir cyn ei geni yn swyddogol ym Mhwllheli ym mis Awst 1925. Roedd ef wedi cael ei ysbrydoli cymaint yn nathliad Gŵyl Ddewi Cymdeithas Cymmrodorion St. Helens ar 7 Mawrth 1925, nes iddo anfon llythyr byr i'r *Brython* ar 19 Mawrth i ddweud ffaith o sobrwydd:

> Annwyl Syr,
>
> Yn nathliad Gŵyl Ddewi Cymmrodorion St. Helens derbyniwyd gyda brwdfrdedd awgrym un o'r Cymmrodorion 'fod yr amser yn aeddfed i sefydlu Plaid Genedlaethol i Gymru'. Teimlwn fod materion Cymreig yn cael eu hesgeuluso, fod y pleidiau politicaidd presennol yn rhy brysur gyda'u polisïau arbennig hwy eu hunain ac yn hollol ddidaro ynghylch materion Cymreig. Beth a ddywed darllenwyr y Brython? Beth yw barn arweinwyr y Genedl?

Colli ac ennill yn y gymuned Gymraeg

Roedd Eisteddfod y Golomen Wen, a ddaeth i fodolaeth yn 1922 fel canlyniad i Eisteddfod y Gadair Ddu 1917, yn denu cystadleuwyr o Lerpwl a Chymru erbyn canol y dauddegau. Bu'r Eisteddfod yn ffodus unwaith o gael y Parchedig H. Elvet Lewis (Elfed) i gadeirio'r bardd buddugol, ac yntau ar y pryd yn Archdderwydd, gan ei fod yn pregethu yng Nghapel Great Mersey Street nos Sadwrn a'r Sul, 21 a 22 Mawrth 1925.

Y nos Sul honno, traddodwyd pregeth angladdol i'r adeiladwr llwyddiannus, Richard Edward Jones Y.H. yng Nghapel Presbyteraidd Cymraeg Edge Lane gan y Gweinidog, y Parchedig David Jones. Gŵr arall pwerus oedd R. Llewelyn Roberts, 20 Merton Road, Bootle, a fu farw yn 55 oed ym mis Chwefror 1925. Daeth ef o gyffiniau Caernarfon i Bootle i ddysgu'r grefft yn y fasnach goed gyda Lumley Lloyd. Gwnaed ef yn bartner yn y cwmni yn 1902 ac ar ôl marw ei frawd-yng-nghyfraith, R. R. Lloyd, ef oedd y prif bartner. Adnabyddid ef yn y fwrdeistref fel ffrind mawr i'r tlodion ac ef a gychwynnodd drysorfa ar gyfer y di-waith. Priododd ag un o'r merched a fagwyd yng Nghapel Stanley Road a bu'r angladd ym mynwent Anfield dan ofal y Parchedig William Davies.

Yr un wythnos ym mynwent Allerton, claddwyd Robert Thomas, Cressington, yn 74 oed. Daeth i Lerpwl yn fachgen ifanc a bu'n hynod lwyddiannus, ef a'i frawd, William Thomas, sylfaenydd ffyrm o longau.

Rhoddodd Robert Thomas oes o wasanaeth i gapeli Methodistaidd Calfinaidd Crosshall Street a Garston. Gwnaed ef yn flaenor yng Nghapel Victoria yn 1887 ac Eglwys Garston yn 1896.

Gallu W. Moses Williams, Mynydd Seion

Roedd Cymry Lerpwl yn llawenhau yn y bechgyn a'r merched disglair oedd yn manteisio ar lwybr dysg yn y dauddegau. Un o'r rhai mwyaf athrylithgar oedd W. Moses Williams, 26 Madelaine Street, Toxteth. Roedd ef a'i rieni yn aelodau yng Nghapel Methodistaidd Mynydd Seion a dyna'r pennawd a roddodd golygydd *Y Brython* i'w hanes, 'Moses Disglair y Mynydd, sef Mynydd Seion'. Brodorion o Sir y Fflint oedd ei rieni ac roedd Moses Williams yn gynnyrch bywyd Cymraeg Lerpwl. Enillodd Moses bedair ysgoloriaeth i Goleg yr Iesu, Prifysgol Rhydychen. Efrydydd yn y Liverpool Institute ydoedd (ysgol a fu'n academi i lu o Gymry) ble cafodd wobrau mewn pedwar pwnc, iaith a llenyddiaeth Saesneg, Lladin a Groeg. Un o'r pethau cyntaf a wnaeth oedd ymuno â Chymdeithas Dafydd ap Gwilym ym Mhrifysgol Rhydychen.

Myfyrwyr Cymraeg a'r Eisteddfod yn Mhrifysgol Lerpwl

Ceid bechgyn a merched o gyraeddiadau tebyg ym Mhrifysgol Lerpwl yn y cyfnod hwn. Cymraes dalentog oedd Gwyneth Griffith (Wallasey) a enillodd wobrau Dr O. T. Williams a Robert Gee a derbyn yr anrhydedd flaenaf mewn meddygaeth. Un o uchafbwyntiau myfyrwyr y brifysgol oedd yr eisteddfod a gynhelid yn flynyddol yn Theatr y Celfyddydau ar ddechrau mis Chwefror. Roedd y cystadlaethau yn agored a cheid beirniaid o blith Cymry'r Glannau. Byddai Oliver H. Edwards, organydd llawn amser Eglwys Princes Road, yn barod iawn i fod yn feirniad cerddorol, a cheid J. H. Jones, golygydd *Y Brython*, i ofalu am yr adrodd. Pedrog a Moelwyn oedd yn tafoli'r beirdd gan mai mab Moelwyn, Alun Moelwyn Hughes, oedd un o ysgrifenyddion yr eisteddfod. Muriel Gruffydd oedd y llall. Gofynnid i un o Gymry cefnog fel y gwerthwr tai Arthur Venmore fod yn Llywydd, gan ei fod mor haelionus i bob achos da. Yn Eisteddfod 1925 enillwyd yr adroddiad dan 26 oed gan Michael Parry, Lerpwl. Yn ddiweddarach, daeth y Parchedig Michael Parry, Llundain, yn arweinydd ar lwyfan y Brifwyl. Cafodd ei chwaer Elsie Parry addysg yn

Ngholeg Edge Hill, Lerpwl ac arhosodd weddill ei hoes fel athrawes ac un o selogion Capel Edge Lane ac yn ddiweddarach capel Bethel, Heathfield Road, gan gyrraedd yr oedran teg o gan mlwydd oed.

Cip ar eisteddfodau Lerpwl

Roedd bwrlwm mawr ym mhob rhan o'r ddinas. Daeth yr efengylwr, Tom Nefyn Williams, i bregethu yn Southport ar 8 Mawrth 1925 ond, gwelodd trefnwyr Eisteddfod y Plant Cymdeithas Gymraeg Bootle eu cyfle a'i wahodd ef ar y Sadwrn i annerch y plant yn Neuadd y Dref. Gwnaeth Tom Nefyn hynny yn ei ffordd unigryw ei hun 'yn gwbl ffres a gwreiddiol', yn ôl un gohebydd a'i clywodd. Ar y nos Sadwrn cyn hynny cynhaliwyd yn Eglwys Gadeiriol Lerpwl oedfa Gŵyl Ddewi. Cafwyd gwasanaeth gwefreiddiol ac, yn ôl y dystiolaeth, roedd y Gadeirlan dan ei sang a 'channoedd o Gymry wedi gorfod troi adre o ddiffyg lle'.

Roedd gan bob capel yn y cyfnod hwn ei eisteddfod. Ceid Eisteddfod Gŵyl Ddewi Spellow Lane (lle yr oedd dau gapel y Cymry, un yn addoli trwy gyfrwng y Saesneg yn enw Eglwys Bresbyteraidd Cymru a'r llall yn gapel Cymraeg yr Eglwys Fethodistaidd). Gan nad oedd un o'r ddau adeilad yn ddigon mawr, cynhelid yr Eisteddfod yn Picton Hall yng nghanol y ddinas. Byddai Capel yr Annibynwyr Cymraeg Trinity Road, Bootle, yn benthyca Neuadd y Dref Bootle ar gyfer ei eisteddfod flynyddol. Gwelodd nifer eisteddfodau niferus dinas Lerpwl golled pan adawodd y Parchedig Evan Roberts, Bootle, i ofalu am Eglwys Fethodistaidd yn un o'i chadarnleoedd yr adeg honno, sef Tregarth, ger Bangor. Bu ef yn brysur fel darlithydd, llenor a bugail. Trefnai wasanaethau wythnosol yng Ngharchar Walton i'r Cymry Cymraeg. Symudwyd gweinidog adnabyddus arall, y Parchedig J. Maelor Hughes, ffrind mawr i Tegla, i ofalu ar ôl capel Oakfield yn Anfield. Ymhlith yr Eglwys Fethodistaidd ar y Glannau y magwyd yr efengylydd enwog o Baltimore, Unol Daleithiau America, sef y Parchedig Ddr David Hughes. Cyfeiriwyd yn gyson at y cyfle a dderbyniai yng Nghapel Coffa Abbot, Baltimore, a chanddo aelodaeth o fil a hanner. Roedd capeli mawr Lerpwl, Princes Road a Stanley Road, dipyn llai yn y dauddegau na Chapel Coffa Abbot, Baltimore.

Paratoi ar gyfer Eisteddfod Genedlaethol 1929

Yn ystod 1927 dechreuwyd ar y gwaith o baratoi ar gyfer Eisteddfod Genedlaethol 1929. Dechreuodd Côr Plant ar ei ymarferion. Roedd yna wahanol adrannau o'r côr, hynny yw gogledd Lerpwl, Bootle, Wallasey, de Lerpwl ac ati. Aeth gwahoddiad i bob Cymro o bob enwad, gan ofyn iddynt ddwyn perswâd ar y rhieni a'u plant i ymuno â'r côr. Cofiai Ted Humphreys Jones, a fu'n weithgar yn y gymuned Gymraeg yn Everton ar hyd ei oes, amdano ef a phlant eraill o Gapel y Bedyddwyr Cymraeg Everton Village yn ymuno â phlant Capeli Douglas Road (MC), Tabernacl (A), Belmont Road, Oakfield (Wesle), Edge Lane (MC) ac Edge Lane (B) wrth iddynt gyfarfod yn wythnosol bob nos Fawrth yn Festri Capel y Presbyteriaid Edge Lane dan arweiniad Henry Davies. Daeth uchafbwynt yr holl baratoi ar 5 Awst 1929 (diwrnod cyntaf yr eisteddfod ym Mharc Sefton), a Chôr Mawr y Plant ar y llwyfan a llygaid pawb ar yr arweinydd, yn gwylio'n ofalus bob symudiad o'i eiddo, Dr T. Hopkin Evans.

Roedd Dr T. Hopkin Evans (1879-1940) yn ŵr rhyfeddol o ddawnus a thrigai ef a'i deulu yn agos at gapel y Presbyteriaid Cymraeg yn Craig Nedd, 140 Edge Lane, Lerpwl. Dewiswyd Craig Nedd yn enw ar ei gartref am mai brodor o Resolfen yng Nghwm Nedd ydoedd, a daeth i Lerpwl i arwain Undeb Gorawl Cymry Lerpwl yn niwedd y Rhyfel Byd Cyntaf.

Pedrog oedd yr Archdderwydd o 1928 hyd 1932, ac ef a gafodd gadeirio David Emrys James (Dewi Emrys) yn Eisteddfod Genedlaethol Cymru, yn Lerpwl yn 1929.

Eisteddfod Siop Lewis's

Ymysg canlyniadau dyfodiad yr Eisteddfod Genedlaethol i Lerpwl roedd sefydlu mwy o eisteddfodau na chynt. A phenderfynodd un o siopau mawr ac enwog Lerpwl, sef Siop Lewis's yn Renshaw Street, fanteisio ar yr ysbryd eisteddfodol a oedd yn cyniwair trwy'r ddinas. Bu'r eisteddfod hon mewn bri am ddwy genhedlaeth, er i'r bomio mawr a fu ar ddinas Lerpwl yn 1941 atal yr eisteddfod lewyrchus hon am flwyddyn, cafodd ei chynnal am weddill yr Ail Ryfel Byd.

Trefnydd yr eisteddfod oedd W. C. Thomas, Ffordd Penrhos, Bangor, gŵr a adnabyddid yn y cylch eisteddfodol wrth yr enw Gwilym Bethel.

Rwy'n deall bod y siop yn ei gyflogi i drefnu'r eisteddfod a pharatoi'r rhestr testunau a'r cyfansoddiadau buddugol a gyhoeddid bob blwyddyn a'u hargraffu gan Hugh Evans a'i Feibion Cyf., 9-11 Hackins Hey, Lerpwl, a 350-360 Stanley Road, Bootle. Yn Hackins Hey y ceid y siop llyfrau Cymraeg ac yn Stanley Road y swyddfeydd, yr argraffu a'r rhwymo. Gwelid arwyddlun yr Eisteddfod, 'Y Ddraig Goch a Ddyry Gychwyn', ar bob eitem. Disgwylid i'r cystadleuwyr anfon eu henwau a'u cyfeiriadau at y trefnydd ym Mangor cyn dyddiad yr eisteddfod, oherwydd rhestrid pob un o'r cystadleuwyr yn Rhaglen y Dydd.

Ar ddydd Iau'r Eisteddfod roedd y cystadlaethau ieuenctid gyda rhai o gorau'r plant yn gynnar yn y prynhawn. Deuai mwyafrif y corau hyn o Lerpwl neu Arfon, neu o leoedd fel Caernarfon, Pen-y-groes, Dyffryn Nantlle, ac, weithiau, Pwllheli neu'r Felinheli.

Ar y dydd Gwener roedd cystadlaethau'r her unawdau ac ati, cyfarfodydd trymlwythog. Tair sesiwn – sesiwn y bore yn dechrau am hanner awr wedi naw, y prynhawn am un o'r gloch a'r olaf am bedwar o'r gloch. Yna, yn ystod yr ail sesiwn, am dri o'r gloch, ceid seremoni cadeirio'r bardd dan oruchwyliaeth defodau'r Orsedd. Enillodd T. Llew Jones y gadair, a Dilys Cadwaladr hefyd, a llu o feirdd aeddfetaf y mudiad eisteddfodol.

Deuai penllanw'r cystadlu ddydd Sadwrn gyda'r eisteddfod bwysig hon yn dechrau am chwarter wedi naw y bore. Roedd unawdwyr buddugol dydd Gwener yn cystadlu yn erbyn ei gilydd am Fathodyn Aur, a'r un modd yr adroddwyr. Yna yn y prynhawn, gwledd o ganu corawl.

Côr Meibion y Cymric

Roedd Eisteddfod Lewis's yn ei hanterth trwy'r tridegau a cheid cyfoeth o ddiwylliant drwyddi. Yn ystod y tridegau bu Côr Meibion y Cymric yn diddanu a chynnal cyngherddau gan ganolbwyntio yn helaeth ar gysuro yr anghofedig a'r difreintiedig. Byddent yn cynnal cyngherddau yng nghartrefi plant amddifad yn Fazarkerly ac yn Nhloty Undeb Toxteth. Pererindod arall oedd i Wallgofdy Rainhill (Rainhill Mental Institution). Dibynnai'r Côr ar saith o Gymry Cymraeg fel unawdwyr, sef John James, Alun Garner (cynnyrch Capel Fitzclarence Street), Arfon Williams, A. G. Williams, Richard Williams, Tom Morris ac Eric Pugh. Cyfeilid gan Leslie Thomas ac arweinid y Côr gan y Bedyddiwr brwd, J. T. Jones. Mister Cymry Bootle, R. Vaughan Jones, oedd y Cadeirydd.

Currie Hughes, Peel Road

Byddai'r Cymry yn mwynhau y ddarpariaeth ddiwylliannol oedd ar gael yn y cymunedau trefol. Roedd y ddrama yn bwysig ymhlith Cymry Lerpwl. Roedd dyfodiad y Parchedig C. Currie Hughes yn Weinidog Eglwys Bresbyteraidd Cymru Peel Road, Seaforth, yn ŵr ifanc yn y dauddegau wedi rhoddi hwb sylweddol i Gwmni Drama Peel Road. Rhoddodd y cwmni drama hwn nosweithiau lawer o berfformiadau, ddwy noson yn olynol yn 1925 yn y Gordon Institute. Roedd Currie Hughes wedi profi ei hun fel actor rhagorol wrth actio un o ellyllon Bardd Cwsg Ellis Wynne (1671-1734) ym Mhasiant Castell Harlech yn haf 1923.

Y capeli yn egnïol yn eu gofal am yr adeiladau a'r aelodau

Roedd Cwmni Drama Capel Woodchurch Road, Penbedw, yn cael hwyl arni yn eu perfformiadau ac yn barod iawn i berfformio yn festrïoedd capeli Lerpwl a thri o'u hactorion pennaf â'u bryd ar y Weinidogaeth Bresbyteraidd, sef y ddau frawd Hugh Ll. Hughes ac Owain Tudur Hughes a Maldwyn A. Davies.

Roedd egni ac ymroddiad o blaid pob agwedd o fywyd y capeli Cymraeg. Gwariwyd dros fil o bunnoedd yn 1924 a 1925 i addurno Capel Mynydd Seion, Princes Avenue. Atgyweiriwyd hefyd yr organ hardd. Paentiwyd ac addurnwyd y capel a'r holl ystafelloedd gan gwmni Edward Jones, Bedford Street, Lerpwl. Roedd hon yn ffyrm Gymreig a gyflawnodd waith safonol ar ugeiniau o gapeli yn Lerpwl a'r cyffiniau. Mewn cyfnod byr, trefnodd Undeb y Ddraig Goch i'r Parchedig Fred Jones, Treorci, ddarlitho yn Hacking Hey ar ddyfodol y Gymraeg. Roedd hi'n hwylus ei gael yno gan fod ei frawd, y Parchedig S. B. Jones, yn gweinidogaethu yng Nghapel yr Annibynnwyr Cymraeg Great Mersey Street.

Atyniad y Cymanfaoedd

Roedd y gymanfa ganu yn dal i ddenu a phan gynhaliai yr Eglwys Bresbyteraidd hi, llogid neuadd fawr yn Kensington a enwid yn Sun Hall. Er enghraifft, yn

1925 roedd y gymanfa ganu i'w chynnal ar 23 Mawrth ond, ar y Sul blaenorol ceid tri rihyrsal ar ei chyfer dan arweiniad yr Athro David Evans (1874-1948) o Goleg Prifysgol Caerdydd. Ef oedd awdur tonnau niferus a threfnwyd ymarfer iddo fore Sul yng Nghapel Stanley Road, pnawn Sul yng Nghapel Douglas Road a'r hwyr yng Nghapel Belvidere Road, cyn cael pawb ynghyd nos Lun yn Sun Hall. Gŵr a ddeuai i gymanfaoedd canu a phregethu Lerpwl oedd un o gymeriadau y Cymry alltud yn Lloegr, sef John Hughes, Watford. Roedd ganddo deulu yn Olivia Street, Bootle, y Robertsiaid. Aeth John Hughes i Lundain yn 1871 o Fetws-y-coed ac ymaelodi yng Nghapel Presbyteraidd Walham Green.

Cynhaliai pob enwad ei chymanfaoedd canu. Yn yr un flwyddyn cafwyd Cymanfa Ganu Bedyddwyr Lerpwl a'r Cyffiniau yng Nghapel Everton Village gyda'r arweinydd adnabyddus o Lerpwl, J. T. Jones, yn arwain.

Plaid Cymru yn mynnu tystio ymysg yr alltudion

Mynnodd Plaid Cymru sefydlu Pwyllgor Rhanbarth Gogledd-orllewin Lloegr yn 1933 gan sefydlu cangen yn ninas Lerpwl. Golygydd *Y Brython*, Gwilym R. Jones, oedd y llywydd, a'r trysoryddion oedd H. Arthur Jones oedd yn byw ym Manceinion ac R. Gordon Williams, athro ifanc yn Ashton-in-Makerfield. Ar y Pwyllgor Gwaith ceid selogion Undeb y Ddraig Goch, sef y llyfrwerthwr J. R. Morris, y bardd (Collwyn), a'r llenor, O. E. Roberts, yn ogystal â Mrs. Llinos Jones (neé Roberts), yn enedigol o Ben-y-groes, Miss Olwen Ellis, a fu'n ddiweddarach ar staff Gwasg Gee yn Ninbych, J. T. Parry, athro yng Nghaer ac wedyn ym Mhorthaethwy, ac Eilian Roberts a'i briod. Roedd Eilian Roberts yn un o gymeriadau lliwgar bywyd Cymraeg Lerpwl am ddeng mlynedd ar hugain. Roedd yn arddel perthynas o ran gwaed ag arweinydd Plaid Cymru, Saunders Lewis. Roedd gan Eilian a'i briod ailgartref yn Llaneilian, Môn. Cyfrifydd ydoedd o ran ei alwedigaeth yn Lerpwl. Ef oedd un o sylfaenwyr Cylch y Pump ar Hugain yn 1932 gyda'r bwriad:

> I ddyfnhau'r ymwybod Cymraeg, i feithrin yr iaith ac i drafod pynciau o bwys a diddordeb i'n cenedl, yn arbennig pynciau sy'n ymwneud â bywyd Cymraeg Glannau Mersi.

Cylch y Pump ar Hugain

Roedd cychwyn cymdeithas fel hon yn adlewyrchu'r cyfnod. Roedd diweithdra llethol yn cadw'r Cymry yn eu cymunedau. Pobl ddosbarth canol oedd y mewnfudwyr i Lerpwl bellach, athrawon yn bennaf, ac nid pobl y dosbarth gwerinol, gweithiol fel Gwilym Deudraeth. Roedd y tridegau yn gyfnod argyfyngus a synhwyrodd Eilian Robers a'i gyfeillion y byddai'n rhaid i'r bywyd Cymraeg yn Lerpwl ddibynnu mwy a mwy ar adnoddau a doniau y Cymry oedd wedi angori yno. Ac yr oedd tyndra rhwng y mewnfudwyr a'r ail a'r drydedd genhedlaeth o Gymry a anwyd yn Lerpwl o rieni Cymraeg. Un a anwyd yn Lerpwl oedd y Barnwr John Edward Jones, a soniai ef yn gyson am y gwrthdaro. Dywedodd:

> Yr hyn ddylai fod wedi ein huno, yr iaith Gymraeg, oedd y fagl. Nid oedd y naill garfan na'r llall yn esmwyth yn defnyddio iaith gyntaf y llall.

Gwelodd John Edward Jones fel y gweithredai'r capeli erbyn y dau a'r tridegau. Testament dwyieithog a ddefnyddid gan blant Lerpwl, darllen yn Gymraeg yn ddigon clogyrnaidd a heb ei deall ac yna trafod y wers mewn iaith ddieithr i'r athro a oedd â Chymraeg cyhyrog ar ei wefusau. Dywed J. E. Jones:

> Gwnaed ymdrech, bid siŵr, trwy ddosbarthiadau yn yr iaith Gymraeg i wella'r sefyllfa ond eto heb lawer o lwyddiant gan fod yr athro i raddau helaeth yn anghyfarwydd â'r iaith Saesneg. Yr oedd hi'n anodd o fewn teulu Cymraeg ei iaith i lwyr ennill pob plentyn i fod yn rhugl. Byddai'r plentyn cyntaf ran amlaf yn siarad yn reit rhugl, yr ail ddim o'r un safon ac ar ôl hynny y trydydd a'r pedwerydd yn clebran bratiaith. Cymhlethid y sefyllfa o fewn cylch y plant gan y byddent bron bob amser yn siarad Saesneg â'i gilydd o fewn y Band of Hope ac ar ôl tyfu fyny cadwent at yr un gwendid er bod y ddau ohonynt yn medru'r iaith yn ddigon da i ymgomio a chyfathrebu. Ond ni welwyd hynny.

Ar ôl Rhyfel 1914-18, roedd y rhai oedd yn mewnfudo i Lerpwl yn meddu ar gymwysterau addysgol gyda'r mwyafrif ohonynt yn cael eu cyflogi gan y banciau, swyddfeydd amrywiol, yn glercod ac yn ysgwyddo gwaith digon pwysig yn y cwmnïau masnachol, ariannol, cyfreithiol ac addysgol. A byddai Cymry'r wlad a Chymry'r dref yn mwynhau cwmni ei gilydd ac, yn arbennig, yn y byd chwaraeon, gan i aml gapel, fel un newydd sbon Heathfield Road, a agorwyd yn 1927, sefydlu lawnt tennis ar eu cyfer ym Mharc Calderstone. Un o bileri Undeb Cymru Fydd, J. R. Jones, awgrymodd y dylid ffurfio cymdeithas a oedd i gyfarfod fin nos, pan geid rhyddid i gael trafodaeth lawn a phwyllog. Mabwysiadwyd yr enw Cylch y Pump ar Hugain ar y gymdeithas. Symudwyd o un lle i'r llall am weddill y tridegau a hynny yng nghanol y ddinas, yn Exchange Street East ac yna yn Fenwick Street. O'r cychwyn hyd ddiwedd 1940, y drefn oedd cyfarfod 'pob wythnos yn ystod misoedd y gaeaf ac unwaith y mis yn ystod yr haf'. Cyfyngwyd nifer yr aelodau o'r cychwyn i 25 o ddynion. Ni chaniatawyd merched. Bu hynny yn destun dadl fwy nag unwaith.

Yr Ail Ryfel Byd a Ha' Bach Mihangel (1939-59)

Amser enbyd oedd yr Ail Ryfel Byd i drigolion Lerpwl. Drylliodd y rhyfel gynlluniau Cymdeithas Cymru Fydd, y cymdeithasau Cymraeg a'r holl gapeli o bob enwad. Aeth nifer o aelodau gweithgar y cymdeithasau hyn i'r lluoedd arfog ac roedd sawl corff crefyddol mewn cyfyng-gyngor ar eu safbwynt ynglŷn â'r rhyfel. Roedd gan Henaduriaeth Lerpwl o Eglwys Bresbyteraidd Cymru Bwyllgor Heddwch a gyfarfu am y tro cyntaf ym Mawrth 1939. Cytunwyd y byddai trydydd Sul mis Mai yn cael ei neilltuo yn Sul Heddwch. Byddai pob Ysgol Sul yn rhoi lle amlwg i ddarllen neges Urdd Gobaith Cymru i blant y byd. Roedd gan ddau o ffigyrau amlycaf Cymdeithas Heddychwyr Cymru gysylltiadau agos â Chymry Lerpwl, sef George M. Ll. Davies a Gwynfor Evans oedd wedi priodi ag un o ferched Cymry Lerpwl, Rhiannon Thomas. Roedd Rhiannon, ei brawd a'i rhieni yn aelodau o gangen Plaid Cymru Lerpwl, yn aelodau o gapel Chatham Street ac yn heddychwyr o argyhoeddiad. Gadawodd y teulu Lerpwl yn 1937, er i'r mab barhau yn y brifysgol fel darlithydd ym myd pensaernïaeth am flynyddoedd lawer.

Dadl ar agwedd yr eglwysi tuag at y Rhyfel

Bu cryn ddadl ar y cynigiad hwn yng Nghapel Fitzclarence Street ar 5 Ebrill, 1939:

> Gwnawn apêl neilltuol dros ryddid cydwybod a hawliau'r unigolyn. Bwriadwn wrthwynebu pob cais i wneud unrhyw wasanaeth ynglŷn â rhyfel yn orfodol dan unrhyw amgylchiadau.

Ail-luniodd y Parchedig W. Llewelyn Evans, Gweinidog Edge Lane y cynnig i'r ffurf a ganlyn:

> Gwnawn apêl neilltuol dros ryddid cydwybod a hawliau'r unigolyn. Yr ydym yn apelio hefyd ar i'r Llywodraeth beidio â mabwysiadu gorfodaeth ynglŷn â gwasanaeth milwrol.

Cytunwyd ar y cynnig ac fe'i hanfonwyd i 10 Downing Street ond ofer fu'r geiriau oherwydd erbyn y gorchfygodd Adolf Hitler a byddinoedd yr Almaen Wlad Pŵyl rhwng Medi a Hydref 1939, gwyddai trigolion Lerpwl y byddent yng nghanol y ddrycin oherwydd pwysigrwydd y ddinas fel porthladd i economi Prydain.

Marwolaeth Gwilym Deudraeth

Yng nghyfnod yr hyn a elwid yn 'phoney war', bu farw un o feirdd amlycaf Cymry Lerpwl, a hynny ar 20 Mawrth 1940, sef William Thomas Edwards (Gwilym Deudraeth, 1863-1940) a'i gladdu ym mynwent Allerton. Gweithiwr cyffredin oedd, ond heb amheuaeth roedd yn athrylith ar y gynghanedd, a bu ef a nifer o Gymry diwylliedg fel Collwyn, ap Heli a John Roberts (Bootle) yn gydweithwyr yn warws cotwm cwmni Longmore. Dyma a luniodd fel englyn wrth heneiddio:

> Barchus greadur bychan – yw Gwilym,
>   Digalon ac egwan;
> Yn y drws yn gwneud ei ran
> Efo 'Longmore' fel 'Hangman'.

Ymfudo o'r ddinas

Trefnodd yr awdurdodau i bob ysgol yn Lerpwl adael y ddinas am ddiogelwch cefn gwlad Ardal y Llynnoedd a Chymru, a hynny dan ofal eu hathrawon. Un o'r Cymry a aeth yn bell o Bootle i Sir Frycheiniog oedd Eirian Roberts. Teithiodd ei dosbarth o Ysgol Gynradd Christchurch, Bootle, i bentref Beulah, ger Llanwrtyd a bu perthynas dda rhyngddi a'r ardal honno weddill ei dyddiau.

Sefydlwyd Pwyllgor y Milwyr yn y capeli Cymraeg i ofalu am fechgyn a merched o'r eglwys a oedd mewn gwasanaeth milwrol. Yn Bootle a Waterloo gwnaed yr un gymwynas ag a wnaed yn y Rhyfel Byd Cyntaf, sef cynnig croeso a gofal i'r Cymry oedd yng ngwersylloedd y lluoedd arfog a'r morwyr oedd ym mhorthladd Lerpwl. Yn 1940 gofalodd Capel y Presbyteriaid Waterloo greu perthynas dda â'r Liverpool Welsh Battalion a wersyllai yn Blundellsands. Sonia John P. Lyons fel y derbyniodd Capel Waterloo gryn lawer o eitemau oddi wrth aelodau haelionus a charedigion yr achos. Dywed:

> Derbyniwyd yn yr Eglwys roddion oddi wrth aelodau unigol a'r cyhoedd yn gyffredinol fel 'blankets, socks, helmets, belts, cuffs, mufflers, gloves, shirts, bed jackets, chest protectors' i'w rhoddi i'r milwyr. Anfonwyd i'r camp yn Brooke Road, Crosby, '42 waistcoats, 71 pair of socks, mittens, mufflers, handkerchiefs, 100 stamped post cards and pencils, overcoats, gwerth 3/- o cough lozenges, shirts, woolen vests, pants, £5 worth of eucalyptus, 40 quarts cough mixture, helmets, blankets and gloves.'

Blynyddoedd y locustiaid 1940-1

Wrth adolygu blynyddoedd y locustiaid 1940-1941, dywedodd y Parchedig D. Tudor Jones, gŵr o Fwlch-llan, Ceredigion:

> Daeth i'n ffordd yn 1940 a 1941 lawer a allasai ein digalonni a pheri llaesu o'n dwylo. Ymadawodd nifer o'n haelodau trwy docynnau; collasom gymdeithas llu mawr o'n pobl a aeth i Gymru dros dymor; ysbeiliwyd nifer o deuluoedd yr Eglwys o'u cartrefi a moddion bywoliaeth; a chawsom fyw i alaru uwch carnedd ein teml hardd. Profiadau anodd eu dwyn ydyw y rhai hyn.

Ymhlith y Cymry a adawodd Bootle am Gymru oedd teulu John Evan a Maggie Roberts. Roedd Maggie Roberts wedi disgrifio yn fyw iawn i'w chwaer-yng-nghyfraith, Dr Kate Roberts, ar 23 Tachwedd 1940:

> Treuliwyd y dydd yn chwilio adfeilion tŷ mewn stryd gyfagos am gyrff. Tybiem yn siwr fod ein diwedd yn dod. Mae'r tai yn blaster a huddygl a baw. Mae lampau'r strydoedd wedi cael eu troi fel cortyn. Mae pawb yn teimlo wedi eu cynhyrfu a dim awydd bwyd ar neb. Dinistriwyd llawer o dai, y mae capel yr Annibynwyr Cymraeg wedi ei ddifa'n llwyr a malwyd pob ffenestr yng nghapel Stanley Road. Diolch i chwi am eich gwahoddiad i ddod i aros atoch yn Ninbych, hoffwn ddod yn fawr ond, ni allaf feddwl am adael John a'r plant ar ôl yma.

Chwe noson yn ddiweddarach ar 29 Tachwedd 1940 gadawodd awyren o'r Almaen fom ar barasiwt a ddisgynnodd ar ganolfan hyfforddi yn Durning Road. Yn selar y ganolfan roedd tri chant o ddynion, gwragedd a phlant. Syrthiodd yr adeilad gan ladd ugeiniau. Rhuthrodd dŵr poeth a nwy o bibau y gwresogydd canolog gan lenwi'r selar. Lladdwyd 166 yn cynnwys Cymry, a bron pob un a gafodd ei arbed yn yr adeilad wedi dioddef anafiadau. Disgrifiodd Winston Churchill y drychineb fel 'the single worst civilian incident of the War.'

Profiad plentyn Cymraeg o'r rhyfel

Un o blant Ysgol Clint Road yn 1940 oedd y Cymro Emrys Roberts. Flynyddoedd yn ddiweddarach lluniodd gerdd o dan y teitl 'Yn Saith Oed' yn ei gyfrol *Gwaith dy Fysedd* (Dinbych, 1982). Dyma ddarn o'r gerdd:

> Dilewyd â bom adeilad y bwhwman,
> a fferwyd gan goelcerth wallgof y chwerthin
> yn ysbyty'r trallod yn ystod y nos,
> a'm loes oedd meddwl am leisiau'r
> dwymyn yn fud is y domen fawr.

Arbediad gwyrthiol O. E. Roberts.

Cafodd O. E. Roberts, gŵr a enillodd y Fedal Ryddiaith yn Eisteddfod Genedlaethol Cymru ddwywaith, ddihangfa fawr rhag y *blitz* yn Clint Road. Roedd yn cerdded adref o Glwb Cymraeg Upper Parliament Street, a phan gerddodd am Ysgol Clinton Road, arhosodd tram gyferbyn â'r adeilad. Gwelodd amryw o bobl yn cerdded am yr ysgol, er mwyn cael lloches rhag y bomio. Pendronodd y gwyddonydd ifanc, gan feddwl y dylai yntau ddilyn y bobl hyn i'r lloches. Ond mentrodd yn ffyddiog ymlaen am ei gartref. Hanner awr yn ddiweddarach syrthiodd y bom o awyren yr Almaenwyr, a phe bai Owen Elias Roberts wedi mynd i'r ysgol honno byddai wedi colli ei fywyd.

Lerpwl yn dioddef trais y gelyn

Yn nechrau Mai 1941 y gwelodd Lerpwl ymosodiad yr Almaenwyr waethaf. Roedd y *convoys* yn y porthladd yn cael eu hamddiffyn gan longau rhyfel

Prydain, gan fod Hitler yn anfon ei 'U-boat hunter-killer packs', fel y'u gelwid, i geisio dileu'r llongau masnach.

Roedd pencadlys Amddiffyn a Gwrthdaro yr Atlantig yn selar Derby House tu ôl i Neuadd y Dref a elwid yn Citadel. Yng nghrombil y ddaear mewn cant o ystafelloedd yr ymladdwyd yr hyn a elwid yn Frwydr yr Atlantig. Roedd y llongau yn cael eu hamddiffyn gan longau rhyfel dan ofal Capten Frederick John 'Johnnie' Walker (1896-1944).

Gollyngodd yr Almaenwyr gadwyn o fomiau ar draws Lerpwl. Ni arbedwyd unrhyw ran o'r ddinas. Disgynnodd un bom ar gartref un o arweinwyr Capel y Presbyteriaid Heathfield Road yn 32 Micklefield Road. Arbedwyd David Griffiths ei hun, ond lladdwyd ei briod. Symudodd David Griffiths wedi hynny i 32 Mapledale Road, Allerton, cyn symud yn ôl i Gymru.

Chwalu capel Stanley Road, Bootle

Ar Fai y pedwerydd, chwalwyd capel hardd Stanley Road. Yn ddiweddarach, ceisiodd D. Tudor Jones liniaru hiraeth yr aelodau trwy ddweud:

> Disgynnodd y pigdwr a gyfeiriai tua'r nefoedd – mae'r nefoedd, serch hynny, uwch ein pen. Distawodd nodau melodaidd yr organ – mae ffydd wrthi'n troi'r anghytsain yn rhan o fiwsig mawr ei chân fuddugoliaethus. Chwifriwyd y pulpud gwyn – mae'r Efengyl Sanctaidd a gyhoeddwyd ohono heb ystaen. Drylliwyd y ffenestri prydferth – ni thywyllodd y goleuni; erys y weledigaeth. Er mai mâl seddau'r addolwyr, di-sigl gorsedd gwrthrych yr addoliad.
>
> Yn araf, yn araf, fy mrawd paid digalonni,
> Gwn ei gam ag adduned cyfoethog yr Iôr;
> Ni ddiffydd yr haul am i seren fachludo
> Os pallodd yr aber ni sychodd y môr.

Aethpwyd ati i addoli yn yr ysgoldy bach, gan ddiolch fod ceidwaid y Tŷ Capel, C. O. Evans a'i deulu, wedi'u harbed. Arbedwyd y gofeb i'r milwyr a gollodd eu bywydau yn Rhyfel 1914-18. Ac ar fore Sul y chwalfa, gwelodd E. Meirion Evans (Gwasg y Brython), ac arweinydd yng Nghapel Stanley Road, enghraifft 'anghymarol o ffyddlondeb'. Cerddodd Mrs Benjamin Evans (modryb yr Athro David Alan Price Evans) o'i chartref yn Waterloo i Bootle, er ei bod dros ei phedwar ugain mlwydd oed, er mwyn mynychu'r oedfa. Erbyn iddi gyrraedd Bootle, roedd hi'n rhy hwyr ac yn lle mynd i ymyl y capel aeth i eistedd yn y parc yn disgwyl am amser agor yr Ysgol Sul, heb sylweddoli bod ei hoff gapel yn ddarnau. Mieri lle bu mawredd. Daethpwyd o hyd i dabled goffa eu gweinidog cyntaf, y Parchedig Griffith Ellis (1873-1912) yng nghanol y rwbel, heb ei ddinistrio.

Cafodd Cymry Bootle hi'n ddrwg, gan fod llawer o'r dociau yn agos, a dioddefodd llawer ohonynt anafiadau a dinistr i'w cartrefi. Yn 1939 roedd 17,119 o dai yn Bootle. Llwyr ddinistriwyd 2,043 ohonynt. Gwariwyd £1,500,000 ar atgyweirio'r tai wedi'r Rhyfel.

Chwalu capel hardd Fitzclarence Street

Capel hardd arall a ddinistriwyd oedd Capel y Presbyteriaid Fitzclarence Street. Mynegodd Llywydd yr Henaduriaeth, y Parchedig Aeron Davies, ei ofid dwys yn y ddwy frawddeg ingol:

> Hen Gapel Clarence. Chwith gennym feddwl ei fod bellach yn llonydd y Sul. Clywodd ganmol cariad Duw am flynyddoedd lawer ond, heddiw (Awst 1942) ysywaeth ni chlyw ddim os na chlyw bob craith sydd arno yn llefaru nad yw dyn yn caru dyn.

Bu farw'r gweinidog, y Parchedig H. C. Lewis, ym mis Ebrill 1940. Trosglwyddwyd digon o arian i adeiladu capel newydd er cof am y capel hwn ar ystad fawr o dai yn Sandfields, Aberafan.

Capel arall a losgwyd bron yn llwyr oedd Capel yr Annibynwyr Cymraeg Kensington, y capel y bu Pedrog yn gofalu amdano am ddegawdau. Gwnaethpwyd y tu mewn iddo ar ôl hynny yn gronfa ddŵr i'r diffoddwyr tanau ac un tro boddwyd un o'r bechgyn o'r ysgol gyfagos pan syrthiodd wrth chwarae o'i gwmpas. Boddwyd plismon a geisiodd ei achub hefyd.

'Dyddiau ysgol yn ystod y rhyfel'

Mynegodd J. Trefor Williams mewn ysgrif ddifyr ar 'Ddyddiau ysgol yn ystod y rhyfel' brofiadau plant Cymraeg a ddaeth yn ôl o Gymru neu blant nad aeth yn ifaciwîs. I'r plant hyn, y wers fwyaf derbyniol oedd ymarfer diffodd tân yn iard yr ysgol. Trefnwyd y plant yn dimoedd, un bachgen i gario bwceidiadau o ddŵr yn rheolaidd, un arall i bwmpio'r dŵr ar y fflamau. I'r plant hyn y swydd orau o'r cyfan oedd dyletswydd y trydydd plentyn.

Arferai prifathrawon ysgolion canol dinas Lerpwl anfon y bechgyn o gwmpas y tai teras bob pnawn i hel sbwriel, gan fod papur a metelau mor brin.

Cyfraniad y gweinidogion a chroesawu Dr R. Glynne Lloyd o'r Rhondda

Ymunodd carfan uchel o bobl ifanc y capeli â'r lluoedd arfog a phenderfynodd y Parchedig R. Emrys Evans, gweinidog Presbyteraidd yn Rock Ferry a West Kirby, ymuno fel Caplan. Roedd gweinidogion eraill yn amharod i ymwneud â'r rhyfel, rhai fel y Parchedigion Lewis Edwards a J. Celyn Jones, gweinidogion y Wesleaid yn Oakfield, W. A. Lewis, gweinidog Capel y Tabernacl Belmont Road, D. J. Bassett, bugail y Bedyddwyr yn Edge Lane, Llywelyn Jones, gweinidog Bethlehem, Douglas Road a'i gymydog o'r un enwad, C. Lloyd Williams. Cefnogwyd hwy gan leygwyr yr un mor ymroddgar, sef O. E. Roberts o gapel Presbyteraidd Anfield, J. C. Hughes a Collwyn o gapel Edge Lane, R. J. Pritchard (Douglas Road), Dilys Lloyd (Anfield Road), Beti Hughes (Everton Village) a Mr a Mrs Ben Davies o gapel Oakfield. Ffurfiwyd tair aelwyd yn syth – Anfield yn cyfarfod yng nghapel Newsham Park, Bootle yn cyfarfod yng nghapel Stanley Road, Bootle ac Aelwyd y De yn defnyddio ystafelloedd Cymru Fydd yn Upper Parliament Street. Roedd y Parchedig Ifor Oswy Davies yn gryn help yn y De, felly hefyd Pierce Roberts, un o athrawon eneiniedig y ddinas a J. Morgan Parry, un o flaenoriaid Chatham Street a thad Morgan Parry a fu'n flaenllaw gyda'r mudiad gwrth-niwclear ac amgylchedd glân. Trefnwyd rhaglen uchelgeisiol. Heidiodd yr ifanc i ddosbarthiadau ymarfer corff, gwaith llaw, dosbarthiadau ymgeledd ac amgylchedd, ar wahân i ddosbarthiadau Cymraeg a phynciau'r dydd. Yn 1941, perswadiodd Capel Heathfield Road y Parchedig Ddr R. Glynne Lloyd i symud o ddwyrain Morgannwg i ofalu am yr eglwys hardd ger Penny Lane. Dechreuodd Dr Lloyd ar ei weinidogaeth ar Sul cyntaf Ebrill 1942. Mynegodd ei werthfawrogiad o'r alwad ym mis Mawrth 1942:

> Edmygaf chwi fel eglwys am eich ymroddiad diflino i alwadau'r achos mewn dyddiau mor enbyd. Oherwydd na pharodd anawsterau'r cyfnod i chwi laesu

dwylo, braint werthfawr fydd cael bod yn gydweithiwr â chwi. Hyderaf y bydd ein heglwys yn gartref i Gymry oddi cartref sydd mewn angen am loches, yn amddiffynfa gadarn rhag temtasiynau'r byd ac yn arweinydd diogel i'r gwirionedd sydd yng Nghrist.

Ymunai â nifer dda o weinidogion oedd yn dal yn Lerpwl. Y ddau arall yn Nosbarth y De oedd y Parchedigion Ifor Oswy Davies a W. Llewelyn Evans. Yn 1939, galwyd ar Ifor Oswy Davies i wasanaethu Eglwys Belvidere Road. Ac yn 1943 cymerodd ofal o eglwys Chatham Street. Dywedodd y Parchedig John Daniel Evans, Garston, amdano, ei fod yn 'feddiannol ar gymwysterau y gwir weinidog'. Ymddeolodd yn 1940 ar ôl dros ddeugain mlynedd o wasanaeth. Galwyd ef gan werin bobl Saesneg y faestref yn 'Esgob Garston'.

Ymddeolodd pedwar ohonynt o blith y Presbyteriaid a symud i Gymru, sef y Parchedigion Robert Davies, Heathfield Road, J. Ellis Jones, Huyton Quarry a Prescot, J. D. Evans, Garston a Peron Hughes, St. Helens, y ddau olaf wedi gweinidogaethu ymhell dros ddeugain mlynedd yn Lerpwl a'r cyffiniau.

Dal i gymdeithasu fel Cymry

Er y difrod, y trafferthion a'r gofidiau, gwelwyd o hyd arwyddion dyddiau gwell yng nghanol y stormydd garwaf. Roedd Cymdeithas Cymru Fydd yn Upper Parliament Street yn gartref Cymreig i'r milwyr a'r morwyr yn Lerpwl. Ar 5 Rhagfyr 1942 agorwyd cartref y Lluoedd Cymreig gan R. Hopkin Morris, Llywodraethwr y BBC. Cafwyd cwmni Arglwydd Faer Lerpwl, penaethiaid y Lluoedd Arfog ac arweinwyr y bywyd Cymraeg.

Paratoi ar gyfer croesawu'r milwyr yn ôl i'w cartrefi a'u capeli

Ffurfiwyd Undeb Rhieni Athrawon a Chyfeillion y Plant yn 1944, a cyhoeddwyd cylchgrawn misol *Y Glannau* gan Aelwydydd yr Urdd gan fod *Y Brython*, newyddiadur wythnosol y Cymry, wedi dod i ben yn 1939. Yr un flwyddyn aeth yr eglwysi Cymraeg ati i baratoi croeso a sefydlu Pwyllgorau Croesawu. Seiniodd y Parchedig Ifor Oswy Davies nodyn pwysig a phwrpasol:

Gesyd y gwaith o dderbyn ein brodyr a'n chwiorydd ifanc yn ôl i'r eglwysi wedi'r Rhyfel gyfrifoldeb mawr arnom. Bydd eu profiadau a'u hadweithiad yn amrywio. Bydd rhai yn fwy selog a sefydlog na ni, bydd eraill o bosibl yn ansicr o'r hen angorion. Rhaid wrth amynedd mawr a dychymyg byw a chydymdeimlad di-ben-draw. Cariad a dawn y Bugail Da yn unig a wna'r tro.

Dyfodiad y Parchedig J. D. Williams Richards

Ym mlwyddyn olaf y Rhyfel, croesawodd yr Annibynwyr Cymraeg y Parchedig J. D. Williams Richards i Gapel Tabernacl Belmont Road, ac arhosodd yn y ddinas weddill ei ddyddiau. Etholwyd ef yn Ysgrifennydd y Merseyside Free Church Federal Council a bu wrth y gwaith hwnnw am flynyddoedd lawer. Symudodd y Free Church Centre o Lord Street i Tarleton Street ac agorodd siop lyfrau, gan roddi lle dyladwy i lyfrau, papurau a chylchgronau Cymraeg. Gofalodd am y siop hyd 1981.

Effaith y rhyfel

Roedd effaith y rhyfel ar y gymuned Gymraeg yn Lerpwl yn aruthrol. Yn 1938, blwyddyn cyn yr Ail Ryfel Byd, roedd 6,945 o aelodau yn Henaduriaeth Lerpwl,1,042 o blant a 456 o wrandawyr. Ar ddiwedd y Rhyfel, disgynnodd yr aelodau Presbyteraidd i 5,058, 717 o blant a 157 o wrandawyr.

Gosodwyd newidiadau aruthrol ar waith ar ôl i'r Blaid Lafur ennill Etholiad Cyffredinol 1945. Pan gyfrifwyd yr holl bledleisiau roedd y mwyafrif mawr o blaid cael Clement Attlee yn Brif Weinidog yn hytrach na Winston Churchill. Enillodd un o Gymry Lerpwl, Emrys Roberts, sedd Meirionnydd ar ran y Rhyddfrydwyr gyda mwyafrif bychan o 112. Cadwodd y sedd yn Etholiad 1950 ond fe'i collodd i hen löwr, T. W. Jones, yn Etholiad 1951. Roedd Emrys Roberts yn aelod o Gylch y Pump ar Hugain ac wedi'i drwytho yn nelfrydau Cymru Fydd. Mynegodd ei ddiolch am fodolaeth y cylch mewn llythyr ar ôl ei fuddugoliaeth ym Meirionnydd:

> Prin mae angen dweud nad oes un Cymdeithas o gyfeillion yr wyf yn prisio eu hewyllys da yn fwy na Chylch Pump ar Hugain. Os caf y fraint o barhau fel aelod cysylltiol bydd hynny yn gysur fel na fyddaf yn colli yr hen gyffyrddiad agos.

Sefydlu Clwb Cinio Cymraeg

Roedd J. R. Jones, Menlove Avenue, Allerton, wedi awgrymu wrth y cylch cyn y rhyfel y dylid sefydlu Clwb Cinio, i gynnwys pryd o fwyd ac anerchiad ar destun o ddiddordeb i'r Cymry. Daeth y rhyfel i lesteirio'r freuddwyd. Adferwyd y syniad yn 1946. Cynhaliwyd y cyfarfod cyntaf ar 20 Chwefror 1947 yn y Frances Cafe, Parker Street, gyda John Morris yn siaradwr. Roedd ef yn un o adeiladwyr mawr Lerpwl, yn wir gwahoddwyd ef i fod yn ymgeisydd seneddol dros ei sir enedigol, Meirionnydd. Ond gwrthod a wnaeth er mwyn canolbwyntio ar ei fusnes.

Bu'r Clwb Cinio yn llwyddiant. Roedd H. Idris Williams (Allerton), R. Norman Roberts (Wallasey) a John L. Griffiths (Wavertree) yn gaffaeliad i'r trefniadau.

Y Gwasanaeth Iechyd Gwladol

Croesawodd y Cymry at ei gilydd y Gwasanaeth Iechyd, gwaith y gwleidydd carismatig Aneurin Bevan. Ei weledigaeth ef oedd gweld pob meddyg ac ysbyty yn dod dan reolaeth y wladwriaeth. Derbyniodd gynllun Bevan gryn lawer o wrthwynebiad o du doctoriaid a'u cymdeithas, y BMA. Ymysg meddygon o Gymry yn Lerpwl, bu gwrthwynebiad ar y dechrau. Ond buan y newidiwyd pethau wrth i'r gwasanaeth ddatblygu.

Un o'r llawfeddygon mwyaf cefnogol i'r weledigaeth o Wasanaeth Iechyd Gwladol oedd y Cymro J. Howell Hughes ac mae ei hunangofiant, *A Surgeon's Journey*, a gyhoeddwyd yn 1990, yn astudiaeth hynod bwysig. I Howell Hughes sefydlu y gwasanaeth oedd y peth pwysicaf a ddigwyddodd yn hanes meddygaeth. Credai fod Aneurin Bevan yn athrylith a chafodd y fraint o'i gyfarfod yn gynnar yn 1948 yng Nghaerdydd. Roedd Howell Hughes o blaid Bevan am ei fod ef wedi gweld bendithion uno ysbytai hyfforddi yn Lerpwl yn ystod ei ddyddiau cynnar fel meddyg.

Unwyd hwy dan yr enw Ysbytai Unedig Lerpwl a pheidiodd y cystadlu rhwng ysbytai unigol am gefnogaeth ariannol. Gwelai ef werth mawr mewn gwladoli'r ysbytai gan wybod y byddai cyfle godidog ar gael i gynyddu cyflogau'r staff, meddygon a gweinyddesau, i gael peiriannau a gofalu ar ôl yr adeiladau. Roedd yr ysbytai bob amser yn cael eu dibrisio am nad oedd arian ar gael. Newidiodd byd yr ymgynghorwyr a'r llawfeddygon. Yn y blynyddoedd ar ôl yr Ail Ryfel Byd, roedd cyfraniad J. Howell Hughes yn wybyddus ar hyd a lled gogledd Cymru. Bu ef a David Annis yn rhannu cyfrifoldeb am uned lawfeddygol o hanner cant o wlâu am ugain mlynedd yn yr Ysbyty Brenhinol yn Pembroke Place.

Athrawon yn symud i Lerpwl

Yn ystod y pumdegau, daeth nifer dda o athrawon ifanc i Lerpwl, yn bennaf o'r colegau hyfforddi ym Mangor a Wrecsam, ond hefyd o golegau eraill yn Lloegr a Chymru. Croesawai Pwyllgor Addysg Lerpwl athrawon ifanc i'r ddinas. Un o arbenigwyr Adran Addysg y ddinas oedd Miss Laura Jones, Wavertree, a byddai hi'n teithio i Golegau Bangor bob blwyddyn i hwyluso'r athrawon ar eu taith i Lerpwl a dechrau yn ysgolion y ddinas ym mis Medi. Roedd Gwilym M. Jones, Edith Road, Anfield, a dirprwy brifathro ei hun, yn derbyn enwau yr athrawon newydd ifanc a oedd yn awyddus i aros gyda theuluoedd Cymraeg. Gwahoddid teuluoedd Saesneg i gymryd athrawon ifanc i aros, yn enwedig os oeddent yn byw o fewn cyrraedd yr eglwysi a'r cymdeithasau Cymraeg.

Er fod yr athrawon yn tyrru i Lerpwl, roedd yr Ail Ryfel Byd wedi niweidio y gymuned Gymraeg am byth. Ond diolch i ymroddiad yr athrawon ifanc, creuwyd cynllun ysgolion Cymraeg. Trefnwyd cyfarfod cyhoeddus yn Neuadd Hackins Hey yn 1950 a arweiniodd at sefydlu wyth o Ysgolion Cymraeg y Glannau. Ysgolion ar foreau Sadwrn oedd y rhain, oedd yn well na dim, ond ni lwyddwyd i weddnewid sefyllfa'r Gymraeg yn Lerpwl. Diflannodd ysgolion Cymraeg bore Sadwrn o un i un, er mawr golled i'r plant a dyfodol y cymunedau Cymraeg yn Lerpwl a Glannau Merswy.

Colli tri arweinydd amryddawn

Yn ystod y pumdegau, collwyd arweinwyr oedd wedi cynnal y bywyd Cymraeg yn y ddinas. Yn 1950 bu farw Gwynfryn Roberts, Calderstones, Lerpwl, un o athrawon y ddinas. Bu'n athro mewn nifer o ddinasoedd – Llundain, Bryste, Caerdydd ac, ar ddau gyfnod, yn Lerpwl, ble y daeth yn arweinydd yng Nghapel Princes Road yn ystod gweinidogaeth y Parchedig H. Harris Hughes, ac ar ôl hynny y Parchedig Griffith Rees.

Bu farw William Morgan (Collwyn) a John Richard Jones, Menlove

Avenue, gŵr a roddodd yn hael i achosion da o fewn Undeb Cymru Fydd ac Urdd Gobaith Cymru. Yn Lerpwl bu'n gynghorydd ar Gyngor y Ddinas yn enw'r Blaid Ryddfrydol ac yn un o'r ymgyrchwyr pennaf am Senedd i Gymru.

Boddi Capel Celyn

Bu farw J. R. Jones cyn i Gymry Lerpwl orfod wynebu cwestiwn anodd Tryweryn, mater a fu'n drafferth a thrasiedi i'r gymuned Gymraeg yn Lerpwl. Cymuned Gymraeg ei hiaith rhwng Y Bala a Thrawsfynydd oedd Cwm Tryweryn a phentref bychan Capel Celyn yn ganolbwynt y cyfan. Ceid yno ysgol gynradd, Capel Presbyteraidd, llythyrdy a nifer o dai gyda ffermydd o amgylch. Roedd dinas Lerpwl wedi boddi cwm yng Nghymru er mwyn diwallu anghenion y trigolion mor bell yn ôl ag 1894. Yr adeg honno, Cymro Cymraeg oedd prif beiriannydd Corfforaeth Lerpwl, Joseph Parry (1843-1936). Bu mewn cysylltiad â'r Gorfforaeth am 57 mlynedd. Ymunodd fel peiriannydd yn 1863 a phan ddechreuwyd ar waith dŵr Llanwddyn yn 1881, ysgwyddodd hefyd gyfrifoldeb dros waith dŵr Rivington, cronfa ddŵr arall y dibynnai y ddinas arni. Yn 1894, Joseph Parry oedd y prif beiriannydd, a daeth iddo'r holl ofal am gyflenwi dŵr o afonydd Conwy a Marchnant i mewn i'r gronfa a adnabyddir fel Cronfa Llanwddyn. Pan ymunodd ef yn 1863, roedd pymtheg miliwn a hanner o alwyni y dydd yn ddigon at wasanaeth Lerpwl ond pan ystyriai ymddeol yn 1914, roedd eisiau 32,330,000 o alwyni'r dydd at wasanaeth y trigolion. Er i foddi pentref Llanwddyn beri gofid a gwae, llwyddodd Robert Parry a'i gymrodyr yn well nag a wnaeth Corfforaeth Lerpwl dan arweiniad Jack a Bessie Braddock A.S., dau oedd yn enwog am fod yn ymosodol a didrugaredd.

Daeth y Braddocks yn rhan annatod o foddi Cwm Tryweryn. Pan glywodd trigolion y fro am y bygythiad o du Lerpwl, sefydlwyd Pwyllgor Amddiffyn. Sefydlodd Cymry Lerpwl bwyllgor tebyg gyda'r pensaer Dewi Prys Thomas (brawd-yng-nghyfraith Gwynfor Evans) yn ysgrifennydd, ynghyd â Mrs Anita Morgan (née Rowlands), merch i weinidog ac un a fu yn ddirprwy Brifathrawes Gateacre. Daeth y pwyllgor hwn yn ddraenen yn ystlys y ddau wleidydd cegog, oedd yn llywodraethu ar ran y Blaid Lafur ar Gyngor y Ddinas. Rhaid cofio nad oedd pawb o Gymry Lerpwl yn gwrthwynebu'r cynllun. I olygydd *Y Glannau* nid oedd llawer o brydferthwch yn perthyn i'r cwm ac yr oedd y tir yn ddigon diffaith. Ond llais y lleiafrif oedd y llais hwnnw. Er bod yna ffermwyr wedi mynegi yr un amheuaeth mewn llythyron at wleidyddion fel Goronwy Roberts, ni chlywyd mo'r neges honno gan fwyafrif o Gymry'r ddinas. Daeth Cymry Tryweryn a'u harweinwyr fel Dafydd Roberts a'r Dr R. Tudur Jones a Gwynfor Evans i Neuadd St. George ar 7 Tachwedd 1956. Y gobaith oedd cael annerch y Cyngor. Ni ddaeth y gwahoddiad. Pan gynigiodd yr Henadur Frank Cain, ar ran Pwyllgor Dŵr y Cyngor, ei fod yn bwriadu eu hanwybyddu, cododd Gwynfor Evans ar ei draed a gofyn am ganiatâd i annerch y cynghorwyr ac i'r Arglwydd Faer dderbyn dirprwyaeth ohonynt. Rhoddwyd iddo ryddid i fynegi ei brotest mewn awyrgylch anodd. Soniodd am y gwrthwynebiad oedd yn erbyn y cynllun ymhlith trigolion Cymru. Cythruddwyd rhai o'r cynghorwyr, gan ddechrau gweiddi 'Ewch yn ôl i Gymru'. Roedd Bessie Braddock yn benwan ag arweinydd Plaid Cymru a'r ymgeisydd yn etholaeth Meirionnydd, ac felly hefyd ei gŵr, John Braddock, Arweinydd y Cyngor. Gwaethygodd yr awyrgylch, gan orffen mewn diflastod gyda'r heddlu yn dod i hebrwng y tri a safai yn y Siambr. O safbwynt cenedlaethodeb Cymru bu'r brotest yn ddigon effeithiol ond i'r ddau wleidydd, John a Bessie Braddock, roedd y cwbl yn wastraff amser.

Rhoddodd y brotest o eiddo Gwynfor lygedyn o obaith i drigolion pentref Capel Celyn. Penderfynwyd fel cymuned gyfan drefnu ymweliad â dinas fawr Lerpwl a hynny ar 21 Tachwedd. Daethant â'u sloganau gyda hwy â'r geiriau yn sgleinio yn eu gorymdaith: 'Your homes are safe – why destroy ours? Please Liverpool be a great city not a big bully.'

Hon oedd ymdrech yr unfed awr ar ddeg i geisio llesteirio arweinwyr gwleidyddol Lerpwl rhag pleidleisio yn ddifeddwl i foddi eu cartrefi a olygai cymaint iddynt. Ni fyddai'r brotest erioed wedi digwydd heb arweiniad Elizabeth Watkin Jones, merch ddawnus Watcyn o Feirion, Dafydd Roberts a Gwynfor Evans, Llywydd Plaid Cymru, a Goronwy Roberts, Aelod Seneddol Llafur Arfon. Roedd rhai o'r trigolion yn amheus o bwrpas yr ymweliad. Dywedodd gwraig ffarmwr am ei amheuon wrth newyddiadurwr o Sais:

Ydych chi'n meddwl fod y Cyngor mawr hwn yn mynd i wrando arnom ni ychydig bobl o bentref yng Nghymru? Nid ydym yn medru Saesneg yn rhugl. Cymry ydym ni ac mae ein tir a'n hiaith yn Gymraeg.

Yn Lerpwl cafodd y protestwyr gefnogaeth a chwmni criw mawr o fyfyrwyr o Gymru oedd yn astudio ym Mhrifysgol Lerpwl, yn ogystal â rhai o Gymry Lerpwl. Arweiniodd Gwyfor Evans hwy gyda balchder gwladgarwr o'r iawn ryw. Pan gyrhaeddwyd Neuadd y Ddinas, dyma Gwynfor Evans (yn ddiweddarach Aelod Seneddol cyntaf Plaid Cymru o ganlyniad i Is-etholiad Caerfyrddin yn 1966) yn gofyn am ganiatâd i annerch y cyngor ar ran Pwyllgor Amddiffyn Capel Celyn. Ar yr adeg honno roedd yr Henadur John Braddock yn cyflwyno yr achos am foddi Cwm Tryweryn. Gyda'r syndod pennaf ildiodd yr Henadur er mwyn i Gwynfor gael cyfle, a hynny bythefnos ar ôl iddo gael gorchymyn i adael y Siambr. Roedd hi'n foment emosiynol i'r ddau wrthwynebydd. Gallai'r ddau glywed yr emynau Cymraeg yn cael eu canu ag arddeliad y tu allan i'r adeilad, rhai ohonynt wedi'u llunio gan emynwyr a fu'n gweinidogaethu yn Lerpwl. Yn ôl y newyddiadurwr o'r *Manchester Guardian* (papur oedd yn cymryd llawer mwy o ddiddordeb yng Nghymru y dyddiau hynny nag a wna heddiw):

> Mr. Evans made such a brilliant plea for the presentation of the valley's economic and cultural life that the Council broke into spontaenous applause at the end.

Roedd Gwynfor Evans wedi cyflawni camp, ond roedd rheidrwydd arno bellach i wrando ar ddadl Braddock. Dadleuai y cynghorydd fod achos Tryweryn wedi cael ei ecsploetio gan Blaid Cymru i'w mantais ei hun. Roedd hi'n nonsens llwyr, yn ei dyb ef, i ddadlau fod Lerpwl wedi ymddwyn yn ffroenuchel. Trwy'r broses i gyd roeddent wedi cysylltu â deugain o awdurdodau lleol yng Nghymru. Enillodd dadl Braddock y dydd, pleidleisiodd y cynghorwyr o blaid boddi'r Cwm. Ond, nid oedd y bleidlais yn unfrydol. Y canlyniad oedd 95 o blaid, un yn erbyn a thri yn eistedd ar y ffens. Y cynghorydd a bleidleisiodd yn erbyn oedd un o Gymry Lerpwl ac aelod amlwg o'r Blaid Geidwadol, yr Henadur David John Lewis, a safodd fel ymgeisydd seneddol yn Kirkdale ac a ddaeth, yn 1962, yn Arglwydd Faer Lerpwl.

Cymerodd rai blynyddoedd i'r argae gael ei adeiladu a chwblhau'r holl brosiect. Daeth y slogan, 'Cofiwch Dryweryn', i atgoffa'r byd Cymreig o ysbryd barus Cyngor y Ddinas a'i ddiffyg sensitifrwydd. Yn ei araith gyntaf fel Arglwydd Maelor yn Nhŷ'r Arglwyddi ar 19 Hydref 1966 (diwrnod trist arall, sef trasiedi Aber-fan) dywedodd T. W. Jones am weithred Lerpwl:

> That the Liverpool Corporation decided to construct a reservoir and in order to do so, it was necessary to submerge a village including its church. It was a Methodist Church. Had it been a church of the Church of Wales I doubt whether the reservoir would have been constructed.

Tryweryn yw un o'r rhesymau fod carfan uchel o Gymry wedi cael eu siomi yng ngweithred Corfforaeth Lerpwl a'u harweinwyr. Erbyn hyn, mae dinas Lerpwl trwy eu harweinwyr wedi ymddiheuro am y weithred, fel yr ymddiheuriwyd am gefnogi'r fasnach gaethweision yn y ddeunawfed ganrif.

Cyfraniad yr ifanc (1959-76)

Yn y cyfnod hwn daeth Lerpwl yn fyd-enwog fel crud canu pop Prydain gyfan. Ar hyd y cenedlaethau bu Lerpwl yn croesawu corau, cantorion a darlithwyr, bandiau a chyngherddau. Roedd pobl Prydain yn hoff o ganu yn oes Fictoria. Ceid canu gwefreiddiol yn y Kop yn Anfield ac o amgylch cae Goodison. Roedd y mwyafrif o gartrefi'r Cymry â lle pwysig i'r piano, ac yn y chwedegau dechreuodd pedwar Sgowser osod Lerpwl ar fap cerddorol y byd. Dywedodd un o haneswyr byd canu pop y ddinas:

> Playing an instrument in Liverpool you must tackle it as you must tackle life with a deal of pugnacity, show it who the master is. A pianist need not be in great executant and can neglect niceties. But her audience expects her to approach the piano as a training heavyweight champ will approach his punch-bag.

Cymdeithasau lu yn Lerpwl

Yn nechrau y cyfnod dan sylw, roedd yn Lerpwl nifer helaeth o gymdeithasau a da eu henwi. Dyna Gymdeithas y Brythoniaid, a ofalai ddenu gwŷr amlwg i ddarlithio, fel yr Archdderwydd, y Parchedig William Morris, Caernarfon. Cynnal y gân oedd prif reswm bodolaeth Cymdeithas Côr y Cymric ac ar nos Sadwrn, 7 Chwefror 1959 llanwyd Capel Bethlehem, Douglas Road, er mwyn gwrando ar Gôr Meibion y Cymrig dan arweiniad D. Leslie Thomas. Pobl ieuainc Lerpwl oedd yr unawdwyr fel Miss Cynthia Stroud a drigai ger Penny Lane a John Medwyn Jones, un a glywid o Sul i Sul yng Nghapel y Drindod, Toxteth, ac yn y saithdegau yng Nghapel Heathfield Road.

Roedd Cymdeithas Cymry Prifysgol Lerpwl yn hynod weithgar yn nechrau'r chwedegau hefyd. Roedd canu yn bwysig iddynt hwythau, ond nid cymaint â'r chwist. Dibynnai'r Gymdeithas hon ar gefnogaeth Urdd Graddedigion y Brifysgol ac athrawon amlwg o blith y Cymry fel yr Athro D. Seaborne Davies, Pennaeth Adran y Gyfraith.

Bod yn gefn

Ar wahân i'r cymdeithasau roedd capeli niferus, a safai o blaid y Gymraeg a Christnogaeth ac a agorai eu drysau nid yn unig ar y Sul ond ar nosweithiau yng nghanol yr wythnos hefyd. Ymffrostiai Capel Douglas Road o gael gweinidog ifanc i'w bugeilio sef y Parchedig Griffith Tudor Owen. Ordeiniwyd ef yn 1955 a dechreuodd ar ei waith yn Ysbyty Ifan a Phadog cyn symud yn 1958 i Gapel Bethlehem, Douglas Road. Arhosodd un mlynedd ar bymtheg yn Anfield.

Yng Nghapel Heathfield Road cynhelid Seiat y Bobl Ieuainc dan arweiniad Enid Jones a D. E. Williams. Dechreuwyd ar yr arferiad yn 1959 o drefnu te ar ôl yr Ysgol Sul i'r ifanc fel y medrent ddod i oedfa'r hwyr.

Cau'r adwy yn hanes y ddrama

Yn ystod yr Ail Ryfel Byd cychwynnwyd Gŵyl Ddrama yr Aelwydydd yn Theatr Crane ar nosweithiau Gwener a Sadwrn. Talodd arbenigwr yn y maes, Edwin Williams, deyrnged arbennig i'r cwmnïau a'r actorion. Daeth i'r casgliad, 'Cafwyd cyfle unwaith eto i gadarnhau'r farn fod yn yr Aelwydydd actorion ieuanc addawol iawn.' Iddo ef yr angen pennaf ar y ddrama amatur heddiw oedd cynhyrchwyr medrus:

> Bron na ddywedwn mai dyma'r angen mwyaf ar y ddrama amatur heddiw.
> Mae'r defnyddiau crai – yr actorion ieuainc – yma yn disgwyl am ddisgyblaeth ac arweiniad.

Urdd Gobaith Cymru yn cydnabod dawn Iolo

Cafodd un o Gymry Lerpwl, Iolo Francis Roberts, a fagwyd ym Mans Fitzclarence Street, ei anrhydeddu trwy fod yn Llywydd Eisteddfod yr Urdd yn Nolgellau ar 9 Mehefin 1960. Gwir a ddywedodd un gohebydd:

Er mor adnabyddus ydyw yng Nghymru, i ni ynghylch Lerpwl adnabyddir ef orau hyd yma fel 'Gŵr Miss Menna Pritchard', Wallasey. Gofalodd y ddau am Gymry Stoke-on Trent am ddegawdau a deil Mrs Menai Roberts yn asgwrn cefn y capel a'r Gymdeithas.

Gallu O. E. Evans yr addysgwr

Gŵr amryddawn iawn a fu farw yn 1960 oedd O. E. Evans, Osterley Gardens. Hanai o Lanberis a bu am gyfnod yn Ysgol Ragbarataol Clynnog, gan ei fod yn ystyried mynd i'r Weinidogaeth. Ond i fyd addysg y trodd a dod yn un o brifathrawon mwyaf llwyddiannus dinas Lerpwl. Daeth Ysgol Uwchradd Evered Avenue yn un o ysgolion amlycaf y ddinas dan ei arweiniad tawel, sicr. Cefnogodd Gapel Anfield ond gwnaeth gyfraniad gwerthfawr hefyd yn un o gapeli cenhadol y cyffiniau, sef Runcorn.

Yr un adeg, ymddeolodd dwy athrawes a roddodd flynyddoedd lawer i addysg, sef Miss Elsie Parry, Radstock Road, a Miss Katie Thomas, Connaught Road, y ddwy yn weithgar o fewn capel y Presbyteriaid yn Edge Lane. Roedd cyfraniad athrawon brwdfrydig yn rhoddi persbectif arbennig iawn i'r bywyd Cymraeg. Hwy oedd yn cynnal y gweithgareddau awyr agored. Trefnwyd penwythnosau yng Ngholomendy, ger Yr Wyddgrug, dan yr hyn a elwid yn Wersyll y Glannau. Pwyllgor Addysg Lerpwl oedd perchennog y gwersyll hwn a gwahoddwyd pob un dros bymtheg oed i dreulio tridiau cwbl Gymreig. Yn y dyddiau hyn, cynhwysai'r rhaglen ramblo, dawnsio gwerin, sgwrsio, trafod a hwyl noson lawen.

Cyfraniad y Parchedig Llewelyn Jones

Dyn a bwysleisiodd, o 1930 pan ddaeth i'r ddinas hyd ei farwolaeth yn 1961, le'r diwylliant Cymraeg ym mywydau y Cymry alltud oedd y Parchedig Llewelyn Jones. Mewn ysgrif yn *Y Glannau* mynegodd:

> Ond dylid pwysleisio, er rhagored a phwysiced gwaith yr eglwysi i gadw'r bywyd Cymreig, mae'n rhaid i ni wrth ein diwylliant Cymraeg, ein traddodiadau, ein halawon a'n cerddi, ein barddoniaeth a'n rhyddiaith, ein drama a'n heisteddfod a'n holl draddodiadau cenedlaethol os ydym am gadw'r bywyd Cymreig ar ei orau yn y cylchoedd hyn. Mentraf ddweud nad oes ddyfodol i Eglwysi Cymraeg y Glannau fel Eglwysi Cymraeg oni feithrinwn ein diwylliant cenedlaethol.

Iddo ef nid oedd yr ochr ysbrydol yn ddigonol heb yr un ddiwylliannol Gymraeg:

> Ac i wneud hynny, nid digon eu bod yn mynychu Eglwysi Cymraeg, y mae hi'n rhaid eu trwytho yn nhraddodiadau gorau Cymru, y mae yn rhaid iddynt wrth y diwylliant Cymraeg. Y diwylliant a'r traddodiadau hyn ydyw cefndir y bywyd Cymreig yn yr Eglwysi Cymraeg. Sylweddoli hynny a gyfrif bod cynifer o aelodau mwyaf gweithgar yr eglwysi yn barod i roi cymaint o'u horiau hamdden prin i gynorthwyo gyda gwaith yr Aelwydydd a'r gwahanol fudiadau Cymreig yn ein plith.

Yn wir bu Llewelyn Jones yn Llywydd Pwyllgor Cyffredinol yr Aelwydydd am flynyddoedd a bu'n gefnogol o Eisteddfod Flynyddol Aelwydydd Glannau Mersi. Ei syniad ef hefyd oedd cychwyn cylchgrawn yr Aelwydydd, *Y Glannau*, a dyfodd dan ei olygyddiaeth yn gylchgrawn i Gymry Lerpwl a'r cyffiniau. Dywedodd ei olynydd fel golygydd ac yn ei swydd fel Ysgrifennydd Cenhadaeth Dramor Eglwys Bresbyteraidd Cymru, y Parchedig R. Emrys Evans:

> Enillodd le cynnes iddo'i hun yng nghalonnau ein pobl ieuainc a phrin y gellir meddwl am Weinidog a gyflawnodd gymaint dros yr iaith a'r diwylliant Cymraeg yn y cylch hwn yn ein hoes ni.

Gweithiodd yn ddiwyd ar ddechrau'r Ail Ryfel Byd er mwyn osgoi gweld Cymry ifanc Lerpwl yng ngwisgoedd lliwgar y Lluoedd Arfog. Cafodd berswâd ar gymaint ohonynt i ymrestru â'r Urdd fel aelodau o'r Aelwydydd.

Un a brofodd erchyllterau y bomio oedd y bardd ifanc, Rhydwen Williams. Dywedodd yn ei hunangofiant, *Gorwelion* (Llandybïe, 1984):

> Tai a fu'n dai neithiwr. Goleuadau'n cribo'r awyr. Y lloer hyll, euog a ddengys y ddinas i'r gelyn yn cael ei dal a'i chondemnio gan y goleuadau. Cerddaf o gwmpas fel dyn ar goll. Yr wyf ar goll! Brics a chyrff yn bentyrrau – lloches a fomiwyd! Gwelaf droed mewn esgid. Pen – ble'r oedd y corff?

Yn fuan ar ôl marwolaeth y cawr, Llewelyn Jones, bu farw un o brifathawon y ddinas, George Williams. Yn ôl Gwilym M. Jones, roedd yntau yn yr olyniaeth:

Dyn artistig oedd. Medrai foldio geiriau'n gelfydd, rhedai ei fysedd yn ysgafn fedrus dros ddu a gwyn y piano, a phaentiai mewn olew yn rhwydd a lliwgar. Pryderai yn aml am ddyfodol Cymru, ei chrefydd, ei hiaith, ei phobl ifanc, ac yr oedd yn ymwybodol o gyfrifoldeb i gymdeithas gyfoes y Glannau. Gweithiodd a llafuriodd yn gyson, yn ei eglwys yn Edge Lane, gyda'r Ysgol Gymraeg, gyda'r Gymanfa Ganu, noddai bob mudiad Cymraeg ac ym mhob dim yr oedd yn frwdfrydig a thrylwyr.

Eu geni a'u magu gyda'r Beatles

Roedd y Capeli Cymraeg yn fagwrfa athrawon gan eu bod bob amser yn rhoddi bri ar addysg ac yn ymfalchïo bob amser yn llwyddiant addysgol y to ieuainc. Yn 1961, llongyfarchwyd tri o bobl ieuainc Capel Heathfield Road a astudiai ar gyfer bod yn athrawon – Barbara Thomas, oedd yn yr un dosbarth â John Lennon yn Ysgol Gynradd Dovedale, David M. Jones, yntau yn adnabod y Beatles yn dda, a Robin Hughes oedd yn cwblhau ei arholiad terfynol i fod yn athro. Roedd y rhain wedi eu geni a'u magu yn Lerpwl.

Carl Jung

Roedd dyfyniad enwog Carl Jung, y seiciatrydd o'r Swistr, wedi treiddio i ymwybyddiaeth pob adran, hil a chefndir. Galwodd ef Lerpwl yn 'the pool of life':

> I had a dream. I found myself in a dirty, sooty city. It was night and winter; and dark and raining. I was in Liverpool. The various quarters of the city were arranged radially around the square. In the centre was a round pool; in the middle of it, a small island. While everything around it was obscured by rain, fog smoke and dimly-lit darkness, the little island blazed with sunlight. On it stood a single tree, a magnolia in a shower of reddish blossoms. It was as though the tree stood in the sunlight and were, at the same time, the source of light. Everything was extremely unpleasant; black and opaque – fast as I felt then. But I had a vision of unearthly beauty . . . and that's why I was able to love it all. Liverpool is the 'pool of life'.

Nid yw pawb yn cymryd geiriau y seiciatrydd enwog o ddifrif, y gŵr a syrthiodd mewn cariad â Lerpwl, er ni chlywais iddo erioed ymweld â'r porthladd. Ond, mae i'w eiriau neges, sef bod Lerpwl yn taflu ei hud ar y rhai a ddaw i'r ddinas. Digwyddodd hynny i gymaint ohonom, dyna Roderick Owen, Humphrey Wyn Jones a Louie Jones, Dafydd a Nan Hughes Parry,

Richard a Pat Williams. Pob un wedi eu cyfareddu â'r ddinas a'i thirlun, ei diwylliant a'i phobl a'r cyfleon i fyw bywyd llawn fel Cymry o fewn y ddinas.

Paul McCartney, un a gafodd ei fagu yn Allerton, ble y mae llawer o Gymry wedi byw ers i'r adeiladwyr Cymreig ddod â'r faestref i fodolaeth, ddywedodd:

> Liverpool has its own identity. It's even got its own accent within about a ten-mile radius. Once you go outside that ten miles it's 'deep Lancashire lad'. I think you do feel that apartness, growing up there.

Clwb Cinio Cymraeg

Erbyn y chwedegau roedd Clwb Cinio Cymraeg Lerpwl yn cyfarfod yn y Kardomah Café yn Bold Street am un o'r gloch ar y trydydd dydd Iau yn y mis. Trefnwyd siaradwyr amrywiol fel Mrs Enid Wyn Jones a roddodd gyfraniad pwysig i fudiad YWCA ac Eglwysi Rhyddion y ddinas, T. Elwyn Griffiths, Caernarfon, sylfaenydd Undeb y Cymry ar Wasgar a Wallis Evans, Bangor, arbenigwr ym myd addysg.

Llanowain a'r Beatles

Roedd y Beatles yn ennill bri byd-eang, a cyfansoddodd O. Trefor Roberts (Llanowain) ddau englyn amdanynt:

> Yn bennaeth, canant beunydd – yn gytûn,
>   I'r gitâr yn gelfydd,
>   Hir walltiau, a'u seiniau sydd
>   I griw ifanc yn grefydd.

> Dotio, wna'r genod atynt, - a hynod
>   Yw'r gân a geir ganddynt;
>   Go od eu diwyg ydynt,
>   Ai rhai o sects insects ŷnt?

Y teledu'n cydio

Yn 1965 daeth Cwmni Chwaraewyr Cymraeg Lerpwl i ben. Yn y tridegau gwnaeth y cwmni gyfraniad eithriadol i fywyd Cymraeg Lerpwl, diolch i safon uchel yr actorion. Enillodd y cwmni yn yr Eisteddfod Genedlaethol deirgwaith yn olynol dan gyfarwyddyd Morris Jones, Kensington. Erbyn 1965, dim ond pump ymddiriedolwr oedd ar ôl – Morus Roberts, Heulwen a'i brawd, Emrys Lewis, Aneurin Hughes a Morris Jones. Penderfynwyd i rannu'r arian a oedd yn y gronfa rhwng Cymdeithas Cymru Fydd, Chwaraewyr Garthewin ac Aelwydydd y Glannau.

Yn furum o chwys o blaid Ysgol Gymraeg yn y ddinas

Roedd hi'n amlwg erbyn canol y chwedegau fod llawer o fynd a dod ymhlith y Cymry ifanc. Magu profiad fel athrawon a wnâi llawer ohonynt ac yna ar ôl rhyw bum mlynedd, chwilio am swydd athro neu athrawes yng ngogledd Cymru. Symudodd Gwyndaf a Hafwen Roberts i Fangor oherwydd ei alwedigaeth ef gyda'r gwasanaeth gwladol. Bu'r ddau'n frwdfrydig yn arwain Aelwyd y Gogledd a chyda'u doniau arbennig, bu graen mawr ar eu cyfraniadau i weithgarwch yr Aelwydydd.

Synnai rhai o Gymry amlwg y chwedegau pam nad oedd Ysgol Gymraeg yn Lerpwl. Bu'r Cymry yn amlwg ym myd addysg a rhoddwyd hawl i rieni addysgu eu plant yn ôl eu dymuniad oddi ar Ddeddf Addysg 1947. Datganodd yr Henadur Bill Sefton, arweinydd y Blaid Lafur ar Gyngor y Ddinas ar ôl Jack Braddock, fod Lerpwl yn barod i dalu iawn am Dryweryn. Gwelodd yr actor Meredith Edwards hwn yn gyfle i dalu'r pwyth yn ôl a dadlau am Ysgol Gymraeg. Galwyd cyfarfod mewn man canolog yn y ddinas ym mis Gorffennaf 1971 i ystyried y posiblrwydd o sefydlu Ysgol Gymraeg Ddwyiethog. Anerchwyd y cyfarfod pwysig hwn gan neb llai na'r actor Meredydd Edwards, T. Gwyn Jones, Prifathro Ysgol Gynradd Bodalaw, Bae Colwyn, Aled Lloyd Davies, Prifathro Ysgol Maes Garmon, yr Wyddgrug a Mrs Mari Blainey, Llanfairfechan a chyn-Brifathrawes Ysgol Gymraeg Llundain. Penderfynwyd cynnal cyfarfod arall yn Ysgoldy Waterloo ar 10 Medi o dan lywyddiaeth y Parchedig R. Maurice Williams, un arall oedd yn frwd dros y cynllun.

Gwyddai Meredith Edwards y broblem yn dda o'i deulu ei hun, ac ef oedd un o dri a ddaeth at ei gilydd yn Llundain gyda'r syniad o gychwyn Ysgol Gymraeg. Erbyn 1966 roedd dosbarth Cymraeg o 30 o Gymry Cymraeg o bump i saith oed mewn un ysgol ac ysgol arall yn Festri Capel Cymraeg Willesden Green i blant hyd at un ar ddeg oed. Dyma'i apêl:

Ewch ati ar fyrder yn Lerpwl i sefydlu Ysgolion Meithrin fore Sadwrn a phob dydd. Cesglwch enwau plant fydd yn barod am yr Ysgol Gymraeg. Ewch at yr Awdurdod Addysg â'r rhestr. Gofynnwch i'r eglwysi a'r capeli eich cynorthwyo – a mynnwch Ysgol Gymraeg. Mae'n golygu tipyn o waith – dyfalbarhad a phenderfyniad – ond meddyliwch am y wobr! To ar ôl to o Gymry Cymraeg yn codi eto ar Lannau Mersi.

Mynegwyd gwrthwynebiad gan y llenor a'r athro, Gwilym M. Jones. Roedd ef a'r Parchedig D. Hughes Parry o'r farn mai'r ateb oedd ffurfio nifer o grwpiau bychain o rieni â phlant dan bump oed, ble gallent chwarae yn y Gymraeg am ddwy awr bob wythnos. Trefnwyd cyfarfod cyhoeddus dan nawdd Undeb yr Ysgolion Sul. Dadleuai'r Parchedig D. Hughes Parry fod Ysgol Sul Gymraeg ar y Glannau yn dibynnu ar ymdrechion fel hyn i ddiogelu'r iaith. Pasiwyd yn unfrydol i gychwyn dau grŵp chwarae ar fyrder, un ar ochr ogleddol Lerpwl a'r llall yn y de. Dewiswyd dwy fam ifanc i fod yn gyfrifol am y naill a'r llall. Mrs M. Bryn Jones, Aughton Park, ger Ormskirk, oedd y cysylltydd yn y gogledd a Nan Hughes Parry, Woolton, yn y de.

Cyfarfyddwyd gyda'r Cyfarwyddwr Addysg ar 21 Mehefin 1972 a chael addewid o athro peripatedig ar gyfer y dosbarth Cymraeg neu ddosbarthiadau Cymraeg. Roedd Corfforaeth Lepwl a'r Adran Addysg yn barod i fod yn haelionus. Ond methwyd â dod o hyd i ddeuddeg enw er mwyn dechrau dosbarth Cymraeg yn un o'r ysgolion ond ni fu'r ymdrech yn ofer, oherwydd braenarwyd y ffordd gyfer hyfforddi'r Cymry ifanc yn arholiadau Lefel O a Lefel A.

Denu yr ifanc i Penny Lane

Erbyn diwedd y chwedegau roedd yr Aelwydydd wedi canoli yng nghanol Lerpwl, yn yr Eglwys Babyddol yn Seel Street ac roedd Urdd y Bobl Ieuainc yn dymuno gwneud yr un dewis. Gwrthwynebodd arweinwyr Capel Heathfield Road, o dan arweiniad eu gweinidog newydd y bwriad a threfnwyd yn ddiymdroi i'r ifanc gyfarfod yn ysgoldy y capel. Daeth y cyfarfodydd hyn yn un o weithgareddau pwysicaf Cymry ifanc y ddinas yn y cyfnod hwn. Tyfodd y cylch o hanner dwsin i dros saith deg – deuant i'r oedfa ac yna i'r Gymdeithas oedd yn dilyn a hynny hanner can llath o Penny Lane.

Uno pedwar capel yn nosbarth de Lerpwl

Yn ystod y saithdegau, bu pwyllgorau di-ri rhwng arweinwyr pedwar capel, sef Heathfield Road, Edge Lane, Eglwys y Drindod a Garston. Cafwyd pleidlais ar 8 Mehefin 1975. O'r 149 a bleidleisiodd, roedd 97 yn awyddus i weld uniad, sef 65%, a 52 o aelodau, sef 35%, yn erbyn. Teimlwyd fod hyn yn sail ddigonol i uno tair eglwys, sef Eglwysi'r Drindod, Edge Lane a Heathfield Road a dewiswyd yr enw Bethel.

Mae Bethel a Chanolfan y Cymry yn edrych dros stryd enwog Penny Lane – stryd a alwyd ar ôl perchennog caethweision. Ond nid oes neb am newid yr enw anffodus oherwydd ei gysylltiadau gyda'r Beatles.

Cymry Bootle

Caiff Bootle ei henwi yn y Brawdlyfr (Doomsday Book) ac erbyn Oes Fictoria amgylchynid hi gan nifer o drefedigaethau eraill, i'r de Kirkdale a Sandhills, i'r dwyrain Walton, ac i'r gogledd Litherland, Seaforth, Waterloo, Crosby a Blundellsands, lle y ceid llu o deuluoedd Cymraeg.

Bootle yn gyrchfan i gyfoethogion Lerpwl

Roedd pobl busnes fel Syr John Gladstone yn chwilio am gylch tawelach a hyfrytach i fyw ynddo. Daeth Bootle a Bae Bootle yn gyrchfan glan y môr hefyd i'r cyfoethogion i adnewyddu ac atgyfnerthu. Adeiladwyd tai a phlastai gyda pherllannau o'u hamgylch. Yr hyn a ddaeth â Bootle i sylw cynghorwyr Lerpwl oedd y 'ffrydiau byw o ddŵr' y gellid eu defnyddio er budd trigolion y dref. Yn 1797 ffurfiwyd y Bootle Waterworks Company, a Chymro o Fôn oedd yn bennaf gyfrifol am y gronfa ddŵr. Daeth Robert Jerman, oedd yn enedigol o Langristiolus ac yn byw yn Waterworks Street, Bootle, yn ŵr o ddylanwad. Gofalodd y cwmni am anghenion Lerpwl am bron i ganrif, o 1897 i 1995, ond cyn hynny bu Lerpwl yn gyfrifol am gronfa ddŵr yn Sir Gaerhirfryn ac yna Cronfa Ddŵr Llanwddyn yn Sir Drefaldwyn.

Datblygiad Bootle fel bwrdeistref

Datblygodd Bootle yn fwrdeistref bwysig. Yn 1859 agorwyd y Canada Dock a anfarwolwyd yn un o englynion enwocaf Gwilym Deudraeth pan ddaeth Dug Windsor ar ymweliad yn nhridegau yr ugeinfed ganrif:

> Rhy boeth, eirasboeth yw'r hin – i d'aros
> Dirion fab y Brenin,
> Dyro, er mwyn dy werin,
> Canada Dock yn dy Dîn.

Adeiladwyd rhagor o ddociau a datblygodd y fasnach goed ar raddfa eang. Yn 1831 roedd poblogaeth Bootle yn 1,133 ond erbyn 1861 roedd yn ddeng mil. Yng Ngorffennaf y flwyddyn honno cyfrifwyd faint o Gymry oedd yn byw yng ngogledd Lerpwl (Bootle, Seaforth, Waterloo a Crosby). Nodwyd fod yna 211 o oedolion ac 81 o blant yn gwneud cyfanswm o 292.

Dyfodiad yr ysgolhaig ifanc Griffith Ellis

Un o'r symudiadau pwysicaf a wnaed yn Bootle oedd denu gŵr ifanc, athrylithgar o Goleg Balliol, Rhydychen, Griffith Ellis (yn enedigol o Gorris) i ofalu am Gapel y Methodistiaid Calfinaidd yn Miller's Bridge. Roedd arweinwyr y capel hwnnw yn cynllunio i adeiladu capel newydd nobl yn Stanley Road. Priododd Griffith Ellis â Mary Williams, merch John Williams, Moss Bank.

Roedd Griffith Ellis (1844-1913) yn llawn brwdfrydedd. Agorwyd ysgoldy'r capel newydd yn Stanley Road, ac ef a bregethodd gyntaf yn y capel yn Rhagfyr 1876. Ef oedd yn gyfrifol am agor ystafell genhadol yn Clyde Street yn 1879. Symudwyd oddi yno i St John's Road, ac yn 1900 symudwyd i York Hall ger gorsaf Bank Hall.

Pan ddaeth Griffith Ellis o Rydychen yn 1873, roedd 284 o aelodau, ac erbyn 1900 roedd 480 o aelodau yng nghapel Stanley Road. Adeiladwyd capeli Methodistiaid Calfinaidd eraill gan y fam eglwys yn Stanley Road. Daeth Capel Walton Park i fodolaeth yn 1878, Peel Road, Seaforth yn 1883 a Chapel Waterloo yn 1879. Ond yn 1901 cafodd Griffith Ellis a Phresbyteriaid Bootle eu blino gan yr ymraniad yng nghapel Chatham Street ar ymddygiad y gweinidog, William Owen Jones. Roedd ef wedi priodi â merch i flaenor yng nghapel Stanley Road ac roedd effeithiau y rhwyg i'w teimlo yn Bootle. Gadawodd 82 o aelodau'r capel a mynd ati i adeiladu canolfan newydd mewn stryd go agos yn Merton Road. Rhoddwyd galwad i un o ffigyrau mwyaf bohemaidd Cymru fel gweinidog, sef David Emrys James (1881-1952), sy'n fwy cyfarwydd wrth ei enw barddol, Dewi Emrys. Daeth i Merton Road o Goleg Presbyteraidd Caerfyrddin ond byr fu ei dymor yn Bootle. Symudodd o fewn dwy flynedd i Dowlais, a deng mlynedd yn ddiweddarach, yn 1917, roedd Dewi Emrys wedi gadael y weinidogaeth fugeiliol.

Daeth gweinidog dawnus arall i'r cylch sef y Parchedig Peter Williams neu Pedr Hir, fel yr adnabyddid ef yn y byd eisteddfodol. Derbyniodd ef alwad i blith y Bedyddwyr yn Ebrill 1897, a dechreuodd ar ei weinidogaeth ar y Sul cyntaf o Awst. Yn fuan wedi iddo bregethu yn hen gapel y Bedyddwyr Cymraeg, Brasenose Street, penderfynwyd adeiladu capel newydd. Cwblhawyd yr addoldy newydd yn Balliol Road erbyn Pasg 1898. Cymerodd ugain mlynedd i dalu am y gwaith oedd yn fwy na dwy fil o bunnoedd. Mae'n resyn meddwl fod holl weinidogaeth Pedr Hir yn Bootle wedi bod o dan gwmwl y ddyled hon. Bu farw Pedr Hir ar 24 Mawrth 1922. Ef a Phedrog oedd y ddau eisteddfodwr pennaf yn eu cyfnod fu'n byw yn Lerpwl a Bootle. Roedd Pedr Hir yn arloeswr ym myd y ddrama a chyhoeddodd ddwy ddrama ysgrythurol, ar Moses, yn 1903 a 1907, ond ei ddrama fwyaf arwyddocaol oedd ar Owain Glyndŵr a hynny yn 1915. Fel Griffith Ellis meddiannwyd Pedr Hir yn llwyr gan ysbryd y Diwygiad, ac ymgais i helpu pobl ifanc oedd o dan ei ofal, llawer ohonynt yn bur anystwyth yn y Gymraeg, oedd y sbardun i gyhoeddi'r gyfrol ymarferol, *Key and Guide to the the Welsh Language*.

Roedd capeli Bootle ar ddechrau'r ugeinfed ganrif yn meddu ar bobl dalentog, fel Hugh Evans, Gwasg y Brython, a Dr Tom Richards, i enwi dau yn unig. Cardi o'r iawn ryw oedd Tom Richards, ysgolhaig ac athro hanes yn yr Ysgol Ganol i Fechgyn yn Bootle. Penodwyd ef yn athro peripatedig dros y Gymraeg. Pan benderfynodd Tom Richards symud i Faesteg, dyma a ddywedwyd yn *Y Brython* (16 Tachwedd 1911):

> Gresyn garw; canys yr oedd o'n gefn mor gryf i bopeth Cymraeg yn Bootle a Lerpwl. Bu'n biler a cholofn Cymdeithas Cymru Fydd Bootle ar hyd y blynyddau; efe oedd ei llefarydd huotlaf, tanbeidiaf ac anhawsaf ei godymu; ac nid oedd neb mwy hyddysg na chryfach ei afael ar bynciau'r dydd – Hanes a Gwleidyddiaeth yn arbennig. Mynych y darlithiai i gymdeithasau llenyddol Glannau'r Mersi ar faterion felly; a bydd twll a bwlch amdano mewn llawer ffordd – ac yn Eglwys Bedyddwyr Balliol Road, lle'r oedd yn weithiwr mor ddygn.

Ar 15 Rhagfyr 1911 cafwyd cyfarfod hwyliog yn Ysgoldy Balliol Road i ddymuno'n dda i Tom Richards wrth iddo symud i Gwm Llyfni. Cafwyd anerchiadau llawn hiwmor gan ei weinidog, Pedr Hir, a Hugh Roberts a chyfarchion barddol gan Trefor a Madryn. Lluniodd Robert Parry (Madryn) yr englyn hwn iddo:

Tra hyn o waith tro annheg – yn cwyno,
  Caned pawb delyneg.
 Er adfywio'r Frythoneg
 Mae eisiau Tom ym Maesteg.

Profwyd mwy o chwithdod fyth wrth i'r Parchedig Griffith Ellis benderfynu rhoi'r gorau i'w swydd fel gweinidog Stanley Road ar ôl bugeilio'n ddiwyd am 38 mlynedd. Penderfynodd aros gyda'i bobl yn ei ymddeoliad, ond byr fu'r dyddiau. Bu farw ar 14 Gorffennaf 1913, ac yntau yn 69 mlwydd oed. Cafodd angladd tywysogaidd, y capel yn orlawn a ffurfiwyd gorymdaith o Stanley Road i fynwent Anfield, pellter o ddwy filltir a hanner. Claddwyd ef wrth ymyl ei brif arwr, Dr Owen Thomas, Princes Road.

Diflaniad y Parchedig Owen Lloyd Jones

Olynydd y Parchedig Griffith Ellis oedd y Parchedig Owen Lloyd Jones o Frynsiencyn, Môn, a chroesawyd ef ar 20 Chwefror 1912. Ond buan ddaeth y Rhyfel Byd Cyntaf ac ymunodd nifer o aelodau'r Capel â'r Lluoedd Arfog. Roedd hyn yn boen meddwl i Owen Lloyd Jones. Ar 15 Mawrth 1917, ac yntau wedi bod yn arweinydd am bum mlynedd, ymadawodd â'i braidd ar ôl llunio anerchiad ar gyfer Adroddiad yr Eglwys am 1916. Hysbysodd ei wraig ei fod am fynd i drosglwyddo yr anerchiad i ddwylo ysgrifennydd y capel, ysgwydodd law gydag un o'i flaenoriaid. Ni welwyd y Parchedig Owen Lloyd Jones fyth wedyn gan y rhai a'i hymgeleddodd. Bu tafodau pobl Bootle, Cymry a Saeson, yn dyfalu a dychmygu yn fynych iddo chwilio am loches yn yr Ynys Werdd. Eraill yn tybio iddo ddal llong o Lerpwl i'r Dwyrain Pell. Ond mae'n drist na chafodd y teulu unrhyw oleuni, na gwybodaeth, am ei ddymuniadau, na dod o hyd iddo yn fyw neu yn farw. Deil yn rhan o ddirgelwch stori Cymry Bootle.

Adeiladwyr o Gymry yn gweld eu cyfle

Fel yn Lerpwl, felly yn Bootle gwelodd y Cymry eu cyfle ym myd adeiladu. Ni allwn anwybyddu cyfraniad y rhai pennaf ohonynt. Adeiladwr sydd yn sefyll ar ei ben ei hun oedd William Jones, Merton Road, Bootle. Gŵr o Lannerch-y-medd ydoedd. Daeth i Lerpwl yn 1860 ac yn fuan iawn roedd wedi sefydlu ei gwmni ac yn adeiladu ym maestref Everton a Toxteth, lle yr oedd digon o Gymry yn cyflawni yr un dasg. Gwelodd fod gwell cyfle iddo yn Bootle. Pwrcasodd Bootle Hall fel y'i gelwid; dymchwelodd y neuadd ac adeiladu strydoedd o dai ar y diriogaeth. Aeth ati wedyn i adeiladu ym Marsh Lane a sefydlu pentref cyfan o'r enw Orrell. Rhoddodd lu o enwau Cymraeg a Chymreig ar y strydoedd o amgylch Capel Cymraeg yr Annibynwyr ym Marsh Lane. Adeiladwyd strydoedd Aber Street, Anglesey Street, Bangor Street, Bala Street, Conway Street, Denbigh Street, Flint Street, Holywell Street a Rhyl Street gan gwmni William Jones.

Roedd un stryd teras yn cynnwys 76 o dai. Felly adeiladodd wyth stryd â 76 o dai ymhob un, dyna dros 600 o dai. Penderfynodd osod trydan ym mhob tŷ. Roedd gan William Jones dri math o dŷ yn Orrell. Yn gyntaf, tai teras yn cynnwys pedair ystafell. Codai rent o bum swllt yr wythnos ar y tenantiaid hynny. Yn ail, tai teras yn cynnwys pum ystafell. Codai rent o saith swllt yr wythnos ar y tenantiaid hynny. Yn drydydd, tai mwy gyda chwe ystafell am rhent o wyth swllt yr wythnos. Gofalai am gyflenwad digonol i oleuo'r tai gyda thrydan. Ef a'i feibion oedd yn cynhyrchu a chyflenwi. Rhoddid dau olau cannwyll i'r tai teras pedair ystafell, tri golau i'r tai oedd yn cynnwys pum ystafell, a phedwar golau i'r tai mwyaf. Disgwyliai i'r tenantiaid dalu tair ceiniog am ddau olau a chwe cheiniog am dri golau. Rhoddodd hefyd olau lamp ar gornel pob stryd a hynny ar ei gost ei hun. Gofalodd fod yna lamp bob rhyw gan llath i arbed pobl rhag cerdded mewn tywyllwch dudew. Byddai golau'r tai yn mynd ymlaen bob nos pan fyddai'n tywyllu ac yn para tan hanner nos. Yn y gaeaf byddai'r tai yn cael golau o bump o'r gloch yr hwyr hyd doriad gwawr. Costiodd y cynllun blaengar uchelgeisiol hwn dair mil o bunnoedd i William Jones a'i gwmni, ond bu'n rhaid diffodd yr holl olau ar y strydoedd yn ystod y Rhyfel Byd Cyntaf. Un o'r adeiladau a fanteisiodd ar olau trydan William Jones oedd Capel Springfield Road, capel a addolai yn Saesneg ond oedd yn perthyn i Eglwys Bresbyteraidd Cymru. Un o'r Inglish Côs fel y galwai Emrys ap Iwan hwy. Yn y capel hwnnw y magwyd y sosialydd o Weinidog Cyril Summers a fu yn faer tref Casnewydd.

Adnabyddid William Jones ym myd adeiladu fel Klondyke Jones.

Rhoddwyd y llysenw Klondyke iddo oherwydd roedd yn codi tai yn ardal Bootle pan ddarganfuwyd aur yn afon Klondyke yn Canada yn 1896. Roedd William Jones yntau wedi darganfod gwythïen aur yn Bootle, sef Orrell. Perthynai'r tir i'r Arglwydd Sefton, tua 370 o erwau. Roedd y diriogaeth yn ddigon anial pan gymerodd William Jones y tir a chreu llu o strydoedd teras. Nid oedd y dasg yn hawdd o bell ffordd. Roedd brics yn brin felly fe adeiladodd ffwrnais i greu brics mewn adeilad rhwng Hawthorne Road a'r canál. Roedd y ffwrnais ar waith ddydd a nos, ac felly y bu hi hyd ddechrau'r Rhyfel Mawr.

Bu William Jones ar Gyngor Trefol Bootle am ddeugain mlynedd, yn gynghorydd gweithgar ac yna yn Henadur ac Ynad Heddwch. Dyma faer cyntaf Bootle i fod yn Gymro Cymraeg, a hynny yn 1886. Mynnodd gynnal y Gwasanaeth Dinesig yng nghapel Stanley Road.

Daeth yn aelod dros ward Knowsley yn 1879 a bu ar Gyngor Bootle hyd ei farwolaeth yn 1918. Roedd y Gymraeg yn cael sylw yn y cyngor ganddo ar hyd y blynyddoedd. Etholwyd ef yn flaenor yn 1902 yng nghapel Stanley Road.

Dilynodd ei fab Owen Kendrick Jones (1870-1943) yr un llwybrau yn union â'i dad. Etholwyd ef yn aelod o'r Cyngor yn 1895, yn Faer yn 1904, yn Henadur yn 1905 ac yn Ynad Heddwch yn 1907. Bu ar y Cyngor am ddeng mlynedd ar hugain. Etholwyd yntau yn flaenor yn Stanley Road yn 1919, ond ni dderbyniodd y swydd er dirfawr siom i'r aelodau.

William Jones arall

Roedd yna William Jones arall yn ardal Bootle, ac roedd yntau yn adeiladwr. Un o Frynsiencyn ydoedd, ac ef a adeiladodd y capel cyntaf yn Bootle i'r Cymry yn Miller's Bridge. Roedd yn flaenor yno yn 1879, ac yr oedd ei frawd, David Jones, Cremlyn Street, yn y busnes gydag ef. Bu'r ddau yn hynod o ddylanwadol. Bu David Jones farw yn 1925, ond collwyd William, ei frawd, yn 1911. Mae wedi ei gladdu ym mynwent Anfield. Lluniodd yr adeiladwr a'r bardd Gwilym Mathafarn englyn er cof amdano:

> Gŵr da o gywir duedd – a thirion,
> Wneuthurwr tangnefedd,
> Gŵr annwyl mewn gwirionedd,
> Nid yw yn fud yn ei fedd.

Neuadd Genhadol Monfa Road, Orrell

Manteisiodd y Cymry a berthynai i Gapel Peel Road, Seaforth, ar eu cyfle gan adeiladu Neuadd Genhadol Gymreig yn 1900 yn Monfa Road, Orrell, ac yna yn 1916 ar gornel Stanley Street a Hawthorne Street. Daeth yn ganolfan i'r Cymry, a'r ceidwad cyntaf oedd Mr a Mrs W. J. Williams, tad y diweddar Mrs Bet Williams, Stanley Road, a thaid a nain Mrs Pam MacNamra, Litherland a'r Parchedig David Williams, Crosby. Daeth y Neuadd Genhadol yn fangre dysg a diwylliant. Ar nos Fawrth, cynhaliwyd ymarferion i'r to iau ar gyfer Eisteddfod y Plant, Bootle. Maggie Edwards oedd wrth yr offeryn, ac un o'r arweinwyr selog oedd Gwen Williams, Arvon Street, a etholwyd yn 1930 yn flaenor yng nghapel Peel Road. Cynhaliwyd Cyfarfod Gweddi bob wythnos a deuai Kate Evans, o Edge Lane i ddysgu'r plant. Cynnyrch y neuadd hon oedd Evan Williams, gŵr Bet Williams, a ddaeth yn athro yn Ysgol Orrell, ac yn ddiweddarach yn Brifathro Ysgol Gray Street. Parhaodd y Neuadd Genhadol hyd 1960.

Pwysigrwydd York Hall

Ysgol genhadol arall oedd Ysgoldy York Hall. Lleolid hi ar gyrion Bootle, ar y ffin gyda Kirkdale, neu Langwm, fel y gelwid y faestref gan Gymry cefnogol. Ar ddiwedd y bedwaredd ganrif ar bymtheg, sef 1899, gwnaed cais i Henaduriaeth Lerpwl am ganiatâd i adeiladu Neuadd York. Trafodwyd y mater gan Bwyllgor y Capel ac fe wrthodwyd y cais. Penderfynodd gweinidog a blaenoriaid Stanley Road adeiladu'r neuadd ar eu cost hwy eu hunain. Ond yn y cyfamser cynigiodd un o adeiladwyr Bootle, Peter Lloyd Jones (aelod yng nghapel Stanley Road) ysgwyddo'r cyfrifoldeb am adeiladu'r neuadd. Ef fyddai yn talu am y cyfan, ar yr amod y byddai preswylwyr y neuadd yn talu rhent am y pum mlynedd cyntaf. Ond talwyd y rhent ar hyd y blynyddoedd, hyd at gau'r adeilad ar drothwy'r Ail Ryfel Byd.

Bu'n ganolfan lwyddiannus iawn. Roedd bywyd ac egni o fewn y neuadd. Cafwyd llu o athrawon ffyddlon ac ymroddedig. Cynhelid yn ystod y Rhyfel Byd Cyntaf gyngherddau ar gyfer y milwyr Cymraeg oedd yng ngwersyll Litherland. Un o'r rhai a fu o leiaf ddwywaith yn York Hall oedd Ellis Humphrey Evans (Hedd Wyn). Ar ddiwedd 1925, roedd 125 o ieuenctid dros bymtheg oed, a 104 o blant dan bymtheg oed, yn gwneud cyfanswm o 229.

Meddyg a chyngorydd a blaenor

Gŵr amlwg arall ymhlith Cymry Bootle oedd y Dr R. E. Roberts, o Fangor yn wreiddiol. Daeth yn feddyg adnabyddus. Etholwyd ef yn aelod o'r Cyngor Trefol a bu ar flaen y gad ar faterion yn ymwneud ag addysg, yr ysgolion, a lle'r Gymraeg yn ysgolion y dref. Yn 1902 etholwyd ef yn flaenor yng nghapel Peel Road.

Troedigaeth John Hughes, Seaforth

Yr un flwyddyn ag yr etholwyd Dr R. E. Roberts yn Peel Road, etholwyd gŵr galluog arall, John Hughes, Tennyson Street, ac Elm Drive yn ddiweddarach. Un o Langefni ydoedd, ac un o'i ffrindiau pennaf oedd William Jones (1857-1915), aelod seneddol dros ranbarth Arfon o 1895 hyd 1915. Cafodd John Hughes droedigaeth wrth gerdded Pacific Road un noson: 'Tywynnodd', meddai, 'oleuni o'r nef o'i gwmpas.' Daeth yn ddarllenwr ac ysgwyddodd gyfrifoldebau niferus. Bu ei farw cynamserol yn 56 mlwydd oed yn golled i'r gymuned Gymraeg yn Seaforth.

Sylfaenydd Gwasg y Brython

Cofir heddiw am gyfraniad Gwasg y Brython i fywyd Cymru a'r arloeswr Hugh Evans (1854-1934). Daeth i Bootle yn 1855 o ardal Uwchaled a bu'n gweithio am flwyddyn yn adeiladu capel y Methodistiaid Calfinaidd yn Stanley Road ac yna am saith mlynedd yn gwneud clociau i gwmni J. R. Jones, Vauxhall Works, Lerpwl. Sefydlodd wasg argraffu yn 1897 a dyna ddechrau cyhoeddi ar raddfa eang.

Gwaddol yr Ail Ryfel Byd i gymuned Gymraeg Bootle

Daeth Y Brython i ben yn Stanley Road yn 1939 a dyma'r flwyddyn y gellid dweud y bu'r toriad ar fwrlwm y bywyd Cymraeg yn Bootle. Daeth yr Ail Ryfel Byd â dimensiwn torcalonnus i'r gymdogaeth gyfan. Dinistriwyd cartrefi nifer ac fe gafwyd profedigaethau lu. Dychwelodd nifer yn ôl i Gymru. Dinistriwyd canolfannau crefyddol a Chymraeg y Cymry. Trawyd Capeli Merton Road, Marsh Lane a Stanley Road.

Roedd yr ysgrifen ar y mur, er i Bootle gael hwb ymlaen pan ailagorwyd capel Stanley Road ar ôl y bomio, a hynny yn 1956. Adeiladwyd capel newydd, Salem, i'r Annibynwyr yn Hawthorne Road. Ar ôl cau Balliol Road daeth y gweddill o'r gynulleidfa honno i ymuno â Salem. Roedd cyfartaledd uchel o Gymry Bootle wedi symud yn ôl i Gymru rhwng 1950 a 2000. Gwelwyd hefyd brinder gweinidogion ar bob un o gapeli Cymraeg Bootle, ar ôl i'r Parchedigion William Jones ymddeol o Gapel Stanley Road a Cyril John o Gapel y Bedyddwyr yn y saithdegau. Derbyniodd Cymry Bootle gyfraniadau gwerthfawr gan arweinwyr eneiniedig fel y Parchedig J. Price Davies, arweinydd yr Annibynwyr. Ef fyddai'n arwain Eisteddfod Gymraeg Widnes yn flynyddol. Un arall a wnaeth gyfraniad pwysig yn Bootle rhwng y ddau ryfel byd oedd y Parchedig William Davies. Un o bentref Ffaldybrenin yn Sir Gaerfyrddin ydoedd yn wreiddiol, ond symudodd i Bootle o gapel Presbyteraidd Bethania, Aberdâr, ac arhosodd yno am ugain mlynedd. Fe'i penodwyd yn un o dri dirprwywr i fynd i'r Maes Cenhadol yn yr India yn y cyfnod 1935-6. Ymwelodd â Shillong, Cherra a Sylhet ond trawyd ef yn wael cyn cychwyn am adref. O hynny ymlaen, dioddefodd yn enbyd gyda'i iechyd a bu farw yn 1938.

Llwyddodd y capeli Cymraeg i ddenu arweinwyr hyd y saithdegau, ac ar ôl hynny bu newid aruthrol gydag un capel ar ôl y llall yn cau, fel nad oedd bellach yr un capel Cymraeg ar ôl yn Bootle. Ond diolch i arweinwyr capel Stanley Road, John P. Lyons, T. Selwyn Williams a Dewi Garmon Roberts, fe lwyddwyd i uno gyda chapel Cymraeg Waterloo yn 1993, a galw'r ganolfan yn Crosby Road South yn Bethania, ac mae'n dal i fynd hyd heddiw.

Gellir crynhoi y stori drist i delyneg O. Trevor Roberts (Llanowain), cefnogwr capel y Wesleaid Trinity Road, Bootle. Testun y delyneg yw 'Dringo' ac mae'n dweud y cyfan ar ffurf dameg:

Yn ddwy flwydd oed bu'n cropian
I'r llofft o staer i staer
A methu'n aml â llwyddo
Heb gymorth Gwen ei chwaer.

Ond buan y concweriodd
Y brig o dro i dro,
Fe dyfodd yn bencampwr
Fel dringwr yn y fro.

Heddiw, 'rôl wyth deg mlynedd
Yn fud mae Gwen ei chwaer,
Daw'r wŷs i'w gyrchu yntau,
Mae'n methu dringo'r staer.

'Mae'n werth troi'n alltud ambell dro' (1976-88)

Eisteddfod Gadeiriol Glannau Mersi

Gweithred anghyffredin o ddiddorol yn hanes Cymry Lerpwl yn 1976 oedd sefydlu Eisteddfod Gadeiriol Glannau Mersi, partneriaeth rhwng myfyrwyr Cymraeg Prifysgol Lerpwl a Chymry Lerpwl. Y gŵr ifanc a ysgwyddodd lawer iawn o gyfrifoldeb am yr ŵyl oedd Hywel Morris, un o fechgyn Uwchaled a myfyriwr meddygol. Roedd nifer o Gymry llengar yn dal yn Lerpwl fel y beirdd, R. Maurice Williams (Waterloo) ac O. Trevor Roberts (Llanowain), ac eisteddfodwyr pybyr fel William Jones, Harry Williams, Hugh John Jones, Dr Pat Williams a Nan Hughes Parry. Roedd Hugh John Jones yn gaffaeliad pendant am ei fod yn grefftwr o'r radd flaenaf a gallai greu cadeiriau eisteddfodol. Cynhaliwyd y pwyllgorau yn y Brifysgol a'r eisteddfod yn Undeb y Myfyrwyr. Roedd aelodau o staff y Brifysgol yn barod iawn i roddi help llaw, ac yn eu plith William James Dutton, llyfrgellydd oedd yn dysgu'r iaith.

Llesteiriwyd yr Eisteddfod pan aeth y genhedlaeth gyntaf o fyfyrwyr o Lerpwl, a chwaraeodd terfysg Toxteth yn 1981 ei ran hefyd.

Ffraeo a chweryla yn ardal Toxteth, Gorffennaf 1981

Bu terfysg yn Toxteth yng Ngorffennaf 1981 yn sgil tensiynau hirsefydlog rhwng yr heddlu lleol a'r gymuned ddu. Llosgwyd tai a siopau a swyddfeydd. Cafodd y Rialto, a gynlluniwyd gan y Cymro, David John Lewis, ei losgi i'r llawr. Bu'n rhaid ailadeiladu Rialto newydd, a chollwyd adeilad eiconig D. J. Lewis. Roedd y Cymry wedi cymryd rhan amlwg o ran adeiladu'r strydoedd; yn awr roedd yn goelcerth.

Yr Angor

Gweithred bwysig yn y cyfnod hwn oedd sefydlu'r papur bro *Yr Angor* yn 1979. Daeth *Y Bont* i ben y flwyddyn cynt, pan benderfynodd y golygydd, y Parchedig R. Maurice Williams ymddeol a symud gyda'i briod i dref Llanrwst yn Nyffryn Conwy. Wrth ddathlu canmlwyddiant Capel Waterloo yn 1979 ysgrifennodd R. Maurice Williams grynodeb o'r hanes mewn llyfryn bychan. Dywedodd:

> Gwelais innau newid mawr ym mywyd yr eglwys hon a holl eglwysi'r Glannau, ac yn wir, yn ansawdd y gymdeithas Gymraeg yn gyffredinol o 1952 ymlaen. Byddaf yn rhyfeddu weithiau fel y mae'r eglwys wedi dal ei thir ar waethaf cymaint o anawsterau, ac yn arbennig wrth sylwi ar eglwysi Saesneg niferus eu haelodau, hyd yn gymharol ddiweddar, sydd erbyn hyn yn ymladd am eu bywyd.

Roedd arweinwyr *Y Bont* yn credu na ellid cario ymlaen heb y Parchedig R. Maurice Williams, a fu yn olygydd am bedair blynedd ar bymtheg. Yr is-olygydd ar y pryd oedd Gwilym Meredydd Jones. Nid oedd ef yn dymuno bod yn olygydd. Cynorthwywyd hwy hefyd gan y trysorydd, T. M. Owens, Aigburth, un o drysoryddion Capel Bethel ar ôl yr uniad.

Gwelodd D. Ben Rees ei gyfle i sefydlu *Yr Angor* ac ef yw'r golygydd ers hynny. T. M. Owens oedd y trysorydd, yr ysgrifennydd oedd y Parchedig Ieuan A. Jenkins, a Mr Rolly Pritchard, Broadgreen, yn drefnydd a dosbarthwr. Y Parchedig B. Ifor Williams, gweinidog yr Eglwys Fethodistaidd a gynigiodd yr enw *Yr Angor* – enw cwbl addas gyda Lerpwl yn enwog fel porthladd.

Rhoddodd Cadeirydd Pwyllgor Gwaith *Y Bont*, y Barnwr John Edward Jones, ei gefnogaeth i'r papur bro newydd, ac ychydig flynyddoedd yn ddiweddarach ysgrifennodd yn ei gyfrol ddifyr, *Antur a Menter Cymry Lerpwl* (1987):

> Mae'n ddolen gyswllt i Gymry'r Glannau ac mae llawer o'r rhai a symudodd yn ôl i Gymru i fyw yn hael tuag at ei gronfa. Mae'n bapur safonol ac yn llenwi bwlch mawr, yn enwedig gan fod y Cymry mor wasgaredig. Bu'r *Angor* yn hynod o bwysig fel cyfrwng hysbysebu cyfarfodydd a chyngherddau, a cheid cyfle i lunio ysgrifau coffa am wŷr a gwragedd a fu'n hynod o bwysig ym mywyd Cymry Lerpwl.

Hybu'r Dysgwyr Cymraeg

Llwyddwyd yn y cyfnod hwn i berswadio Rheithor Coleg Polytechnig Lerpwl i drefnu dosbarthiadau ar gyfer pobl oedd yn awyddus i wneud lefel A yn y Gymraeg. Cynhaliwyd dosbarthiadau Cymraeg o dan nawdd Adran Efrydiau Allanol Prifysgol Cymru, Corfforaeth Lerpwl a Chymdeithas y Gweithwyr (WEA). Ymhlith y dysgwyr hyn ni fu dau yn fwy cefnogol na Glyn Rees Hughes, Walton, ac Eric Thomas, West Derby.

Bylchu'r gymdeithas yn yr wythdegau

Bylchwyd Cymry Lerpwl yn sylweddol iawn yn yr wythdegau. Teimlid hyn yn fawr gyda marwolaeth y Canon Hywel Islwyn Davies (1909-1981), Aigburth. Roedd ef yn ddiwinydd o'r radd flaenaf, a bu'n ddarlithydd yng Ngholeg Dewi Sant, Llanbedr Pont Steffan, Athro ym Mhrifysgol Ife yn Nigeria, yn ficer Llanelli ac yn Ddeon Eglwys Gadeiriol Bangor. Penderfynodd ymddeol i Lerpwl, gan fod ei briod Glenys â chysylltiadau agos â'r ddinas, ac yn ffrindiau mawr gyda Miss Nansi Pugh a Mrs Ruth Davies a drigai yn Alma Road, Aigburth. Roeddent hwythau wedi ymddeol o Lundain i Lerpwl oherwydd eu cysylltiadau. Roedd Miss Nansi Pugh yn ferch i'r Parchedig E. Cynolwyn Pugh, a fu'n weinidog ym Mhenbedw cyn symud yn weinidog i Chicago, ac ef a enillodd y Fedal Ryddiaith yn Eisteddfod Genedlaethol Glyn Ebwy am ei hunangofiant, *Ei Ffanffer Ei Hun*, a gyhoeddwyd y flwyddyn ganlynol gan Wasg Gomer. Cyfieithodd ei ferch y gyfrol i'r Saesneg, *His Own Fanfare*, a gyhoeddwyd gan Gyhoeddiadau Modern Cymreig.

Merch i'r Parchedig a Mrs J. Oldfield Davies oedd Mrs Ruth Davies, a bu ei thad ar ddiwedd ei oes yn gofalu ar ôl Capel yr Annibynwyr Cymraeg, Grove Street. Cyfoethogwyd bywyd Cymraeg Lerpwl yn nyfodiad y ddau deulu a gwasanaethodd y Canon Islwyn Davies ar y Sul yng Nghapeli Cymraeg Lerpwl.

Collwyd yn ddisymwyth yn yr angau Mrs Lena Jones, Allerton, ar 22 Ionawr 1982, priod Hugh John Jones a mam Alun Vaughan Jones. Anwylodd Lena ei hun i genedlaethau o Gymry a bu ei magwraeth yn Llanbedrog yn ddylanwad arni ar hyd ei oes. Englynodd Llanowain am y rhwyg, gan ein hatgoffa am oes o wasanaeth fel nyrs, yn arbennig yn Ysbyty Sefton:

I lu, bu'n weinyddes lon – un a rodd
  Hanner oes i Sefton;
  Tirion a hael – trwy wên hon
  Dôi goleufyd i gleifion.

Yn yr un flwyddyn bu farw yr Henadur David John Lewis (1893-1982) ar ôl cyfraniad hir i fywyd gwleidyddol a chyhoeddus Lerpwl. Bu farw Emrys Anwyl Jones hefyd (NFS fel y'i gelwid am iddo fod ynghlwm â'r frigâd dân). Un o Nanmor a Beddgelert ydoedd yn wreiddiol. Gwir yw geiriau Llanowain amdano:

Prysurwas a chymwynaswr – hwyliog,
  Anwylaf gwmnïwr,
  Bu'n siriol, egnïol ŵr,
  Yn feunyddiol fonheddwr.

Cyhoeddi cyfrol ar hanes Cymry Lerpwl a'u crefydd

Cyhoeddwyd y gyfrol gyntaf ar hanes Cymry Lerpwl ers blynyddoedd, sef *Cymry Lerpwl a'u Crefydd* yn 1984. Cyfuniad oedd y gyfrol ddwyieithog o waith y Dr R. Merfyn Jones, oedd newydd ei ethol yn Gyfarwyddwr Adran Efrydiau Allan Prifysgol Cymru a D. Ben Rees. Lansiwyd y gyfrol yng nghwmni Undeb Gorawl Cymry Lerpwl o dan arweiniad y Cymro o Sir Benfro, Edmund Walters. Bu perthynas dda rhwng Cymry Lerpwl a'r Undeb Gorawl yng nghyfnod Edmund Walters.

Sefydlu CECLAC a chydweithio gyda Chyngor Eglwysi Mossley Hill a Chyngor yr Eglwysi Rhyddion

Yn yr wythdegau ceisiwyd dod â'r canolfannau Cymraeg crefyddol at ei gilydd. Ffurfiwyd Cyngor Eglwysi Cymraeg Lerpwl a'r Cyffiniau yn 1985 (CECLAC). Golygai hyn fod Capel Bethel, Heathfield Road, Capel Cymraeg Garston, Capel Cymraeg Central Hall, Capel y Bedyddwyr, Edge, Lane, Capel Bedyddwyr Earlsfield Road, Wavertree, a Chapel yr Annibynwyr Cymraeg Tabernacl, Woolton Road, yn barod i gydweithio gyda'i gilydd.

Sefydlu Caplaniaeth Cymry Glannau Mersi

Roedd Lerpwl yn dal yn ganolfan feddygol bwysig i Gymry'r Gogledd a dyna pam y sefydlwyd Caplaniaeth Cymry Glannau Mersi. Roedd yr angen am Gaplan yn aruthrol gan mai D. Ben Rees oedd yr unig weinidog llawn amser yn Lerpwl yn 1984, ac yr oedd y galwadau yn ddi-baid. Daeth peth ymwared yn niwedd y flwyddyn 1985 pan ddaeth R. E. Hughes, Nefyn, i ofalu am ddau o gapeli gogledd Lerpwl, Waterloo a Stanley Road a hefyd Salem, Penbedw, a Rake Lane, Wallasey. Rhoes wasanaeth cymeradwy hyd ddiwedd 1989.

Cafodd y cynllun o gaplan ei drafod a'i wyntyllu gan lysoedd y Cyfundeb a Bwrdd y Genhadaeth. Yn y diwedd, penodwyd John Sam Jones, brodor o'r Bermo, i'r swydd. Dechreuodd ar ei waith fel caplan y cleifion o Gymry ac i'r myfyrwyr Cymraeg, a bu'n ymweld â charcharorion. Bu wrth y dasg am ddwy flynedd.

Wedi iddo adael penderfynwyd ehangu'r bartneriaeth i gynnwys enwadau eraill – yr Annibynwyr, y Bedyddwyr, yr Eglwys Esgobol, yr Eglwys Fethodistaidd a'r Presbyteriaid Cymraeg. Bu Dafydd Ll. Rees ar ôl graddio o Brifysgol Rhydychen yn y swydd am dri mis ac yna Ms Rachel Gooding, merch o Stalybridge a ddysgodd Gymraeg yn rhugl ac a fu yng ngholeg yr Annibynwyr Cymraeg yn Aberystwyth. Daeth yn gaffaeliad i fywyd Cymraeg Lerpwl byth oddi ar hynny. Dilynwyd hi gan Eleri Edwards a fu yn genhades ym Madagascar. Ar ôl ei hordeinio, derbyniodd alwad i blith Cymry Manceinion. Dilynwyd hi gan y Parchedig Nan Wyn Powell-Davies, yr Wyddgrug, cyn i'r gaplaniaeth ddod i ben. Bu'r arbrawf yn un pwysig.

Pennod 24

Stori Everton a Lerpwl

Rhwng mis Awst a mis Mai bydd miloedd yn tyrru i gaeau pêl-droed Anfield neu i barc Goodison i wylio Lerpwl ac Everton. Fe ddaw'r cefnogwyr o bob rhan o ddinas Lerpwl, o lannau Mersi, o ogledd a chanolbarth Cymru a hynny ym mhob tywydd.

Dillad parch oedd y dillad ar ddechrau'r daith

Mae gwreiddiau'r ddau glwb yng nghapel Methodistiaid St Domingo. Un o'r arloeswyr cynnar oedd Joseph Wade a aned yn Halifax yn 1815, gŵr a ymfudodd i Lerpwl o Swydd Efrog, lle y cychwynnodd gwmni ym maestref Everton, un o ganolfannau cryfaf y Cymry. Ef oedd un o gefnogwyr pennaf y capel newydd o'r enw St Domingo a adeiladwyd yn 1868.

Cyfraniad y cigydd i hanes Everton

Teulu arall a fu'n gefnogol i'r grefydd Fethodistaidd ac i glwb Everton oedd teulu'r Cuffs. Fel Joseph Wade roedd Henry Cuff yn ymddiriedolwr yng nghapel St Domingo. Un o Swydd Middlesex oedd Cuff a symudodd fel cymaint o Lundeinwyr i Lerpwl. Yn Lerpwl cyfarfu â Chymraes o'r enw Mary a hanai o Riwlas ger Bangor. Priododd y ddau ac agorodd siop gwerthu cig moch. Erbyn 1881 gallai gyflogi dau arall i'w gynorthwyo yn ei siop yn 34 Spellow Lane, o fewn tafliad carreg i barc Goodison. Cafodd Henry a Mary wyth o blant, pedwar bachgen a phedair merch. Roedd yr ail fab, William Cuff, a anwyd ar 19 Awst 1868, fel ei dad yn cyfuno teyrngarwch i'r Eglwys Fethodistaidd a chlwb pêl-droed Everton. Yn wir fe ddaeth yn un o bobl ddylanwadol y clwb.

Dillad diwetydd y Parchedig

Enw arall na ddylid ei anghofio yw'r Parchedig Benjamin Swift Chambers a ddaeth yn weinidog y capel ym mis Gorffennaf 1877. Teimlai mai'r ffordd orau i oresgyn y demtasiwn o oryfed oedd perswadio'r ifanc i gymryd diddordeb yn y bêl gron. Cefnogai griced yn ogystal. Ffurfiodd dîm criced St Domingo. Blwyddyn yn ddiweddarach perswadiodd y tîm criced i ystyried chwarae pêl-droed yn y gaeaf. Er mwyn cael enw cofiadwy awgrymodd eu bod yn mabwysiadu St Domingo Football Club.

Dillad bob dydd ym mharc Stanley a Sefton

Roedd gan yr ieuenctid hyn le da i chwarae'r ddwy gêm, sef parc Stanley. Nid oedd hi'n hawdd, gan nad oedd pyst ar gyfer y gôl ac ni allai unrhyw un greu cae pêl-droed. Ar y dechrau mater o chwarae ymhlith ei gilydd oedd hi, ond newidiodd y sefyllfa pan ddaeth Will Cuff, ac yntau'n ddeg oed, i wylio ei ffrindiau hŷn o'r capel yn cael cymaint o hwyl ar brynhawn Sadwrn. Ond nid bachgen capel St Domingo oedd yr unig rai yn Stanley Park. Roedd tîm o Gymry o gapeli'r cylch ac o'r Eglwys Unedig, Eglwys Sant Benedict ac Eglwys Saint Peter hefyd. Dyma oedd ffenomenon bywyd Lerpwl yn wythdegau'r bedwaredd ganrif ar bymtheg. Ceid clybiau pêl-droed ar hyd a lled y ddinas. Erbyn 1885 roedd o leiaf 112 o glybiau yn chwarae yn rheolaidd yn Lerpwl ac o leiaf 25 yn gysylltiedig ag eglwysi. Cododd hyn broblem. I greu tîm da roedd yn rhaid mynd y tu allan i'r capel a chroesawu chwaraewyr o glybiau eraill. Galwyd cyfarfod cyhoeddus i wyntyllu'r sefyllfa gan benderfynu mai'r unig ateb oedd newid yr enw. A daeth yr enw iddynt mewn amrantiad, sef y faestref lle yr oeddent yn byw ynddi, Everton.

O dan yr enw newydd Everton, enillodd y clwb o 6 gôl i ddim yn erbyn un o'u gwrthwynebwyr, Clwb Sant Pedr. Erbyn 1880, o'r un ar ddeg a chwaraeai i Everton, roedd pedwar ohonynt â gwreiddiau yng Nghymru. Dyma'r tîm a gafodd ei dderbyn i Gynghrair Pêl-droed Sir Gaerhirfryn ar gyfer tymor 1880-1. Llwydodd Everton i ennill pymtheg gêm allan o ddwy ar bymtheg, un gêm yn gyfartal a cholli am y cwpan 8-1 i dîm Great Lever.

John Houlding

Cyn cychwyn tymor 1881-2, etholodd y clwb ei lywydd cyntaf, John Houlding. Roedd ef fel llawer o'r Cymry yn y cylch wedi dringo'r ysgol o fod yn negesydd i berchennog busnes llwyddiannus yn gwerthu diod Houlding's Sparkling Ales. Gwelai dimau pêl-droed fel ffordd o wneud arian ar raddfa fawr. Daeth yn Gadeirydd Ceidwadwyr Everton ac yn 1884 etholwyd ef i gyngor y ddinas fel cynghorydd Kirkdale ac Everton. Gwnaed ef yn Henadur yn 1895 a daeth yn Arglwydd Faer Lerpwl yn 1897.

O fewn tair blynedd roedd tîm Houlding wedi gwneud ei farc, a byddai tua dwy fil o bobl yn dod i'w cefnogi. Ond nid oedd y gefnogaeth yn creu cyfalaf i'r clwb am nad oedd neb wedi trafferthu gosod y seiliau. Aeth Houlding ati i newid y sefyllfa, gan ofyn i William Cruitt, porthmon cefnog am yr hawl i rentu tir ger ei gartref yn Priory Road. Cymeradwywyd y cais ac aethpwyd ati i greu cae, adeiladu ystafell newid, a stand fechan ar gyfer tymor 1884-5. Bu'r tymor hwn yn un cofiadwy oherwydd enillodd Everton ei gwpan cyntaf, Cwpan Lerpwl. Chwaraewyd yn erbyn Earlstown gan ennill gydag un gôl. Roedd Everton yn dîm peryglus a hynod o lwyddiannus. Ond daeth tro ar fyd. Ni allai'r porthmon ddygymod ag ymddygiad y cefnogwyr, yn gweiddi a chanu, trwy'r prynhawn. Gofynnwyd i Everton chwilio am gartref newydd.

Anfield

Unwaith yn rhagor daeth John Houlding i'r adwy. Gwelodd fod gan ei ffrind Joseph Orrell gae yn ymyl ffordd Anfield a fyddai'n ddelfrydol. Trawyd bargen dda, lluniwyd cytundeb a daeth Cae Anfield i fodolaeth. Roedd modd newid ar gyfer y gêm yng Ngwesty Sandon ar gornel Oakfield Road a Houlding Street, oedd yn ddigon agos i'r cae. Y gêm gyntaf a chwaraewyd ar gae Anfield oedd yn erbyn Earlestown ar 27 Medi 1884. Enillodd Everton yn rhwydd o 5 gôl i ddim. Chwaraewyd 23 o gemau yn Anfield, a llwyddodd Everton i ennill 14, cafwyd dwy gêm gyfartal, a chollwyd saith gêm. Roedd y sefyllfa oddi cartref yn debyg – ennill naw a cholli pedair gêm.

Pan ddaeth cynghrair pêl-droed i fodolaeth yn 1888 ar gyfer timau proffesiynol Lloegr cafodd Everton fynediad heb drafferth. Ac erbyn tymor 1890-1, roedd Everton yn bencampwyr. Un o aelodau pwysig pwyllgor tîm Everton oedd y cyfrifydd George Mahon. Roedd ganddo ddiddordeb arall yn ei fywyd tu allan i'w deulu a'i alwedigaeth, sef Capel St Domingo. Cafodd fodd i fyw pan ailymunodd y Parchedig Ben Chambers â'r capel fel eu gweinidog yn 1890.

Ond roedd un broblem yn blino Mahon fel Ben Chambers, sef ymddygiad unbenaethol Houlding. Llwyddodd i wneud ei hun yn amhoblogaidd i wahanol bobl allweddol ar y pwyllgor. Disgwyliai elw da o'i fenthyciad ac aeth ati i godi rhent yn ôl y cynnydd yn yr incwm. Gwgai'r dirwestwyr ei fod ef yn dal i ddisgwyl i'r chwaraewyr ddefnyddio Gwesty Sandon. Cynhaliwyd Cyfarfod Blynyddol arbennig yn Ysgol Golegol Shaw Street ar 23 Ionawr 1892 a daeth dros bum cant o aelodau'r clwb ynghyd i wrando ar Mahon yn dadansoddi'r sefyllfa, yn gwrthod argymhellion y llywydd, ac yn galw am ddewrder i ymadael ag Anfield. Siaradodd mor effeithiol fel y cafodd pawb o'i blaid ac eithrio deunaw. Roedd Houlding yn ddig ac yn flin gyda Mahon. Ond ar 1 Mawrth daeth ergyd arall pan roddodd John Houlding y gorau i'w swydd fel llywydd.

Houlding yn gweld ei gyfle

Ni laesodd ei frwdfrydedd, ac ar ôl cael gwared ag Everton, mentrodd ailffurfio'r clwb a'i alw yn The Everton Football Club and Athletic Ground Company Limited. Apeliodd Mahon a'i gefnogwyr i Gyngor y Cynghrair Pêl-droed am arweiniad. Trafodwyd yr achos a dod i'r casgliad nad oedd hawl gan Houlding i ddyfeisio o'i ben a'i bastwn ei hun enw oedd eisoes mewn bodolaeth, sef Clwb Everton. Roedd hi'n fuddugoliaeth a blesiodd Mahon a'i gymrodyr. Y cam nesaf a gymerodd Houlding oedd dewis enw newydd, ac felly ym Mai 1892 fe ddaeth clwb pêl-droed arall i fodolaeth, sef The Liverpool Association Football Club.

Parc Goodison

Roedd Mahon wrthi yn y cyfamser yn chwilio am gae arall, ac yn Ionawr 1892, daeth o hyd i ddarn da o dir yn agos i Goodison Road yn Walton a alwyd yn Mere Green. Yn ôl haneswyr Clwb Everton, nid oedd y darn tir gyda'r enw hudol Mere Green yn ddim byd ond anialwch diffaith. Gwelodd y cyfrifydd ei gyfle, aeth ati i gytuno ar les, a chodi arian i weddnewid y tir diffaith yn gae pêl-droed derbyniol. Trowyd y Clwb yn gwmni cyfyngedig a rhoddodd y meddyg Dr James Baxter, ffrind da i Mahon, fenthyciad sylweddol.

Llwyddwyd i greu cae derbyniol erbyn dechrau tymor 1892-3. Adeiladwyd stadiwm a'i galw yn Goodison Park. Cafwyd seremoni liwgar i agor Parc Goodison ac agorwyd y stadiwm yn swyddogol gan yr Arglwydd Kinnaird. Ef oedd y dewis delfrydol, chwaraewr o fri, cadeirydd yr FA am gyfnod hir, a Christion o argyhoeddiad. Daeth deng mil o dyrfa ynghyd i'r seremoni, ac i'r cyngerdd a'r tân gwyllt a gynhaliwyd.

Ar draws Stanley Park yn Anfield roedd tîm pêl-droed Lerpwl wedi dechrau yn dda ac er syndod i'r Saeson, nid oedd un Sais yn y tîm. Roedd pob un o'r chwaraewyr wedi eu geni yn yr Alban. Gwrthodwyd eu cais i ymuno â'r gynghrair, gan ofyn iddynt ddangos eu medr yng nghynghrair Sir Gaerhirfryn.

Dylanwad y seiri rhyddion ym myd pêl-droed Lerpwl

Roedd John Houlding yn benderfynol o gael clwb yn rhydd o ddylanwad yr Eglwys Babyddol gyda Phrotestaniaid Unoliaethol a seiri rhyddion yn llywodraethu, ynghyd â Cheidwadwyr. O'r 46 a sefydlodd Glwb Lerpwl, roedd 17 yn seiri rhyddion a dyna fu'r stori hyd y Rhyfel Byd Cyntaf. Allan o 23 o gyfarwyddwyr Clwb Lerpwl roedd pymtheg yn seiri rhyddion.

Y cefnogwyr yn cynyddu i'r ddau glwb fel ei gilydd

Yn eu blwyddyn gyntaf, daeth oddeutu pum mil i Anfield ond yn Goodison cafwyd mwy na dwywaith hynny, sef 13,230. Roedd hi'n amlwg fod teyrngarwch i Everton ar gynnydd. Ond roedd dau dîm arall yn meddu ar gryn lawer o uchelgais fel timau, sef Clwb Pêl-droed Bootle a Caledonian Lerpwl. Tîm oedd Liverpool Caledonian oedd yn dibynnu yn bennaf ar gefnogaeth yr Albanwyr, ac erbyn canol y nawdegau, roedd y ddau dîm hyn mewn trafferthion. Roedd Anfield ac Everton yn ardaloedd dosbarth canol. Methodd Everton ag ennill yn 1893 gwpan y Gymdeithas Pêl-droed yn erbyn Wolverhampton, a hynny yn Fallowfield, Manceinion. Beirniadodd gwasg Lerpwl gwmnïau y rheilffordd am godi crocbris ar y cefnogwyr i fynd i Fanceinion.

Cyfraniad George Mahon

Yn Everton gwnaeth George Mahon waith pwysig fel Cadeirydd y Clwb o 1892 hyd 1895. Yn ystod cyfnod ei gadeiryddiaeth, gorffennodd y clwb yn ail bedair gwaith ac enillwyd y cwpan yn 1906 trwy guro Newcastle United o un gôl i ddim yn Crystal Palace. Cafodd ei gladdu yn 1908 ym mynwent Anfield, wythnos ar ôl marwolaeth ei fab Herbert yn 25 mlwydd oed.

Dawn y Cymro Leigh Richmond Roose

Un o'r Cymry cynharaf a gysylltir â thîm Everton yw Leigh Richmond Roose. Ganwyd ef yn Holt, ger Wrecsam, ar 27 Dachwedd 1877, yn fab i'r Parchedig R. H. Roose, gweinidog Presbyteraidd. Addysgwyd Leigh yn Academi Holt a Phrifysgol Cymru, Aberystwyth. Yno y daeth i amlygrwydd fel gôl-geidwad, ac ym mis Chwefror 1900 gwahoddwyd ef i chwarae dros Gymru yn erbyn Iwerddon. Chwaraeodd bedair ar hugain o weithiau dros ei wlad a hynny yn erbyn Lloegr, Iwerddon a'r Alban. Bu'n chwarae i Sunderland, Stoke a Glasgow Rangers. Meddyg ydoedd o ran galwedigaeth a daeth yn ffefryn i'r Cymry ym Mharc Goodison. Yn 1914 ymunodd â'r lluoedd arfog. Bu farw ac yntau yn 38 mlwydd oed tua diwedd brwydr y Somme. O'i farw cynnar, fe gollwyd un o chwaraewyr medrusaf dechrau'r ugeinfed ganrif.

Charles Parry

Chwaraeodd Charlie Frederick Parry i dîm Everton. Ganwyd ef ym mhentref Llansilin sydd ar ffin Cymru a Lloegr, rai milltiroedd o Groesoswallt. Mewn chwe blynedd chwaraeodd 86 o weithiau i dîm Everton, a chwaraeodd i Gymru dair ar ddeg o weithiau. Ond roedd elfen wyllt yng nghymeriad Charlie, a byddai o dro i dro yn mynd dros ben llestri er cryn siom i'r dirwestwr George Mahon a chyfarwyddwyr eraill. Cafodd ei atal rhag chwarae am bythefnos un tro oherwydd ei fod yn feddw ar y cae pêl-droed. Bu'n ymwneud â thimau y Drenewydd ac Aberystwyth am gyfnod, a bu tîm Everton yn garedig wrtho lawer tro, pan oedd ei fyd yn ddigon llwm ac angen arian parod arno.

Y chwaraewr medrus o Gei Connah, T. G. Jones

Erbyn dyddiau Leigh Richmond Roose, roedd tîm Everton yn denu mwy fyth o gefnogwyr. Yn 1936, talodd Everton £3,000 i Wrecsam am Thomas

George Jones neu T. G. Jones. Bu'n chwarae i Everton rhwng 1936 a 1950 gan chwarae mewn 178 o gemau. Enillodd fedal pencampwr Rhanbarth Cynghrair Cyntaf Pêl-droed yn ei ail dymor llawn i Everton yn 1938-9. Gwasanaethodd fel Hyfforddwr Ymarfer Corff yn yr RAF yn ystod y rhyfel, ond dychwelodd i Everton yn 1946. Cynigiodd A. S. Roma £15,000 amdano ond ni ddigwyddodd y trosglwyddiad.

Daeth yn gapten y clwb yn 1949, ond gadawodd Everton yn 1950 gan symud yn rheolwr-chwaraewr i dîm Pwllheli, lle y bu am chwe blynedd. Oddi yno aeth i ofalu am dîm Bangor ac yn ddiweddarach y Rhyl. Roedd yn gartrefol yn nhîm Cymru, a bu yn weithgar iawn ar lannau Dyfrdwy a gogledd Cymru hyd ei farwolaeth yn 2004.

Ystyrid ef yn un o'r cewri gan chwaraewyr medrusaf y gêm fel Stanley Matthews, Tommy Lawton a Joe Mercer (dau o'i ffrindiau pennaf) a hyd yn oed Dixie Dean. Yn wir, derbyniodd anrhydedd yn 2000 o fod yn un o Gewri y Mileniwm. Ef oedd y cyntaf o'r un ar ddeg o chwaraewyr Everton dros y blynyddoedd i'w dewis fel Cewri y Mileniwm.

David Smallman yn dioddef aml i ddolur ar barc Goodison

Chwaraewr medrus arall a symudodd o Wrecsam i Everton oedd David Smallman. Dim ond un gêm ar hugain a chwaraeodd dros Everton a hynny rhwng 1975 ac 1979. Dywedodd fwy nag unwaith fod y profiad o symud o Wrecsam i Everton yn brofiad na ellid ei ddisgrifio. Roedd y safon gymaint uwch, a'r disgwyliad iddo yntau a phawb tebyg i addasu ar unwaith.

Un o fois Glanaman, 'Dai o'r Cwm'

I Gymry Lerpwl y saithdegau bu dyfodiad William David Davies, neu Dai Davies, fel yr adnabyddid ef, yn werthfawr dros ben. Daeth y gôl-geidwad, a anwyd yng Nglanaman yn Nyffryn Aman, i Everton ym mis Rhagfyr 1970. Roedd wedi ymuno gyda thîm Abertawe flwyddyn ynghynt ac yn fedrus ar gae rygbi fel ar gae pêl-droed. Roedd Dai yn fab i ŵr a fu yn ymwneud cryn lawer â phêl-droed, a dyna ergyd teitl ei hunangofiant, *Hanner Cystal â Nhad* a gyhoeddwyd yn 1984. Daeth fersiwn Saesneg o'r hunangofiant allan ddwy flynedd yn ddiweddarach.

Roedd yn Gymro Cymraeg o argyhoeddiad ac wedi ei drwytho yn

ymadroddion a theithi'r iaith. Ac o'r holl Gymry a fu'n chwarae i dimau Everton a Lerpwl ef a wnaeth yr ymdrech orau oll i gyfathrebu a chymdeithasu gyda Chymry'r ddinas. Dyna pam fod yr anrhydedd a gafodd i ymuno â'r Orsedd yn Eisteddfod Genedlaethol Cymru yng Nghaerdydd yn 1978 yn gwbl haeddiannol. Ef oedd y chwaraewr pêl-droed proffesiynol cyntaf i'w dderbyn ac adnabyddid ef wrth yr enw 'Dai o'r Cwm'. Chwaraeodd 82 o weithiau i Everton, a chafodd y cyfle i chwarae 52 o weithiau dros Gymru. Yn 1977 symudodd yn ôl i Wrecsam. Bu ef a chyfaill iddo yn berchen ar ddwy siop *Y Siswrn* yn Wrecsam a'r Wyddgrug. Bu yng ngofal canolfan iacháu yn Llangollen, a bu'n amlwg fel sylwebydd pêl-droed ar S4C.

Gadael y nyth ym Mancot am Everton a dod yn gapten

Un o gyfoedion Dai Davies oedd Kevin Ratcliffe, a anwyd ym Mancot, Sir y Fflint. Ymunodd ag Everton fel prentis yn 1977, a gwnaeth ei ymddangosiad cyntaf ar y cae yn 1980. Chwaraeodd 359 o gemau rhwng 1980 a 1992. Fe'i gwnaed yn gapten Everton ac yntau yn 23 mlwydd oed. Tra roedd Ratcliffe yn gapten, enillodd Everton ffeinal cwpan yr FA 1984, y Football League Championship yn 1984-5 ac eto yn 1986-7, ac ennill cwpan pencampwyr UEFA yn 1984-5.

Neville Southall

Chwaraewr arall a gyfrifir yn un o fawrion Everton yn ystod yr wythdegau oedd Neville Southall. Daeth i Everton yn 1981. Talodd Everton £150,000 amdano i Bury, ond yn fuan iawn fe'i rhoddwyd ar fenthyg i dîm Port Vale hyd nes i Jim Arnold roi lle iddo yn y tîm cyntaf. Erbyn 1983 ef oedd y dewis cyntaf o gôl-geidwad a dyma oedd y sefyllfa am y pedair blynedd ar ddeg nesaf. Aeth yn un o gôl-geidwaid gorau Prydain a chwaraeodd dros Gymru 92 o weithiau. Yn 1985 dewiswyd ef yn bêl-droediwr y flwyddyn a derbyniodd MBE yn 1996 am ei wasanaeth i fyd chwaraeon.

Cymry yn chwarae i Everton

Bu Barry Horne yn chwarae i Everton rhwng 1992 a 1996. Ei gôl bwysicaf oedd yn niwedd tymor 1993-4 yn erbyn Wimbledon. Roedd Everton mewn perygl o fynd allan o'r Gynghrair. Sgoriodd Horne gôl ryfeddol o ddeg llath ar hugain i wneud y sgôr yn gyfartal ac aeth Everton ymlaen i ennill o dair gôl i ddwy. Chwaraeodd 123 o weithiau i Everton, a daeth â chlod i'w ddinas enedigol, Llanelwy.

Ni chafodd Mark Anthony Hughes yr un cyfle yn Everton, er ei fod yntau yn chwaraewr hynod o bwysig. Ym Mawrth 2000, ymunodd ag Everton fel amddiffynnydd a chwaraeodd naw gêm yn ei flwyddyn gyntaf a'r un nifer yn yr ail dymor cyn cael ei drosglwyddo i Blackburn Rovers.

Byr fu cyfnod Gary Speed gydag Everton, rhwng 1996 a 1998. Chwaraeodd mewn 58 o gemau a llwyddo i sgorio 15 o weithiau. Cefnogai Everton pan oedd yn llanc yn Ysgol Uwchradd Penarlâg. Magwyd ef ym Mancot, yn yr un stryd â Kevin Ratcliffe, un o sêr Everton. Cafodd aml i gêm gofiadwy ym Mharc Goodison. Un gêm arbennig oedd honno pan enillodd Everton o 7 i 1 yn erbyn Southampton, a Gary Speed yn sgorio tair gôl, yr unig dro yn ei yrfa i hynny ddigwydd. Pan ddaeth Howard Kendall yn rheolwr, gwnaeth Speed yn gapten, ond yn anffodus methodd y ddau â sefydlu cyfeillgarwch. Chwaraeodd ei gêm olaf ar 18 Ionawr 1998 yn erbyn Chelsea. Bu ei dymor fel rheolwr Cymru yn ddyddiau hyfryd, a bu ei farwolaeth sydyn ac annisgwyl yn sioc i fyd pêl-droed ac i'r gymuned ar lannau Dyfrdwy.

Chwaraeodd Ashley Williams i Everton rhwng 2016 a 2019 gan ennill 60 o gapiau. Cymro arall a ddisgleiriodd yn Everton oedd Simon Davies, a anwyd yn Hwlffordd, ond a fagwyd ym mhentref Solfach ger Tyddewi. Dangosodd ddawn yn yr ysgol a gwahoddwyd ef yn bymtheg oed i ymuno â thîm pêl-droed Peterborough. Daeth i Everton yn 2005 a thalwyd pedair miliwn amdano. Cafodd dymor gwael yn Goodison yn nhymor 2005-6, ac nid rhyfedd ei weld yn gadael am Fulham ym mis Ionawr 2007. Cafodd well tymor yno, yn wir ef oedd chwaraewr gorau'r flwyddyn yn Fulham yn nhymor 2007-8. Dychwelodd i glwb ei blentyndod yn 2013 i chwarae yn Sir Benfro. Cofir iddo chwarae 58 o weithiau i Gymru.

Cymry yn chwarae i Lerpwl

Mae Everton wedi bod yn gartref i lawer mwy o Gymry nag y bu Lerpwl. Ond cofier am enwau Ben Woodburn a Harry Wilson sydd ar lyfrau Lerpwl. Chwaraeodd Joe Allen i Lerpwl hefyd. Brendan Rogers a'i disgrifiodd fel

'Welsh Xavi'. Enw anghofiedig bellach yw Cyril Sidlow. Ganwyd ef ym Mae Colwyn, a thalodd Lerpwl £4,000 amdano (oedd yn record ar y pryd) yn 1946. Chwaraeodd 165 o weithiau i Lerpwl rhwng 1946 a 1952.

Symudodd John Toskack i Lerpwl am £110,000. Chwaraeodd ei gêm gyntaf ar 14 Tachwedd 1970 yn erbyn Cofentri. Yn ystod ei gyfnod yn Lerpwl, rhwng 1970 a 1978, enillodd bencampwriaeth y gynghrair 1972-4 a Chwpan UEFA yn 1972-3.

Ian Rush oedd arwr tîm pêl-droed Lerpwl yn yr wythdegau a'r nawdegau. Daeth i Lerpwl ar fenthyg yn 1986, cyn ymuno'n swyddogol yn 1988. Symudodd i Leeds yn 1996.

Chwaraeodd Dean Saunders i Lerpwl am dymor. Ymunodd ef o glwb Derby yn ystod 1991-2. Costiodd bron i dair miliwn a sgoriodd 25 gôl mewn 61 o gemau. Byr fu cyfnod Joey Jones yn Lerpwl hefyd. Chwaraeodd 72 o weithiau rhwng 1975 a 1978.

Cydnabod gwerth y ddau dim i'r ddinas a Chymry Lerpwl

Magodd y ddau glwb deyrngarwch anhygoel ymhlith y canlynwyr. Ac er aml i drasiedi fel Heysel a Hillsborough bu'r ddau glwb yn cydymdeimlo â'i gilydd. Carfan fach sydd yn gwrthod cydnabod gallu y ddau dîm a'u llwyddiant anhygoel mewn aml i ddegawd. Ac ar hyd y degawdau bu hynt a helynt timau Everton a Lerpwl yn bwysig i Gymry Lerpwl.

Dal ati (1989-2000)

Sefydlu elusen, Gobaith mewn Gweithrediad

Wedi cwblhau ei addysg uwchradd, dymunai Hefin Rees wneud gwaith dyngarol a bu'n aros yng nghartref y Pastor Ephraim M. Mathuri, yr efengylydd o Nairobi, yn ystod ei gyfnod yn Kokarkocho. Ar ôl iddo ddychwelyd i Lerpwl, sefydlwyd Apêl Prosiect Nairobi a chafwyd cefnogaeth gref. Casglwyd, trwy gapel Cymraeg Bethel, Heathfield Road, Lerpwl £2,103.51, a thrwy fudiadau eraill y swm o £1,100.00, gan wneud cyfanswm o £3,203.51. Adeiladwyd ysgol i blant difreintiedig y slym a sefydlwyd elusen o'r enw 'Gobaith mewn Gweithrediad' i fod yn gyfrifol am y dasg o ariannu'r ysgol, talu i'r athrawon a bwydo'r plant. Cymry Lerpwl oedd swyddogion yr elusen – Gareth James, Aintree, yn drysorydd, ac ar y Pwyllgor Gwaith roedd Humphrey Wyn Jones, Hefin a'i frawd Dafydd Rees, Meinwen Rees a D. Ben Rees.

Pan ddaeth Cymdeithasfa'r Gogledd o Eglwys Bresbyteraidd Cymru i Gapel Bethel, cynhaliwyd cyfarfod cyhoeddus a chawsom anerchiad cofiadwy iawn gan Gareth James ar ran 'Gobaith mewn Gweithrediad'. Daeth y Pastor Ephraim Mathuri o Genia i Lerpwl gan aros am wythnos gyfan yn Allerton yn annerch cyfarfodydd ym Methel, Penbedw a Hoylake, ac mewn ysgolion lleol i sôn am effeithiolrwydd 'Gobaith mewn Gweithrediad'. Gan fod cymaint o bellter rhyngom, y broblem fwyaf oedd cyfathrebu a chadw llygad ar y gwaith. Ymhen amser cawsom neges gan y brifathrawes yn ein hysbysu ein bod yn cael ein bradychu gan y rhai oedd yn derbyn yr arian. Bu'n rhaid torri perthynas, er siom fawr i'r elusen.

Talu gwrogaeth i Hefin Hughes

Yn 1990 brawychwyd cymdeithas Gymraeg Lerpwl gan farwolaeth Hefin

Hughes (1925-90), oedd wedi symud yn ôl o Lerpwl i'w gynefin ym Mlaenau Ffestiniog. Bu Hefin Hughes yn selog dros ben yn y Gymdeithas Gymraeg yn Lerpwl, ac ym mhob agwedd o'r bywyd Cymraeg. Ysbrydolwyd y bardd Selwyn Griffith, Penisarwaun, (a ddaeth yn Archdderwydd yr Eisteddfod Genedlaethol) i lunio telyneg hyfryd i gofio Hefin Hughes. Dyma hi:

Mae cwmwl du yn hofran
Uwchben y Moelwyn Mawr,
A ninnau uwch dy feddrod
Yn dweud ffarwél yn awr.

Rhwng muriau Capel Bowydd
Fe glywid hogiau'r côr
Yn canu'n fendigedig
Am 'dyner lais yr Iôr'.

Ar lannau Mersi heddiw
Mae llawer llygad llaith;
Ydy, mae'n anodd coelio
Mai hon fu'r olaf daith.

Mae'r cwmwl du yn cilio –
Daw eto doriad gwawr,
Mae'r gwynt yn sychu'r dagrau
Ar lethrau'r Moelwyn Mawr.

Y cyfarfod sefydlu olaf yn hanes Ymneilltuaeth Gymraeg Lerpwl

Ar 7 Chwefror 1993 cafwyd cyfarfod i sefydlu D. Ben Rees yn weinidog ar Eglwys Bethania, Crosby Road South, Waterloo. Roedd Bethania yn gyfuniad o gapeli Waterloo a Stanley Road, Bootle. Roedd hwn yn symudiad pwysig er mwyn cael canolfan i'r Cymry yng ngogledd Lerpwl. Roedd capel yr Annibynwyr Hawthorn Road wedi dod i ben ac aeth rhai o'r selogion i gapel Bethania gan wasanaethu fel cynt. Ailatgyfodwyd yr Eisteddfod yn 1993 gyda Rachel Gooding, Dr Glyn Roberts, Aigburth, a Cenric Clement Evans yn ysgwyddo swyddi gweinyddol er mwyn cynnal yr ŵyl.

Colli Laura Jones a Dorothy Thomas

Gyda marwolaeth Laura Jones, Allerton, collwyd Cymraes hynaf Lerpwl. Ganwyd hi yn 1890 yn Lerpwl a chofiai gyfarfod â David Lloyd George ar orsaf Bryncir (lle yr oedd ei nain, mam ei mam, yn byw) a byddai hithau yn cael gwyliau yno yn blentyn. Cafodd yrfa nodedig fel athrawes, prifathrawes a hefyd fel arolygydd ysgolion o dan nawdd Corfforaeth Lerpwl. Roedd hi yn un o bedwar o blant. Ni phriododd un ohonynt. Bu pedair Cymraes o gymorth mawr iddi yn ei dyddiau olaf: Marged Jones, Penbedw (gweddw y Parchedig Idwal Jones), Rachel Gooding ac Elan Jones a Meinwen Rees.

Un arall o Gymry Lerpwl a gollwyd ar ddechrau'r nawdegau oedd Dorothy Thomas, Allerton Road, merch i'r adeiladwr T. W. Thomas. Roedd Dorothy a'i chwaer, Eunice Thomas, yn rhugl yn y Gymraeg, er na fu'r un o'r ddwy yn byw yng Nghymru.

Clwb Rotari Toxteth

Roedd gan y Cymry gyfraniad mewn cymaint o feysydd a pherthynai llawer un i fudiad Rotari. Y clwb oedd yn meddu ar y nifer fwyaf o Gymry Cymraeg oedd Clwb Toxteth, a threfnwyd yn 1990 i gynnal cyngerdd carolau, a hynny yng nghapel Bethel. Trefnwyd i gael yr ysgolion lleol yn rhan o'r noson a chynhaliwyd y cyngerdd cyntaf ar nos Fercher, 12 Rhagfyr 1990. Bu'r cyngerdd yn llwyddiant rhyfeddol a chynhaliwyd un bob blwyddyn am y saith mlynedd nesaf. Margaret Anwyl Williams oedd yr organyddes, cyflwynai D. Ben Rees y carolau, tra byddai John Thornton neu'r Parchedig Bob Metcalfe, Archddiacon Lerpwl, yn arwain a diddori'r plant. Cyflwynwyd yr holl elw i waith rhyngwladol y mudiad Rotari a byddai E. Goronwy Owen ac W. Meirion Evans yn gofalu am hyn. Bu perthynas dda rhwng cymunedau Allerton, Mossley Hill, Wavertree, Childwall, Woolton, Toxteth a'r capel Cymraeg ger Penny Lane. Roedd hyn yn bwysig – gweithgarwch lleol, dinesig, cenedlaethol, fel Cymry, a chrefyddol fel aelodau o eglwys Anglicanaidd Gymraeg a'r Capel Ymneilltuol.

Dal i hybu y traddodiadau

Roedd y gymuned yn parhau'n frwdfrydig o blaid hybu'r Gymraeg a chynnal Eisteddfod Lerpwl a'r Cyffiniau. Llafur cariad oedd y cyfan. Yn y nawdegau, o dan nawdd yr Eglwys Bresbyteraidd, cynhaliwyd Cymanfa Ganu flynyddol a Gŵyl yr Ysgol Sul. Trefnwyd i ganu carolau o amgylch y cartrefi cyn y Nadolig yn ne Lerpwl, a gofalai Côr Bethel o dan ofal Mr R. Ifor Griffith i wasanaethu caniadaeth y cysegr, i ganu'n Gymraeg, yn ogystal â bod yn rhan allweddol o Undeb Gorawl Cymry Lerpwl am dros hanner can mlynedd.

Cofnodi a chroesawu y Cymry i'n plith

Erbyn canol y nawdegau, roeddem yn ymwybodol bod angen croniclo hanes Cymry Lerpwl a chyhoeddwyd dwy gyfrol, *Cymry Lerpwl a'r Cyffiniau* a *The Welsh of Merseyside*, gan Wasg Cyhoeddiadau Modern. Bellach maent allan o brint.

Bu 1998 yn flwyddyn bwysig am i ni fel Cymry Lerpwl gael y cyfle i groesawu llond bysiau o Gymry ar ddyddiau Sadwrn a Sul i weld y mannau diddorol sy'n gysylltiedig â'r Cymry yn ninas Lerpwl. Mae digon o adeiladau i'w gweld o diriogaeth Doc Albert i Eglwys Princes Road, ac adeilad hardd Chatham Street i Barc Sefton lle y cynhaliwyd Eisteddfod Genedlaethol Lerpwl yn 1929. Ac yna ymweld â Penny Lane ac Allerton a de Lerpwl.

Daeth bysiau o Ynys Môn, Dyffryn Conwy a Chlwyd, ac o blith Cymry Caer a Wrecsam a'r cyffiniau. Tyfodd yr ymweliadau hyn dros yr ugain mlynedd diwethaf gan roddi boddhad mawr i gannoedd ar gannoedd o Gymry. Roedd y symudiad hwn yn un hynod o arwyddocaol ar ddiwedd yr ugeinfed ganrif. Pan ymwelodd y llenor Hafina Clwyd o Ruthun â Lerpwl yn un o'r bysiau, lluniodd erthygl i'r *Western Mail* o dan y teitl 'Y Cymry Mentrus a wnaeth gyfraniad i Dwf a Chyfoeth Lerpwl'. Yr hyn oedd wedi synnu Hafina Clwyd oedd prydferthwch Lerpwl:

> Nid oeddwn wedi sylweddoli pa mor hardd yw hi hefo'i therasau Sioraidd – gan gynnwys y nodedig Stryd Rodney – a'i pharciau helaeth. Ac yr oedd y coed ar eu gorau wedi'r glaw.

Cofiwn eiriau Robert Lloyd (Llwyd o'r Bryn) o Edeyrnion hefyd ar ôl un o'i ymweliadau mynych i ddarlithio:

Oes, mae gweithwyr eto ar y Glannau… Daliwn i gredu o hyd yn y gogledd yma, fod Cymry Lerpwl yn frodyr o waed coch cyfan i ni.

Dyna oedd y teimlad a'r agwedd ar ddiwedd yr ugeinfed ganrif.

Yr Eglwys Fethodistaidd yn symud

Un symudiad pwysig yn y nawdegau oedd i'r Eglwys Fethodistaidd Gymraeg benderfynu gadael Renshaw Street a chartrefu yng nghapel Bethel, Heathfield Road. John Williams, Wavertree, ac Euryn Roberts, Childwall, oedd yr arweinwyr. Bu farw John Williams ar ôl cyfnod byr yn ein plith ond gwasanaethodd Euryn Roberts am gyfnod hirach, nes iddo yntau a'i briod symud i Abergele.

Wynebu'r Mileniwm

Sefydlwyd Pwyllgor Mileniwm i Gymry Lerpwl a'r Cyffiniau a fu'n hwb arbennig wrth groesi i ganrif newydd. Cychwynnodd 2000 gyda gwasanaeth unedig eneiniedig yn Eglwys Fethodistaidd Noddfa, Trefebin (Bebington). Fel rhan o ddathliadau'r Mileniwm, cyhoeddwyd dwy gyfrol arall, un yn Gymraeg a'r llall yn Saesneg; *Cymry Lerpwl a'r Cyffiniau yn yr Ugeinfed Ganrif* a *The Welsh of Merseyside in the Twentieth Century*.

Cymry Lerpwl yn yr unfed ganrif ar hugain (2001-18)

Ilawer o Gymry selog Lerpwl estyniad o genedl y Cymry yw'r cymunedau lle ceir unigolion a theuluoedd o Gymry, yn bennaf bellach yn Allerton, Childwall, Woolton, Aigburth, Anfield, Waterloo a Crosby.

Sefydlu Cymdeithas Etifeddiaeth Cymry Glannau Mersi

Sefydlwyd Cymdeithas Etifeddiaeth Cymry Glannau Mersi gan Hugh Begley o Benbedw, dysgwr Cymraeg a ddaeth yn athro ymroddedig a llwyddiannus ar ddosbarthiadau dysgwyr, a D. Ben Rees. Oherwydd gwaeledd bu'n rhaid i Hugh Begley roddi'r gorau i'r ysgrifenyddiaeth ar ôl pum mlynedd. Dilynwyd Hugh Begley gan Dr Arthur Thomas, darlithydd ym Mhrifysgol Lerpwl cyn ei ymddeoliad. Bu Rachel Gooding yn Drysorydd y Gymdeithas, hithau fel Hugh wedi dysgu'r iaith yn rhugl, ond yn wreiddiol o Stalybridge. Gwasanaethodd Dr Pat Williams, Beryl Williams, Nan Hughes Parry, Elin Bryn Boyd a Brian Thomas fel ymddiriedolwyr, a chafwyd gwasanaeth am gyfnod gan Nerys Brookes, Heswall, Carys Williams a Rhiannon Liddell. Hwy fu'n gyfrifol am lu o wyliau a digwyddiadau cyffrous a phwysig yn cynnwys anrhydeddu yr unig Gymro oedd yn haeddu Gwobr Nobel am Lenyddiaeth, Saunders Lewis. Gosodwyd plac ar 6 Wilton Street, Liscard, y tŷ lle y magwyd Saunders Lewis yn Wallasey, yn Chwefror 2001. Daeth yr Esgob Daniel John Mullins i'r cyfarfod arbennig, gŵr a fu'n gweinidogaethu ar Saunders Lewis yn ei ddyddiau olaf, a dadoruchiddwyd y plac gan ferch Saunders Lewis, Mair Jones.

Drwy'r Gymdeithas anrhydeddwyd llu o Gymry Lerpwl – Gwilym

Hiraethog, J. Glyn Davies, Gwilym Deudraeth, cymuned Gymraeg Bootle, adeiladwyr a chyhoeddwyr, arweinwyr cerddorol Undeb Gorawl Cymry Lerpwl a'r cerflunydd byd-enwog John Gibson. Yn sgil y gweithgareddau hyn bu Pwyllgor Paratoi Cais Dinas Lerpwl am yr hawl i fod yn Ddinas Diwylliant Ewrop 2008 yn ddigon hirben i ofalu bod y Gymdeithas ac Undeb Gorawl Cymry Lerpwl yn cael bod yn rhan o'r gwahoddiad.

Mudiadau a sefydliadau Cymreig yn cefnogi digwyddiadau

Tasg arall y bûm yn ymhél â hi oedd perswadio sefydliadau a mudiadau o Gymru i ystyried cynnal rhai o'u gweithgareddau yn Lerpwl. Dathlodd Cymdeithas y Cymmrodorion ddauganmlwyddiant geni Gwilym Hiraethog yn 2002 gyda chyflwyniad gan yr Athro Aled Gruffydd Jones yn Hope University. Trefnodd Llyfrgell Genedlaethol Cymru ddwy ddarlith yn 2008 a hynny gan Hywel Teifi Edwards ym Methel (ger Penny Lane) ac yn Saesneg gan Trevor Fishlock yn Hope University. Daeth y meddygon Cymraeg atom i gynnal dwy ysgol undydd. Traddododd D. Ben Rees yn y gyntaf ac un o feddygon Lerpwl, Dr John G. Williams, yn yr ail.

Cynhaliodd Cymdeithas Dydd yr Arglwydd ei Chymanfa Flynyddol ar y thema 'Ffydd a Diwylliant' yn Lerpwl gydag un o gerddorion Lerpwl a phrifathro dylanwadol yn arwain, R. Ifor Griffith.

Wythnos y Cymry

Bu'r cyfryngau Cymraeg yn garedig atom. Trefnwyd Wythnos y Cymry (1-8 Mawrth, 2008). Cafwyd darlith odidog gan Dr Robin Gwyndaf, Caerdydd, a chynhaliodd dau o gynnyrch bywyd Cymraeg Lerpwl, sef Robin Huw Bowen, y telynor, ac Ellis Roberts o Adran Newyddion y BBC ddathliad Gŵyl Ddewi. Trefnwyd Noson y Beirdd gyda'r Athro Gwyn Thomas, Bangor, a'r Athro Deryn Rees Jones, Lerpwl. Cafwyd cyngherddau yng nghwmni Aled Jones, Bryn Terfel, a Llŷr Williams ar y piano yn Eglwys Sant Nicholas. Trefnwyd gennym 17 o ddigwyddiadau yn ystod Blwyddyn Diwylliant Ewrop. Pan gofiwn mai dim ond un gweithgaredd a drefnwyd gan y gymuned Albanaidd, mae rhywun yn ymfalchïo yn yr hyn a gyflawnodd y Cymry.

Aethpwyd ati i drefnu Arddangosfa Gwynedd-Lerpwl yn Oriel Bangor

(Medi a Hydref) hefyd. Bu'r Arddangosfa yn ffordd ardderchog i glymu'r berthynas rhwng Cymry Lerpwl a Chymry yn yr hen wlad.

Cyhoeddwyd dwy gyfrol yng nghwmni Côr Meibion Trelawnyd hefyd, sef *Codi Stêm a Hwyl yn Lerpwl (1864-2007)* a *Labour of Love in Liverpool*.

Gŵyl y Mimosa

Cynhaliwyd Gŵyl y Mimosa rhwng 29 Mai a 1 Mehefin 2005. Dyma'r trydydd tro i'r ŵyl gael ei chynnal. Cynhaliwyd y gyntaf yn 1965 pan aeth pymtheg cant o Gymry ar y llong y *Royal Daffodil* am dair awr ar Afon Mersi i gofio y *Mimosa* gyntaf yn 1865. Aeth Pwyllgor Gwaith Cymdeithas Etifeddiaeth Glannau Mersi ati yn 2005 i gomisiynu model hardd o'r llong a adawodd Lerpwl am yr Ariannin yn 1865. Gwnaeth arbenigwr o Poole y gamp a chostiodd y gwaith y swm o £2,500. Daeth ychydig o help ariannol gan Gwmni Diwylliant Lerpwl i'n cynorthwyo i gyflawni'r dasg a gellir gweld y gwaith bellach yn Amgueddfa Forwrol Lerpwl yn Pier Head. Dadorchuddiwyd y cyfan gan Elan Jones, Mossley Hill, gorwyres un o ddau arloeswr y Wladfa, Edwyn Cynric Roberts. Hi ddadorchuddiodd y gofeb i'r arloeswyr ger Doc Princes ar 30 Mai 2015 hefyd.

Ar Nos Wener 30 Mai yng Nghanolfan y Crynwyr, dan gadeiryddiaeth Roderick Owen (Llywydd Cymdeithas Gymraeg y Ddinas), cafwyd anerchiadau gan D. Ben Rees ar gefndir y *Mimosa*, gan Mrs Susan Wilkinson, Toronto, Canada, ar y llong hwyliau a gyflawnodd y gamp, gan Dr Arthur Thomas ar Lerpwl, y dociau a'r bywyd economaidd a chan Wayne Jones, Llandeilo, ar hanes y llun gwreiddiol o'r *Mimosa*.

Fore Sadwrn yn yr Amgueddfa Forwrol, cafwyd cyflwyniad gan bedwar o actorion o Gwmni Ieuenctid Theatr Clwyd. Traddodwyd Darlith yr Ŵyl gan Elvey Macdonald, yr Ariannin. Cynhaliwyd Paneli Holi dan lywyddiaeth yr Arglwydd Dafydd Wigley. Y panel oedd D. Ben Rees, Marli Pugh, Irma Roberts a Wendell Davies. Erbyn y prynhawn roedd tyrfa fawr wedi cyrraedd pencadlys Peel Holdings ar y pedwerydd llawr lle y cynhaliwyd dadorchuddio dan arweiniad un o gyfeillion pennaf Cymry Lerpwl, Dr Huw Edwards. Cafodd pob un a siaradodd ar y llwyfan wahoddiad Arglwydd Faer Lerpwl i fwynhau croeso Parlwr Neuadd y Ddinas a chael te yn ei gwmni ef a'r Arglwyddes Faeres. Yno hefyd roedd Prif Weinidog Cymru, Carwyn Jones,

Archdderwydd Cymru, Dr Christine James, Llysgennad yr Ariannin, Alicia Amalia Castro. Braf oedd i'r Gorfforaeth roddi parsel i bob un o blant Ysgol Gymraeg yr Hendre, Trelew, y Wladfa, i gofio am eu cyfraniad yn yr ŵyl.

Y noson honno cafwyd cyngerdd yn Eglwys Fethodistaidd Saesneg Elm Hall Drive, ger Penny Lane, gyda Chôr Merched Edeyrnion, o dan ofal Manon Easter Ellis, merch un o'r gweinidogion amryddawn a wasanaethodd y Cymry yn Lerpwl, y Parchedig Easter Ellis, gweinidog Capel Walton Park. Yr unawdwyr oedd Trebor Edwards, Betws Gwerful Goch a'r canwr opera, Siôn Goronwy o Dalybont ger y Bala. Yr Athro Emeritws Huw Rees (Llywydd Undeb Gorawl Cymry Lerpwl) oedd y gŵr gwadd.

Ar y Sul, cynhaliwyd oedfa o dan lywyddiaeth Dr D. Ben Rees yng Nghapel y Bluecoat gyda'r Parchedig Robert W. Jones, Wrecsam (y pregethwr gwadd), a'r Canon Tegid Roberts, Llanrug, a fu yn gweinidogaethu yn y Wladfa. Perfformiodd Ysgol Gynradd yr Hendre, Trelew, a chyflwynwyd rhodd o £809 i'r ysgol gan y Gymdeithas.

Yn y prynhawn, cynhaliwyd Cymanfa Ganu na welwyd mo'i thebyg yn Lerpwl ers y saithdegau, o dan fatwn R. Ifor Griffith gyda'r organyddes Margaret Anwyl Williams. Llywydd y Gymanfa oedd David Mawdsley, a thraddodwyd y fendith gan y Parchedig Eirian Lewis, Mynachlog Ddu.

Dros y penwythnos, o ddod â'r niferoedd fu'n bresennol ymhob sesiwn at ei gilydd, amcangyfrifir fod tua dwy fil wedi mynychu'r ŵyl. Daeth 44 o'r Wladfa, rhai fel Marli Pugh, Irma Roberts, Wendell Davies a Luned Vychan Roberts de Gonzales.

Ac felly yng nghanol ail ddegawd yr ugeinfed ganrif ar hugain nid yw'r Gymraeg wedi pylu o Lerpwl o bell ffordd. Mae'n dal yn berthnasol a chynhelir o flwyddyn i flwyddyn wahanol weithgarwch. Nid yw'r Gymraeg mor gyson â chynt, ond daliwn i'w chlywed, ac nid yw'r etifeddiaeth wedi ei hanghofio. Ond gofalir bod cenedlaethau i ddod yn gwybod yr hyn a gyflawnwyd gan Gymry Lerpwl a'r cyffiniau ar hyd y canrifoedd. Mae gennym hanes cyfoethog i ymffrostio ynddo, a hwnnw wedi ei gofnodi yn y Gymraeg. Fel y dywedodd yr Athro D. J. Bowen: 'Yr unig beth a erys yw'r hyn y mae rhywun wedi'i ysgrifennu.'

Detholiad bywgraffyddol byr o Gymry sydd yn haeddu cofnod helaethach nag a gafwyd yn y gyfrol

John Davies (1766-1829)

Un o Dremeirchion oedd John Davies. Ni chafodd addysg a bu'n gweithio ar ffermydd fel gwas bach o saith mlwydd oed ymlaen. Priododd yn 1790 a phenderfynodd y ddau ohonynt bum mlynedd yn ddiweddarach i ymfudo i Lerpwl.

Gwelodd ei fyd yn newid yn gyfan gwbl, a chafodd fodd i fyw yng nghymdeithas Capel Cymraeg Pall Mall. Yr oedd yn un o brif gefnogwyr y symudiad i sefydlu achos yn Jamaica Street i'r Methodistiaid Calfinaidd, ac oddi yno i Gapel Bedford Street.

Daeth yn fugail ar y ddiadell yn Bedford Street. Dylanwadodd ar nifer o fechgyn ifainc fel John Roberts (Minimus) a oedd yn emynydd o safon. Byddai'n cynrychioli Lerpwl yn Sasiynau'r gogledd gan ei fod yn adnabod cymaint o'r cenhadon a ddeuai yn gyson o Gymru. Bu farw 19 Hydref 1829 a'i gladdu ym mynwent Sant Mihangel.

Y Parchedig John Breese (1789-1842)

Ganed yn Llanbryn-mair ym Medi 1789, a magwyd ef gan ewythr a modryb iddo. Dechreuodd bregethu yn 24 oed ar gyfarwyddyd gweinidog yr Hen

Gapel, y Parchedig John Roberts. Aeth i ysgol yn yr Amwythig, yna i Athrofa Llanfyllin ac yn 1817 cafodd alwad i ofalu am eglwys Annibynwyr Cymraeg Edmund Street, Lerpwl, a dechreuodd ar ei waith ym mis Mehefin. Priododd gyda Margaret, merch David Williams, Saethon, Llŷn, a ganwyd iddynt fab, Edward Breese (1835-81), a ddaeth yn gyfreithiwr llwyddiannus ym Mhorthmadog a'r gŵr a roddodd gyfle yn y swyddfa i David Lloyd George, fel y medrai ddilyn galwedigaeth.

Ar ôl cyrraedd Lerpwl bu John Breese yn arolygu adeiladu capel yr Hen Dabernacl, fel y'i gelwid, ar gongl Great Crosshall Street. Gosodwyd y garreg sylfaen ym mis Ebrill 1817 a chafwyd anerchiadau gan y Parchedig Williams o'r Wern a John Elias. Costiodd yr adeilad £2,700 ac agorwyd ar 12 Hydref 1877. Daeth ei hen weinidog yno i bregethu ar ddyletswyddau'r gweinidog ifanc a daeth wyth gweinidog arall i'w urddo i'r swydd. Gweithiodd yn hynod o galed yn Lerpwl am 17 mlynedd a byddai'n cerdded yn ôl a blaen i Fanceinion i wasanaethu'r Annibynwyr Cymraeg yno. Derbyniodd alwad yn 1835 i ofalu am eglwys Heol Awst, Caerfyrddin, ond roedd straen y gwaith a gyflawnodd yn Lerpwl wedi dechrau dweud arno ac ni chafodd iechyd da yn Sir Gaerfyrddin. Bu farw Awst 1842 yn 53 mlwydd oed ac fe'i claddwyd ym mynwent Heol Awst.

David Davies (1797-1861)

Un o Gymry amlycaf Lerpwl ei ddydd oedd David Davies a aned yng Nghlocaenog, Dyffryn Clwyd, yn 1797. Derbyniodd ychydig o addysg a bu'n gweithio ar ffermydd cyn symud yn 1820 i weithio gyda'i ewythr, Methodist Calfinaidd adnabyddus, Gabriel Davies o'r Bala, a hynny yn Nolgellau. Gwnaeth enw da iddo'i hun ym myd arian ar ôl symud i Lerpwl a chefnogodd yr achos crefyddol hyd eithaf ei allu. Bu'n flaenor yng Nghapel Mulberry Street. Gwyddai myfyrwyr am y weinidogaeth fod yna groeso mawr iddynt yn ei gartref hardd yn Mount Gardens.

Etholwyd ef yn ymddiriedolwr y Gymdeithas Genhadol Dramor a bu'n hael gyda'r cenhadwr cyntaf, Thomas Jones (1810-1849). Bu'n Drysorydd Cangen Gymraeg Lerpwl o'r Feibl Gymdeithas.

Y Parchedig Thomas Pierce (1801-57)

Ganed Thomas Pierce ar 24 Mai 1801 yn Dinbych, yn fab i William ac Eleanor
Pierce. Symudodd yn ŵr ifanc i Fanceinion, ond teimlai gymaint o hiraeth am
Gapel Lôn Swan fel mai buan y dychwelodd. Yn 1831 cafodd alwad i fugeilio
Capel Cymraeg yr Annibynwyr yn Greenland Street, Lerpwl a chafodd ei
urddo yno ar 24 Rhagfyr 1832. Un o'i edmygwyr mawr ef oedd y Parchedig
William Rees (Gwilym Hiraethog) a bu'r ddau yn bennaf ffrindiau yn Lerpwl
o 1843 hyd 1857. Lluniodd Hiraethog englyn i'w goffáu:

> Parhaus gof fydd am Pierce gu – yn felys
> Gan filoedd yng Nghymru,
> Gwas i'w oes, a gwas Iesu,
> Hyd ei fedd, yn ddiwyd fu.

Y Parchedig Josiah Thomas (1830-1905)

Ganed ef ym Mangor ar 7 Awst 1830 yn fab i Owen a Mary Thomas
a brawd i'r diwinyddion a'r llenorion dawnus Owen Thomas (1812-
91), gweinidog Princes Road, Lerpwl, am dros ugain mlynedd, Dr John
Thomas (1821-92), gweinidog yr Annibynwyr yn Lerpwl am 36 mlynedd
a William Thomas, arweinydd Dirwest yn Lerpwl am ddegawdau. Fel ei
frawd, Dr Owen Thomas, aeth Josiah i Goleg y Bala a Phrifysgol Caeredin
lle y graddiodd yn 1857. Wedi bod yn fugail Jerusalem, Bethesda, bu'n
cadw ysgol ym Mangor o 1862 i 1866. Ond, yng Nghymanfa Gyffredinol
Aberystwyth yn 1866, penodwyd ef yn olynydd i John Roberts (Minimus).
Symudodd i Lerpwl flwyddyn ar ôl i'w frawd, Owen Thomas, symud o
Lundain i Netherfield Road. Daeth y Gymdeithas Genhadol, a oedd cyn
hynny'n gymharol ddinod, yn sefydliad cyhyrog dan arweiniad Josiah
Thomas. Roedd ar delerau da â Chyfarwyddwyr y Pwyllgor Gwaith ac
enillodd ymddiriedaeth a pharch llwyraf mwyafrif y cenhadon yng ngogledd-
ddwyrain yr India. Roedd yn siom fawr pan gyflwynodd ei ymddiswyddiad
i Gymanfa Llanberis ym mis Mehefin 1900 oherwydd gwaeledd. Oherwydd
ei brofiad helaeth fel Ysgrifennydd Cyffredinol y Genhadaeth Dramor am
34 mlynedd a'i adnabyddiaeth o holl agweddau'r genhadaeth, penderfynodd
y Gymanfa ei wahodd i fod yn Ysgrifennydd Ymgynghorol. Perchid ef yn
fawr a bu'n Llywydd Cymdeithasfa'r Gogledd yn 1896. Symudodd ei docyn

aelodaeth yn Rhagfyr 1903, ef a'i briod, i Gapel Webster Road a bu'n aelod hyd ei farwolaeth ar 21 Mai 1905.

N. M. Jones ('Cymro Gwyllt' 1832-94)

Ganed ef ym Mynachlog Nedd ym Morgannwg ar 9 Rhagfyr 1832 ond symudodd yn faban gyda'i rieni i Aberdâr cyn iddynt ymfudo i'r Unol Daleithiau. Yno y cafodd ei addysg gynnar ond yn llanc pedair ar ddeg oed penderfynodd anturio ar draws Môr yr Iwerydd i Lerpwl. Llwyddodd i fenthyca digon o gyfalaf i brynu tŷ masnachol yn Union Street lle y medrai yr ymfudwyr i'r byd newydd gael aros a derbyn ei gyngor. Daeth ei ganolfan yn fan cyfarfod i ugeiniau o Gymry ifanc ar eu ffordd i Efrog Newydd.

Priododd N. M. Jones gyda chantores amlwg yn y bywyd Cymraeg sef Llinos Cynwyd a ganwyd mab iddynt a alwyd yn Llewelyn. Daeth enw y Cymro Gwyllt yn gyfarwydd iawn trwy Gymru ac yn arbennig i ddarllenwyr *Y Gwladgarwr* gan ei fod yn cyfrannu yn gyson i golofnau'r papur hwnnw. Bu farw ar 12 Medi 1894 a'i gladdu yn mynwent Anfield.

Y Parchedig John Jones (1835-91)

Brodor o Lanefydd oedd John Jones a daeth yn drwm o dan ddylanwad y Parchedig Robert Ellis, ei weinidog amryddawn. Ymfudodd i Lerpwl yn 1849 a chafodd waith fel teiliwr. Mwynhaodd y gymdeithas a geid yng nghapeli Bedyddwyr Cymraeg Lerpwl, a rhoddwyd cyfle iddo ymarfer ei ddoniau fel siaradwr a gweddïwr yng nghyfarfodydd Capel Athol Street. Symudodd o Lerpwl i Fangor a chafodd fynediad i Athrofa'r Bedyddwyr ym Mhont-y-pŵl yn 1859. Yr oedd yn ddigon aeddfed i'w ordeinio o fewn blwyddyn a'i osod i lafurio yng Nglyn Ceiriog a hynny yn Awst 1860. O Lyn Ceiriog symudodd i Dal-y-bont, Sir Aberteifi yn 1866. Symudodd am y tro olaf i Flaenllechau yn y Rhondda Fach yn 1876.

Elizabeth Jones (1836-61)

Merch grefyddol anghyffredin oedd Elizabeth. Yn saith mlwydd oed byddai yn adrodd ar ei chof y Salm Fawr. Ymfudodd i Lerpwl gan iddi glywed fod y Parchedig Henry Rees yn gweinidogaethu yno. Ef oedd ei harwr. Cartrefodd yn 59 York Terrace. Bu farw ym mlodau'i dyddiau yn 1861 a hithau ond yn 25 mlwydd oed. Gadawodd ar ei hôl blentyn bach a phriod, a dygwyd ei chorff yr holl ffordd o Lerpwl i'w hen gartref ac i fynwent Llansadwrn, Ynys Môn.

Y Parchedig William Williams (1836-98)

Brodor o Rymni. Cymhellwyd ef i bregethu, ac fe'i derbyniwyd yn Athrofa Hwlffordd yn 1861. Dair blynedd yn ddiweddarach derbyniodd alwad i Gapel Bethel, Aber-nant, yng Nghwm Cynon. Oddi yno aeth i Gapel Soar, Cendl, ac i Aber-carn yn Sir Fynwy. Derbyniodd alwad i Gapel Bousfield Street, Walton, Lerpwl yn 1876.

Yn Lerpwl y gwnaeth waith mawr ei fywyd. Yr oedd capel newydd wedi agor pum mis yn gynt yn Bousfield Street. Costiodd y capel £2,500 i'w adeiladu.

Ar ôl pedair blynedd ar ddeg derbyniodd alwad i Dredegar Newydd, lle y llafuriodd am chwe blynedd cyn ymddiswyddo, a hynny o achos gwaeledd. Bu farw 23 Ionawr 1898 yn 62 mlwydd oed ac fe'i hebryngwyd ef yn ôl i Lerpwl.

Y Parchedig David Howells (1841-90)

Ganed David Howells mewn ffermdy o'r enw Cwrt-y-gledden, ger Pontyberem yng Nghwm Gwendraeth ar 21 Awst 1841. Collodd ei fam ac yntau ond yn ddwy flwydd oed a phan oedd yn saith oed bu farw ei dad. Gofalwyd amdano ef a'i frawd gan ei dad-cu o ochr ei fam, Jeremiah Griffiths, Horeb, Llanelli. Yn bedair ar ddeg oed symudodd at ewyrth iddo oedd yn byw ym Maesteg. Cymhellwyd ef i bregethu yn 19 oed a chafodd fynediad yn 1862 i Athrofa Pont-y-pŵl lle y gwnaeth ddefnydd da o'i gyfle. Yn 1866 derbyniodd alwad i achos y Bedyddwyr Cymraeg yn Mount Vernon Street, Lerpwl. Ef oedd gweinidog cyntaf Mount Vernon Street ond yr oedd yr aelodau yn chwilio am ddarn o dir mwy cyfleus er mwyn codi capel newydd. Gwelent bosibilrwydd hynny yn Hall Lane a chafodd David Howells naw o frodyr o Mount Vernon Street i'w gynorthwyo yn y Pwyllgor Adeiladu. Yr adeiladwr oedd y Cymro o Gerrigydrudion, William Jones, Catherine Street ac Upper Duke Street, Lerpwl. Cwblhawyd y gwaith ym mis Tachwedd 1868 am y gost o £2,400 a'r gweinidog wedi sôn am wneud hynny am fil o bunnau! Yr oedd David Howells yn ŵr ymroddgar a gweithiodd heb laesu dwylo a chasglodd ugeiniau o lawer o bunnau. Ond yr oedd y ddyled yn rhy fawr. Torrodd ei galon, a symudodd i gefn gwlad Sir Frycheiniog allan o ofid Hall Lane. Yn Ebrill 1870 symudodd i Glasbury a Phenyrheol am fyd mwy hamddenol. Bu farw 6 Chwefror, 1890.

Edward M. Evans ('Morfryn' 1848-1915)

Mab Tŷ'n yr Ardd, Penrhyndeudraeth oedd Edward M. Evans, a symudodd i Lerpwl yn 1875 gan dreulio deugain mlynedd yn y ddinas. Chwarelwr ydoedd ym Meirionnydd a bu'n gweithio i'r un cwmni yn Lerpwl am 36 o flynyddoedd. Am chwarter canrif bu Morfryn a'i briod yn cadw Tŷ Capel Crosshall Street yn nyddiau David Williams, y Calfinydd eiddgar. Cymerodd Morfryn ran amlwg ym mywyd eisteddfodol dinas Lerpwl, gan ei fod yn amryddawn iawn fel englynwr, llenor a cherddor.

Bu farw ym mis Mawrth 1915 yn nhŷ ei ferch a'i fab yng nghyfraith, R. J. Ellis, 62 Holt Road, Edge Lane, a bu'r angladd ym mynwent Anfield o dan ofal y Parchedig John Hughes Morris a'r Parchedig J. O. Williams (Pedrog).

Richard Edward Jones (1849-1925)

Ganed R. E. Jones yn fab i Edward Jones, Caergwrli, Llantrisant, Môn. Derbyniodd addysg yn Llantrisant ac yn ysgol breifat Amlwch, a chafodd ei hyfforddi ym myd creu dodrefn. Ymfudodd i Lerpwl a derbyn gwaith gan adeiladwr Cymraeg cyn mentro ar ei liwt ei hun. Bu yn hynod o lwyddiannus yn ei grefftwyr ac adeiladodd yn Bootle i gychwyn, cyn mentro i Anfield ac Old Swan, a chanolbwyntio ar drefedigaeth Kensington. Yno yr adeiladodd yn llythrennol gannoedd ar gannoedd o dai, rhwng Hall Lane a Jubilee Drive, a Coleridge Street a Shell Road. Maentumia J. R. Jones mai 'ychydig o adeiladwyr Lerpwl, boed hwy yn Gymry neu Saeson, a adeiladodd fwy o dai nag ef, na bod yn fwy llwyddiannus.'

Cymerodd ddiddordeb yn y bywyd cyhoeddus ym Môn a Lerpwl. Ym Môn etholwyd ef yn aelod o'r Cyngor Sir yn 1904, yn Henadur yn 1912, yn Ynad Heddwch yn 1906 ac yn Uchel Siryf Môn yn 1908. Bu yn weithgar iawn o fewn Henaduriaeth Lerpwl o Eglwys Bresbyteraidd Cymru ac roedd yn un o sylfaenwyr Capel Holt Road, a symudodd yn ddiweddarach i Edge

Lane. Ef oedd un o'r blaenoriaid cyntaf yn Holt Road a hynny yn 1886, ac yn 1901 yr oedd yn llywydd yr Henaduriaeth. Bu ei fab hynaf, Joseph Edward Jones yn bartner iddo yn y busnes adeiladu, a dilynodd ôl traed ei dad. Cartrefai Joseph Jones yn Baroda, Crompton Lane ac etholwyd ef yn flaenor yn 1923. Bu Joseph E. Jones yn amlwg gyda'r gwaith cenhadol ac yn gyfarwyddwr i nifer o gymdeithasau adeiladu.

Y Parchedig John Hughes (1850-1932)
Ganed ym mis Mai 1850 i Dafydd ac Elizabeth Hughes. Symudodd y teulu i Gwmafan ger Port Talbot, ac yno y magwyd ef a'i frodyr, tri ohonynt a wasanaethodd fel offeiriaid yn yr Eglwys Anglicanaidd, sef y Parchedigion Lewis Hughes, Rhosili, Gŵyr, William Hughes, Colton, Esgobaeth Salisbury a James J. Hughes, Minetown, Esgobaeth Henffordd.

Cafodd radd MA o Brifysgol Glasgow a'i ordeinio yn sasiwn Llangeitho yn 1877. Yna aeth i Fachynlleth a dod i Fitzclarence Street, Lerpwl, lle y cyflawnodd waith mawr ei fywyd fel awdur, bardd a phregethwr. Yr oedd hefyd yn awdur toreithiog yn Gymraeg a Saesneg. Ymysg ei gynnyrch ceir *Rhagluniaeth Duw Mewn Anian ac mewn Hanesyddiaeth* (1886), *Gwanwyn Bywyd a'i Ddeffroad* (1886), *Ysgol Jacob* (1897) a *Marwolaeth y Saint* (1905). Yr oedd yn fardd cydnabyddedig a gwelir ei gerddi Cymraeg a Saesneg yn y cyfrolau *Songs in the Night* (1885), *Tristora* (1896) a *Dan y Gwlith* (1911).

Yn niwedd ei weinidogaeth symudodd i Forgannwg, ac ym Mhen-y-bont ar Ogwr y bu farw ar 24 Gorffennaf 1932.

John Williams ('Maldwyn' 1851-1933)
Ganed ef ar 15 Mawrth 1851 yn ninas Lerpwl i deulu o Sir Drefaldwyn a dyna'r rheswm iddo arddel y ffugenw Maldwyn pan ddaeth yn newyddiadurwr. Addysgwyd ef yn breifat. Yn un ar ddeg oed anfonwyd ef i'r Liverpool Institute. Roedd wedi bwriadu cael gyrfa yn y gyfraith a bu am rai blynyddoedd yn chwarae gyda'r uchelgais hwnnw. Llwyddodd i gael swydd clerc mewn cwmni cyfreithwyr ond yn fuan penderfynodd fynd ar ei liwt ei hun fel newyddiadurwr. Am flynyddoedd, enillodd ei fywoliaeth drwy ysgrifennu i'r *Liverpool Daily Post* ar y gymuned Gymraeg gref a breswyliai yn y ddinas. Ysgrifennai hefyd i bapurau eraill er mwyn cael cyflog teilwng. Roedd ganddo

golofn wythnosol yn y *Liverpool Echo* o dan ei ffugenw Maldwyn. Cyfrifid ei erthyglau a'r colofnau o safon uchel, a byddai yn adlewyrchu cryn dipyn o'r bywyd Cymraeg ar ei orau.

Griffith Owen (1852-1919)

Cyfrifid Griffith Owen yn un o gymeriadau anwylaf Cymry Bootle ac Orrell. Yr oedd yn adnabyddus dros ben i'r gymuned Gymraeg a Saesneg a magodd ddau fab a fu'n addurn, sef Hugh Owen a fu'n gysylltiedig â Chapel Douglas Road, a'r tenor swynol Griff Owen a fu'n perfformio yn gyson mewn cyngherddau ar hyd a lled Lerpwl.

George Jenkins (1859-1946)

Ganed George Jenkins ym mhlwyf Cilgerran, Sir Benfro, yn 1859. Symudodd i Lerpwl yn 1879 ond, wyth mlynedd yn ddiweddarach, ymfudodd i'r Unol Daleithiau a bu yno am chwe blynedd yn Ninas Kansas, Denver a Colorado. Dychwelodd i Lerpwl yn 1893 lle cymerodd ran flaenllaw yng Nghapel Webster Road ac yn 1919 etholwyd ef yn flaenor.

Ymhyfrydai George Jenkins yn y gwaith o ofalu am ddosbarth o oedolion yn yr Ysgol Sul. Bu farw yn 87 mlwydd oed ar 18 Ebrill, 1946.

John Hughes (1863-1936)

Ganed John Hughes yn Llanrhuddlad, Ynys Môn, yn 1863, a daeth yn llencyn ifanc i Lerpwl a chartrefu yn Wavertree. Symudodd ef a'i briod, Mary Ann (née Williams), yn enedigol o Lanymstudwy, i Ramilies Road ym mis Mawrth 1897, ond arhosodd yn weithgar yng Nghapel Webster Road. Erbyn 1899 roedd yn un o bedwar aelod o'r Gyfeisteddfod Ariannol ac yn gyd-ysgrifennydd gyda J. W. Jones ar yr Eisteddleoedd. Adeiladodd ei gartref ei hun, Moneivion, yn Green Lane yn 1906. Etholwyd ef yn flaenor yn 1900 ac erbyn 1903 ef oedd Trysorydd y Casgliadau Cyfundebol. Ond, y flwyddyn honno, ymddiswyddodd fel blaenor, ond daliodd yn aelod a bu'n fawr ei gyfraniad pan benderfynwyd adeiladu capel newydd yn Heathfield Road.

Daeth yn adeiladwr pwysig, nid yn unig yn Lerpwl, ond ym Mhenbedw, Wallasey, Newton-le-Willows, Birmingham a Llundain. Ef oedd yn gyfrifol am adeiladu y Polo Estate yn Childwall, Kenton Estate yn Llundain a

Shirley Estate yn Birmingham. Ystyriwyd ef yn un o'r arbenigwyr pennaf a byddai Gweinidog Tai y Llywodraeth, Syr Kingsley Wood, yn gofyn am ei gyfarwyddyd. Hoffai chwaraeon – golff, biliards ac yn arbennig *croquet*. Enillodd lu o wobrau a chafodd wahoddiad i chwarae dros Loegr yn erbyn Awstralia.

Isaac Roberts ('Ap Carog' 1864-1929)

Yn wreiddiol o Lyndyfrdwy, lle y ganwyd ef yn 1864, symudodd ei rieni i bentref Carrog pan oedd Isaac Roberts yn ddeuddeng mlwydd oed. Yn ddiweddarach yn ei oes mabwysiadodd yr enw barddol, Ap Carog. Daeth i Lerpwl i weithio yn y diwydiant adeiladu, ac ym mis Tachwedd 1909 roedd ef a'i briod yn byw yn 16 Mayville Road, Allerton.

Roedd yn aelod o Glwb y Junior Reform a Chlwb Cymru Fydd yn Upper Parliament Street lle y bu'n weithgar iawn. Roedd ei frawd, J. O. Roberts, Upper Parliament Street, ac yntau yn gweithio yn y diwydiant adeiladu ac yn aelodau yng Nghapel Princes Road. Dechreuodd Isaac Roberts adeiladu ar ei liwt ei hun a gweithiai dros adeiladwyr Cymreig. Adeiladodd dai yn Wavertree, Anfield, Kensington a Childwall.

John William Jones (1868-1945)

Ganed J. W. Jones yng Nghae'r Hafod, Cyffylliog, Dyffryn Clwyd, yn 1868 a daeth i Lerpwl i weithio fel saer coed i gwmni David Roberts yn 1886. Naw mlynedd yn ddiweddarach priododd â Sarah Catherine Owens, merch o Lanrhaeadr-ym-Mochnant. Bu'n weithgar iawn gyda Chapel Webster Road a phan oedd ef a'i briod yn byw yn 50 Webb Street yn 1897 cafodd y swydd o Drysorydd Cyfeisteddfod Ddirwestol y capel. Hon oedd ei swydd gyntaf o lu o swyddi. Yn 1899 roedd J. W. Jones yn un o bedwar ar y Gyfeisteddfod Ariannol ac yn 1900 ef oedd un o Ysgrifenyddion yr Eisteddleoedd. Erbyn 1903 roedd yn aelod o Bwyllgor y Llyfrgell. Erbyn 1910 trigai'r teulu yn Hiraethog, Allerton Road, a'r flwyddyn ddilynol fe'i gwnaed yn flaenor. Bu o fudd mawr pan adeiladwyd y capel newydd yn Heathfield Road 1925-7 ac yn haelionus hefyd. Oni bai amdano ef a'i deulu, a theulu John Jones, Mayfield, ni fyddai'r capel wedi cael ei adeiladu ar y raddfa a wnaed. Cyfrannodd at gronfa yr adeiladau swm anrhydeddus o £4,300 bob blwyddyn hyd at

1937. Yn 1933 etholwyd ef yn Llywydd yr Henaduriaeth a bu'n aelod o lu o bwyllgorau cyfundebol ac yn ffyddlon i Bwyllgor Gwaith y Genhadaeth Dramor yn Lerpwl. Yn 1938 addasodd i'r Gymraeg basiant Saesneg o eiddo cwmni James Broadbent a'i Feibion o Leeds yn dwyn y teitl *Adeiladu'r Eglwys*. Amcan y pasiant oedd cyfleu i'r ifanc a'r oedolion anghenion pennaf yr eglwys gartref fel yn India, sef gobaith, gwroldeb, gofal a gwasanaeth.

Ganed iddo ef a'i briod bump o blant – pedwar bachgen ac un ferch – a bu'r meibion i gyd yn gyfarwyddwyr cwmni adeiladu J. W. Jones.

Y Parchedig Thomas Davies (1870-1912)

Ganed yng Nghlocaenog, Dyffryn Clwyd, yn fab i Thomas Davies, Bryngwyn a'i briod. Symudodd i Lerpwl yn bymtheg oed a chael swydd yn siop Irwin, groseriaid adnabyddus. Oherwydd ei ffyddlondeb i Gapel Cymraeg Stanley Road, Bootle, gwelodd y gweinidog galluog, y Parchedig Griffith Ellis, ddeunydd pregethwr ynddo. Yr oedd yn meddu ar argyhoeddiad dwfn ar gwestiynau cymdeithasol, a daeth yn sosialydd amlwg ymysg Cymry Lerpwl. Gwasanaethodd am gyfnod fel cenhadwr trefol dan nawdd Eglwys Stanley Road gan ganolbwyntio ar ganolfan genhadol a'r Ysgol Sul yn Bankhall.

Symudodd am gyfleoedd addysg i Ysgol Ragbaratoawl y Bala lle y bu yn lladmerydd sosialaeth ymysg y myfyrwyr ac o'i lafur ef ac eraill sefydlwyd Cymdeithas y Ffabiaid yno. Aeth i Brifysgol Gogledd Cymru, Bangor a daeth i edmygu'r sosialydd, T. Hudson Williams, a ddysgai'r Clasuron. Graddiodd yn BA ac aeth ymlaen i Goleg Mansfield, Prifysgol Rhydychen. Cyn gorffen ei gwrs yno, cafodd ei gymell gan Bwyllgor Cenhadaeth Dramor Lerpwl i ystyried mynd yn genhadwr i'r India. Ond penderfynodd y meddygon a'i harchwiliodd na ddylai fynd i ogledd-ddwyrain India, ac oherwydd cymorth ei athrawon yn Rhydychen, anfonwyd ef ar daith chwe mis i Awstralia.

Arhosodd yno a phriodi â'i gariad o ddyddiau Lerpwl, Miss Beryl Lloyd, a chafodd alwad i Eglwys Bresbyteraidd Bowral, New South Wales. Oherwydd cyflwr ei iechyd, bu'n rhaid iddo roi'r gorau i'r eglwys a symudodd ef a'i briod i Wentworth Falls. Yno y bu farw ar 23 Gorffennaf 1912.

Robert Owen Jones (1871-1923)

Ganed R. O. Jones yn Dolrhyd, Dolgellau yn un o bump o blant i Maria a John Jones. Ar ôl derbyn ei addysg yn lleol a gweithio ar y tir gwelodd ei gyfle yn 1899 trwy symud i ddinas Lerpwl. Cafodd waith gyda chwmni te Chaloner a Ridgway. Credodd y medrai ennill gwell bywoliaeth trwy sefydlu ei fusnes ei hun ac agorodd siop siandler a haearnwerthwr. Ond ac yntau yn edrych ymlaen am fusnes lewyrchus dechreuodd ei iechyd beri gofid a thrafferth iddo. Bu farw ar 17 Mai, 1923.

Dr Thomas Hopkin Evans (1879-1940)

Ganed y cerddor yn Resolfen yn 1879 ond gadawodd yr ysgol gynradd yn ddeuddeg oed i weithio fel glöwr. Ymrôdd i gerddoriaeth yn gynnar, ac erbyn 1900 yr oedd wedi meithrin ei wybodaeth o gerddoriaeth ac yn ymaflyd i waith fel organydd i gapeli. Ffurfiodd Gôr Cymysg Resolfen ac ennill y wobr gyntaf yn Eisteddfod Genedlaethol 1905. Yn 1909 symudodd i Gastell-nedd fel organydd Eglwys Bresbyteraidd (adran Saesneg) London Road. Daeth yn arweinydd Côr Cymysg y dref. Yn 1919 symudodd i Lerpwl fel arweinydd cyflogedig Undeb Gorawl Cymry Lerpwl ac yno y bu weddill ei oes.

Bu yn Arweinydd Côr Eisteddfod Genedlaethol Penbedw (1917), Castell-nedd (1918), Lerpwl (1929), Wrecsam (1933) a Dinbych (1939). Beirniadodd yn yr Eisteddfod Genedlaethol am chwarter canrif. Darlithiai yn gyson a bu galw mawr amdano fel arweinydd cymanfaoedd. Bu'n arwain Cymanfa Ganu Penmachno a'r Cyffiniau am 24 mlynedd. Bu'n brysur fel cyfansoddwr tonau fel Penmachno, Tregeiriog, Gorof ac Arosfa.

Enillodd ddoethuriaeth o Brifysgol Rhydychen ar ddiwedd ei oes yn 1940. Ei gyngerdd olaf oedd *Elijah* ar 16 Mawrth 1940, a saith diwrnod yn ddiweddarach bu farw yn ddisymwth yng nghartref ei frawd yng Nghastell-nedd.

Thomas Jones (1879-1937)

Ganed Thomas Jones yn 1879 ar fferm Pistyll Gwyn, Llanfair Dyffryn Clwyd, a chafodd ei addysg yn yr ysgol leol. Bu'n gweithio fel gwas ar y fferm, ond ni hoffai'r gwaith a dyheai am ddefnyddio ei ddwylo fel saer coed. Yn un ar bymtheg mlwydd oed daeth i Lerpwl a chafodd waith gan J. W. Jones a oedd newydd ffurfio cwmni. Yn un ar hugain oed ymfudodd i Dde Affrica ac yn 1900 priododd â Chymraes o Fôn yn Cape Town. Am resymau iechyd dychwelodd y ddau o Dde Affrica ac aeth i weithio ym myd adeiladu. Bu'n brysur ym Mossley Hill, Calderstones, Childwall ac Allerton. Roedd yn byw yn Newlands, Queen's Drive, ac yn weithgar iawn ym mywyd Capel Heathfield Road. Bu am gyfnod yn Drysorydd Cyfeisteddfod Ddirwestol y capel ac roedd David Griffiths, Micklefield Road, yn Llywydd gyda Doris Thomas, Allerton Road yn Ysgrifennydd.

Roedd yn un o'r adeiladwyr cynharaf i ddefnyddio pob modfedd o'r tŷ at bwrpas ymarferol, a gofalai am silffoedd pwrpasol, cypyrddau a dodrefn i ddal dillad yn rhan o'r ystafell, yr hyn a elwir yn 'built-in cupboards'.

John Lloyd (1880-1966)

Ganed John Lloyd yn 1880 yn Nhŷ Capel Tŷ Mawr ger Rhydlydan, Meirionnydd, a daeth i Lerpwl yn un ar bymtheg oed o Gwm Penanner.

Wedi cyrraedd Lerpwl, lle y lletyai â'i fodryb, fe'i cysylltodd ei hun ar unwaith ag Eglwys Webster Road yn ystod gweinidogaeth y Parchedig William Owen. Cafodd waith ym myd adeiladu a daeth yn adeiladwr o safon. Bu ei brofiad o gymorth mawr i'r eglwys droeon. Bu'n ffyddlon ac ymroddgar yn Webster Road ac, ar ôl hynny, yn Heathfield Road.

Ei gyfraniad arbennig oedd fel athro yn Ysgol Sul yr Oedolion am gyfnod maith. Cyfrifid ef yn athro hynod o lwyddiannus. Etholwyd ef yn flaenor yn 1939 a rhoddai gefnogaeth ddiwyro i gyfarfodydd ysbrydol yr eglwys, y Cyfarfod Gweddi a'r Seiat, a chyfrannodd yn helaeth atynt yn ei ffordd unigryw ei hun.

Hanai ei briod, Mrs Lloyd, o'r Felinheli a bu hi farw ar Ebrill y cyntaf, 1960. Gadawodd ei gartref yn 11 Towers Road a chartrefodd ar ôl hynny gyda'i ferch, Mrs Dilys Jones, yn Hilltop Road, a gyda'i fab, Arthur Lloyd, yn Dulas Road. Bu John Lloyd farw ddydd Sadwrn, 26 Mawrth 1966, yn 86 mlwydd oed.

Dr Gwilym Owen (1880-1940)

Ganed Gwilym Owen ar 19 Gorffennaf 1880 yn Ninbych. Daeth ef a'i chwaer, Miss Mary Owen, i Lerpwl pan symudodd eu rhieni i 11 Rossett Avenue yn

1896. Ysgwyddodd faich Ysgrifennydd Achos Symudiad Ymosodol Capel Webster Road yn 1899 pan oedd yn fyfyriwr ym Mhrifysgol Lerpwl. Roedd yn llawn gweithgarwch – yn Ysgrifennydd Gohebol Cymdeithas Ymdrech Grefyddol y Bobl Ieuainc ac yn Is-ysgrifennydd yr Ysgol Sul am 1900, ac yntau ond yn ugain mlwydd oed. Graddiodd o Brifysgol Lerpwl yn 1901 gyda chlod uchel ac enillodd ysgoloriaeth yr 1851 Exhibition a fu'n fodd iddo allu mynd i Goleg Crist, Caergrawnt, i wneud ymchwil yn labordy Cavendish dan Syr J. J. Thomson. Ar derfyn ei yrfa yng Nghaergrawnt yn 1905 apwyntiwyd ef yn ddarlithydd yn Adran Anianeg Prifysgol Lerpwl lle y bu hyd 1913 ac yn byw gyda'i rieni yn 11 Greenbank Road. Gwnaed ef yn flaenor yn 1911, sefyllfa na welir yn aml, ei dad yn weinidog ac yntau yn flaenor ifanc yn yr un capel.

Etholwyd ef, fodd bynnag, yn 1913 i Gadair Athro Anianeg Prifysgol Auckland, Seland Newydd ac yn 1919 derbyniodd swydd gyffelyb yng Ngholeg Prifysgol Aberystwyth. Etholwyd ef yn Is-brifathro yn 1932 a bu'n amlwg yng ngweinyddiad y coleg hyd i'w iechyd dorri i lawr yn 1936.

Roedd yn arloeswr fel llenor a bu'n egluro gwyddoniaeth trwy gyfrwng yr iaith Gymraeg. Gellir darllen cyfrolau graenus ei waith o hyd, *Athroniaeth Pethau Cyffredin* (1907), *Cwr y Llen* (1914), *Rhyfeddodau'r Cread* (1933) a *Y Mawr a'r Bach* (1936). Bu farw 9 Tachwedd 1940 a chladdwyd ef ym medd ei fam ym Mynwent Toxteth.

Robert John Rowlands ('Meuryn' 1880-1967)

Ganed yn Abergwyngregyn, yn fab i William a Mary Rowlands. Bu'n anffodus fel plentyn o gael damwain yn dair oed a'i gadawodd yn gloff weddill ei oes. Wedi tro byr yn gweithio mewn siop yn Llanfairfechan symudodd i Lerpwl i swyddfa argraffu *Y Cymro* gydag Isaac Foulkes. Ar wahân i gyfnod byr ym Mhorthmadog, treuliodd dros chwarter canrif yn Lerpwl yn ohebydd i'r *Darian* ac i'r *Herald Cymraeg*. Daeth i ofalu am argraffiad Lerpwl o'r *Herald Cymraeg*.

Daeth yn un o sylfaenwyr Undeb y Ddraig Goch. Cyhoeddwyd ei unig gyfrol o farddoniaeth, *Swynion Serch*, yn 1906. Ysgrifennai englynion i'w gyfeillion alltud, ac yn ei gyfnod yn Lerpwl enillodd rai cadeiriau eisteddfodol.

Ond yn 1921 yn Eisteddfod Genedlaethol Caernarfon daeth ei awdl 'Min y Môr' â chadair yr ŵyl iddo.

Symudodd ym mis Tachwedd 1921 yn olygydd *Yr Herald Cymraeg* a *Papur Pawb* yng Nghaernarfon. Yn Ebrill 1937 unwyd cwmnïau'r Herald a chwmni'r Genedl Gymreig. Daeth yr *Herald* a'r *Genedl* yn un papur ac unwyd hefyd *Papur Pawb* a'r *Werin* a'r *Eco* gyda Meuryn yn olygydd hyd ei ymddeoliad ym Mawrth 1959. Daeth yn awdur llyfrau plant, fel *Chwedlau'r Meini* (1946) a *Dirgelwch Plas y Coed* yn 1948.

Henry Humphreys Jones (1881-1971)

Ganed ym Maenan, ger Llanrwst, yn fab i William Maurice ac Elisabeth Jones. Symudodd i Lerpwl ar 20 Rhagfyr 1897. Roedd ganddo ddau frawd yn Lerpwl, William Jones, blaenor yng nghapel Bethlehem, Douglas Road a Robert Jones, Hamilton Road, saer coed a blaenor yng nghapel Fitzclarence Street. Brawd arall iddynt oedd y Parchedig David Morris Jones (1887-1957), caplan yn y Rhyfel Byd Cyntaf, a wasanaethodd yng nghynhebrwng Hedd Wyn ac a fu yn Athro Coleg Diwinyddol Aberystwyth o 1934 hyd 1957.

Fferyllydd oedd H. Humphreys Jones a bu'n gweithio yn siop Clay ac Abraham yn Bold Street cyn dod yn Brifathro Ysgol y Fferyllwyr yn Blackburn Place yn 1908. Bu yng ngofal yr ysgol hon hyd ei ymddeoliad yn 1950.

Bu'n Llywydd Undeb Gorawl Cymry Lerpwl o 1934 hyd 1971. Bu yn amlwg iawn ym mywyd yr Eglwysi Rhyddion, a chyhoeddwyd ei hunangofiant, *My Yesteryears: from Farm to Pharmacy* (Aughton, 1971), trwy'r mudiad. Bu'n Llywydd Cymdeithasfa'r Dwyrain yn 1954, ac yn flaenor yng nghapel Saesneg yr enwad. Safodd ar ran y Rhyddfrydwyr yn Ward Granby yn 1934 am Gyngor y Ddinas. Ond ni chafodd ei ethol. Bu'n Uchel Siryf Sir Gaernarfon yn 1951 ac yn 1961 derbyniodd radd anrhydedd MA Prifysgol Lerpwl. Ar ei ben blwydd yn bedwar ugain oed yn 1961 dywedodd Arglwydd Faer Lerpwl amdano:

> I am not sure whether it is true to say that Mr Humphrey Jones is a Liverpool Welshman or Welsh Liverpudlian, but whatever he is, he has made his mark on the city.

Treuliodd ei flynyddoedd olaf gyda'i ferch a'r teulu yn Aughton lle y bu farw yn 1971.

John Richard Jones (1881-1955)

Ganed John Richard Jones yn 1881, yn fab i John Jones, yr adeiladwr a'r blaenor, a Catherine Parry, y ddau yn enedigol o Fôn ac yn byw yn Barrington Road.

Trwythwyd J. R. Jones ym mywyd Capel Webster Road. Gwahoddwyd ef yn Archwiliwr y Cyfrifon am 1902. Roedd yn Is-lywydd Cymdeithas Ymdrech Grefyddol y Bobl Ieuainc, yn Ysgrifennydd y Gymdeithas Lenyddol a'i dad yn Drysorydd y Gymdeithas. Gweithiodd gyda'r Blaid Ryddfrydol a bu'n Llywydd y Wavertree Divisional Liberal Party. Rhoddodd lawer o'i amser hefyd i'r Eglwysi Rhyddion a bu'n drysorydd mudiad Eglwysi Rhyddion Glannau Mersi.

Cyfrannodd yn hael at waith yr eglwys mewn amser, doniau ac arian, yn arbennig wrth adeiladu Capel Heathfield Road 1925-7. Etholwyd ef yn flaenor yn 1931 a dyna'r unig adeg yn hanes y gymuned hon y cafwyd tad a mab ar yr un pryd yn y sêt fawr.

Gwasanaethodd lawer o fudiadau ac achosion Cymreig. Bu'n Uchel Siryf Môn yn 1940-1 ac yn Drysorydd y Mudiad am Senedd i Gymru. Cyhoeddodd ar ei liwt ei hun y gyfrol ddefnyddiol, *The Welsh Builder on Merseyside*, yn 1946. Priododd â Mary, un o ferched Capel Webster Road, yn 1912. Bu farw yn Cintra, Menlove Avenue, Lerpwl, ar 28 Ionawr 1955 a chladdwyd ef ym Mynwent Allerton.

Isaac Bleddyn Edwards (1889-1943)

Ganed Isaac Bleddyn Edwards yn 1899 yn Lerpwl i deulu a berthynai i Gapel Webster Road. Ef oedd mab ieuengaf John Edwards, yn enedigol o Ynys Môn, ac Ann, ei wraig o Abersoch. Y mab hynaf oedd Richard John Edwards ac yna roedd dwy chwaer, Margaret Ellen ac Olwen, ac mae enwau'r pedwar ohonynt i'w gweld yn Adran y Plant, Capel Webster Road, am y flwyddyn 1899.

Priododd â Margaret (née Ashton) o Drefeglwys a ddaeth i Lerpwl yn 1910 i wasanaethu gyda Miss Elizabeth Jones o Staylittle a oedd yn cadw tŷ i'r Henadur Harrison Jones, blaenor yn Eglwys Princes Road, ac arhosodd am bedair blynedd ar ddeg. Cawsant chwech o blant, y mab, John, gefeilliaid Elizabeth a Margaret, gefeilliaid Glenys ac Emrys, a merch Meinwen Ann, a fu farw o'r pâs yn Ebrill 1930 yn ddeunaw mis oed. Ar doriad yr Ail Ryfel Byd, fel cymaint o Gymry Lerpwl, gwasgarwyd y teulu i wahanol rannau o ogledd Cymru, a symudodd Mrs Edwards yn ôl i Lawr-y-glyn, Sir Drefaldwyn. Arhosodd Bleddyn gyda'i waith yn Lerpwl gan fyw yn 19 Ferndale Road. Ar 26 Mai 1942, ac yntau ar ei ffordd adref i Lerpwl o Lawr-y-glyn ar nos Sul, cafodd ddamwain beic a bu farw o'i glwyfau. Soniodd ei weinidog, y Parchedig Ddr R. Glynne Lloyd, amdano yn y geiriau hyn:

> Er wedi ei fagu yn Lerpwl, glynodd wrth iaith a thraddodiadau ei dadau. Mynychodd ef a'i deulu y moddion yn gyson a gwnaeth bopeth a fedrodd dros yr Achos Mawr.

Yn 1943 trawyd John Ashton Edwards, y mab, gan y parlys, gan ei adael yn dioddef o anabledd difrifol, ond goresgynnodd y cyfan a dod yn ddarlithydd.

William Davies

Cyfrifid William Davies fel un o arloeswyr achos y Methodistiaid Calfinaidd ym maestref Wavertree. Daeth ef a'i briod yn aelodau o Gapel Webster Road yn 1891. Bu'n Arweinydd y Gân ac bu'n cynorthwyo John Jones, Barrington Road (Mayfield yn ddiweddarach) i ofalu am Gyfarfod y Plant. Roedd yn aelod o Bwyllgor y Llyfrgell yn 1896 ac yn 1898 yn is-arolygwr yr Ysgol Sul. Nid rhyfedd felly iddo gael ei ethol yn flaenor yn y flwyddyn 1900.

Erbyn 1928 roedd William Davies wedi symud i Preswylfa, 8 Heydale Road, Allerton, lle y bu farw ar Ragfyr 30ain, 1934, a dywedodd y Parchedig Robert Davies amdano:

> Hoffai bob moddion o ras, ond yn neilltuol felly y cyfarfod gweddi. Yr oedd yn fawr ei ofal am sêl y Tŷ... Cyfrifir ei goffadwriaeth yn fendigedig.

Robert John Roberts (1897-1918)

Ail fab i Mr a Mrs Owen Roberts, 8 Alroy Road, Anfield ydoedd, ac addysgwyd ef yn ysgolion y cylch a chapel y Methodistiaid Calfinaidd, Anfield. Yr oedd yn un o bump o frodyr ac ymunodd pob un ohonynt â'r Lluoedd Arfog yn y Rhyfel Byd Cyntaf. Bu pedwar ohonynt yn Ffrainc yn brwydro yn y ffosydd. Ymunodd Bob Roberts â'r fyddin yn 1914 a gwnaed ef yn Lefftenant yn 1918. Clwyfwyd ef yn Ffrainc yn 1915 a bu am gyfnod hir yn derbyn gofal. Dychwelodd i'r ffosydd ym mis Awst 1918 ac fe'i clwyfwyd yr eilwaith ar 25 Hydref 1918 a'i garcharu gan yr Almaenwyr. Bu farw dridiau yn ddiweddarach ar 28 Hydref 1918.

Y Parchedig William Davies

Ganed yn Rhydycymerau ond dechreuodd bregethu yn ŵr ifanc yn nwyrain Morgannwg. Mynychodd Brifysgol Cymru, Caerdydd, lle gwnaeth radd anrhydedd yn y Gymraeg a Groeg. Llwyddodd i baratoi traethawd MA. Ei eglwys gyntaf oedd Bethania, Aberdâr, ac yno daeth i adnabod Kate Roberts a hithau yn athrawes yn y dref. Dywedodd hi amdano:

> Dyn gwlad oedd William Davies a gallu'r amaethwr diwylliedig i'w fwynhau ei hun ganddo. Yr oedd ganddo doreth o storïau a chwerthiniad dihafal, chwarddai o waelod ei galon.

Symudodd yn 1918 i Gapel Stanley Road, Bootle, a gwelodd y capel yn cyrraedd ei benllanw yn 1920 gyda 943 o aelodau. Cliriodd ddyled y capel erbyn 1928 a bu'n hynod weithgar yng Nghyfeisteddfod y Genhadaeth Dramor. Daeth yn Frenin Cwrdd Gweinidogion Cymraeg Lerpwl, cymdeithas luosog a llewyrchus yn ei oes ef. Yr oedd wrth ei fodd yn Eisteddfod Plant Bootle a'r Cylch. Yn ystod ei ymweliad â'r Maes Cenhadol yn India, tarwyd ef gan firws yn ei wddf, a'i amddifadu o'i ddawn i bregethu. Bu yno o Hydref 1935 hyd Fawrth 1936. Bu farw o'r aflwydd yn 58 Trinity Road, Bootle, ar 22 Gorffennaf 1938.

Y Parchedig W. Llewelyn Evans (1897-1958)

Un o'r Bala oedd W. Llewelyn Evans. Cafodd ei addysg yn lleol a bu'n gwasanaethu yn Ffrainc yn ystod y Rhyfel Byd Cyntaf. Ar ôl dod o'r Lluoedd

Arfog gwnaeth yn fawr o gyfleoedd addysgol yng Ngholeg Gogledd Cymru Bangor a Choleg yr Iesu, Rhydychen. Ordeiniwyd ef yn 1928 a derbyniodd alwad i Gapel Seilo y Presbyteriaid yng Nghaernarfon, cyn derbyn galwad yn 1937 i Gapel Cymraeg y Presbyteriaid yn Edge Lane. Yn Lerpwl y cyflawnodd waith mawr ei fywyd.

Ar ddiwedd ei dymor yn Edge Lane cefnogodd awgrym y blaenoriaid y dylid chwynnu'r aelodaeth yn arbennig yr aelodau ar bapur nad oedd yn ystyried 'eu dyletswyddau eglwysig'. Dilëwyd 25 o aelodau a disgynnodd aelodaeth Capel Edge Lane o 504 yn 1949 i 463 yn y flwyddyn 1950. Derbyniodd W. Llewelyn Evans alwad y flwyddyn honno i fugeilio rhai o eglwysi bychain Dyffryn Clwyd o dan ymddiriedolaeth Robert Roberts. Bu wrth ei ddyletswyddau am dair blynedd cyn ymddeol yn 1950 i'w gartref yn Abergele. Cafodd salwch mawr a llesgedd corff, a bu farw yn 1958. Yr oedd yn un o arweinwyr pwysicaf y tri a'r pedwardegau ymhlith y Presbyteriaid yn Henaduriaeth Lerpwl.

Dr Goronwy Evan Thomas (1907-84)

Daeth Dr Goronwy Evan Thomas yn un o feddygon esgyrn mwyaf nodedig Lerpwl, ac roedd yn aelod o Gapel Heathfield Road ers iddo gyrraedd y ddinas yn y tridegau.

Un o Gyffylliog ydoedd. Addysgwyd ef yn Ysgol Gynradd Cyffylliog, Ysgol Sir Dinbych a Phrifysgol Lerpwl a nifer o ysbytai yng ngogledd Cymru.

Y Parchedig Iorwerth Cyril John (1913-81)

Ganed Iorwerth Cyril John ar 6 Rhagfyr 1913 yn Greenhill, Bancffosfelen, Cwm Gwendraeth. Gadawodd yr ysgol i weithio mewn siop groser, cyn derbyn yr alwad i baratoi ar gyfer y Weinidogaeth. Hyfforddwyd Cyril John yn Ysgol Myrddin a Choleg Presbyteraidd Caerfyrddin. Ordeiniwyd ef yn 1945 a derbyniodd alwad i'w eglwys gyntaf, Seion, Cwm-gors. Symudodd yn 1949 fel olynydd y Parchedig D. J. Bassett yn weinidog ar Gapel Cymraeg y Bedyddwyr Edge Lane. Yn 1954 gwahoddwyd ef yn weinidog ar Gapel Cymraeg Earlsfield Road yn Wavertree. Oherwydd prinder gweinidogion ymgymerodd â gofal am gapel enwog Balliol Road, Bootle, yn 1968, ac yn

1971 ysgwyddodd gyfrifoldeb am ddau gapel arall, Woodlands, Penbedw, a Liscard Road, Wallasey. Bellach yr oedd yn Weinidog ar bum capel Bedyddiedig yn ogystal â bod yn Gaplan yr Eglwysi Rhyddion yn Ysbyty Brenhinol Pembroke Place.

Howell Vaughan Jones (1913-79)

Mab ieuengaf J. W. a Sarah C. Jones (née Owens), Hiraethog, Allerton, oedd Howell Vaughan Jones a aned yn 1913. Fel ei frodyr, bu ef yn gyfarwyddwr cwmni adeiladu ei dad, J. W. Jones a'i Feibion.

Priododd Gwen Tegla Davies ac ymgartrefodd y ddau yn Garth, Reservoir Road, Woolton. Yn 1960 etholwyd ef yn flaenor yng Nghapel Heathfield Road. Penodwyd ef yn drysorydd y Capel a chyflawnodd y cyfan yn raenus am gyfnod o bedair blynedd ar ddeg.

Y Barnwr John Edward Jones (1914-98)

Un o blant Capel David Street ac yna Webster Road oedd John Edward Jones, yn fab i Elizabeth (née Roberts) o Ben-sarn, Môn, a'i dad, Thomas Robert Jones o'r Wyddgrug. Ganed ef ar 23 Rhagfyr 1914 yn Mulliner Street, Wavertree, a oedd o fewn dau ganllath i Gapel Webster Road. Cafodd ei addysg yn Ysgol y Cyngor Sefton Park, adeiladau sydd bellach wedi diflannu, ac ar ôl hynny yn y Liverpool Institute High School ac enillodd ei ddwy radd, B.Com (1942) ac LL.B. (1945) yn allanol trwy Brifysgol Llundain. Gweithiodd ym myd yswiriant am ddeuddeng mlynedd. Yn ystod yr Ail Ryfel Byd bu'n wrthwynebydd cydwybodol. Yn 1946 derbyniwyd ef yn fargyfreithiwr ac o 1966 hyd 1969 gwasanaethodd fel Is-gadeirydd Llys Chwarter Sir Gaerhirfryn ac Is-gadeirydd y Workmen's Compensation (Supplementation) and Pneumoconiosis and Business Benefit Boards 1968-9. Yn 1969, dyrchafwyd ef yn Farnwr Llys Sirol ac yna'n Farnwr Cylchdaith.

Etholwyd ef yn flaenor yng Nghapel Heathfield Road yn 1947. Bu'n amlwg ym mywyd Cymraeg Lerpwl fel Is-lywydd a Llywydd Cymdeithas Gorawl Gymreig Lerpwl a Chymrawd Eisteddfod Gadeiriol Glannau Mersi. Bu'n Llywydd Henaduriaeth Lerpwl ddwywaith, yn 1971 ac yn 1997. Bu'n gefn mawr i gylchgrawn *Y Bont* fel Cadeirydd ac i bapur bro *Yr Angor*, fel gohebydd y capel. Ymhyfrydai yn ei berthynas â'r seiri rhyddion, a hefyd fel llywodraethwr Ysgol Gyfun Aigburth Vale, gwaith y Groes Goch a Chlwb y Pump ar Hugain. Bu farw yn Ysbyty Lourdes fore Sul, 28 Mehefin 1998.

John Alun Hughes

Ganed John Alun Hughes yn Llanfrothen yn un o wyth o blant, ac ar ôl gadael yr ysgol bu'n gweithio fel chwarelwr ym Mlaenau Ffestiniog. Bu'n rhaid iddo ymfudo i chwilio am waith ac ar ôl cyfnodau yn y Lluoedd Arfog ac ardal Wrecsam, daeth i Lerpwl a lletya gyda'i chwaer, Ceridwen Jones a'r teulu, yn Trent Avenue, Roby. Arhosodd weddill ei ddyddiau yn Lerpwl a bu'n gweithio i gwmni English Electric am flynyddoedd. Cyfarfu ag un o ferched Capel Presbyteraidd Newsham Park, Lerpwl (yr oedd ei rhieni yn cadw'r Tŷ Capel) a phriododd ag Elen Williams, gan sefydlu cartref yn 44 Romer Road a ganwyd iddynt dair o ferched.

Roedd yn fawr ei ddiddordeb ym mywyd Capel Cymraeg Edge Lane a bu'n aelod brwd o'r Gymdeithas Lenyddol. Mynychai oedfaon nos Sul a chyfarfodydd y Gymdeithas Lenyddol a bu'n gaffaeliad mawr i bwyllgor gwaith y papur bro, *Yr Angor*. Ef am flynyddoedd fu dosbarthwr y papur. Bu farw 4 Rhagfyr 1990 yn Ysbyty'r Heath yng Nghaerdydd (lle'r oedd un o'r merched yn byw) a chludwyd ef yn ôl i Lerpwl.

Elizabeth (Betty) Hughes (1916-97)

Symudodd Betty gyda'i rhieni Mr a Mrs Hugh Hughes a'i chwaer hynaf Nellie i Lerpwl yn gynnar yn 1920 o dref Amlwch a bu'r teulu yn asgwrn cefn yr achos Bedyddiedig Cymraeg. Ar ôl ychydig fisoedd daeth cyfle iddynt symud i fyw i Dŷ Capel y Bedyddwyr Everton Village a daeth Betty i'w hadnabod fel Betty Tŷ Capel. Gweithiodd i gwmni S. Reece a'i Feibion, Hawke Street, a gorffennodd ei gyrfa yn gweithio i gwmni Vernon yn y dref.

Cefnogodd y bywyd Cymraeg ac yn arbennig pan sefydlwyd Aelwyd yr Urdd yn Anfield. Ymaelododd Betty Hughes yng nghapel Balliol Road, Bootle, lle yr etholwyd hi yn ddiacon. Ar ôl datgorffori Balliol Road symudodd i Gapel yr Annibynwyr Cymraeg Salem, Bootle, lle y bu yr un mor deyrngar. A phan ddaeth dyddiau cau Salem symudodd i Gapel y Tabernacl, Woolton Road.

Goronwy Davies

Ganed Goronwy Davies yn ardal Clawddnewydd. Roedd dylanwad ei dad yn fawr arno, gŵr a daniwyd yn Niwygiad Crefyddol 1904-5, a chafodd yn ei fagwraeth yn yr Ysgol Sul a'r capel seiliau diogel i'w wybodaeth fanwl o'r ysgrythurau.

Daeth i Lerpwl yn y dauddegau cynnar a threuliodd ei flynyddoedd cynnar yn y ddinas yn y diwydiant adeiladu ac ef oedd yn gyfrifol am gyflwr yr adeiladau yn y capel a'r Mans.

Etholwyd ef yn flaenor yr eglwys yn 1955 a bu'n barod ei arweiniad ym mhob cylch. Bu'n Ysgrifennydd y Cyhoeddiadau am ddeng mlynedd. Anrhydeddwyd ef y tu allan i'r eglwys a bu'n amlwg yng ngweithgareddau Henaduriaeth Lerpwl. Bu'n Llywydd ar Bwyllgor Trefn y Weinidogaeth. Teithiodd lawer yn y swydd hon i ymgeleddu aelodau yr eglwys a berthynai i'w gylch fel blaenor, cylch a ymestynnai o Blackburn i Runcorn.

Griffith Robert Jones

Gŵr o Ben Llŷn oedd Griffith R. Jones, a daeth ef a'i wraig gyntaf yn aelodau yng Nghapel Heathfield Road. Gwnaed ef yn flaenor yn 1953 a bu'n Ysgrifennydd Cyfarfod y Blaenoriaid o 1956 hyd 1970. Bu'n Ysgrifennydd Cyfarfod Dosbarth De Lerpwl am gyfnod hefyd.

Nid anghofir ei weddïau yng Nghyfarfod Gweddi'r Eglwys a'i baratoad wrth agor ar destun mewn seiat ac arweiniad gyda gwers y Maes Llafur fel un o athrawon Ysgol Sul yr oedolion.

Cynorthwywyd ef gan ei wraig gyntaf, Mrs Gladys Ellen Jones, Madryn, 29 Allangate Road, a fu farw ar 19 Rhagfyr 1945. Ailbriododd ar 11 Ebrill 1949 â Miss Jennie Thomas, 21 Stand Park Road, Childwall.

Owen Hughes

Bu Owen Hughes yn un o weithwyr pennaf y gymuned o amgylch Webster Road a Heathfield Road. Yn 1894 gwnaed ef yn gyd-ysgrifennydd yr eglwys gyda'r blaenor, Edward Owen, 365 Smithdown Road. Gweithredai hefyd fel is-arolygwr yr Ysgol Sul. Etholwyd ef yn flaenor yn 1894.

Bu farw Owen Hughes ar 21 Chwefror 1947. Dywedodd y Parchedig Ddr R. Glynne Lloyd yn ei deyrnged eiriau cymwys am ei lafur maith a diflino:

Fel eglwys yr ydym yn ddyledus iawn iddo am ei weithgarwch diflino a thrylwyr am gyfnod mor faith. Cofir ef yn hir fel arweinydd doeth, fel athro cymwys yn yr Ysgol Sul, fel ymwelwr cyson â'r cleifion ac fel un a gyflawnodd beth wmbredd o waith dros yr eglwys yn y dirgel. Yr oedd yn nodedig o ffyddlon i'r holl gyfarfodydd ac yn gyfaill cywir i'r ieuenctid.

Gwilym Meredydd Jones (1920-92)

Ganed Gwilym Meredydd Jones yng Nglanrafon, Edeyrnion, Meirionnydd, yn 1920 a derbyniodd addysg yn Ysgol Ramadeg y Bala a'r Coleg Normal, Bangor. Treuliodd gyfnod yn yr Ail Ryfel Byd fel milwr. Ar ddiwedd y rhyfel symudodd i Lerpwl fel athro a phriodi yn 1948 â Gwerfyl Morris, merch i deulu adnabyddus yng Nghapel Presbyteraidd Douglas Road, a ganwyd iddynt ddau fab, Gwyn a Hugh.

Ymunodd ef a'i deulu â Chapel Anfield Road, lle gwnaed ef yn flaenor yn 1953, a daeth yn hynod o weithgar yn Undeb Ysgolion Sul y Glannau, Urdd y Bobl Ieuainc a bywyd diwylliannol Cymraeg y ddinas. Ar ôl datgorffori Capel Anfield Road yn 1974 daeth yn aelod o Eglwys Bethel, Heathfield Road, ac ysgwyddodd gyfrifoldeb yn fuan fel Ysgrifennydd y Cyhoeddiadau (1981-4). Roedd ef ei hun yn bregethwr lleyg cymeradwy oedd â galw mawr amdano, ac yn ddarlithydd graenus. Bu'n brifathro dylanwadol yn Lerpwl a daeth yn ffigwr eisteddfodol yn y saithdegau gan iddo ennill llu o wobrau. Enillodd ei gyfrol o storïau byrion y Fedal Ryddiaith yn Eisteddfod Genedlaethol Abertawe yn 1982 a chyhoeddwyd y gwaith dan y teitl, *Ochr Arall y Geiniog*.

Mary Blodwen Owen

Ganed Mary Blodwen Owen yn Arnold Street, Toxteth, dafliad carreg o Eglwys Princes Road. Ar ôl graddio yn B.A. ym Mhrifysgol Lerpwl bu Miss M. B. Owen yn athrawes mewn mwy nag un ysgol a gorffennodd ei gyrfa broffesiynol yn Ysgol Gyfun yr Holt. Daliodd ei diddordeb yn ei galwedigaeth yn ei hymddeoliad a bu'n gaffaeliad i Gymdeithas yr Athrawon. Ei phrif gyfraniad oedd i'w chapel yn Princes Road, Eglwys y Drindod, lle y gwnaed hi yn flaenor, ac ar ôl 1976 ym Methel, Heathfield Road. Bu'n gefnogol iawn i Gymdeithas Chwiorydd Eglwys Bethel a hi oedd y trysorydd ymroddgar o 1977 hyd 1980. Gwasanaethodd yn yr un cyfnod fel Ysgrifennydd y Cyhoeddiadau.

Henry Williams

Daeth Henry Williams i Lerpwl o Lanallgo, Ynys Môn. Roedd yn adeiladwr medrus ac etholwyd ef ac adeiladwr arall yn flaenoriaid yn yr un flwyddyn, 1911, yng Nghapel Webster Road.

Yn y dauddegau roedd Henry Williams yn un o Ysgrifenyddion Eglwys Heathfield Road ac yn byw yn 13 Grovedale Road, Allerton. Bu'n Llywydd Henaduriaeth Lerpwl yn 1937, ar y cyd â'r Parchedig R. Emrys Evans, B.A., Penbedw.

Edward Goronwy Owen (1920-2015)

Ar Orffennaf 19 bu farw un o flaenoriaid mwyaf ymroddedig yr enwad ar lannau'r Mersi. Bu yn flaenor am 63 mlynedd ac ymhyfrydai ymhob agwedd o'r gwaith. Mab y Mans ydoedd. Yr oedd ei dad, y Parchedig W. R. Owen a'i fam Mrs Margaret Owen (née Davies) yn rhieni i'r ddiweddar Eirwen Price, priod i offeiriad Anglicanaidd, David Price, llenor a hanesydd a diwinydd. Ganed Goronwy yn Nhrefeglwys ond symudodd ei dad yn 1922 ar dderbyn galwad i Weston Rhyn. Adeiladodd Edward fusnes llwyddiannus gyda phum siop yn gweini ar hyd a lled y ddinas o Bootle i'r Dingle. Bu yn gysylltiedig â thri chapel: Eglwys y Drindod, Garston a Bethel, Heathfield Road. Etholwyd ef yn flaenor yn 1952 yn Garston a Bethel yn 1977.

Bu'n arweinydd doeth yn yr Henaduriaethau, Ymddiriedolaeth Gogledd-Ddwyrain yr India, Rotari, Caplaniaeth Glannau Mersi, Pwyllgor Mawl y Glannau a'r papur bro *Yr Angor*.

Henry Richard Williams (1932-87)

Ganed Henry Richard Williams yn Rhewl, Dyffryn Clwyd, yn fab i Robert Herbert Williams o Rhewl, a Mary Lewis (née Jones) o Harlech. Addysgwyd ef yn Ysgol Gynradd Rhewl, Ysgol Ramadeg Bechgyn Grove Park, Wrecsam, a Phrifysgol Lerpwl. Priododd Patricia (née Hughes) o Fwlch-gwyn ger Wrecsam, un a fu'n gefn mawr i'r bywyd Cymraeg a'u heglwys. Symudodd y ddau i Lerpwl.

Bu Richard yn gaffaeliad mawr ar bwyllgorau cynnal a chadw'r adeiladau ac yn gefn i'r ymdrech o sefydlu Cylch yr Ifanc. Roedd yn ddawnus dros ben mewn cymaint o feysydd, ym myd cerddoriaeth yr organ, ac yn gallu troi ei law at gyweirio telynau ac yn ei faes ei hun fel darlithydd mewn Deintyddiaeth.

Atodiad 2

Cyfrolau D. Ben Rees mewn perthynas â Chymry Lerpwl

- D. Ben Rees, *Cymry Adnabyddus 1951-1972* (Lerpwl / Pontypridd, 1978).
- D. Ben Rees, *Haneswyr yr Hen Gorff* (Lerpwl / Llanddewi Brefi, 1981).
- D. Ben Rees, *Pregethwr y Bobl: bywyd a gwaith Dr Owen Thomas* (Lerpwl, 1979).
- D. Ben Rees (gol.), *Cymry Lerpwl a'u Crefydd: dwy ganrif o Fethodistiaeth Galfinaidd Gymreig* gan R Merfyn Jones a D Ben Rees / *The Liverpool Welsh and their Religion: two centuries of Welsh Calvinistic Methodism* (Lerpwl, 1984).
- D. Ben Rees, *Local and Parliamentary Politics of Liverpool from 1800 to 1911* (1999).
- D. Ben Rees (gol.), *Dathlu Grawnsypiau Canaan a Detholiad* (Lerpwl, 1995).
- D. Ben Rees, *Cymry Lerpwl a'r Cyffiniau*, Cyfrol 1 (Lerpwl / Llanddewi Brefi, 1997).
- D Ben Rees, *The Welsh of Merseyside*, Vol. 1 (Lerpwl / Llanddewi Brefi, 1997).
- D. Ben Rees, *Cymry Lerpwl a'r Cyffiniau yn yr Ugeinfed Ganrif*, Cyfrol 2 (Lerpwl, 2001).
- D. Ben Rees, *The Welsh of Merseyside in the Twentieth Century*, Vol. 2 (Lerpwl, 2001).
- D. Ben Rees (gol.), *Llestri Gras a Gobaith: Cymry a'r Cenhadon yn India* (Lerpwl, 2001).

- D. Ben Rees, *Vehicles of Grace and Hope : Welsh Missionaries in India 1800-1970* (Lerpwl, 2002).

- D. Ben Rees (gol.), *Ffydd a Gwreiddiau John Saunders Lewis* (Lerpwl, 2002).

- D. Ben Rees, *The Polymath: Reverend William Rees of Liverpool ('Gwilym Hiraethog'; 1802-1883)* (Lerpwl, 2002).

- D. Ben Rees, *Y Polymathiad o Gymro: Parchedig William Rees, Lerpwl ('Gwilym Hiraethog'; 1802-1883)* (Lerpwl, 2002).

- D. Ben Rees, *Cwmni Deg Dawnus* (Lerpwl, 2003).

- D. Ben Rees (gol.), *The Call and Contribution of Dr Robert Arthur Hughes, OBE, FRCS (1910-1996, and Some of his Predecessors in North East India*, Vol. 1 (Lerpwl, 2004).

- D. Ben Rees, *Alffa ac Omega: tystiolaeth y Presbyteriaid Cymraeg yn Laird Street, Penbedw 1906-2006 / Alpha and Omega: Welsh Presbyterian witness in Laird Street, Birkenhead 1906-2006* (Lerpwl, 2006).

- D. Ben Rees, *Codi Stêm a Hwyl yn Lerpwl: hanes y Cymry yng nghapeli Smithdown Lane, Webster Road, Ramilies Road, Heathfield Road a Bethel, Lerpwl, 1864-2007* (Lerpwl, 2008).

- D. Ben Rees, *Labour of love in Liverpool: the history of the Welsh congregation in the chapels of Smithdown Lane, Webster Road, Ramilies Road, Heathfield Road and Bethel, Liverpool* (Lerpwl, 2008).

- D. Ben Rees, *Cysegr sancteiddiolaf Capel Westminster Road Ellesmere Port (1907-2007)/The Welsh Missionary Witness in Ellesmere Port (1907-2007)* (Lerpwl, 2012).

- John Gwynfor Jones (gol.), *Dyddiau o lawen chwedl: hanner can mlwyddiant Cyhoeddiadau Modern Cymreig 1963-2013* (Lerpwl, 2014). Ceir dwy erthygl gan D. Ben Rees: 'Cofio Cyfraniad Isaac Foulkes ('Llyfrbryf'; 1834-1904)' a 'Cylchgronau a Newyddiaduron Cymraeg a Gweisg Lerpwl (1795-2013)'.

- D. Ben Rees, *Di-Ben-Draw: Hunangofiant D. Ben Rees* (Talybont, 2015). Y mae penodau 7 i 16, tt.95-240, ar y cyfnod yn Lerpwl.

- D. Ben Rees, *Y Cenhadwr Cyntaf o Blith Cymry Lerpwl: Josiah Hughes (1804-1840)* (Lerpwl, 2016).

- D. Ben Rees, *Josiah Hughes (1804-1840): The Reluctant Welsh Calvinistic Methodist Missionary of Malacca* (Lerpwl, 2016).
- D. Ben Rees, *The Healer of Shillong: Reverend Dr Hugh Gordon Roberts and the Welsh Mission Hospital* (Lerpwl, 2016).
- D. Ben Rees (gol.), *Rhaglen Canmlwyddiant y Gadair Ddu, Gŵyl Hedd Wyn, 9-10 Medi 2017 ym Mhenbedw / Programme of The Black Chair Centenary 1917-2017, September 9-10 2017 in Birkenhead* (Lerpwl, 2017).
- D. Ben Rees (gol.), *Teulu David Roberts* (Lerpwl, 2018).
- D. Ben Rees (gol.), *Gŵyl Hedd Wyn* (Talybont, 2018).
- D. Ben Rees (gol.), *Codi Angor yn Lerpwl, Penbedw a Manceinion* (Lerpwl, 2019).

Atodiad 3

Cefnogwyr haelionus y gyfrol

1) Cymdeithas Lenyddol Capel Bethel, Heathfield Road, Lerpwl.
2) Cymdeithas Etifeddiaeth Hanes Cymry Glannau Merswy.
3) Ymddiriedolaeth Dewi Sant, Lerpwl.
4) Ymddiriedolaeth Gogledd-Ddwyrain India-Cymru.
5) Urdd Graddedigion Prifysgol Lerpwl Cymru (Cangen Lerpwl).
6) Elw o Gystadleuaeth Golff Cymry Lerpwl Medi 2019 yn Woolton (trwy law Dr John G. Williams, y trefnydd).
7) Yr Athro D. Ben Rees a Mrs Meinwen Rees, Allerton, Lerpwl.
8) Eryl Wynne Jones, Woolton, Lerpwl.
9) Er cof am 'fy niweddar fam Mrs Elizabeth Winifred Morris' gan ei mab, y Parchedig John G. Morris, Llanddaniel.
10) Dr Robin Gwyndaf a Mrs Eleri Gwyndaf, Llandaf, Caerdydd.
11) Mrs Undeg Cole, West Cross, Abertawe.
12) Ceris Gruffydd, Penrhyn-coch, Ceredigion.
13) Mrs Mair Roberts (Telynores Colwyn), Ruthun.
14) Yr Athro Emeritws Huw Hefin Rees, Boncath, Sir Benfro.
15) Jennifer a Betty Lockyer o gylch Llanbedr Pont Steffan.
16) Dafydd Ll. Rees, West Hampstead, Llundain.
17) Hefin Ednyfed Rees, QC a Dr Bethan Rees, Harpenden, swydd Hertford.
18) Y Parchedig Gwyndaf Richards a Mrs Eirlys Richards, Trallwng.
19) Mrs Iona James, Aintree, Lerpwl.
20) Mrs Anne Roberts, Ruthun.
21) Miss Carys Jones, Wavertree, Lerpwl.
22) Miss Hilda Lloyd, Rainhill.

23) Mrs Nan Hughes Parry, Woolton, Lerpwl.

24) Mrs N. A. Jones, Llanwrin, ger Machynlleth.

25) W. Meirion Evans a Mrs Eirlys Evans, Allerton, Lerpwl.

26) Mrs Mair Rees Jones, Prenton, Cilgwri.

27) Mrs Lilian Coulthard, Aigbuth, Lerpwl.

28) Dr Arthur Thomas a Mrs Ann Thomas, Allerton, Lerpwl.

29) Mrs Hilda Thomas, Mossley Hill, Lerpwl.

30) Dienw.

31) Robyn a John Williams er cof am William Thomas and Sons, Tower Building, Lerpwl a Phorth Amlwch, Ynys Môn.

32) Dr Huw Edwards, Llundain.

33) Y Parchedig Robert Parry, Wrecsam.

34) Norman Closs-Parry, Treffynnon.

35) John P. Lyons, pentref Knowsley, ger Lerpwl.

36) David Williams (Karslake), Biggleswade, Swydd Bedford.

37) Mrs Angela Lansley, Lerpwl.

38) David John Williams, Gateacre, Lerpwl.

Mynegai

Williams, William (Cynghorydd) 152
Williams, William Robert 105
Wilson, John 50
Wood, Thomas Cadivor 77
Wright, Fortunatus 17

Y

Yr Ail Ryfel Byd 82, 101-2, 138, 140, 155, 209, 215, 223, 225, 231, 246, 288, 291, 294
Yr Amserau 75-9, 89-90
Yr Angor 85-6, 106, 138, 250, 291, 292, 295
Ysbyty David Lewis 103-4

Ystafelloedd Cenhadol 59-64, 182, 240
Y Banerydd 84
Y Bont 85, 133, 138, 140, 250, 291
Y Brython 81-2, 84
Y Cronicl 76
Y Cymro 75, 81-2, 138, 140, 171, 203, 285
Y Ddraig Goch 77
Y Dirwestydd 75
Y Glannau 85, 222, 227, 232-3
Y Gwladgarwr 77, 276
Y Llenor 77
Y Meddwl 78
Y Wladfa 77

Hefyd gan yr awdur:

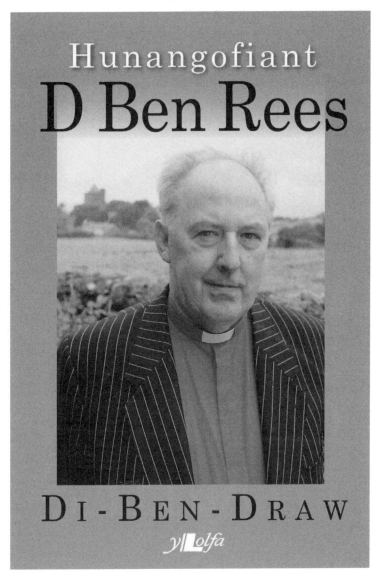

Hunangofiant

D Ben Rees

DI-BEN-DRAW

yLolfa

£12.99

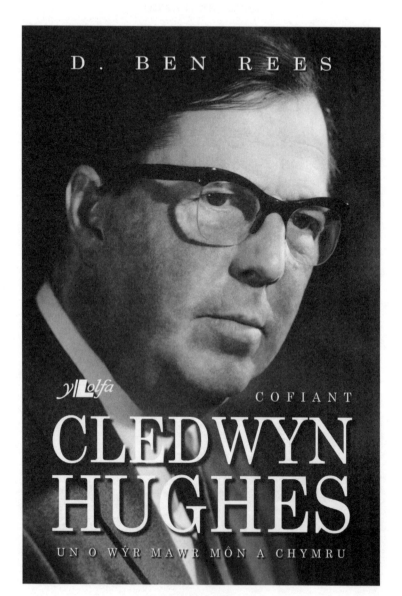

D. BEN REES

yLolfa

COFIANT

CLEDWYN HUGHES

UN O WŶR MAWR MÔN A CHYMRU

£24.99 (cc)
£14.99 (cm)

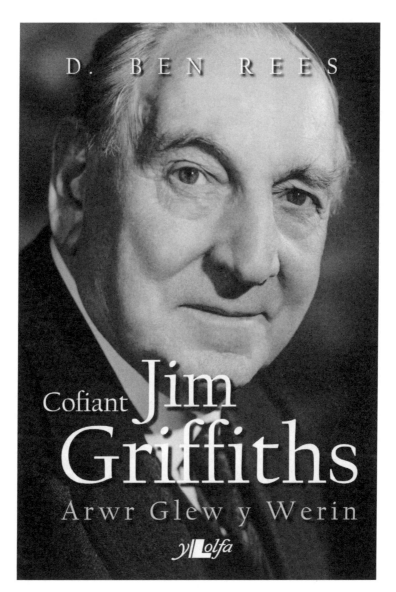

D. BEN REES

Cofiant Jim
Griffiths

Arwr Glew y Werin

yLolfa

£24.95 (cc)
£14.95 (cm)

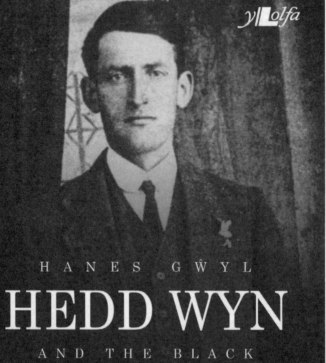

HANES GŴYL

HEDD WYN

AND THE BLACK
CHAIR FESTIVAL

BARDD-FUGAIL Y RHYFEL MAWR
POET-SHEPHERD OF FIRST WORLD WAR

D. BEN REES

GOLYGYDD / EDITOR

£6.99

Holwch am bris argraffu!
www.ylolfa.com